A. LEMOINE
Chevalier de la Légion d'Honneur
Directeur d'École primaire a Paris

160 Leçons
D'ARITHMÉTIQUE

THÉORIE

2.800 EXERCICES ET PROBLÈMES

CALCUL MENTAL

CALCUL RAPIDE

(130ᵉ MILLE)

COURS MOYEN
Certificat d'études

PARIS
LIBRAIRIE HACHETTE ET Cⁱᵉ
79, Boulevard Saint-Germain, 79
1913

1 fr. 25

A. LEMOINE
CHEVALIER DE LA LÉGION D'HONNEUR
DIRECTEUR D'ÉCOLE PRIMAIRE A PARIS

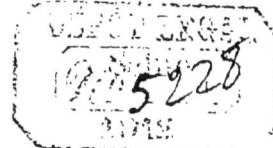

160 Leçons
D'ARITHMÉTIQUE

THÉORIE

2 800 EXERCICES ET PROBLÈMES

CALCUL MENTAL

CALCUL RAPIDE

(130ᵐᵉ MILLE)

COURS MOYEN
Certificat d'Études

PARIS
LIBRAIRIE HACHETTE ET Cⁱᵉ
79, Boulevard Saint-Germain, 79
1913

PRÉFACE

Ces « **160 LEÇONS D'ARITHMÉTIQUE** » (16 par mois, 4 par semaine) sont destinées aux candidats à l'examen du Certificat d'Études Primaires.

En préparant ce volume, nous avons été guidé par les préoccupations suivantes :

THÉORIE. — Donner à la THÉORIE la *proportion exacte* qu'elle doit comporter au Cours moyen des Écoles primaires, d'après la lettre et l'esprit des programmes officiels : la théorie arithmétique constitue un des meilleurs exercices pour l'esprit, qu'elle soumet à des habitudes de précision, de jugement et de raisonnement ; elle concourt ainsi, pour une grande part, au développement général de l'intelligence et ne saurait être délaissée ;

Présenter cette théorie sous une *forme nouvelle, facile, intuitive* le plus souvent possible, en un langage toujours *simple*, bien à la portée d'élèves de 12 ans ;

Mener *de front* l'étude des nombres entiers, des nombres décimaux, des fractions, des notions de système métrique et de géométrie usuelle, rompant ainsi avec la tradition, suivie dans la plupart des ouvrages, où l'on rejette, par exemple, l'étude des fractions après celle des quatre opérations et les notions de système métrique et de géométrie à la fin de la théorie arithmétique.

EXERCICES ET PROBLÈMES. — Accorder à la PARTIE PRATIQUE un développement très important : de nombreux exercices *oraux* et *écrits* servent immédiatement d'application aux règles étudiées ; 150 séries de problèmes, *oraux et écrits*, soigneusement gradués, empruntés le plus généralement aux épreuves du Certificat d'Études, débutent chacune par un *problème-type* dont le *raisonnement analytique* et la *solution chiffrée* sont destinés à servir d'exemple pour les problèmes suivants. Recourant encore dans cette partie pratique au procédé intuitif, nous avons donné beaucoup de problèmes dont la solution se prête à une *représentation graphique* : le tracé graphique rend aisées et évidentes des démonstrations qui souvent ne pourraient être éclairées que par de longs et fatigants raisonnements.

CALCUL MENTAL. — Attribuer au CALCUL MENTAL une place prépondérante justifiée par son usage quotidien dans les nécessités courantes de la vie et par sa portée éducative, comme mode excellent de gymnastique intellectuelle : un ensemble de 80 *procédés très simples*, appuyés d'exercices, initiera les élèves à la pratique facile du calcul mental.

CALCUL RAPIDE. — Familiariser les élèves, dès le début de l'ouvrage, en profitant des connaissances acquises par eux au Cours Élémentaire, avec l'EXÉCUTION RAPIDE des *quatre opérations fondamentales*.

REVISIONS. — Procurer au Maître le moyen de faire des REVISIONS fréquentes, lui permettant de contrôler son enseignement et de s'assurer que les notions précédemment étudiées ont été bien assimilées par les Élèves.

Nous avons l'espoir que cet ouvrage d'Arithmétique, *théorique et pratique*, ainsi conçu, rendra service aux Instituteurs et aux Élèves.

A. LEMOINE,
Chevalier de la Légion d'honneur,
Directeur d'École primaire à Paris.

NOTE. Les exercices et problèmes ainsi que certaines parties de leçon un peu plus difficiles, convenant plus spécialement à la seconde année d'études, sont précédés d'un astérisque.

ARITHMÉTIQUE

NOTIONS PRÉLIMINAIRES   1ʳᵉ LEÇON

1. Compter. — Lorsque je compte *les élèves d'une classe, les arbres d'un verger*, je cherche le **nombre** de ces élèves, de ces arbres. Je dis que *la classe a quarante élèves, que le verger a huit arbres*.

2. Mesurer. — Lorsque je mesure une quantité quelconque, la *longueur d'une table*, la *capacité d'un fût*, je cherche le **nombre** de mètres contenus dans la longueur de la table, le **nombre** de litres contenus dans le fût. Je dis que *la table a quatre mètres de longueur, que le fût contient vingt litres*.

3. Unité. — L'unité est l'un des objets que l'on compte : *un élève, un arbre*.

L'**unité** est aussi la quantité connue, *un mètre, un litre*, dont on se sert pour mesurer les quantités de même espèce qu'elle.

4. Parties de l'unité. — Les *parties* de l'unité, divisée en parties égales, sont appelées *dixièmes, centièmes, millièmes*, etc., ou *demis, tiers, quarts, cinquièmes*, etc. : *quatre dixièmes* de litre, *deux tiers* de mètre.

5. Nombre. — Un **nombre** est une collection d'*unités*, ou une collection de *parties* de l'unité **divisée en parties égales**, ou encore une collection d'*unités* jointes à des *parties* de l'unité.

Le **nombre entier** est le nombre qui n'exprime que des unités entières : *sept pommes, onze litres*.

La **fraction** est une partie ou une collection de plusieurs parties de l'unité **divisée en parties égales** : *huit dixièmes de mètre; trois quarts de litre*.

Le **nombre fractionnaire** est un nombre entier accompagné d'une fraction : *quatre mètres vingt-cinq centièmes; deux pommes quatre cinquièmes*.

QUESTIONNAIRE. — 1. Qu'est-ce *compter* les élèves d'une classe ? — 2. Qu'est-ce que *mesurer* la longueur d'une table ? — 3. Qu'appelle-t-on *unité* ? — 4. Que veut dire l'expression *quatre cinquièmes* de pomme ? — 5. Citer un *nombre entier*, une *fraction*, un *nombre fractionnaire*. Définir chacun de ces nombres.

NUMÉRATION DES NOMBRES ENTIERS

6. Définition. — La **numération** apprend à *former*, à *nommer*, puis à *écrire* et à *lire* les nombres.

Comment on forme et on nomme les nombres entiers de un à mille.

7. Unités. — Les dix premiers nombres sont :

un, deux, trois, quatre, cinq, six, sept, huit, neuf, **dix**.

8. Dizaines. — Une *collection de dix unités* forme une **dizaine**; on compte dix dizaines, comme on a compté dix unités; ces dix dizaines sont :

une dizaine ou *dix*; deux dizaines ou *vingt*; trois dizaines ou *trente*; et ainsi de suite : *quarante*; *cinquante*; *soixante*; *soixante-dix*; *quatre-vingts*; *quatre-vingt-dix*; dix dizaines ou **cent**.

9. De dix à cent. — On compte de *dix à cent* en faisant suivre le nom de chaque dizaine des noms des neuf premiers nombres. On a : *dix-un; dix-deux;... vingt et un; vingt-deux;... quatre-vingt-dix-un;... quatre-vingt-dix-neuf*, **cent**.

10. Exception. — Au lieu de dix-un, dix-deux, dix-trois, dix-quatre, dix-cinq, dix-six, et soixante-dix-un..., etc. et quatre-vingt-dix-un..., etc., on dit : *onze, douze, treize, quatorze, quinze, seize..., et soixante et onze, soixante-douze..., et quatre-vingt-onze*, etc.

11. Centaines. — Une *collection de dix dizaines* forme une **centaine**; on compte dix centaines comme on a compté dix dizaines; ces dix centaines sont :

une centaine ou *cent*; deux centaines ou *deux cents*... dix centaines ou **mille**.

12. De cent à mille. — On compte de *cent à mille* en faisant suivre le nom de chaque centaine des noms des quatre-vingt-dix-neuf premiers nombres. On a : *cent un, cent deux;... deux cent un, deux cent deux..., neuf cent un..., neuf cent quatre-vingt-dix-neuf*, **mille**.

13. Première classe. — Les *unités*, *dizaines* et *centaines* de un à mille composent la **classe des unités simples** ou **première classe**.

QUESTIONNAIRE. — 1. Qu'est-ce que la numération apprend? — 2. Citer les noms des neuf unités simples; — des neuf dizaines. — 3. Comment compte-t-on les nombres entre dix et cent? — 4. Citer les noms des neuf centaines. — 5. Comment compte-t-on les nombres entre cent et mille. — 6. Qu'est-ce qui compose la première classe?

CALCUL MENTAL RAPIDE

I. Que faut-il *ajouter* à chacun des nombres suivants :

a) Pour avoir **18** : 9, 8, 11, 13, 12, 14?
b) Pour avoir **21** : 15, 13, 16, 17, 16?
c) Pour avoir **33** : 26, 29, 24, 27?
d) Pour avoir **42** : 38, 35, 37, 33, 36?

II. Que faut-il *retrancher* de chacun des nombres suivants :

a) Pour avoir **7** : 16, 13, 15, 12, 14?
b) Pour avoir **18** : 23, 27, 22, 26, 24?
c) Pour avoir **27** : 36, 33, 35, 32, 34?
d) Pour avoir **39** : 42, 47, 43, 48, 44?

III. Que faut-il *ajouter* à :

17 pour avoir 24 | 36 pour avoir 43
24 —   31 | 28 —   35

IV. Que faut-il *retrancher* de :

21 pour avoir 16 | 45 pour avoir 37
37 —   29 | 32 —   23

EXERCICES

Oraux. — **1.** *Combien de* **dizaines** *dans :* cinquante; trente; soixante; vingt; soixante-dix; quarante; quatre-vingt-dix ? — **2.** *Combien de* **dizaines** *pour faire :* quatre centaines; six centaines; trois centaines et demie; sept centaines; mille; deux centaines et demie ? — **3.** *Combien de* **dizaines** *pour faire :* cent soixante; deux cent trente; cinq cent cinquante; huit cent dix; six cent soixante-dix; trois cent trente ? — **4.** *Combien de dizaines faut-il ajouter à treize dizaines pour faire deux centaines; — à vingt-cinq dizaines pour faire trois centaines; — à quarante-trois dizaines pour faire cinq centaines; — à soixante-quinze dizaines pour faire mille ?* — **5.** *Quel est le plus grand nombre de centaines et d'unités? Quel est le plus petit ?* — **6.** *Quel est le plus petit nombre de dizaines et d'unités? Quel est le plus grand?* — **7.** *Quel est le plus petit nombre de centaines, dizaines et unités? Quel est le plus grand?*

PROBLÈMES
Partage en deux parties inégales.

TYPE. — **8. Dans une réunion de 37 personnes, le nombre des hommes surpasse celui des femmes de 11. Combien y a-t-il de personnes de chaque sexe?** (C. E. *Vosges.*)

SOLUTION[1]. — Je rends le nombre des hommes égal à celui des femmes en diminuant de 11 le nombre des hommes.

$37 \begin{cases} \text{Hommes} \\ \text{Femmes} \end{cases}$

Le total sera lui-même diminué de 11 et deviendra $37 - 11$ ou 26.
Le nombre des femmes est donc $26 : 2$, ou 13, et celui des hommes de $13 + 11$, ou 24.
Vérification : $24 + 13 = 37$.

Oraux. — **9.** *On veut couper un fil de fer de 32 mètres en deux parties, de manière que l'une ait 6 mètres de plus que l'autre. Quelle sera la longueur de chaque partie?* — **10.** *Un foulard et une cravate coûtent 7 francs. Le foulard vaut 3 francs de plus que la cravate, dire le prix de chaque objet.* — **11.** *14 oranges et 4 citrons valent ensemble 2 francs. Sachant qu'un citron vaut 5 centimes de plus qu'une orange, trouver le prix d'une orange et celui d'un citron.*

Écrits. — **12.** Un fermier vend un certain nombre de moutons sur 80 qu'il possédait : il en garde 12 de plus qu'il n'en a vendu. Combien en a-t-il vendus?

13. On a partagé 638 pommes entre un certain nombre d'enfants; avec 6 pommes en plus on aurait pu en donner 46 à chacun. Combien y a-t-il d'enfants? (C. E.)

14. Sept lièvres et 7 lapins de garenne coûtent 56 francs. Un lièvre coûte 4 francs de plus qu'un lapin. Quel est le prix d'un lièvre et celui d'un lapin?

*****15.** On a payé un cheval et un mulet 650 francs. Si le mulet avait été payé 80 francs de moins que le cheval, le prix d'achat total eût été de 720 francs. Combien a-t-on payé le cheval, et combien le mulet?

=== CALCUL ÉCRIT RAPIDE ===

16. *Additionner* les nombres obtenus :
a) En *comptant* de 10 en 10, de 43 à 113;   b) de 20 en 20, de 55 à 155.
c) En   —   100 en 100, de 27 à 427;   d) 50 en 50, de 38 à 388.

---

1. Pour résoudre un problème, il faut, toutes les fois qu'on le peut, recourir au *dessin* ou *graphique*. Le *dessin* fait plus vivement saisir le sens exact de la question et permet souvent un mode de solution plus simple et plus clair.

NUMÉRATION DES NOMBRES ENTIERS (Suite)

Comment on forme et on nomme les nombres plus grands que mille.

14. Mille. — Une *collection* de *mille unités* forme un **mille** ; on compte mille mille, comme on a compté mille unités ; on dit :

un mille, deux mille..., neuf cent quatre-vingt-dix-neuf mille, mille mille.

15. De mille à million. — On compte de *mille* à *million* en faisant suivre le nom de chaque mille des noms des neuf cent quatre-vingt-dix-neuf premiers nombres. On dit :

Mille un, mille deux..., deux mille un, deux mille deux..., neuf cent quatre-vingt-dix-neuf mille un..., neuf cent quatre-vingt-dix-neuf mille neuf cent quatre-vingt-dix-neuf, mille mille, ou **million.**

16. Deuxième classe. — Les *unités de mille, dizaines de mille, centaines de mille,* forment la **classe** des **mille** ou **deuxième classe.**

17. Million. — Une *collection* de *mille mille* forme un **million** ; on compte mille millions comme on a compté mille mille et mille unités.

18. Troisième classe. — Les *unités de millions, dizaines de millions, centaines de millions* forment la **classe** des **millions** ou **troisième classe.**

19. Milliard. — Après les millions, et de même, on forme la **classe** des **billions** ou **milliards.**

20. Ordres. — Chacune des classes comprend trois ordres : l'ordre des *unités,* l'ordre des *dizaines,* l'ordre des *centaines.*

Les ordres d'unités des classes successives font une suite d'ordres dans laquelle les *unités* forment le *1er ordre,* les *dizaines* le *2e ordre,* les *centaines* le *3e,* les *unités de mille* le *4e,* les *dizaines de mille* le *5e,* et ainsi de suite.

TABLEAU DES CLASSES ET DES ORDRES

4e CLASSE Billions			3e CLASSE Millions			2e CLASSE Mille			1re CLASSE Unités simples		
12e ordre	11e ordre	10e ordre	9e ordre	8e ordre	7e ordre	6e ordre	5e ordre	4e ordre	3e ordre	2e ordre	1er ordre
centaine	dizaine	unité	centaine	dizaine	unité	centaine	dizaine	unité	centaine	dizaine	unité

21. PRINCIPE. — **Dix unités d'un ordre font une unité de l'ordre immédiatement *supérieur*.**

Ainsi : *dix unités* font *une dizaine, dix centaines* font *un mille,* etc.

A cause de cela, notre numération est dite *décimale.*

QUESTIONNAIRE. — 1. Comment compte-t-on de *mille à million* ? — 2. De quoi se compose la *classe des mille* ? — 3. De quoi se compose la *classe des millions* ? — 4. Quelles *classes* viennent ensuite ? — 5. Combien chaque classe comprend-elle d'*ordres* ? — 6. Énoncer le *principe* de la numération décimale.

=== CALCUL MENTAL RAPIDE ===

Que faut-il *retrancher* de chacun des nombres suivants pour avoir :

a) **79** : 85, 88, 84, 87 ? — b) **87** : 93, 97, 95, 92 ? — c) **98** : 103, 107, 105 ?

EXERCICES

Oraux. — **17.** Dire le nom de *l'unité du 3ᵉ ordre, du 5ᵉ, du 7ᵉ.* — *Dire le nom de l'unité du 4ᵉ ordre, du 6ᵉ, du 8ᵉ.* — **18.** *Quelle est l'unité dix fois plus grande que la dizaine, la dizaine de mille ?* — *dix fois plus petite que la centaine, le million, le mille, la centaine de mille ?* — **19.** *Quelle est l'unité cent fois plus grande que la dizaine, la dizaine de mille ?* — *cent fois plus petite que le mille, le million, la centaine de mille ?* — **20.** *Combien une centaine contient-elle de dizaines ?* — *un mille contient-il de centaines ?* — *une dizaine de mille contient-elle de dizaines ?* — **21.** *Combien une centaine de mille contient-elle de dizaines, de centaines d'unités ?* — *un million contient-il de centaines d'unités, de dizaines de mille ?* — **22.** *Combien faut-il de dizaines d'unités pour faire un mille, une centaine de mille ?* — *de centaines d'unités pour faire une dizaine de mille, un million ?* — **23.** *Combien y a-t-il :* 1º *de dizaines dans huit centaines ; dans cinq mille ;* 2º *de centaines dans trois mille ; dans quarante mille ; dans deux millions ; dans cinq cent mille ?*

PROBLÈMES
Partage en plusieurs parties inégales.

TYPE. — **24. Paul, Pierre et Jacques ont ensemble 25 billes, Paul en a 2 de plus que Pierre, et celui-ci 4 de plus que Jacques. Combien chacun en a-t-il ?**

Solution. — Si je retranche 4 billes de la part de Pierre et 4 + 2 ou 6 billes de celle de Paul, je rends les trois parts égales à la part de Jacques.

25 { Paul... Pierre... Jacques...

Mais je retranche ainsi du total 4 + 6 ou 10 billes ; il reste donc 25 — 10 ou 15 billes ; d'où Jacques a 15 : 3 = 5 billes ; Pierre en a 5 + 4 = 9 et Paul en a 9 + 2 = 11.
Vérification : 5 billes + 9 billes + 11 billes = 25 billes.

Oraux. — **25.** *Trois bourses contiennent ensemble 23 francs : la 1ʳᵉ contient 3 francs de moins que la 2ᵉ et celle-ci 5 francs de moins que la 3ᵉ. Que contiennent-elles chacune ?* — **26.** *Il faut 28 lettres pour composer 3 mots : le 1ᵉʳ en a 5 de plus que le 2ᵉ et celui-ci 7 de plus que le 3ᵉ. De combien de lettres se compose chaque mot ?*

Écrits. — **27.** *Partager 2000 francs entre 3 personnes de façon que la première ait 600 francs de plus que la deuxième et celle-ci 400 francs de plus que la 3ᵉ.* (*Corse.*)

28. *Trois ouvriers se partagent 80 francs ; le 2ᵉ a 2ᶠʳ,75 de moins que le 1ᵉʳ ; le 3ᵉ 11ᶠʳ,10 de plus que le second ; combien chacun a-t-il pour sa part ?* (C. E.)

*****29.** *Partager une somme de 4310 francs entre 3 personnes, de façon que la 1ʳᵉ ait 450 francs de plus que la 2ᵉ et 700 francs de plus que la 3ᵉ.* (C. E.)

30. *On propose de partager 4240 francs entre 3 personnes de manière que la 3ᵉ reçoive 450 francs de plus que la 1ʳᵉ et 280 francs de moins que la 2ᵉ. Quelle somme chaque personne doit-elle recevoir ?* (*Drôme.*)

*****31.** *Trois frères se partagent une récolte de 40ʰˡ,95 de blé. Le plus jeune doit avoir 2ʰˡ,25 de plus que l'aîné et de moins que le cadet. Quelle est la part de chacun des trois frères ?* (*Ariège.*)

CALCUL ÉCRIT RAPIDE

32. — *Additionner les nombres obtenus :*
a) En *comptant* de 100 en 100, de 27 à 627 ; b) de 40 en 40, de 865 à 1185.
c) En — 500 en 500, de 685 à 4685 ; d) de 60 en 60, de 1210 à 1630.

NUMÉRATION DES NOMBRES ENTIERS (*Fin*)

Comment on écrit et on lit un nombre entier.

22. Chiffres. — Les *neuf unités* de chaque ordre sont représentées par les *neuf caractères* ou **chiffres significatifs** suivants :

1, 2, 3, 4, 5, 6, 7, 8, 9.
un, deux, trois, quatre, cinq, six, sept, huit, neuf.

23. Zéro. — Un dixième caractère, 0 (*zéro*), sert à marquer la place des unités qui manquent dans l'écriture d'un nombre.

24. Ordre d'unités. — La place d'un chiffre dans un nombre indique l'*ordre* d'unités qu'il représente. Soit le nombre 7 642 085. Le 1er chiffre à droite, 5, représente les *unités* ; le 2e chiffre, 8, immédiatement à gauche des unités, représente les *dizaines* ; le 3e, 0, à gauche des dizaines, tient la place des *centaines* qui manquent ; et ainsi de suite.

25. PRINCIPE. — Tout chiffre placé à la **gauche** d'un autre représente des unités **dix fois plus grandes** que cet autre.

26. Comment on écrit un nombre entier. — On écrit *successivement de gauche à droite* les centaines, dizaines et unités de chaque classe, dans l'ordre même où ces classes sont énoncées, en ayant soin de remplacer par des *zéros* les unités qui manquent.
Ainsi on écrit *trois millions vingt-cinq mille quatre* : **3 025 004**.

27. Comment on lit un nombre entier. — On le partage, à partir de la droite, en *tranches de trois chiffres*, la dernière à gauche pouvant n'avoir qu'un ou deux chiffres ; puis, commençant par la gauche, on **énonce** chaque tranche comme si elle était seule, en lui donnant le nom de la classe d'unités qu'elle représente.
Ainsi on lit 3 029 408 : *trois millions vingt-neuf mille quatre cent huit unités*.

*28. Valeurs d'un chiffre. — Tout chiffre dans un nombre a *deux valeurs* : celle qu'il a de lui-même, pris isolément, appelée **valeur absolue**, et celle que lui donne sa place dans le nombre, appelée **valeur relative**.
Ainsi dans le nombre 27 475, les *deux chiffres* 7 ont la même valeur absolue 7 ; la valeur relative de l'un est 7 dizaines, celle de l'autre est 7 unités de mille.

QUESTIONNAIRE. — 1. Qu'est-ce qui indique dans un nombre l'*ordre d'unités* représenté par un chiffre ? — 2. Citer le *principe* de la numération écrite. — 3. Comment écrit-on un nombre ? — 4. Comment *lit-on* un nombre ? — *5. Qu'est-ce que la *valeur absolue* d'un chiffre ? — *6. Qu'est-ce que la *valeur relative* d'un chiffre ?

CALCUL MENTAL RAPIDE

I. Addition d'un nombre de plusieurs chiffres avec un autre d'un seul chiffre. — On additionne le chiffre des *unités* du grand nombre avec le *petit nombre* et l'on ajoute le total aux *dizaines* du grand nombre.
Exemple : **847** et **8** ; on dit : 7 et 8... 15 ; 840 et 15... **855**.
EXERCICES : 526 + 7 ; 568 + 5 ; 697 + 4 ; 613 + 9 ; 743 + 8.

II. Nombre 9. — Pour ajouter 9 à un nombre on peut *ajouter* 10 et *retrancher* 1 du total. *Ex.* : **435 et 9** ; on dit : 435 et 10... 445 ; moins 1... **444**.

EXERCICES

Oraux. — **33.** Dans un nombre entier, que représente le chiffre placé au 4ᵉ rang, au 5ᵉ, au 2ᵉ, au 6ᵉ, au 8ᵉ ? — **34.** Combien faut-il placer de zéros après l'unité pour représenter une centaine, une dizaine de mille, un million ? — **35** Quelle est l'unité qui occupe le 3ᵉ rang à la droite des mille, des millions ? — **36.** Quelle est la plus haute unité d'un nombre de 3 chiffres ; de 5, de 7, de 4, de 6 chiffres ? — **37.** Lire les nombres suivants : 3 097 450 ; 8 000 049 ; 6 010 400 ; 17 001 300 ; 10 001 ; 7 040 003. — **38.** Le chiffre 7 peut-il avoir plusieurs valeurs absolues ? plusieurs valeurs relatives ? — Combien la valeur relative du chiffre 7 au 4ᵉ rang vaut-elle de fois sa valeur absolue ?

Écrits. — **39.** Écrire en chiffres les nombres suivants : huit mille ; neuf millions ; soixante-dix mille ; quatre cent mille ; sept cent huit ; quatre mille quarante ; deux cent mille quarante-cinq ; un million quatre-vingt-dix mille quatre cent huit ; cent onze mille onze ; onze mille cent onze.

40. Décomposer les nombres suivants en leurs unités des *différents ordres* : Ex. : 6 047 : 6 *unités de mille*, 4 *dizaines*, 7 *unités*. — 52 385 ; 148 207 ; 6 205 009 ; 45 800 407.

PROBLÈMES
Partage en deux parties dont l'une est multiple de l'autre.

TYPE. — **41. Deux personnes ont ensemble 36 francs. L'une possède 5 fois plus que l'autre. Combien chacune a-t-elle ?**

36ᶠʳ { 1ᵉʳ. |—|—|—|—|—|
        2ᵉ. |—|

SOLUTION. — La première personne possède 5 fois ce que possède la deuxième. Ensemble elles possèdent 5 + 1 fois, ou 6 fois ce que possède la deuxième.

Donc la deuxième a 36ᶠʳ : 6 ou 6 francs et la première 6ᶠʳ × 5 ou 30 francs.
Vérification : 30ᶠʳ + 6ᶠʳ = 36 francs.

Oraux. — **42.** J'ai 3 fois plus de billes que mon ami ; ensemble nous en avons 20. Combien en avons-nous chacun ? — **43.** Si Pierre recevait 4 fois plus d'oranges qu'il n'en a, il en aurait en tout 35. Combien en a-t-il ? — **44.** Le poids total de deux objets est de 49 grammes ; l'un pèse 6 fois moins que l'autre. Quel est le poids de chaque objet ? — **45.** Un père a 4 fois l'âge de son fils et les deux âges font 45 ans. Quel est l'âge de chacun ?

Écrits. — **46.** Un enfant a 2 livres qui contiennent ensemble 216 pages, l'un en contient 3 fois autant que l'autre. Combien de pages y a-t-il dans chacun des livres ? *(Bourses des lycées et collèges.)*

47. Quatre associés ont à se partager une somme de 75 000 francs. Le premier doit avoir autant que les 3 autres, qui auront chacun une part égale. Combien chacun aura-t-il ? *(Aisne.)*

48. Deux tonneaux contiennent une égale quantité de liquide ; après avoir versé dans l'un 45 litres, et dans l'autre 120 litres, le contenu du 2ᵉ est double de celui du 1ᵉʳ. Combien de litres chacun contenait-il d'abord ?

49. Deux personnes jouent au billard à 1 franc la partie. Avant de commencer, l'une a 42 francs et l'autre 24 francs. Au bout d'un certain nombre de parties, la première se trouve avoir 5 fois autant que ce qui reste à la seconde. Combien de parties la première a-t-elle gagnées ? *(Vosges.)*

CALCUL ÉCRIT RAPIDE

50. *Additionner* les nombres obtenus :
a) En *comptant* de 5 en 5, de 556 à 616 ;   b) de 50 en 50, de 409 à 909.
c) En   —   9 en 9, de 95 à 185 ;   d) de 90 en 90, de 240 à 1140.

NUMÉRATION DES NOMBRES DÉCIMAUX

29. Unités décimales. — On appelle **unités décimales** les parties de l'unité divisée en *dix, cent, mille*, etc., **parties égales.**

Ce sont les *dixièmes, centièmes, millièmes, dix-millièmes, cent-millièmes, millionièmes*, etc.

30. Ordres. — Le *dixième* vaut *dix centièmes*; le *centième* vaut *dix millièmes*; et ainsi de suite.

Une unité décimale quelconque **vaut** donc *dix unités* de l'ordre immédiatement inférieur.

31. Rang. — D'après le principe de la numération, les *dixièmes* ou unités décimales du 1ᵉʳ ordre occupent le 1ᵉʳ *rang* à la droite des unités, les *centièmes* ou unités décimales du 2ᵉ ordre occupent le 2ᵉ *rang*, et ainsi de suite.

32. Fraction décimale. — Une ou plusieurs unités décimales forment une **fraction décimale** : 1 *millième*, 3 *dixièmes*.

33. Nombre décimal. — Un **nombre décimal** est un nombre entier accompagné d'une partie décimale : 2 *unités* 3 *dixièmes*.

34. Comment on écrit un nombre décimal. — On écrit la *partie entière*; à droite, on met *une virgule*, puis on écrit la *partie décimale* comme s'il s'agissait d'un nombre entier, en ayant soin de placer entre la virgule et le premier chiffre significatif de la partie décimale *assez de zéros* pour que le *dernier chiffre* décimal soit au *rang* qui lui convient.

Soit à écrire 3 *unités* 25 *dix-millièmes* ; je dis : les dix-millièmes occupent le 4ᵉ rang à la droite de la virgule ; il faut 4 chiffres à la partie décimale; je n'en ai que deux avec 25 ; je complète par 2 zéros entre la virgule et 25 ; j'écris : **3,0025**.

Dans une *fraction décimale*, on remplace par *un zéro* la partie entière qui manque. On écrit 45 *centièmes* : **0,45**.

35. Comment on lit un nombre décimal. — On énonce la *partie entière*, puis la *partie décimale*, comme s'il s'agissait d'un nombre entier, en donnant au *dernier chiffre* le nom de *l'unité décimale* qu'il représente.

Ainsi on lit **4,035** : 4 *unités* 35 *millièmes*.

QUESTIONNAIRE. — 1. Qu'appelle-t-on *unités décimales*? — 2. Quel rang occupent les dixièmes, etc.? — 3. Qu'est-ce qu'une *fraction décimale*? — un *nombre décimal*? — 4. Comment *écrit-on* un nombre décimal? — 5. Comment *lit-on* un nombre décimal?

=== CALCUL MENTAL RAPIDE ===

Addition de deux nombres de deux chiffres. — On ajoute successivement à l'un des nombres les *dizaines* et *unités* de l'autre.

Exemples : 1° : $60 + 30$; on dit : 6 et 3... 9 dizaines ou **90**.
2° : $68 + 50$; on dit : 60 et 50... 110; et 8... **118**.
3° : $45 + 78$; on dit : 45 et 70... 115; et 8... **123**.

Exercices :
a) $50+30$ | $90+50$ | $54+70$ | $21+33$ | $28+72$ | $58+81$
b) $60+40$ | $37+80$ | $69+60$ | $39+51$ | $56+43$ | $74+26$

EXERCICES

Oraux. — **51.** *Quelle est l'unité décimale qui occupe, à la droite de la virgule, le 3e rang, le 5e, le 4e, le 2e, le 6e?* — **52.** *A quel rang, à la droite de la virgule, s'écrivent : les centièmes, les cent-millièmes, les millièmes?* — **53.** *Combien doit-on écrire de zéros entre la virgule et le premier chiffre d'une partie décimale, si ce premier chiffre représente : des millièmes, des millionièmes, des centièmes, des dix-millièmes?* — **54.** *Combien de **dixièmes dans** 5 centaines; de **centièmes** dans 42 mille; de **millièmes** dans 3 dizaines?*

Écrits. — **55.** Écrire, *en plaçant la virgule à la droite des unités* : 35 dixièmes 4 millièmes; 345 centièmes 7 cent-millièmes; 94 dixièmes 7 millionièmes?

56. Écrire les *fractions décimales* : 45 centièmes, 7 dix-millièmes, 603 millionièmes, 57 millièmes, 349 cent-millièmes.

PROBLÈMES

Partage en plusieurs parties multiples deux à deux.

TYPE. — **57. J'ai 4 fois moins d'argent que Jules qui en a 2 fois plus que Georges. Ensemble nous avons $3^{fr},50$. Combien avons-nous chacun ?**

$3^{fr},50 \begin{cases} \text{Jules. . .} \\ \text{Moi. . . .} \\ \text{Georges . .} \end{cases}$

SOLUTION. — Je prends comme unité la plus petite somme. J'ai une part; Jules 4 et Georges 2. Ensemble nous avons $1 + 4 + 2$ ou 7 parts.

Je possède donc $3^{fr},50 : 7$ ou $0^{fr},50$; Georges a $0^{fr},50 \times 2$ ou 1 franc, et Jules a $0^{fr},50 \times 4$ ou 2 francs.

Vérification : $0^{fr},50 + 1^{fr} + 2^{fr} = 3^{fr},50$.

Oraux. — **58.** *Partager 100 billes entre Jean, Pierre et Jacques de manière que Jean en ait 2 fois plus que Pierre, et celui-ci 3 fois plus que Jacques.* — **59.** *Partager 14 francs entre 1 homme, 1 femme et 1 enfant de manière que l'enfant reçoive moitié moins que la femme et celle-ci moitié moins que l'homme.* — **60.** *Dans une famille d'ouvriers, le gain du père est double de celui de la mère. Le gain total d'une semaine de 6 jours de travail est de 54 francs. On demande le gain journalier de chaque personne.*

Écrits. — **61.** Un sac de 63 noisettes doit être partagé entre 3 enfants, de telle façon que le 1er en ait 2 fois plus que le 2e et le 3e la moitié des parts réunies des deux autres? Quelle sera la part de chacun?

62. On demande de partager $59^{fr},15$ entre Pierre, Paul et Jacques, de manière que Paul ait 2 fois plus que Pierre, et Jacques 2 fois plus que Paul. (C. E.)

*****63.** Partager 520 francs entre 5 hommes, 4 femmes et 3 enfants, de manière que chaque homme ait autant qu'une femme et un enfant, et chaque femme autant que 2 enfants.

*****64.** Partager 42 924 francs entre 3 personnes de manière que la 1re ait la moitié de ce qu'aura la 2e et le tiers de ce qu'aura la 3e. (*Haute-Marne.*)

CALCUL ÉCRIT RAPIDE

65. *Additionner* les nombres obtenus :
a) En *comptant* de 8 en 8 de 1204 à 1284; b) de 6 en 6 de 1108 à 1168.
c) — 7 en 7 de 2034 à 2111; d) de 9 en 9 de 3140 à 3230.

10, 100, ETC. FOIS PLUS GRAND OU PLUS PETIT

Nombre entier rendu 10, 100, etc. fois plus grand ou plus petit.

*36. **Principe.** — Si on rend la *valeur relative* de chacun des chiffres d'un nombre 10, 100, etc. *fois plus grande ou plus petite*, on rend chacune des parties du nombre 10, 100, etc. fois plus grande ou plus petite et par conséquent le *nombre lui-même* est rendu 10, 100, etc. *fois plus grand ou plus petit*. D'où les règles suivantes :

37. **Nombre entier 10, 100, etc., fois plus grand.** — On rend un nombre entier 10, 100, etc., *fois plus grand* en **écrivant** à sa **droite** *un zéro pour* 10, *deux zéros pour* 100, etc., c'est-à-dire *autant de zéros* qu'il y en a à la droite de l'unité.

Ex. : Le nombre **49**, *rendu* 100 *fois plus grand*, devient **4900**.

En effet, la valeur relative de chacun des chiffres de 49 est devenue, dans 4900, 100 fois plus grande, puisque les 9 unités sont devenues 9 centaines, les 4 dizaines sont devenues 4 mille. 4900 unités ou 49 centaines représentent donc bien un nombre 100 fois plus grand que 49 unités.

38. **Nombre entier 10, 100, etc., fois plus petit.** — On rend un nombre entier 10, 100, etc., *fois plus petit*, en **supprimant**, quand le nombre est terminé par des zéros, *un zéro pour* 10, *deux zéros pour* 100, etc., ou en **séparant**, sur la **droite** de ce nombre, *un chiffre décimal pour* 10, *deux chiffres pour* 100, etc.

1ᵉʳ *ex.* : le nombre **87 600**, *rendu* 100 *fois plus petit*, devient **876**;
2ᵉ *ex.* : le nombre **5748**, *rendu* 1000 *fois plus petit*, devient **5,748**.

En effet, la valeur relative de chacun des chiffres du 1ᵉʳ nombre 87 600 est devenue 100 fois plus petite, puisque les 6 centaines sont devenues 6 unités, les 7 mille sont devenus 7 dizaines, les 8 dizaines de mille sont devenues 8 centaines. 876 unités représentent donc bien un nombre 100 fois plus petit que 87 600 ou 876 centaines.
De même dans le 2ᵉ exemple, 5,748 ou 5748 millièmes représentent bien un nombre 1000 fois plus petit que 5748 unités, les millièmes étant 1000 fois plus petits que les unités.

39. **S'il manque des chiffres**, on **complète** au moyen de *zéros* placés à la **gauche** du nombre.

Ex. : Le nombre **39**, *rendu* 1000 *fois plus petit*, devient **0,039**.

QUESTIONNAIRE. — *1. Que devient un nombre si on rend la *valeur relative* de chacun de ses chiffres 10, 100, etc. fois plus grande ou plus petite ? — 2. Comment rend-on un nombre entier 10, 100, etc. fois plus grand ? — 10, 100, etc. fois plus petit ?

CALCUL MENTAL RAPIDE

Addition de deux nombres de trois chiffres. — On ajoute successivement à l'un des nombres les *centaines, dizaines* et *unités* de l'autre.

Ex. : 1° **800 + 700**; on dit : 8 et 7... 15 centaines ou **1500**.
2° **437 + 300**; on dit : 400 et 300... 700; et 37... **737**.
3° **235 + 546**; on dit : 235 et 500... 735; et 40... 775; et 6... **781**.

EXERCICES :	239 + 700	600 + 768	235 + 610	715 + 248
300 + 900	745 + 500	900 + 856	938 + 630	807 + 604
500 + 800	576 + 800	700 + 538	356 + 540	458 + 846

EXERCICES

Oraux. — **66.** *Que devient la valeur relative de chacun des chiffres de* 4605 *rendu* 100 *fois plus grand?* — *de* 35 080 *rendu* 1000 *fois plus petit?* — **67.** *Si on ajoute deux zéros à la droite de* 47, *que devient ce nombre?* — **68.** *Combien* 3,45 *est-il de fois plus petit que* 345 ? — 647 *de fois plus grand que* 0,647 ?

Écrits. — **69.** Rendre successivement 10 fois, puis 100 fois *plus grands* : 36; 84; 324; 700; 8000; 2535; 17; 185; 809; 9000; 8040; 39600; 470.

70. Rendre les nombres suivants successivement 100 fois, puis 10 fois *plus petits* : 4000; 500; 600; 3540; 6376; 763; 86; 8; 76323; 50004.

PROBLÈMES
Quantités multiples et prix différents.

TYPE. — **71. Le chocolat vaut 2 francs le kilogramme; le café 5 francs. On achète 2 fois plus de chocolat que de café, et on dépense en tout 72 francs. Combien de kilogrammes de chaque marchandise a-t-on achetés?**

Solution. — Pour 1 kilogramme de café, on achète 2 kilogrammes de chocolat et on dépense $5^{fr} + 4^{fr}$, ou 9 francs.

Si pour une dépense de 9 francs, on a 1 kilogramme de café; pour une dépense de 72 francs, on a, en café : $1^{kg} \times \frac{72}{9} = 8$ kilogrammes et, en chocolat $8^{kg} \times 2 = 16$ kilogrammes.

Vérification : $\begin{matrix} 8^{kg} \text{ de café} & \text{à } 5^{fr} = 40^{fr} \\ 16^{kg} \text{ de chocolat à } 2^{fr} = 32^{fr} \end{matrix} \Big\}$ 72 francs.

Oraux. — **72.** *Un ouvrier gagne* 4 *francs par jour, un autre* 6 *francs. Ils reçoivent ensemble* 48 *francs; sachant que le* 1er *a travaillé* 2 *fois moins de jours que le* 2e, *on demande pendant combien de jours chacun a travaillé.* — **73.** *J'ai dans ma bourse* 3 *fois plus de pièces de* 5 *francs que de pièces de* 2 *francs, et j'ai en tout* 34 *francs. Combien ai-je de pièces de chaque sorte?* — **74.** *Un chasseur vend sa chasse qui se compose de* 5 *fois moins de lièvres que de perdreaux. Il reçoit en tout* 66 *francs. Sachant qu'un lièvre vaut* 7 *francs et un perdreau* 3 *francs, dire de quoi se compose cette chasse.*

Écrits. — **75.** Un père gagne 10 fois plus que son fils. Ensemble ils gagnent en 100 jours 825 francs. Que gagnent-ils chacun par jour?

76. Un fruitier qui vend 100 fois plus de fruits à 0^{fr},10 qu'à 0^{fr},50 en a vendu pour 31^{fr},50. Combien de fruits de chaque sorte ont été vendus?

77. Deux pièces de drap valent ensemble 624 francs. La 1re qui est 4 fois plus longue que la seconde vaut 9 francs le mètre, et la seconde vaut 12 francs le mètre. Quel est le prix de chaque pièce ? (C. E.)

78. Un horloger a vendu 18 montres en argent et 13 en or pour 3150 francs. Une montre en or coûte 4 fois plus qu'une montre en argent. Quel est le prix d'une montre de chaque sorte ? (C. E.)

CALCUL ÉCRIT RAPIDE

79. Additionner les nombres obtenus :
a) En *comptant* de 25 en 25, de 425 à 675 · b) de 880 à 1130.
c) — 12 en 12, de 136 à 256; d) de 15 en 15, de 225 à 375.
e) — 19 en 19, de 147 à 337; f) de 29 à 29; de 72 à 362.

10, 100, ETC. FOIS PLUS GRAND OU PLUS PETIT

Nombre décimal rendu 10, 100 etc. fois plus grand ou plus petit.

40. Nombre décimal 10, 100, etc. fois plus grand. — On rend un nombre décimal, 10, 100, etc. fois *plus grand*, en **déplaçant la virgule** vers la droite d'*un rang* pour 10, de *deux rangs* pour 100, etc., c'est-à-dire d'*autant de rangs qu'il y a de zéros* à la droite de l'unité.

Ex. : Le nombre **3,425**, rendu 100 *fois plus grand*, devient **342,5**.

En effet 342,5 ou 3 425 dixièmes représentent bien un nombre 100 fois plus grand que 3,425 ou 3 425 millièmes, les dixièmes étant 100 fois plus grands que les millièmes.

41. Nombre décimal 10, 100, etc. fois plus petit. — On rend un nombre décimal, 10, 100, etc. fois *plus petit* en **déplaçant la virgule** vers la gauche d'*un rang pour* 10, de *deux rangs pour* 100, etc., c'est-à-dire d'*autant de rangs qu'il y a de zéros* à la droite de l'unité. S'il *manque des chiffres*, on **complète** au moyen de *zéros*.

Ex. : Le nombre **3,425**, rendu 100 *fois plus petit*, devient **0,03425**.

En effet 0,03425 ou 3 425 cent-millièmes représentent bien un nombre 100 fois plus petit que 3,425 ou 3 425 millièmes, les cent-millièmes étant 100 fois plus petits que les millièmes.

42. Zéros sur la droite d'un nombre décimal. — Un nombre décimal **ne change pas de valeur** quand on *ajoute* ou quand on *retranche* un ou plusieurs *zéros* sur sa droite.

En effet, les nombres 3,25, et 3,2500 ont la même valeur puisqu'ils sont composés des mêmes chiffres significatifs ayant les mêmes valeurs relatives : dans *les deux nombres*, le chiffre 5 représente des centièmes; le chiffre 2 représente des dixièmes et le chiffre 3 représente des unités.

43. Calcul mental. — Mentalement, pour rendre un nombre 10, 100, etc., fois *plus grand* ou *plus petit*, il suffit d'exprimer les unités de ce nombre en unités 10, 100, etc. fois plus grandes ou plus petites.

Ainsi le nombre 37 rendu 100 fois *plus grand*, devient 37 *centaines*; le nombre 43 dixièmes rendu 100 fois *plus petit*, devient 43 *millièmes*.

QUESTIONNAIRE. — 1. Comment rend-on un nombre décimal 10, 100, etc. fois *plus grand*? — *plus petit*? Donner des exemples. — 2. Que devient un nombre décimal si on ajoute un ou plusieurs *zéros* sur sa droite? — 3. Mentalement, que suffit-il de faire pour rendre un nombre 10, 100, etc. fois *plus grand* ou *plus petit*?

CALCUL MENTAL RAPIDE

Addition de nombres ronds. — Lorsque l'un des nombres se rapproche d'un nombre rond de *centaines* ou de *dizaines*, on additionne le nombre rond en centaines ou en dizaines et on *diminue* le total de la *différence* du nombre au nombre rond.

Exemple : **47 + 58**; on dit : 47 et 60... 107; moins 2... 105.
— **364 + 593**; on dit : 364 et 600... 964; moins 7... 957.

Exercices :
| 28 + 49 | 45 + 67 | 66 + 87 | *154 + 196 | *647 + 485 |
| 34 + 58 | 56 + 78 | 73 + 39 | 233 + 391 | 756 + 594 |

EXERCICES

Oraux. — **80.** Combien le nombre 287,5 est-il de fois plus grand que 2,875? — **81.** Combien le nombre 0,0045 est-il de fois plus petit que 4,5 et pourquoi? — **82.** Quel changement apporte-t-on au nombre 32,4 si on place un zéro à sa droite? un zéro à sa gauche? — **83.** Que deviennent dans un nombre 1° rendu 10 fois plus grand : les dixièmes, les millièmes? 2° rendu 1000 fois plus petit : les centièmes, les dixièmes? — **84.** En supprimant la virgule, combien chacun des nombres suivants est-il rendu de fois plus grand : 5,5; 2,58; 23,655; 3,067? — **85.** Rendre les nombres suivants : 1° 10 fois plus grands; 2° 100 fois plus petits, en changeant le nom des unités qu'ils expriment : 8 mille; 28 centièmes; 15 dizaines; 8 dixièmes; 3 millions; 43 centaines.

Écrits. — **86.** Rendre le nombre 84,37 : 10 fois *plus grand*; 10 fois *plus petit*; 1000 fois *plus grand*; 1000 fois *plus petit*.

87. Trouver le nombre 100 fois *plus grand* que 0,045; 1000 fois *plus petit* que 4,64; 10 fois *plus petit* que 0,1; 1000 fois *plus grand* que 0,04.

PROBLÈMES
Prix d'achat.

TYPE. — **88. Un négociant vend 135 mètres de toile à 1^{fr},35 le mètre. Il fait ainsi un bénéfice total de 30 francs. Quel était le prix d'achat total?**

Solution. — Le *prix d'achat* total est égal au *prix de vente total* diminué du *bénéfice*.

Le *prix de vente* total est égal au produit du *prix d'une unité* par le *nombre d'unités*.

Prix de vente total : 1^{fr},35 × 135 = 182^{fr},25.
Prix d'achat total : 182^{fr},25 − 30^{fr} = 152^{fr},25.

Oraux. — **89.** Un drapier vend 7 mètres de drap à 15 francs le mètre. Il fait un bénéfice de 25 francs. Quel était le prix d'achat total? — **90.** Un négociant vend 5 pièces d'étoffe de chacune 12 mètres à 3 francs le mètre. Il gagne 1 franc par mètre. Quel était le prix d'achat total? — **91.** En revendant 34 francs de la toile à raison de 1^{fr},70 le mètre, on gagne 0^{fr},20 par mètre. Dire le prix d'achat du drap et la longueur de la pièce?

Écrits. — **92.** Un marchand achète 650 mètres d'étoffe. Il revend 150 mètres pour 760 francs, puis le reste à 5^{fr},50 le mètre. Il gagne ainsi 1^{fr},25 par mètre. Quel était le prix d'achat d'un mètre?

93. On a acheté au même prix 8 bœufs et 6 vaches. On les revend pour une somme totale de 4920 francs en gagnant 60 francs sur chaque bœuf et 40 francs sur chaque vache. Combien avait coûté chaque animal?

94. Un maquignon achète des chevaux pour 16 640 francs. En les revendant, quelques jours après, pour 17 290 francs, il gagne 25 francs par cheval. Dire le prix d'achat d'un cheval.

95. Un marchand a vendu, pour 479 francs chacune, 2 pièces de velours et de soie. Il gagne ainsi 106^{fr},80. Quel est le prix d'achat de chaque pièce s'il gagne 12 francs de plus sur le velours que sur la soie?

CALCUL ÉCRIT RAPIDE

96. *Additionner* les nombres obtenus :
a) En *comptant* de 200 en 200, de 155 à 2155; b) de 250 en 250, de 420 à 2920.
c) En — 125 en 125, de 515 à 1765; d) de 210 en 210, de 87 à 2187.

SYSTÈME MÉTRIQUE

44. Définition. — Le **système métrique** est *l'ensemble des poids et des mesures* dont l'usage est seul autorisé en France.

Il est appelé *métrique* parce que ses mesures dérivent du *mètre*, et *décimal* parce que sa numération a pour *base* 10, comme la numération décimale.

45. Unités principales. — On compte *huit unités principales* de mesures, correspondant aux huit **grandeurs** à mesurer :

le **mètre** (m), pour les *longueurs* ;	le **stère** (s), pour les *bois de chauffage* ;
le **mètre carré** (m²), pour les *surfaces* ;	le **litre** (l), pour les *capacités* ;
l'**are** (a), pour les *surfaces agraires* ;	le **gramme** (g), pour les *poids* (1) ;
le **mètre cube** (m³), pour les *volumes* ;	le **franc** (f ou fr), pour les *monnaies*.

46. Unités secondaires. — Les unités principales ont leurs **multiples** et leurs **sous-multiples** décimaux.

47. Multiples. — Les **multiples** sont des unités 10, 100, 1000 fois *plus grandes* que l'unité principale.

On les énonce en plaçant devant le nom de l'unité principale les mots suivants :
déca (da), qui veut dire   10 ou *dizaine* ;   on a : *dam* ; *dal* ; *dag* ; *das*.
hecto (h),   —   100 ou *centaine* ;   on a : *hm* ; *hl* ; *hg*.
kilo (k),   —   1000 ou *mille* ;   on a : *km* ; *kl* ; *kg*.
Myria (M),   —   10 000 ou *diz. de mille* ; on a : *Mm*.

Et en plus, pour les mesures de poids, on a :
Le **quintal** (q), qui vaut 100^{kg}. — La **tonne** (t), qui vaut 1000^{kg}.

48. Sous-multiples. — Les **sous-multiples** sont des unités 10, 100, 1000 fois *plus petites* que l'unité principale.

On les énonce en plaçant *devant* le nom de l'unité principale les mots suivants :
déci (d),   qui veut dire *dixième* ou 0,1   ; on a : *dm* ; *dl* ; *dg* ; *ds*.
centi (c),   —   *centième* ou 0,01 ; on a : *cm* ; *cl* ; *cg*.
milli (m),   —   *millième* ou 0,001 ; on a : *mm* ; *ml* ; *mg*.

QUESTIONNAIRE. — 1. Qu'est-ce que le *système métrique* ? — 2. Pourquoi l'appelle-t-on *métrique* et *décimal* ? — 3. Citer les huit *unités principales*. — 4. Qu'appelle-t-on *multiples* ? — 5. Comment les énonce-t-on ? — 6. Qu'appelle-t-on *sous-multipl s* ? — 7. Comment les énonce-t-on ? — 8. Indiquer les abréviations employées pour les multiples et les sous-multiples.

CALCUL MENTAL RAPIDE

I. Addition de deux nombres décimaux. — On additionne les *parties décimales* après les avoir ramenées toutes à la plus *petite unité* exprimée ; on *convertit* le total en entiers et on *ajoute* ce total à celui des nombres entiers.

Exemple : 8^m,4 + 15^m,75 ; on dit : 40^{cm} et 75^{cm}... 115^{cm} ou 1^m,15 ; 8^m et 15^m... 23^m ; et 1^m,15... **24^m,15**.

EXERCICES
{ 2^{fr},25 + 1^{fr},10 | 4^m,35 + 2^m,50 | 8^{fr},35 + 12^{fr},85
{ 1^{fr},85 + 2^{fr},10 | 18^m,75 + 13^m,60 | 19^{fr},23 + 25^{fr},95

II. Nombre rond. — Si la partie décimale de l'un des nombres se *rapproche de l'unité*, on additionne la partie entière de ce nombre *augmenté de un*, et l'on retranche du total la *différence* de la partie décimale à l'unité.

Exemple : 4,37 + 5,92 ; on dit : 4,37 et 6... 10,37 ; moins 8... **10,29**.

EXERCICES
{ 3^{fr},45 + 6^{fr},95 | 10^m,54 + 9^m,96 | 11^m,48 + 9^m,94
{ 7^{fr},55 + 4^{fr},85 | 15^m,25 + 17^m,85 | 27^m,65 + 18^m,80

---

(1) L'unité fondamentale de poids est le *kilogramme* (kg). Loi du 11 juillet 1903.

EXERCICES

Oraux. — **97.** Quel est le multiple ou sous-multiple valant 100 déca? — 100 déci? — 100 centi? — 100 milli? — 10 centi? — 10 000 déci? — **98.** Le kilo étant pris pour unité, que représentent les dixièmes? — les dizaines? — les centièmes? — les centaines? — les millièmes? — **99.** Combien faut-il de déca pour faire 1 kilo? — de centi pour faire 3 déca? — de déci pour faire 2 kilo? — d'hecto pour faire 3 Myria?

Écrits. — **100.** Écrire les nombres suivants en prenant pour unité l'hectomètre : $3^{Mm},75$; $75^{dm},4$; — le centilitre : $7^{hl},40$; $85^{dal},25$; $7^{hl},86$; — le kilogramme : $35^{dag},2$; $725^{dg},7$; 2537 centigrammes.

101. Exprimer, en changeant le nom de l'unité, chacun des nombres suivants rendu : 1° *100 fois plus grand* : 40 millimètres; 79 décigrammes; 9 décimètres; — 2° *100 fois plus petit* : 87 centilitres; 8 hectogrammes; 9 hectomètres.

PROBLÈMES
Prix de vente.

TYPE. — **102. Un marchand de nouveautés achète 32 mètres de velours à $12^{fr},50$ le mètre et $8^m,50$ de soie à $2^{fr},60$ le mètre. Il veut réaliser un bénéfice de 45 francs. Combien doit-il revendre le tout?**

SOLUTION. — Le *prix de vente* est égal au *prix d'achat total* augmenté du *bénéfice*. Le prix d'achat total comprend le *prix d'achat du velours* et le *prix d'achat de la soie*.

Prix d'achat du velours : $12^{fr},50 \times 32 = 400$ francs.
Prix d'achat de la soie : $2^{fr},60 \times 8,5 = 22^{fr},10$.
Prix d'achat total : $400^{fr} + 22^{fr},10 = 422^{fr},10$.
Prix de vente total : $422^{fr},10 + 45^{fr} = 467^{fr},10$.

Oraux. — **103.** 12 mètres d'étoffe ont coûté 42 francs. Combien doit-on revendre le mètre pour gagner 2 francs par mètre? — **104.** On achète 8 mètres de calicot à $2^{fr},50$ le mètre. Combien doit-on le revendre pour gagner 8 francs sur le tout? — **105.** En revendant 160 francs du drap qui avait coûté 120 francs, un marchand a gagné 4 francs par mètre. Combien de mètres a-t-il vendus?

Écrits. — **106.** Un négociant a reçu 14 pièces d'étoffe de chacune 85 mètres à 231 francs la pièce. Combien devra-t-il revendre le tout pour gagner $0^{fr},40$ par mètre? *(Calvados.)*

107. Un marchand a 237 mètres de toile qui lui ont coûté 422 francs. Il en vend 102 mètres à $1^{fr},55$ le mètre. Combien devra-t-il vendre le mètre de ce qui reste pour n'avoir ni perte ni bénéfice?

108. J'achète 24 mètres de drap pour 378 francs, j'en revends le quart en faisant une perte de 15 francs. Combien dois-je revendre le mètre de ce qui reste pour gagner 48 francs sur le tout? *(Orne.)*

109. Un tisserand a fait 2 pièces de toile de $92^m,45$ chacune en 18 jours. Il a employé pour les 2 pièces $81^{kg},250$ de fil à $4^{fr},50$ le kilogramme. Combien doit-il vendre le mètre de toile pour gagner $3^{fr},50$ par jour?

CALCUL ÉCRIT RAPIDE

110. *Additionner* les sommes obtenues :
En *comptant* de $0^{fr},50$ en $0^{fr},50$: *a*) de $0^{fr},20$ à $5^{fr},20$; *b*) de $0^{fr},45$ à $5^{fr},45$.
En — de $0^{fr},90$ en $0^{fr},90$: *c*) de $0^{fr},60$ à $9^{fr},60$; *d*) de $0^{fr},35$ à $9^{fr},35$.

FRACTIONS

49. Exemple. — Si je prends une *unité* quelconque, une *pomme* par exemple, ou une *feuille de papier*, et si je partage cette unité en cinq *parties égales*, j'obtiens des *parties* cinq fois plus petites que l'unité : ce sont des **cinquièmes**.

En partageant l'unité en *six, sept, huit*, etc. parties égales, j'obtiens des *sixièmes*, des *septièmes*, des *huitièmes*, comme on obtient des *dixièmes*, des *centièmes*, etc., en partageant l'unité en *dix, cent*, etc. parties égales.

Ces *parties* de l'unité sont des **fractions**; elles sont *d'autant plus petites* que l'unité est partagée en un nombre plus grand de parties égales, et *d'autant plus grandes* que l'unité est partagée en un nombre moindre de parties : ainsi des *sixièmes* sont plus petits que des *cinquièmes* et plus grands que des *septièmes*.

50. Définition. — Une **fraction** est *une partie* ou *la réunion de plusieurs parties* de l'unité divisée en *parties égales*.

Exemple : un cinquième, six huitièmes, huit douzièmes.

51. Termes. — Une fraction se compose de *deux termes*; l'un, le **dénominateur**, indique en combien de parties égales l'unité a été divisée; l'autre, le **numérateur**, indique combien on a pris de ces parties.

Ainsi dans la fraction ordinaire : *quatre cinquièmes*, le **dénominateur** : *cinquièmes*, indique que l'unité a été divisée en cinq parties égales, et le **numérateur** : *quatre*, indique qu'on a pris quatre de ces parties.

Le **numérateur** indique le *nombre* des parties; le **dénominateur** dénomme ces parties : ce sont des *cinquièmes*, ou des *dixièmes*, ou des *douzièmes*..., etc.

52. Comment on écrit une fraction. — On écrit le *numérateur*; au-dessous on écrit le *dénominateur* en le séparant du numérateur par un *trait horizontal*.

Exemple : On écrit 5 *sixièmes* : $\frac{5}{6}$, et 3 *dixièmes* : $\frac{3}{10}$.

53. Comment on lit une fraction. — On énonce le *numérateur*, puis le *dénominateur* terminé en *ième*.

Exemple : $\frac{4}{5}$ se lit : 4 *cinquièmes*; et $\frac{7}{12}$: 7 *douzièmes*.

Exception. — Les dénominateurs 2, 3, 4, s'énoncent *demi, tiers, quart*.

QUESTIONNAIRE. — 1. Qu'est-ce qu'une *fraction* ? — 2. Qu'indique le *numérateur* ? — 3. Qu'est-ce que le *dénominateur* ? — 4. Comment écrit-on une fraction ? — 5. Comment lit-on une fraction ? — 6. Comment lit-on les dénominateurs 2, 3, 4 ?

CALCUL MENTAL RAPIDE

I. Que faut-il *ajouter* à **46** pour avoir **283**? *On dit* : 46 et 4... 50; et 33.. 83; 4 et 33... 37; 83 et 200... 283; 37 et 200... 237.

EXERCICES : Que faut-il *ajouter* à chacun des nombres suivants : pour avoir **175** : 43; 64; 57; 26? — pour avoir **187** : 35; 47; 68; 75?

II. Que faut-il *ajouter* à **58** pour avoir **135**. *On dit* : 58 et 2.. 60; et 40... 100; 2 et 40... 42; 100 et 35... 135; 42 et 35... 77.

EXERCICES : Que faut-il *ajouter* à chacun des nombres suivants : pour avoir **143** : 48; 55; 66; 88? — pour avoir **157** : 68; 75; 82; 93?

EXERCICES

Oraux. — **111.** Quelles unités de fraction obtient-on en partageant l'unité en 3 parties égales; en 5; en 7; en 11? — De même en partageant une demie en trois parties égales; un tiers en quatre parties; un quart en cinq parties? — **112.** Que sont les quinzièmes par rapport aux cinquièmes; les quarts par rapport aux demis; les sixièmes par rapport aux tiers? — **113.** Combien faut-il de quarts pour faire une demie; de tiers pour faire 2 entiers; de sixièmes pour faire un tiers?

Écrits. — **114.** Classer par *ordre de grandeur*, en commençant par les plus petites, les fractions suivantes : $1/7$; $1/4$; $1/13$; $1/2$; $1/3$; $1/15$; $1/6$; $1/11$; $1/5$; $1/20$.

115. *Écrire* les fractions suivantes : deux vingt-cinquièmes; soixante cent-douzièmes; sept cents millièmes; quatre-vingts cent-vingt-cinquièmes.

PROBLÈMES
Transformation du blé.

TYPE. — **116. L'hectolitre de blé pèse 75 kilogrammes et produit en farine les 4/5 de son poids. Sachant que 100 kilogrammes de farine donnent 130 kilogrammes de pain, quelle quantité de pain ferait-on avec 10 hectolitres de blé?**

SOLUTION. — Je chercherai d'abord le poids des 10 hectolitres de blé; les 4/5 de ce poids donneront le poids de la farine, et autant de 100 kilogrammes de farine, autant de 130 kilogrammes de pain.

Poids des 10 hectolitres de blé : $75^{kg} \times 10 = 750$ kilogrammes.

Farine produite : $\dfrac{750^{kg}}{5} \times 4 = 600$ kilogrammes.

Poids du pain : $130^{kg} \times \dfrac{600}{100} = 780$ kilogrammes.

Oraux. — **117.** 20 kilogrammes de farine donnent 25 kilogrammes de pain. Combien a-t-on de pain avec 100 kilogrammes de farine? — **118.** 100 kilogrammes de blé donnent 80 kilogrammes de farine. La farine fournit en pain 1/3 en plus de son poids. Quelle quantité de pain peut-on faire avec 600 kilogrammes de blé? — *119. Quel poids de farine est nécessaire pour faire 960 kilogrammes de pain, sachant que la farine donne les 4/3 de son poids de pain?

Écrits. — **120.** 100 kilogrammes de blé donnent 80 kilogrammes de farine, et 100 kilogrammes de farine produisent 130 kilogrammes de pain. Combien fera-t-on de pains de 3 kilogrammes avec 8 hectolitres de blé de 75 kilogrammes chacun? *(Haute-Saône.)*

121. Combien faudrait-il d'hectolitres de froment pesant 75 kilogrammes l'hectolitre, pour nourrir, pendant un an, un homme qui mange 750 grammes de pain par jour, sachant que 100 kilogrammes de blé donnent 104 kilogrammes de pain?

*122. Si l'hectolitre de blé donne 72 kilogrammes de farine et si 5 kilogrammes de farine produisent 6 kilogrammes de pain, combien faut-il de blé pour faire un pain de 2 kilogrammes?

CALCUL ÉCRIT RAPIDE

123. *Additionner* les nombres obtenus :

En comptant de $0^{fr},25$ en $0^{fr},25$: *a)* de $3^{fr},40$ à $5^{fr},90$; *b)* de $1^{fr},45$ à $3^{fr},95$.
— de $0^{fr},55$ en $0^{fr},55$: *c)* de $2^{fr},60$ à $8^{fr},10$; *d)* de $4^{fr},85$ à $10^{fr},35$.

COMPARAISON DES FRACTIONS

54. Fraction comparée à l'unité. — Une fraction est **égale à l'unité** lorsque le numérateur est *égal* au dénominateur. *Ex.* : $\frac{5}{5} = 1$.

En effet, la fraction $\frac{5}{5}$ contient *toutes* les parties de l'unité partagée en 5 parties égales.

55. Une fraction est plus **grande que l'unité** lorsque le numérateur est *plus grand* que le dénominateur. *Exemple* : $\frac{7}{5} = \frac{5}{5} + \frac{2}{5} = 1\frac{2}{5}$.

En effet, la fraction $\frac{7}{5}$ contient *toutes* les parties de l'unité, *plus* 2 parties, ou l'unité plus $\frac{2}{5}$.

56. Une fraction est **plus petite que l'unité** lorsque le numérateur est *plus petit* que le dénominateur. *Exemple* : $\frac{4}{5}$.

En effet, la fraction $\frac{4}{5}$ ne contient *que* 4 parties de l'unité partagée en 5 parties égales.

57. Comparaison des fractions entre elles. — Lorsque deux fractions ont le *même dénominateur*, la plus grande est celle qui a le plus grand numérateur.

$$\text{Soit} \quad \frac{8}{15} \quad \text{et} \quad \frac{6}{15}.$$

8 quinzièmes sont évidemment plus grands que 6 quinzièmes.

58. Lorsque deux fractions ont le *même numérateur*, la plus grande est celle qui a le plus petit dénominateur.

$$\text{Soit} \quad \frac{8}{15} \quad \text{et} \quad \frac{8}{17}.$$

$\frac{1}{15}$ est plus grand que $\frac{1}{17}$; $\frac{8}{15}$ sont plus grands que $\frac{8}{17}$.

QUESTIONNAIRE. — 1. Quand une fraction est-elle *égale* à l'unité? — 2. Quand une fraction est-elle *plus grande* ou *plus petite* que l'unité? — 3. Lorsque deux fractions ont le même dénominateur, laquelle est la plus grande? Donnez un exemple. — 4. Lorsque deux fractions ont le *même numérateur*, laquelle est la plus grande? Donnez un exemple.

=== CALCUL MENTAL RAPIDE ===

I. Que faut-il *ajouter* à **327** pour avoir **645**?
On dit : 327 et 3... 330; et 15... 345; 3 et 15... 18; 345 et 300... 645; 18 et 300... **318**.

II. Que faut-il *ajouter* à **432** pour avoir **715**?
On dit : 432 et 68... 500; et 15... 515; 68 et 15... 83; 515 et 200... 715; 83 et 200... **283**.

EXERCICES : *a)* Que faut-il ajouter aux nombres suivants pour avoir **869** : 243; 328; 517; 653? — *b)* Pour avoir **978** : 147; 359; 467; 736? — *c)* Pour avoir **632** : 185; 258; 367; 549? — *d)* Pour avoir **927** : 643; 585; 763; 847?

EXERCICES

Oraux. — **124.** Citer une fraction égale à l'unité et ayant 6 pour numérateur. — **125.** Citer une fraction supérieure à l'unité et ayant 7 pour numérateur. — **126.** Indiquer quelle est la plus grande des deux fractions 1/8 et 1/7 et pourquoi. — **127.** Indiquer quelle est la plus grande des deux fractions 5/9 et 6/9 et pourquoi.

Écrits. — **128.** Écrire les fractions suivantes en trois groupes : 1° fractions *égales* à l'unité; 2° fractions *plus petites* que l'unité; 3° fractions *plus grandes* que l'unité : 8/7; 4/6; 5/3; 2/5; 8/8; 9/10; 15/13; 8/7; 2/3; 24/25; 21/21; 6/6.

129. Écrire la fraction représentant la *moitié* de 1/4; de 1/3; — le *tiers* de 1/4; de 1/5.

PROBLÈMES
Prix de revient.

TYPE. — **130. 1 hectolitre de blé qui pèse 80 kilogrammes coûte 18 francs. Sachant que le blé donne les 3/4 de son poids en farine et la farine les 5/4 de son poids en pain, on demande le prix de revient du kilogramme de pain.**

SOLUTION. — Il suffit de chercher le poids du pain produit par 1 hectolitre de blé; ce pain revient à 18 francs. Le prix du kilogramme de pain s'obtiendra en divisant 18 francs par le poids du pain en kilogrammes.

Farine produite par 1 hectolitre de blé : $\dfrac{80^{kg}}{4} \times 3 = 60$ kilogrammes.

Pain produit par 60 kilogrammes de farine : $\dfrac{60^{kg}}{4} \times 5 = 75$ kilogrammes.

D'où : prix de revient du kilogramme de pain : $18^{fr} : 75$ ou $0^{fr},24$.

Oraux. — **131.** 100 kilogrammes de farine coûtent 30 francs; 4 kilogrammes de farine donnent 5 kilogrammes de pain. A combien revient le kilogramme de pain? — **132.** 4 kilogrammes de farine donnent 5 kilogrammes de pain. Combien coûte le kilogramme de farine si 1 kilogramme de pain vaut $0^{fr},40$? — **133.** Quel bénéfice fait-on en vendant, à raison de $0^{fr},40$ le kilogramme, le pain produit par 48 kilogrammes de farine coûtant 18 francs si la farine donne en pain les 5/4 de son poids?

Écrits. — **134.** Lorsque la farine coûte 48 francs les 150 kilogrammes, que doit coûter le kilogramme de pain? 5 kilogrammes de farine donnent 6 kilogrammes de pain et le boulanger gagne 16 francs par quintal de farine. (*Ardennes.*)

135. La farine de 1 lit 1/4 de blé fournit 1 kilogramme de pain; l'hectolitre et demi de blé pesant 120 kilogrammes coûte $28^{fr},50$. Les frais de mouture et de fabrication du pain sont de $8^{fr},70$ par quintal de blé. Quel est le prix de revient d'un kilogramme de pain? (*C. E.*)

*****136.** 3 kilogrammes de farine donnent 4 kilogrammes de pain. Quel sera le bénéfice d'un boulanger qui a acheté 49 sacs de farine pesant chacun net 157 kilogrammes, au prix de 53 francs le sac, s'il vend $0^{fr},75$ le pain de 2 kilogrammes?

=== CALCUL ECRIT RAPIDE ===

137. *Additionner* les nombres obtenus :

En *comptant* de 0,75 en 0,75 : *a*) de 0,25 à 7,75; *b*) de 21,45 à 28,95.
— de 0,65 en 0,65 : *c*) de 1,35 à 7,85; *d*) de 0,95 à 7,45.

EXPRESSIONS ET NOMBRES FRACTIONNAIRES

59. Expression fractionnaire. — On appelle **expression fractionnaire** une quantité écrite sous la forme d'une fraction dans laquelle le numérateur est *plus grand* que le dénominateur. *Ex.* : $\frac{5}{4}$; $\frac{11}{3}$; $\frac{14}{9}$.

60. Unités entières contenues dans une expression fractionnaire. — Une **expression fractionnaire** contient autant d'*unités entières* que son numérateur contient de fois son dénominateur.

Exemple : $\frac{17}{5} = 3\frac{2}{5}$.

En effet l'unité vaut 5 cinquièmes ; 17 cinquièmes contiennent donc autant d'unités que de fois 5 cinquièmes ; c'est-à-dire autant d'unités que le numérateur 17 contient de fois le dénominateur 5 ; soit 3 unités $\frac{2}{5}$. D'où :

61. Règle. — Pour **extraire** les entiers d'une expression fractionnaire, on **divise** le numérateur par le dénominateur. Si la division laisse un **reste**, on *ajoute au quotient* une **fraction** ayant ce reste pour numérateur et le diviseur pour dénominateur.

62. Règle. — Pour **convertir** un nombre fractionnaire en expression fractionnaire, on **multiplie** le nombre entier par le **dénominateur** de la fraction ; on **ajoute au résultat** le **numérateur** et on **donne pour dénominateur** à la somme le dénominateur de la fraction.

Exemple : $4\frac{2}{5} = \frac{22}{5}$.

En effet, l'unité vaut 5 cinquièmes ; 4 unités valent 4 fois 5 cinquièmes, ou $\frac{20}{5}$; et $4\frac{2}{5}$ valent $\frac{20}{5}$ plus $\frac{2}{5}$ ou $\frac{22}{5}$. D'où :

63. Règle. — Une fraction pouvant être considérée comme la division indiquée du numérateur par le dénominateur, il s'ensuit que, pour **convertir** une fraction ordinaire en **fraction décimale**, on **divise** le **numérateur** de cette fraction par le **dénominateur**.

Exemples : $\frac{4}{5} = 0,8$; $\frac{5}{8} = 0,625$.

QUESTIONNAIRE. — 1. Qu'est-ce qu'une expression fractionnaire ? — 2. Comment extrait-on les unités d'une expression fractionnaire ? — 3. Comment convertit-on un nombre fractionnaire en expression fractionnaire ? — 4. Comment peut-on considérer une fraction ? — 5. Comment convertit-on une fraction ordinaire en *fraction décimale* ?

=== CALCUL MENTAL RAPIDE ===

Addition de deux nombres quelconques de plus de trois chiffres. — On additionne *l'un des deux nombres en entier* successivement avec les *différentes unités* de l'autre, en commençant par les *plus élevées*.

Exemple : **2743 + 7938.** On dit : 2743 et 7000... 9743 ; et 900... 10 643 ; et 30... 10 673 ; et 8... **10 681**.

Exercices : 8542 + 658 ;   985 + 3542 ;   8537 + 7685 ;   3689 + 9537.

EXERCICES

Oraux. — **138.** *Extraire les entiers contenus dans les expressions fractionnaires suivantes* : 21/2; 20/5; 21/3; 30/10; 8/3; 18/5; 25/5. — **139.** *Exprimer le nombre 8 en une fraction qui ait successivement pour dénominateur* : 2, 3, 5, 7, 9, 11. — **140.** *Laquelle est la plus grande des deux quantités* : 8/9 et 11/12? *Laquelle est la plus grande des trois expressions fractionnaires* : 13/9, 14/10 et 15/11.

Écrits. — **141.** *Extraire* les entiers des valeurs suivantes :

$$35/3; \quad 83/15; \quad 117/20; \quad \frac{14+7+20}{13+14}; \quad \frac{8\times 9\times 10}{5\times 3\times 4}.$$

142. *Écrire* sous forme de fractions : 3 4/5; 8 4/9; 6 3/8; 10 4/7.

143. *Convertir* en fractions décimales : 1/4; 1/2; 3/4; 1/5; 1/25; 1/50; 5/8; 3/20; 4/75.

PROBLÈMES
Bénéfice sur une vente.

TYPE. — **144.** Si j'avais vendu 5 francs de plus un objet qui m'a coûté 17 francs, j'aurais gagné 8 francs. Combien l'ai-je vendu et quel a été mon bénéfice?

Solution. — *Prix de vente = prix d'achat + bénéfice.*
Avec un bénéfice de 8 francs, le prix de vente serait $17^{fr} + 8^{fr}$ ou 25 francs. Le prix de vente est de 5 francs moins élevé, c'est-à-dire de $25^{fr} - 5^{fr}$ ou 20 francs. Le bénéfice est donc de $20^{fr} - 17^{fr}$ ou 3 francs.

Oraux. — **145.** J'ai acheté 40 pommes à raison de 4 pour 0^{fr},12. Combien dois-je les revendre par 5 pour gagner 0^{fr},40 sur le tout? — **146.** Des œufs ont été achetés au prix de 10 francs le 100; combien doit-on les revendre la douzaine pour gagner 0^{fr},05 sur 2 œufs? — *147. Une pièce de toile de 100 mètres a été payée 125 francs. On a revendu 1^{fr},60 le mètre de cette toile. Quel est le bénéfice total qui a été réalisé?

Écrits. — **148.** Si j'avais vendu 15^{fr},75 de plus une marchandise qui me coûtait 345^{fr},25, j'aurais gagné 24^{fr},50 : combien l'ai-je vendue?

149. Un épicier a acheté 12 douzaines d'oranges à 0^{fr},06 la pièce. Il en vend la moitié à 0^{fr},08, le quart à 0^{fr},05 et le reste au prix coûtant. Quel est son bénéfice?
(Tarn.)

150. Un papetier achète des plumes à raison de 1 franc la grosse et les revend au prix de 4 pour 0^{fr},05. Que gagne-t-il par grosse de plumes?

*151. Un marchand a acheté 2 pièces de drap pour 870 francs. En revendant 7^m,5 pour 102 francs, il gagne 2 francs par mètre. Dites la longueur de chaque pièce, sachant que l'une a 12 mètres plus que l'autre.

*152. Un pépiniériste a vendu 625 arbres à fruits de deux espèces à 1^{fr},50 et à 0^{fr},75. Quel est son bénéfice, sachant que ces arbres lui reviennent en moyenne à 0^{fr},85 pièce, et qu'il y a de la 2ᵉ espèce 135 arbres de plus que de la 1ʳᵉ?
(Gironde.)

CALCUL ÉCRIT RAPIDE

153. *Additionner* les nombres obtenus.
En *comptant* de 1,25 en 1,25 : *a*) de 15 à 27,50; *b*) de 21,45 à 33,95.
de 2,90 en 2,90 : *c*) de 17,50 à 46,50; *d*) de 7,35 à 36,35.

FRACTIONS RENDUES PLUS GRANDES OU PLUS PETITES

64. Numérateur 2, 3, etc. fois plus grand ou plus petit — Un numérateur 2, 3, etc. fois *plus grand* ou *plus petit* indique que la fraction contient 2, 3, etc. fois *plus* ou *moins* des mêmes parties de l'unité, c'est-à-dire que *la fraction est 2, 3, etc., fois plus grande ou plus petite*.

Ex. : $\frac{9}{13}$ est une fraction 3 fois plus grande que $\frac{3}{13}$; $\frac{2}{11}$ 4 fois plus petite que $\frac{8}{11}$.

65. Règle. — On rend **une fraction 2, 3, etc. fois plus grande ou plus petite** en rendant le **numérateur** de cette fraction 2, 3, etc. fois *plus grand* ou *plus petit*.

66. Dénominateur 2, 3, etc. fois plus grand ou plus petit. — Un **dénominateur** 2, 3, etc. fois *plus grand* indique que les parties de l'unité sont 2, 3, etc. fois *plus petites*, c'est-à-dire que *la fraction est 2, 3, etc. fois plus petite*.

Ainsi : $\frac{3}{8}$ est une fraction 2 fois plus petite que $\frac{3}{4}$.

Si je partage $\frac{1}{4}$ de bâtonnet en 2 parties égales, j'obtiens deux fois $\frac{1}{8}$ ou $\frac{2}{8}$ de bâtonnet ; $\frac{1}{8}$ est donc 2 fois plus petit que $\frac{1}{4}$ et $\frac{3}{8}$ sont 2 fois plus petits que $\frac{3}{4}$.

67. Un **dénominateur** 2, 3, etc. fois *plus petit* indique que les parties de l'unité sont 2, 3, etc. fois *plus grandes*, c'est-à-dire que *la fraction est 2, 3, etc. fois plus grande*.

Ainsi : $\frac{2}{3}$ est une fraction 3 fois plus grande que $\frac{2}{9}$.

En effet, si je réunis en une seule part trois fois $\frac{1}{9}$ de bâtonnet, j'obtiens $\frac{1}{3}$ de bâtonnet ; $\frac{1}{3}$ est donc 3 fois plus grand que $\frac{1}{9}$ et $\frac{2}{3}$ sont 3 fois plus grands que $\frac{2}{9}$.

68. Règle. — On rend **une fraction 2, 3, etc. fois plus grande** en rendant le **dénominateur** 2, 3, etc. fois *plus petit* et, inversement, on rend une fraction 2, 3, etc. fois plus petite en rendant le **dénominateur** 2, 3, etc. fois *plus grand*.

QUESTIONNAIRE. — 1. Comment rend-on une fraction 2, 3, etc. fois *plus grande* ou *plus petite* ? — 2. Comment rend-on une fraction 2, 3, etc. fois *plus grande* ou *plus petite* en modifiant le dénominateur ? Donner un exemple pour chaque cas.

=== **CALCUL MENTAL RAPIDE** ===

Addition d'une série de nombres également distants les uns des autres. — On additionne le *premier* nombre avec le *dernier* et l'on multiplie la *demi-somme* obtenue par la *quantité* des nombres.

Ainsi, soit à trouver *le total des 7 nombres* $2 + 4 + 6 + 8 + 10 + 12 + 14$. On dit : 2 et 14... 16 ; moitié 8 ; 8×7... 56.

EXERCICES : Trouver la *somme* des nombres :
de 5 en 5, de 5 à 75. — de 3 en 3, de 10 à 70. — de 6 en 6, de 21 à 93.

EXERCICES

Oraux. — **154.** *Que devient la fraction* 4/7 *si on rend le numérateur* 3 *fois plus grand?* — *la fraction* 5/6 *si on rend le dénominateur* 3 *fois plus petit?* — **155.** *En modifiant le numérateur, rendre* 3 *fois plus grandes les fractions :* 2/3, 3/5, 7/12, 5/13; *et* 2 *fois plus petites les fractions :* 4/5, 12/13, 8/9, 6/11. — **156.** *En modifiant le dénominateur, rendre* 4 *fois plus petites les fractions :* 1/3, 5/6, 3/4; *et* 3 *fois plus grandes les fractions* 2/3, 5/12, 1/18.

Écrits. — **157.** Sans toucher au dénominateur, rendre chacune des fractions suivantes *8 fois plus grande* et extraire les unités des résultats : 6/12, 3/4, 5/6, 12/50.

158. Sans toucher au numérateur, rendre chacune des fractions suivantes 2 *fois plus grande :* 1/4, 1/10, 1/16; *3 fois plus grande :* 1/9, 1/12, 1/15.

159. Prendre : 1° la moitié; 2° le tiers; 3° le quart de 1/2; 1/3; 1/4; 1/6; 1/10.

PROBLÈMES

Une fraction d'un nombre étant donnée, trouver ce nombre.

TYPE. — **160. En revendant de la toile 2^{fr},70 le mètre, on perd le 1/4 du prix d'achat. Combien avait coûté le mètre de cette toile?**
(*Vienne.*)

Achat : 4/4 ⊢——⊢——⊢——⊢   SOLUTION. — La perte étant le 1/4 du prix d'achat,
Vente : 3/4 ⊢——⊢——⊢   le prix de vente 2^{fr},70 représente donc les 3/4
                             du prix d'achat.
Si les 3/4 du prix d'achat valent 2^{fr},70, le 1/4 vaut 2^{fr},70 : 3 ou 0^{fr},90, et le prix d'achat du mètre est 0^{fr},90 × 4, ou 3^{fr},60.

Oraux. — **161.** *Un nombre moins la* 1/2 *de son* 1/7 *égale* 26. *Quel est ce nombre?* (*c. e.*). — **162.** *Quel est le nombre qui, augmenté de la moitié de son tiers, donne* 42? (*c. e.*). — **163.** *Trouver deux nombres dont l'un soit les* 5/7 *de l'autre et dont la différence soit* 24. (*c. e.*). — **164.** *J'ai dépensé les 0,5 de ce que j'avais dans ma bourse; j'ai prêté ensuite* 12 *francs à quelqu'un, et il ne me reste que les 0,25 de ce que j'avais d'abord. Quelle somme avais-je?*

Écrits. — **165.** Si aux 3/4 de ce que Louis a dans sa poche, on ajoute 25 francs, on a 52 francs, combien possède-t-il? (*c. e.*)

166. Une prairie de 30 800 mètres carrés vaut actuellement les 4/15 de ce qu'elle vaudra lorsqu'elle sera améliorée par l'irrigation. Quelle sera sa valeur si, maintenant, elle est estimée à 0^{fr},95 le mètre carré? (*c. e.*)

167. Si aux 2/3 de l'âge de Pierre on ajoute 15 ans, on aura l'âge qu'il aura dans 5 ans. Quel est son âge actuel? (*c. e.*)

***168.** Un caissier donne les 0,4 de ce qu'il avait dans sa caisse; il reçoit ensuite 2 665 francs, et la valeur primitive de sa caisse se trouve augmentée d'un quart; combien avait-il d'abord?

CALCUL ÉCRIT RAPIDE

169. *Additionner* les nombres obtenus :
a) En *ajoutant* successivement 0^m,28, 4 fois à 14^m,85 et 3 fois à 9^m,70.
b) — successivement 0^{kg},47, 6 fois à 21^{kg},30 et 4 fois à 8^{kg},64.

FRACTIONS ÉQUIVALENTES

69. Fraction ne changeant pas de valeur. — Une fraction *ne change pas de valeur* quand on rend ses *deux termes* le *même nombre de fois* plus petits ou plus grands.

1er *Exemple* : $\dfrac{3}{4} = \dfrac{3 \times 2}{4 \times 2} = \dfrac{6}{8}$ { Unité en $\dfrac{1}{4}$
Unité en $\dfrac{1}{8}$ }

En effet, si je rends 2 fois plus grands, par exemple, les deux termes de la fraction $\dfrac{3}{4}$, j'obtiens $\dfrac{6}{8}$, c'est-à-dire 2 fois plus de parties d'unité, mais des parties 2 fois plus petites : les fractions $\dfrac{3}{4}$ et $\dfrac{6}{8}$ ont donc la même valeur.

2e *Exemple* : $\dfrac{6}{9} = \dfrac{6 : 3}{9 : 3} = \dfrac{2}{3}$ { Unité en $\dfrac{1}{9}$
Unité en $\dfrac{1}{3}$ }

De même si je rends 3 fois plus petits, par exemple, les deux termes de la fraction $\dfrac{6}{9}$, j'obtiens $\dfrac{2}{3}$, c'est-à-dire 3 fois moins de parties d'unité, mais des parties 3 fois plus grandes : les fractions $\dfrac{6}{9}$ et $\dfrac{2}{3}$ ont donc même valeur.

70. Fractions équivalentes. — Des fractions sont dites *équivalentes* lorsqu'elles ont la même valeur sans en avoir les mêmes termes.

Ainsi les fractions $\dfrac{3}{4}$ et $\dfrac{6}{8}$ sont équivalentes; de même $\dfrac{6}{9}$ et $\dfrac{2}{3}$.

71. Règle. — Pour **transformer** une fraction donnée en une fraction qui lui soit *équivalente*, il suffit de rendre *ses deux termes* le *même nombre de fois* plus grands ou plus petits, c'est-à-dire *de les multiplier* ou *de les diviser* par *un même nombre*.

72. Simplification. — **Simplifier** une fraction, c'est la *transformer* en une autre fraction **équivalente** dont les termes soient *plus petits*.

Pour cela, il suffit de rendre ses deux termes le même nombre de fois plus petits. Ainsi $\dfrac{6}{9} = \dfrac{6:3}{9:3} = \dfrac{2}{3}$; et $\dfrac{5}{15} = \dfrac{5:5}{15:5} = \dfrac{1}{3}$.

QUESTIONNAIRE. — 1. Quand une fraction ne change-t-elle pas de valeur? — 2. Qu'appelle-t-on fractions *équivalentes*? — 3. Comment *transforme-t-on* une fraction donnée en une fraction qui lui soit équivalente? — 4. Qu'est-ce que *simplifier* une fraction? — 5. Comment *simplifie-t-on* une fraction?

CALCUL MENTAL RAPIDE

Soustraction d'un nombre d'un seul chiffre d'un nombre de plusieurs chiffres. — Quand on ne peut pas retrancher directement le *petit nombre* des *unités du grand*, on ramène le grand nombre à la *dizaine exacte* qui précède et l'on retranche de ce résultat *ce qui reste* à retrancher du petit nombre.

Exemple : **434 — 7**. On dit : 434 moins 4... 430; moins 3... **427**.

EXERCICES : 184 — 7; 171 — 6; 274 — 7; 393 — 6; 453 — 8; 504 — 7.

EXERCICES

Oraux. — **170.** *Trouver les fractions équivalentes :* 1° à 3/5 *ayant pour numérateurs :* 6; 9; 15; 21; — 2° à 4/7 *ayant pour dénominateurs :* 35; 21; 28; 42. — **171.** *Trouver les fractions équivalentes à* 2/3 *ayant un dénominateur inférieur à* 30. — **172.** *Trouver les fractions équivalentes à* 3/4 *ayant un dénominateur inférieur à* 40.

Écrits. — **173.** Former deux fractions *équivalentes* à chacune des fractions suivantes et avec des termes *plus grands* : 2/5 ; 7/9 ; 5/6 ; 3/4 ; 7/9.

174. Former deux fractions *équivalentes* à chacune des fractions suivantes et avec des termes *plus petits* : 6/12 ; 4/20 ; 6/24 ; 14/28 ; 15/45.

175. *Simplifier* les fractions : 6/10 ; 15/25 ; 18/27 ; 50/80 ; 36/48.

176. *Transformer* 3/5 et 2/3 en 15^{es} | 2/3, 3/6, 3/4 en 12^{es} | 3/5, 4/15, 7/10 en 30es.

177. *Transformer* en 36es : 3/4, 4/9 | en 40es : 2/5, 5/10 | en 60es : 5/6, 7/12.

PROBLÈMES
Salaire et dépense.

TYPE. — **178. Un ouvrier quitte l'atelier 5 jours avant la fin du mois et reçoit 140 francs. S'il avait travaillé ces 5 jours en plus, il aurait reçu 175 francs. Pendant combien de jours a-t-il travaillé ?**

SOLUTION. — Salaire pour 5 journées en plus : 175^{fr} — 140^{fr} = 35 francs.
Salaire pour une journée : 35^{fr} : 5 = 7 francs.

Journées de travail : $1 \times \dfrac{140}{7} = 20$ jours.

Oraux. — **179.** *Deux ouvriers ont reçu : le* 1er, 105 *francs ; le* 2e, 125 *francs. Sachant que celui-ci a travaillé* 4 *jours de plus que le* 1er, *on demande pendant combien de jours a travaillé chaque ouvrier ?* — **180.** *Jacques a travaillé* 25 *jours sur* 30 ; *il dépense en moyenne* 4 *francs par jour. Combien doit-il gagner par jour de travail pour économiser* 30 *francs par mois ?* — **181.** *Il me manque* 10 *francs par mois de* 30 *jours pour que je puisse dépenser* 4 *francs par jour. Je veux, au contraire, économiser* 20 *francs par mois. Combien dois-je dépenser par jour ?*

Écrits. — **182.** Un ouvrier reçoit 4^{fr},80 par jour de travail et il dépense 2^{fr},75 tous les jours. Au bout de l'année il a économisé 489^{fr},05. Pendant combien de journées a-t-il travaillé ? *(Meurthe-et-Moselle.)*

183. Un ouvrier économise, en un an, 265^{fr},75. Sa dépense est en moyenne de 2^{fr},80 par jour. Calculer son salaire par jour de travail, sachant qu'il se repose 62 jours par an. *(Seine Inférieure.)*

***184.** Un ouvrier gagne 4^{fr},60 par jour et travaille 320 jours par an. Il paye 350 francs de loyer et dépense 242 francs pour son entretien, combien peut-il dépenser par jour pour sa nourriture s'il veut économiser 150 francs par an ?

***185.** Un ouvrier reçoit 4^{fr},75 chaque jour de travail et il dépense 2^{fr},75 par jour. Au bout de 40 jours il voudrait se reposer pendant 4 jours ; mais il lui manquerait 2^{fr},15 pour compléter sa dépense de ces 4 jours. Pendant combien de jours a-t-il travaillé ?

CALCUL ÉCRIT RAPIDE

186. *Additionner* les nombres obtenus :
a) En *retranchant* successivement 4, 5 fois du nombre 652 et 3 fois de 425.
b) — successivement 8, 3 fois du nombre 772 et 5 fois de 847.

FRACTIONS RÉDUITES AU MÊME DÉNOMINATEUR

73. Réduction des fractions au même dénominateur. — Réduire des fractions au même dénominateur, c'est les **transformer** en d'autres fractions qui leur soient *respectivement équivalentes*, et qui aient toutes le *même dénominateur*.

Aussi les fractions $\frac{3}{4}$, $\frac{5}{6}$, transformées en douzièmes, deviennent $\frac{9}{12}$, $\frac{10}{12}$.

74. Règle de la réduction de deux fractions au même dénominateur. — On **multiplie** les *deux termes de la première* par le **dénominateur** de la deuxième et les *deux termes de la deuxième* par le **dénominateur** de la première. On *simplifie* ensuite, s'il y a lieu

Soit $\frac{3}{4}$ et $\frac{5}{6}$; on a :

$\frac{3}{4} = \frac{5 \times 6}{4 \times 6} = \frac{18}{24}$;

$\frac{5}{6} = \frac{5 \times 4}{6 \times 4} = \frac{20}{24}$

En effet, les fractions $\frac{18}{24}$ et $\frac{20}{24}$ sont équivalentes aux fractions $\frac{3}{4}$ et $\frac{5}{6}$, puisqu'elles proviennent de ces dernières dont on a multiplié les deux termes par un même nombre. D'autre part, le dénominateur est le même puisqu'il est formé, pour chaque fraction, du produit des deux dénominateurs.

75. Règle de la réduction de plusieurs fractions au même dénominateur. — On **multiplie** les *deux termes de chacune d'elles* par le **produit des dénominateurs** de toutes les autres. On *simplifie* ensuite, s'il y a lieu.

Soit $\frac{2}{3}$, $\frac{4}{5}$, $\frac{6}{7}$; on a :

$\frac{2}{3} = \frac{2 \times 5 \times 7}{3 \times 5 \times 7} = \frac{70}{105}$;

$\frac{4}{5} = \frac{4 \times 3 \times 7}{5 \times 3 \times 7} = \frac{84}{105}$;

$\frac{6}{7} = \frac{6 \times 3 \times 5}{7 \times 3 \times 5} = \frac{90}{105}$.

Les fractions obtenues sont, en effet, équivalentes aux fractions données puisqu'elles proviennent de ces dernières dont on a rendu les deux termes le même nombre de fois plus grands; elles ont, d'autre part, un même dénominateur formé, pour chacune d'elles, du produit des dénominateurs des fractions données.

QUESTIONNAIRE. — 1. Qu'est-ce que *réduire des fractions au même dénominateur?* — 2. Comment *réduit-on deux* fractions au même dénominateur? — 3. Comment *réduit-on plusieurs* fractions au même dénominateur?

=== **CALCUL MENTAL RAPIDE** ===

Soustraction de deux nombres de deux chiffres. — On retranche successivement du grand nombre les *dizaines* et *unités* du petit.

Exemples : 1° : 90 — 50. On dit : 9 — 5... 4 *dizaines* ou **40**.
2° : 67 — 40. On dit : 60 — 40... 20; *et* 7... **27**.
3° : 43 — 25. On dit : 43 — 20... 23; moins 5... **18**.

Exercices $\begin{cases} 70-30 \\ 60-20 \end{cases}$ | 86 — 50 / 75 — 30 | 82 — 40 / 94 — 30 | 45 — 18 / 31 — 24 | 43 — 25 / 59 — 34 | 72 — 57 / 83 — 65

EXERCICES

Oraux. — 187. *Convertir* 2/5 en 15es ; 2/3 en 12es ; 3/12 en 16es ; 4/8 en 10es ; 9/15 en 25es. — **188.** *Convertir* 5/10 en 8es ; 12/14 en 21es ; 15/20 en 12es ; 8/40 en 30es ; 8/12 et 15/27 en 18es.

Écrits. — 189. Réduire *au même dénominateur*[1] :

1° 1/2 et 1/3 ;   3/4 et 4/5 ;   2/12 et 5/9.   2° 3/8 et 2/12 ;   2/9 et 3/4.
3° 4/8, 5/6 et 1/9 ;   3/5, 2/3 et 1/2.   4° 3/4, 5/6 et 3/9 ;   4/5, 3/4 et 5/6.

PROBLÈMES

Partage en deux parties l'une étant une fraction de l'autre.

TYPE. — 190. Une armoire et une commode coûtent ensemble 130 francs. Le prix de la commode égale les 5/8 de celui de l'armoire. Quel est le prix de chaque meuble. (*Finistère*.)

130fr { armoire : |—|—|—|—|—|—|—|—|
        commode : |—|—|—|—|—|

SOLUTION. — Si le prix de la commode est les 5/8 de celui de l'armoire, le prix de l'armoire est représenté par 8/8. Donc le prix total des deux meubles est représenté par 8/8 + 5/8 = 13/8.

Si 13/8 valent 130 francs, 1/8 vaut 130fr : 13 = 10 francs.
Et 8/8, représentant le prix de l'armoire, valent 10fr × 8 = 80 francs.
Le prix de la commode est de : 130fr — 80fr = 50 francs.

Oraux. — 191. *Partager 120 francs entre deux personnes de façon que la part de l'une soit les 2/3 de la part de l'autre.* — **192.** *La somme de deux nombres est 144. Le premier est égal aux 7/5 du second. Quels sont ces deux nombres ?* — **193.** *80 est la somme de deux nombres ; le plus petit est les 2/3 du plus grand. Quels sont ces deux nombres ?* (C. E.)

Écrits. — 194. Le prix de la doublure d'une étoffe est les 2/7 de celui de l'étoffe. 18 mètres d'étoffe doublée valent 162 francs. Quelle est la valeur de 1 mètre de doublure ?

195. Un mouton et un agneau coûtent ensemble 84 francs. Le prix de l'agneau est le 1/6 du prix du mouton. Quel est le prix de chaque animal ? (*Doubs*.)

196. Un volume relié revient à 5fr,60. La reliure a coûté les 3/5 du prix du volume broché. Trouver le prix du volume broché et le prix de la reliure. (*Seine*.)

197. Une maison et un jardin coûtent ensemble 21 385 francs. Le jardin ne coûte que les 2/5 du prix de la maison. Quelle est la valeur du jardin et celle de la maison ? (*Yonne*.)

***198.** Deux personnes possèdent ensemble 949 francs. L'avoir de la 1re est inférieur de ses 3/5 à celui de la 2e. On demande ce que possède chaque personne.

***199.** Deux pièces de ruban ont ensemble 64 mètres. La moitié de la première et le tiers de la deuxième font ensemble 26 mètres. Dites la longueur de chacune

CALCUL ÉCRIT RAPIDE

200. *Additionner* les nombres obtenus :
a) En *retranchant* successivement 30 francs, dix fois de 925 francs.
b) —   25 francs, dix fois de 654 francs.

---

[1]. Afin d'abréger les calculs, on doit simplifier le plus possible les fractions avant de les réduire au même dénominateur.

NUMÉRATION ROMAINE

76. Usage. — Les *heures* sur les cadrans d'horloge, les *dates* sur des monuments, etc., se marquent au moyen des **chiffres romains**.

77. Caractères. — Les *caractères* nécessaires pour représenter tous les nombres en chiffres romains sont les suivants :

I	V	X	L	C	D	M
un,	cinq,	dix,	cinquante,	cent,	cinq cents,	mille.

78. Règles. — Pour *écrire* ou *lire* un nombre en chiffres romains, on doit appliquer les **quatre règles** suivantes :

1° Les *chiffres semblables*, écrits à la suite les uns des autres, *s'ajoutent* : II = 1 + 1 ou 2 ; XXX = 10 + 10 + 10 ou 30 ; CC = 100 + 100 ou 200.

2° Tout chiffre, placé *à la droite* d'un autre plus fort, *s'ajoute* à celui-ci : VI = 5 + 1 ou 6 ; XII = 10 + 2 ou 12 ; LXI = 61 ; MDC = 1600.

3° Tout chiffre, placé *à la gauche* d'un autre plus fort, *se retranche* de celui-ci. IV = 5 − 1 ou 4 ; IX = 9 ; XL = 40 ; CD = 400.

4° Tout chiffre, placé *entre deux autres* plus forts, *se retranche* de celui de droite.
XIV = 14 ; CXL = 140 ; MCD = 1400.

QUESTIONNAIRE. — 1. Quels sont les *caractères* employés pour la *numération romaine* ? Indiquer leur *valeur* ? — 2. Quelles sont les *règles* relatives à la numération romaine ?

EXERCICES

Oraux. — **201.** 1° Que devient le nombre X si on le fait suivre de X ; — de V ; — de I ? — 2° Que devient le nombre X si on le fait précéder de V ; — de I ? — **202.** Que devient le nombre CL si on *intercale* entre ses éléments X ; — V ; — I ? — **203.** *Lire les nombres suivants* 1° XX ; CX ; DL ; — 2° IX ; ID ; XC ; VL ? — 3° DIV ; LIV ; MXD ; CCLI ; — 4° DXLIX ; MCMIX ; CCXCIV ; MMDCCCXCIX.

Écrits. — **204.** Écrire en chiffres romains les nombres suivants :

| 1° | 34 ; | 49 ; | 79 ; | 44 ; | 92 ; | 409 ; | 999. |
| 2° | 1494 ; | 2901 ; | 2099 ; | 1470 ; | 1089 ; | 1944 ; | 2755. |

CALCUL MENTAL RAPIDE

I. Soustraction de deux nombres quelconques. — On retranche successivement du grand nombre les *différentes unités* du petit en commençant par les plus élevées.

Exemple : **852 − 368.** On dit : 852 − 300... 552 ; − 60... 492 ; − 8... **484**.
Exemple **2531 − 954.** On dit : 2531 − 900... 1631 ; − 50... 1581 ; − 4... **1577**.
Exercices : 845 − 678 | 715 − 583 | 2634 − 1317 | 3620 − 1758.

II. Soustraction par l'addition. — On va du *petit nombre* à la dizaine qui suit immédiatement, puis au *grand nombre*, et l'on réunit les deux résultats.
Exemple : **88 − 53.** On dit : 53 et 7... 60 et 28... 88 ; 7 et 28... **35**.

Exercices $\begin{cases} 37 - 18 & 56 - 39 & 98 - 31 & 91 - 47 & 78 - 57 & 89 - 73 \\ 48 - 27 & 65 - 41 & 87 - 58 & 73 - 34 & 83 - 66 & 92 - 69 \end{cases}$

16ᵉ LEÇON

NOMBRES COMPLEXES

79. Définition. — Les **nombres complexes** sont les nombres qui ne se forment pas d'après les règles du *système décimal*, c'est-à-dire dont les unités ne sont pas de *dix en dix fois* plus grandes ou plus petites.

Telles étaient les anciennes mesures françaises; telles sont les unités de mesure du *temps*, de la *circonférence* et des *angles*.

80. Mesure du temps. — Les unités de mesure du **temps** sont les *années*, *mois*, *semaines*, *jours*, *heures*, *minutes* et *secondes*.

L'année se compose de 12 mois; de 365 jours (l'année bissextile a 366 jours); — le jour se compose de 24 heures; — l'heure se compose de 60 minutes (m); — la minute se compose de 60 secondes (s).

*81. Mesure de la circonférence et des angles. — Les unités de mesure de la **circonférence** et des **angles** sont les *degrés*, *minutes*, *secondes*.

La circonférence se compose de 360 degrés (°), le degré de 60 minutes (') et la minute de 60 secondes ("). L'angle droit, qui comprend entre ses côtés le *quart* de la circonférence, vaut donc 90 degrés. Les méridiens, l'équateur, les parallèles étant représentés par des circonférences, se divisent donc aussi en degrés, minutes et secondes.

QUESTIONNAIRE. — 1. Qu'appelle-t-on *nombres complexes*? — 2. Quelles sont les unités de mesure du *temps*, de la *circonférence* et des *angles*?

EXERCICES

Oraux. — **205.** *Compter le nombre exact de jours du 15 janvier au 15 février; du 17 mars au 25 avril; du 7 juillet au 3 septembre.* — ***206.** *Combien de degrés dans une demi-circonférence? — de minutes dans 1 degré; dans 10 degrés; dans 100 degrés? — de secondes dans 10 minutes; dans 50 minutes; dans 9 minutes; dans 1 degré?*

Écrits. — **207.** Combien d'*heures* dans une semaine; — de *minutes* en 9 heures, 12 heures, un jour? — de *secondes* en 25 minutes, 12 heures?
*208. Combien de *degrés* dans 3/4 de circonférence; dans 1/6 de circonférence? — de *minutes* dans 4 degrés; dans 12 degrés; dans 45 degrés; dans 60 degrés?

PROBLÈMES

Écrits. — **209.** Une personne, partie le 12 juillet à midi, est revenue le 7 août suivant à 3 h. 15 m. du soir. Combien de temps a duré son voyage? (C. E.)
*210. L'arc séparant deux villes situées sur un même méridien a pour mesure 27 degrés. Quelle est en kilomètres la distance de ces deux villes? Quelle serait cette distance si l'arc avait pour mesure 27 minutes? (C. E. Seine.)
*211. Deux points situés exactement sur l'équateur sont à une distance de 6000 kilomètres. Quelle est en degrés la mesure de l'arc qui les sépare?

CALCUL MENTAL RAPIDE

Soustraction de nombres décimaux. — Trouver la *différence* d'une fraction décimale à l'unité.

Exemple : **0,23**. On dit : 23 et 7... 30; et 70.... 100; 7 et 70... 77; **0,77**.
EXERCICES : 0,45; 0,75; 0,37; 0,88; 0,64; 0,27; 0,47; 0,62;

REPRÉSENTATION DES NOMBRES PAR DES LIGNES

82. Unité de ligne. — Les nombres peuvent être représentés par des **lignes**. On peut concevoir une *unité de ligne* correspondant à l'*unité de nombre*.

83. Valeur exprimée en ligne. — La *ligne représentant un nombre* se compose d'autant d'unités de ligne que le nombre contient d'unités.

Soit A ⊢―⊣ C l'unité de ligne ;
La ligne A ⊢―┼―┼―┼―┼―┼―⊣ O représente le nombre 7 ;
La ligne A ⊢―┼―┼―┼―⊣ K — le nombre 5 ;
La ligne A ⊢―┼―┼―┼―⊣ J — le nombre $4\frac{1}{2}$.

84. Lecture d'une ligne. — Si dans la droite ci-dessous, on convient que les petites divisions représentent les *unités*, la division AB, ou BC, représentera une *dizaine*, et la division AK une *centaine*.

La partie de droite MN aura pour valeur 3 dizaines et 7 unités : c'est-à-dire qu'elle représentera le nombre 37.

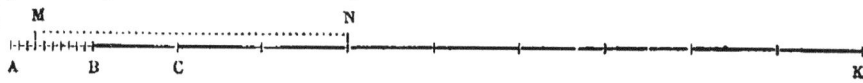

85. Grandeurs quelconques. — On pourrait considérer ces divisions comme correspondant à des valeurs en *litres, décalitres, hectolitres,* ou en *grammes, décagrammes, hectogrammes,* ou en *mètres, décamètres, hectomètres*.

Si on admet, par exemple, que la petite division corresponde à l'hectomètre, la division AB correspondra au kilomètre et la division AK au myriamètre.

86. Échelle. — Lorsqu'on convient de représenter graphiquement le *mètre* par une droite 100 fois plus petite, par le *centimètre*, on dit que la représentation se fait à l'**échelle** de 1/100ᵉ.

L'**échelle** serait de 1/100 000ᵉ, si le *kilomètre* était représenté par le *centimètre*, et de 1/1 000 000ᵉ si le *kilomètre* était représenté par le *millimètre*.

La carte du *Ministère de l'Intérieur* est dressée à l'*échelle* de 1 : 100 000, c'est-à-dire que le millimètre représente 100 000 millimètres ou 1 hectomètre.

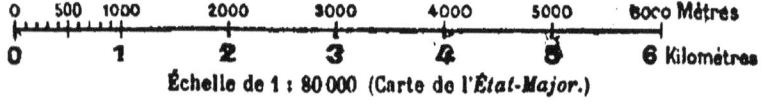

Échelle de 1 : 100 000 (Carte du *Ministère de l'Intérieur*.)

La carte de l'*État-Major* est dressée à l'*échelle* de 1 : 80 000, c'est-à-dire que le millimètre représente 80 000 millimètres ou 80 mètres.

Échelle de 1 : 80 000 (Carte de l'*État-Major*.)

=== CALCUL MENTAL RAPIDE ===

Soustraction de nombres décimaux. — *Exemple :* Trouver ce qui *manque* à **4ᶠʳ,65** *pour valoir* **7ᶠʳ,25**. On dit : 4ᶠʳ,65 et 0,35... 5ᶠʳ ; et 2ᶠʳ,25... 7ᶠʳ25 ; 2ᶠʳ,25 et 0,35... **2ᶠʳ,60.**

EXERCICES : Trouver ce qui *manque* à .

| 2ᶠʳ,25 pour valoir 3ᶠʳ | 3ᶠʳ,45 pour valoir 7ᶠʳ, | 7ᶠʳ,45 pour valoir 9ᶠʳ,10 |
| 1ᶠʳ,55 — 5ᶠʳ | 4ᶠʳ,65 — 9ᶠʳ,60 | 8ᶠʳ,75 — 10ᶠʳ,40 |

17ᵉ LEÇON
ÉCHELLE DES CARTES GÉOGRAPHIQUES

Carte de France.

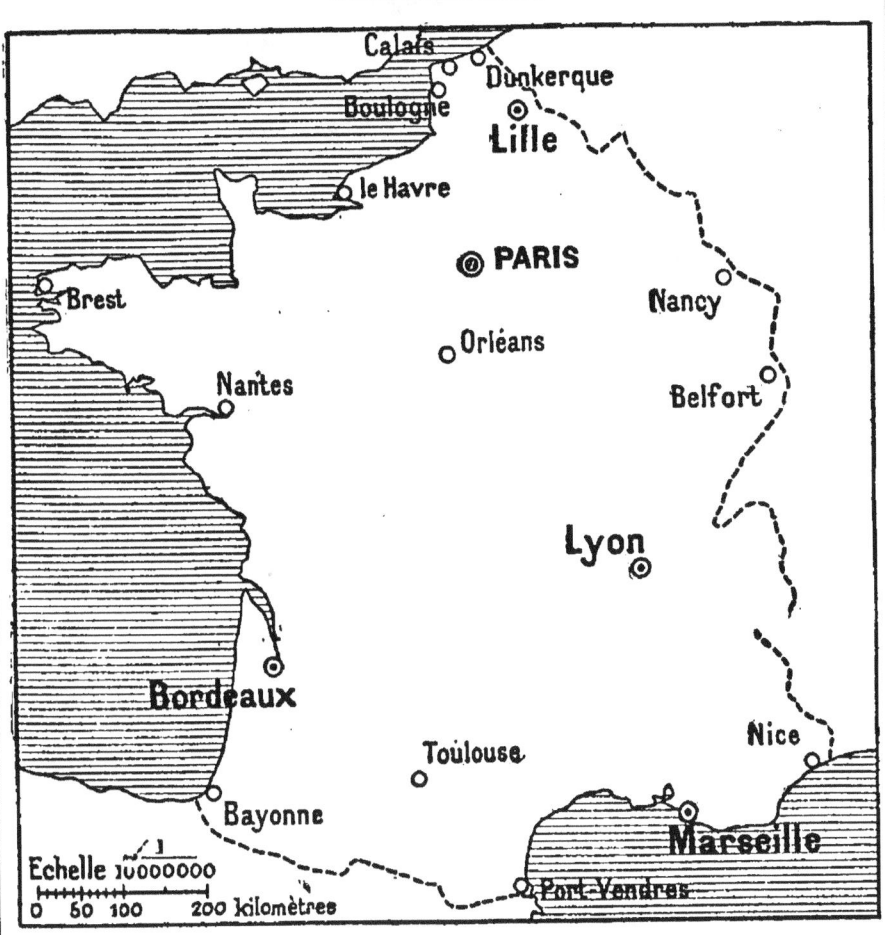

EXERCICES

Oraux. — **212.** Quand dit-on qu'un dessin est à l'échelle de 1/100 ? — **213.** Par quelle mesure le kilomètre est-il représenté à l'échelle de 1/100 000 ? — **214.** Que représente : 1 millimètre ; 1 centimètre ; 1 mètre : 1° à une échelle de 1 : 250 ; — 2° à une échelle de 1 : 500 ; — 3° à une échelle de 1 : 10 000 ; — **215.** Par quelles mesures seront représentées graphiquement les longueurs suivantes :

1°. **Échelle de 1 : 200 :**
50 mètres ; 30 mètres ; 12 mètres

2°. **Échelle de 1 : 500 :**
80 mètres ; 25 mètres ; 36 mètres

3°. **Échelle de 1 : 1 000 000 :** 25 kilomètres ; 86 kilomètres ; 34^{km},5.

Écrits. — **216.** Trouver, en mesurant à l'aide d'un décimètre, sur la *carte de France* ci-dessus à l'*échelle de 1 : 10 000 000*, la distance à vol d'oiseau :

1° De *Paris* à Marseille ; à Bayonne ; à Bordeaux ; à Nantes ; à Brest ; au Havre ; à Lille ; à Lyon ; à Nancy ; à Belfort. — 2° De *Dunkerque* à Port-Vendres. — 3° De *Brest* à Nice ; à Bayonne ; à Calais. — 4° D'*Orléans* à Toulouse ; à Boulogne.

EXERCICES ET PROBLÈMES

EXERCICES

Oraux. — **217.** *Expliquer, sur l'exemple* 8,75 + 4,85, *comment se fait de tête l'addition des nombres décimaux.* — **218.** *Expliquer, à l'aide des deux nombres* 5,47 *et* 7,15, *comment on trouve ce qu'il faut ajouter au* 1er *nombre pour avoir le* 2e. — **219.** *A l'échelle de* 1 : 500 000, *quelle distance représente une longueur de* 10 *centimètres; de* 5 *millimètres, et par quelle longueur est représentée une distance de* 25 *kilomètres?* 40 *kilomètres?* 2 *myriamètres?*

Écrits. — **220.** Faire les additions suivantes :

1° En *mètres* : $45^{dam} 7^{cm} + 849^{dm} + 4765^{mm} + 2^{hm} 7^{dam} + 3^{Mm} 7^{hm} 6^{dm}$.
2° En *décalitres* : $7^{dal} + 235^{hl} 97^{ml} + 326^{dl} 8^{cl} + 52^{dal} + 8^{hl} 5^{dl} + 3205^{ml}$.
3° En *hectogrammes* : $2^{hg} 5^{dg} 3^{mg} + 32^{dag} 7^{cg} + 1^{kg} 5^{dag} 3^{cg} + 243^{kg} 82^{dag}$.
4° En *kilomètres* : $2735^{m} + 47^{dam} 7^{dm} + 6^{Mm} 7^{hm} 6^{dm} + 645^{hm} 3^{dam} 6^{dm}$.

PROBLÈMES
Déchet subi par des marchandises.

TYPE. — **221. J'ai acheté 10 douzaines d'œufs à $0^{fr},80$ l'une. Je veux les revendre avec un bénéfice de $3^{fr},40$. Sachant que j'en casse une 1/2 douzaine, quel doit être le prix de vente de la douzaine?**

SOLUTION. — Je cherche le *prix d'achat* des œufs; puis le *prix de vente*; je chercherai ensuite le nombre de douzaines qui *me restent* à vendre; enfin, en divisant le *prix de vente total* par le nombre de douzaines restantes, j'aurai le prix de vente d'une douzaine.

Prix d'achat des 10 douzaines : $0^{fr},80 \times 10$ ou 8 francs.
Prix de vente : $8^{fr} + 3^{fr},40$ ou $11^{fr},40$.
Reste à vendre : 10 douzaines moins 1/2 douzaine ou 9 douzaines 1/2 ou 19 demi-douzaines.
Si 19 demi-douzaines doivent être vendues $11^{fr},40$, une demi-douzaine sera vendue $11^{fr},40 : 19$ ou $0^{fr},60$ et une douzaine $0^{fr},60 \times 2 = 1^{fr},20$.

Oraux. — **222.** *Un marchand a acheté* 12 *vases à* 4 *francs l'un. Il en casse* 2 *et veut cependant, en revendant le reste, faire un bénéfice de* 7 *francs; que doit-il revendre chaque vase?* — **223.** *J'avais un panier d'œufs que je désirais vendre* $0^{fr},10$ *pièce. Mais j'en ai cassé* 10, *et, afin d'obtenir le même prix de vente, j'ai vendu les œufs qui me restaient à raison de* $0^{fr},15$ *l'un. Combien d'œufs le panier contenait-il?*

Écrits. — **224.** Un coquetier achète 20 douzaines d'œufs au prix de $0^{fr},75$ la douzaine; en les transportant il en casse 6. Combien doit-il revendre la douzaine des œufs qui lui restent, pour faire un bénéfice total de $4^{fr},50$. (C. E.)

225. Un marchand faïencier avait acheté un mille d'assiettes à raison de 19 francs le cent; il en casse 75 dans le transport; il revend le reste et gagne encore $41^{fr},25$ sur ce marché. Combien a-t-il revendu chaque assiette? (C. E.)

*****226.** Une fermière porte au marché une corbeille d'œufs qu'elle se propose de vendre $0^{fr},07$ la pièce. En route elle casse 5 œufs, et en faisant son compte elle trouve qu'en vendant ses œufs $0^{fr},08$ chacun, elle retirera la même somme. Combien d'œufs avait-elle ? (Eure.)

CALCUL ÉCRIT RAPIDE

227. *Additionner* les nombres obtenus :

a) En *retranchant* successivement $1^{fr},50$, 10 fois de $76^{fr},25$.
b) — — $1^{fr},75$, 10 fois de $82^{fr},45$.

19ᵉ LEÇON
PROBLÈMES DIVERS
PROBLÈMES
Gain ou économie.

TYPE. — 228. Un ouvrier se repose 4 jours sur 30. Sachant qu'il dépense en moyenne 4 francs par jour et qu'il gagne 6 francs par journée de travail, on demande son économie au bout d'une année de 365 jours.

Solution. — L'*économie* est égale à la *différence* entre le *gain* et la *dépense*. En 30 jours, l'ouvrier gagne 26 fois 6 francs et il dépense 30 fois 4 francs.

Gain en 30 jours : $6^{fr} \times 26 = 156$ francs.
Dépense en 30 jours : $4^{fr} \times 30 = 120$ francs.
Économie en 30 jours : $156^{fr} - 120^{fr} = 36$ francs.
Économie en 1 jour : $36^{fr} : 30 = 1^{fr},20$.
Économie en 365 jours : $1^{fr},20 \times 365 = 438$ francs.

Oraux. — 229. *Un employé économise le huitième de ses appointements. Sachant que le total de ses dépenses s'élève annuellement à 1400 francs, on demande ce qu'il gagne par an.* — **230.** *Un fonctionnaire subit une retenue de 1/20 de son traitement et dépense pour son entretien, pendant l'année, 1600 francs. Sachant qu'il lui reste 300 francs, on demande quel est son traitement.*

Écrits. — 231. Un ouvrier, qui chôme les dimanches et pendant 10 jours de fête, gagne $4^{fr},50$ par jour. Il dépense 2 francs pour sa nourriture journalière et 14 francs par mois pour son entretien. Quelle somme aura-t-il économisée au bout de 10 ans?

*232. Un ouvrier gagne $4^{fr},75$ par jour ; mais il ne travaille jamais le lundi et dépense en outre ce jour-là $5^{fr},40$ de plus qu'à l'ordinaire. Qu'aurait-il gagné en plus au bout de 6 mois en ne chômant pas ainsi le lundi? (C. E.)

Achat ou vente. Prix de l'unité.

TYPE. — 233. J'ai acheté une caisse de 30 fromages pour 18 francs. Je veux, en vendant ces fromages à la pièce, faire un bénéfice égal à la sixième partie du prix d'achat. Combien dois-je vendre chaque fromage?

Solution. — Le *prix de vente* s'obtient en ajoutant le *bénéfice* au *prix d'achat* total. Le prix de vente d'un fromage est égal au *prix de vente total* divisé par **le nombre de fromages**.

Bénéfice : $18^{fr} : 6 = 3$ francs.
Prix total de vente : $18^{fr} + 3^{fr} = 21$ francs.
Prix de vente d'un fromage : $21^{fr} : 30 = 0^{fr},70$.

Oraux. — 234. *On a acheté 12 mètres d'étoffe. Si on les avait payés 2 francs de moins le mètre, on aurait pu en acheter 6 mètres de plus. Combien a-t-on payé le mètre?* — **235.** *On a vendu une douzaine de chapeaux avec un bénéfice de 10 francs ; si le bénéfice avait été de 2 francs plus élevé, il aurait été égal à la sixième partie du prix de vente. Quel est le prix de vente d'un chapeau?*

Écrits. — 236. Un marchand a une pièce de velours de $4^m,60$ valant $22^{fr},80$ le mètre. Il en vend $3^m,20$ à $25^{fr},40$ le mètre, et vend le reste en faisant un bénéfice de 10 francs sur les deux coupons. Quel est le prix de vente du mètre du deuxième coupon?

*237. Pour payer 85 peaux de chevreau, on a donné 180 francs moins le prix de 15 peaux. Quel est le prix de chaque peau? Combien a gagné le vendeur sur chacune, si le tout lui a procuré un bénéfice de $12^{fr},75$? (Aude.)

EXERCICES DE REVISION

CALCUL MENTAL

238. Comment additionner mentalement 425 et 380? Expliquer le procédé employé.

*__239.__ Même opération pour 8672 et 4985.

240. Même opération pour 1258 et 745.

241. Même opération pour 2532 et 673.

242. Additionner mentalement 78^{fr},45 et 9^{fr},65 et indiquer comment on fait l'opération.

243. Même opération sur les nombres 49^{fr},25 et 68^{fr},90.

244. Même opération sur les nombres 373^{fr},50 et 285^{fr},75.

245. Soustraire mentalement 356 de 847 et expliquer le procédé employé.

246. Même opération sur les nombres 885 et 1759.

247. Même opération sur les nombres 693 et 1367.

248. On me doit 7^{fr},35. Que dois-je rendre sur 10 francs? Faire mentalement l'opération et expliquer le procédé employé.

249. On me doit 14^{fr},65. On me donne 20 francs. Comment dois-je compter la monnaie à rendre?

250. J'avais 100 francs; j'ai dépensé 73^{fr},85. Combien me reste-t-il? Faire mentalement l'opération et expliquer comment on s'y prend.

251. On me doit 57^{fr},45. On me donne 100 francs. Comment dois-je compter la monnaie à rendre? Expliquer l'opération.

252. Comment trouver mentalement la différence des nombres 87^{fr},75 et 58^{fr},90? Expliquer l'opération.

*__253.__ Même opération sur les nombres 238^{fr},45 et 187^{fr},80.

254. Même opération sur les nombres 1340^{fr},30 et 898^{fr},60.

255. Je possède 47^{fr},35, combien me manque-t-il pour avoir 70 francs? Faire le calcul mentalement et dire comment on s'y prend.

256. J'ai 138^{fr},50; combien me manque-t-il pour avoir 210 francs? Faire le calcul mentalement et dire comment on s'y prend.

257. Indiquer le procédé le plus rapide pour trouver la différence des deux nombres, 25^{fr},60 et 17^{fr},90.

258. Comment peut-on retrancher 7 fois 0^{fr},95 de 20 francs?

259. Comment peut-on ajouter 8 fois 0^{fr},95 à 19 francs?

*__260.__ Trouver par un calcul très simple la somme des 9 premiers nombres.

261. Une carte est à l'échelle de 1 : 1000, quelle est la distance réelle de deux points distants de 1 centimètre; de 5 décimètres et demi?

262. Quelle doit être la distance sur une carte à l'échelle de 1 : 100000 de deux points éloignés de 12 kilomètres; de 25 kilomètres?

263. Indiquer le procédé le plus rapide pour trouver la somme des nombres 756 et 689.

*__264.__ Une personne reçoit 3 francs le premier du mois, 4 francs le deuxième jour; 5 francs le 3º jour; et ainsi de suite pendant les 20 premiers jours du mois. Indiquer comment on calcule rapidement la totalité de toutes les sommes reçues.

265. Indiquer le procédé le plus rapide pour retrancher 5^{fr},85 de 17^{fr},80.

PROBLÈMES DE REVISION

266. Deux personnes achètent ensemble 450 fagots à 25 francs le cent; l'une prend 70 fagots de plus que l'autre. Combien chacune doit-elle payer? (*Aveyron.*)

***267.** J'ai acheté un buffet, une table et 6 chaises pour 580 francs. Le buffet coûte autant que la table et les chaises ensemble, et chaque chaise coûte $27^{fr},50$. Dites le prix du buffet et le prix de la table.

268. Une personne possède 89 francs en pièces de 5 francs et de 2 francs. Le nombre des pièces de 2 francs dépasse de 6 le nombre des pièces de 5 francs. Combien y en a-t-il de chaque espèce? (*Eure.*)

269. Deux couturières ont acheté en commun 54 mètres de soie pour $688^{fr},50$. Au partage, l'une d'elles paye $76^{fr},50$ de plus que l'autre. Combien de mètres de soie chacune a-t-elle? (*Seine.*)

*****270.** On a acheté 4 objets différents pour un prix total de 1265 francs. Le 1er vaut 287 francs; le 2e vaut 22 francs de plus que le 1er, et le 3e vaut 345 francs de moins que les deux premiers ensemble. Quelle est la valeur du 4e objet? (*Aveyron.*)

271. Deux ouvriers gagnent ensemble 10 francs par jour. Au bout d'un même nombre de journées de travail, l'un reçoit 210 francs et l'autre 140 francs. Quel est le gain journalier de chacun d'eux?

272. Deux personnes ont à elles deux 30 francs; si la première avait 3 francs de plus et la seconde 1 franc de moins, elles auraient la même somme. Combien chacune a-t-elle? (*Meurthe-et-Moselle.*)

273. Un pré d'une superficie de 354 ares est partagé entre 2 personnes de façon que l'une ait 96 ares de plus que l'autre. Quelle est la valeur de la part de chaque personne, si le pré est évalué 1250 francs l'hectare?

274. On a payé 42 francs pour 2 pièces de toile de même qualité, à $1^{fr},20$ le mètre. Sachant que la première pièce a $12^m,50$ de plus que la seconde, trouvez la longueur de chacune.

*****275.** Partager $474^{fr},50$ entre 3 personnes, de manière que la 2e ait 25 francs de plus que la 1re et que la 3e ait $13^{fr},50$ de moins que la 2e. (*Seine-et-Marne.*)

276. Deux tonneaux ont la même contenance. Après avoir tiré de l'un 45 litres et de l'autre 140 litres, il reste deux fois plus de vin dans le 1er que dans le 2e. Quelle est la capacité d'un de ces tonneaux?

*****277.** On veut acheter, avec une somme de 99 francs, une provision de café à $4^{fr},50$ le kilogramme et un poids 3 fois plus grand de savon à $0^{fr},70$ le kilogramme. Quel poids de savon et de café achètera-t-on? (*Vosges.*)

*****278.** On a acquitté une dette en trois paiements: le premier est quatre fois plus grand que le second; et le second, trois fois moindre que le troisième, qui est de 1131 francs, quel était le montant de cette dette?

279. Trois ouvriers, travaillant pendant 26 jours, ont reçu en tout $287^{fr},30$. Le 1er gagnait par jour $0^{fr},20$ de plus que le 2e; le 3e gagnait $0^{fr},15$ de plus que le 1er. Quel est le gain journalier de chacun?

*****280.** On a acheté une pièce de drap à 15 francs le mètre; puis une autre qui a 8 mètres de plus que la 1re, et qui coûte 5 francs de plus le mètre. Celle-ci coûte en tout 267 francs de plus que la 1re. Quelle est la longueur de cette dernière pièce?

281. 20 hommes et 30 femmes se partagent 700 francs, de manière qu'un homme ait autant que 2 femmes. Combien chaque homme et chaque femme recevra-t-il? (*Orne.*)

PROBLÈMES DE REVISION

282. Un ménage consomme trois fois plus de sucre que de café. La dépense pour ces deux denrées est de 3^{fr},65 par semaine. Quelle est, pendant ce temps, la valeur de la consommation en sucre et en café, le sucre valant 0^{fr},70 le kilogramme, le café 5^{fr},20?

*__283.__ Un marchand a vendu du blé à 18 francs l'hectolitre, de l'orge à 14 francs et de l'avoine à 10^{fr},50. Il y a 3 fois plus d'orge que de blé et 2 fois plus d'orge que d'avoine. La recette totale ayant été de 757^{fr},50, on demande combien d'hectolitres de chaque sorte de ces céréales ce marchand a vendus. *(C. E.)*

284. Pour faire des confitures, j'ai acheté du sucre à 0^{fr},70 le kilogramme et 4 fois autant de groseilles à 0^{fr},40 le kilogramme. Ma dépense a été de 19^{fr},55. Combien de kilogrammes de sucre et de groseilles ai-je achetés?

*__285.__ On veut avoir, pour la somme de 367^{fr},50, de la toile à 1^{fr},75 le mètre, du drap à 15 francs le mètre, de la soie à 7^{fr},50 le mètre. Sachant que l'on veut avoir 4 fois plus de toile que de drap et 3 fois plus de drap que de soie, combien de mètres de chaque étoffe doit-on acheter? *(Côte-d'Or.)*

286. Un fermier achète un cheval et une vache pour une somme totale de 1260 francs. Le cheval coûte 3 fois plus que la vache. Quel est le prix de chaque animal? *(Deux-Sèvres.)*

287. Sachant que l'hectolitre de bon blé, qui donne 60 kilogrammes de farine, pèse 79 kilogrammes, et que 25 kilogrammes de farine donnent 33 kilogrammes de pain, quelle est en kilogrammes la quantité de blé nécessaire pour produire 198 kilogrammes de pain.

*__288.__ Le blé donne les 5/7 de son poids de farine. En admettant que la farine donne les 22/15 de son poids de pain, combien un boulanger fera-t-il de pains de 2 kilogrammes avec 5 hectolitres de blé, si l'hectolitre pèse en moyenne 75^{kg},6?

289. Pour faire 1 kilogramme de beurre, il faut 25 litres de lait. Une vache produit en moyenne 14 litres de lait par jour. Quel sera le produit de cette vache dans une année : 1° si l'on vend le lait 0^{fr},125 le litre; 2° si l'on en fait du beurre valant 2^{fr},25 le kilogramme?

290. Un litre de lait donne 0^{lit},15 de crème et il faut 3^{lit},25 de crème pour faire 1 kilogramme de beurre; combien fera-t-on de beurre par semaine avec le lait d'une vache qui donne 13 litres de lait par jour?

291. Un décalitre de blé fournit 7^{kg},35 de farine; chaque kilogramme de farine donne 1^{kg},25 de pain. D'après cela, dire combien il faudra de litres de blé pour faire 50 pains de 2^{kg},50 chacun. *(Drôme.)*

292. Une vache de race normande donne jusqu'à 30 litres de lait par jour. Ce lait pèse 1^{kg},3^{dag} le litre, et donne 4 % de son poids en beurre. Quand le beurre se vend 1^{fr},60 le demi-kilogramme, quelle est la valeur du produit journalier?

293. Le litre de lait pèse 1^{kg},032 et donne les 0,12 de son poids en crème. Cette crème renferme les 0,33 de son poids de beurre. Une fermière a 6 vaches donnant chacune en moyenne 9^{lit} 1/2 de lait par jour. Combien peut-elle faire de beurre par semaine? *(Loire-Inférieure.)*

*__294.__ Un soldat consomme 750 grammes de pain par jour; on sait qu'un quintal de farine donne 136 kilogrammes de pain et que le quintal de blé fournit 80 kilogrammes de farine. On sait en outre que l'hectolitre de blé pèse 76 kilogrammes. Combien d'hectolitres de blé faut-il pour la ration journalière d'un régiment de 1200 hommes? *(C. E.)*

*__295.__ Le blé donne les 0,75 de son poids en farine, la farine donne une fois et demie son poids en pâte. La pâte donne les 0,85 de son poids de pain. Quelle quantité de blé faut-il pour faire 100 pains de 3/4 de kilogramme? *(Saône-et-Loire.)*

PROBLÈMES DE REVISION

296. Une ferme possède 45 vaches qui donnent en moyenne chacune 14 litres de lait par jour. Pour obtenir 5 kilogrammes de beurre, il faut 125 litres de lait. Combien le fermier retirera-t-il par jour de la vente de son beurre au prix de 2^{fr},65 le kilogramme ? (*Rhône.*)

297. En supposant qu'une vache donne par jour 15 litres de lait et que 50 litres de ce lait donnent 2 kilogrammes de beurre, quel poids de beurre peut faire dans une semaine un fermier qui a 20 vaches laitières ?

*__298.__ Un champ de 2^{ha},50 a produit 23 hectolitres de blé par hectare. Combien peut-on faire de kilogrammes de farine avec ce blé, sachant qu'un double décalitre pèse 15^{kg},250 et que 100 kilogrammes de blé donnent 78 kilogrammes de farine ? (*Saône-et-Loire.*)

299. Un litre de lait donne 18 centilitres de crème et un litre de crème donne 240 grammes de beurre. Quelle est la valeur du beurre fourni par 105 litres de lait, le prix du beurre étant de 1^{fr},60 le 1/2 kilogramme ? (*Orne.*)

300. Un sac de farine de 159 kilogrammes vaut 51 francs, et les frais de panification de cette même quantité de farine sont de 13^{fr},35. Si 100 kilogrammes de farine donnent 126 kilogrammes de pain, à combien revient le kilogramme de pain ? (*Sarthe.*)

301. Une famille possède un revenu de 3662^{fr},20. Pendant les 6 premiers mois elle a dépensé 2135 francs. A combien devra-t-elle borner sa dépense journalière pendant les 6 derniers mois pour ne pas dépenser au delà de son revenu ? (*Rhône.*)

*__302.__ Un ouvrier qui gagne 4^{fr},50 par jour ne travaille pas le dimanche et 12 jours de fête dans l'année. Il dépense les 4/7 de son gain pour sa nourriture et le 1/3 pour son logement et son entretien. Quel est le montant de son économie annuelle ?

303. Une marchande avait acheté 47 douzaines et demie d'œufs à raison de 6 francs le 100. Elle en vend la moitié à raison de 3 pour 0^{fr},25. Combien devra-t-elle revendre chacun des œufs qui restent pour gagner 15^{fr},20 sur le tout ?

304. Un marchand a reçu deux envois de thé ; la seconde fois il reçoit 32^{kg}5 de moins que la première et paye en moins 253^{fr},50. Sachant qu'il a payé en tout 620^{fr},10, on demande la quantité de thé reçue à chaque fois ? (*C. E.*)

305. Un marchand a acheté 325^{m},20 de drap à raison de 10^{fr},50 le mètre, il en revend les 3/5 à raison de 12^{fr},10 et il veut gagner 1043 francs sur le tout. Combien doit-il vendre le mètre de ce qui lui reste ? (*Côte-d'Or.*)

*__306.__ Je ne gagne pas assez pour dépenser 138^{fr},45 par mois, il me manquerait 25^{fr},40 à la fin de l'année. Or je veux économiser au contraire 250 francs par an. Combien puis-je dépenser par mois ? (*C. E.*)

307. Un ouvrier gagne 3^{fr},75 par jour et dépense 14^{fr},50 par semaine. En combien d'années aura-t-il économisé 1855 francs, s'il travaille en moyenne 300 jours par an ? On comptera l'année de 52 semaines. (*Seine.*)

308. Une ouvrière travaillant à la confection gagne en moyenne 2^{fr},90 par jour. En supposant qu'elle fasse 300 journées dans l'année et que ses dépenses de toute sorte s'élèvent au chiffre total de 750^{fr},25. Combien lui faudra-t-il de temps pour économiser 1437 francs ? (*Eure.*)

*__309.__ Partagez 90 en deux parties, de manière que la plus grande divisée par la plus petite donne pour quotient 3 1/2.

310. Une ouvrière gagne 3^{fr},25 par jour. Elle ne travaille que 309 jours par an et parvient néanmoins à économiser 146^{fr},50 dans l'année. Combien dépense-t-elle par jour ? (*Eure.*)

PROBLÈMES DE REVISION

311. Un tonneau contient 222 litres. On en vend les 3/5 à raison de 0^{fr},75 le litre et l'on cède le reste pour 52^{fr},72. On demande : 1° quel a été, dans ce dernier cas, le prix du litre; 2° quelle somme a produite la vente totale du vin.

*__312.__ Deux tables coûtent ensemble 42 francs. Le quart du prix de la première égale le tiers du prix de la deuxième. Dites le prix de chacune. (C. E.)

313. Un marchand achète 120 verres pour 32 francs, il en vend la moitié pour 17^{fr},50, le tiers de ce qui reste pour 6 francs et le quart de ce qui lui reste après les deux premières ventes, pour 2^{fr},75. Combien doit-il vendre chacun des derniers verres pour gagner 4^{fr},75 sur le tout? (Ardennes.)

314. On a payé 151^{fr},30 pour 34 mètres de calicot et 68 mètres de toile. Quel est le prix du mètre de chaque étoffe, sachant que le mètre de toile coûte 1^{fr},40 de plus que le mètre de calicot? (C. E.)

*__315.__ Pour une tasse de café on emploie 10 grammes de café et 2 morceaux de sucre. A combien revient la tasse si le café vaut 5^{fr},60 le kilogramme et si le kilogramme de sucre vaut 0^{fr},70 et contient 140 morceaux? (Charente.)

316. Une lingère achète 250^m,80 de toile qui lui coûte 1^{fr},15 le mètre. Avec cette toile elle fait confectionner 118 chemises par une ouvrière, qui met 96 jours à faire ce travail, et qui gagne 2^{fr},50 par jour. A combien revient chaque chemise?

317. Le prix de la doublure d'une étoffe est de 1/4 de celui de l'étoffe et 18 mètres d'étoffe doublée valent 216 francs. Quel est le prix d'un mètre de doublure et d'un mètre d'étoffe? (Doubs.)

318. Une mère de famille a acheté 3 chemises et 1 gilet de flanelle pour 20^{fr},30. Le prix du gilet étant la moitié de celui d'une chemise, on demande le prix d'une chemise et celui du gilet. (Loiret.)

*__319.__ La somme de deux nombres est 128; le plus petit est les 7/9 du plus grand. Quels sont ces deux nombres?

*__320.__ Un marchand a acheté 528^m,75 de drap à 14^{fr},50 le mètre; il veut, en les revendant, réaliser un bénéfice de 834^{fr},25. Les 7/9 de l'achat sont déjà vendus à raison de 16^{fr},50 le mètre. A quel prix pourra-t-il revendre le mètre de ce qui lui reste?

321. Un meunier a acheté 140 sacs de blé à 29^{fr},50 l'un et un certain nombre de sacs d'avoine à 19^{fr},50 le sac. Il échange le tout contre 275 sacs de farine qui valent 56 francs le sac. Quel est le nombre de sacs d'avoine? (C. E.)

322. Deux ouvriers travaillent ensemble : le 1er gagne 1^{fr},25 de plus que le 2e. Après avoir travaillé le même nombre de jours, le 1er reçoit 321^{fr},95 et le 2e 263^{fr},20. Quel est le salaire journalier de chaque ouvrier? (Meuse.)

323. Pour faire 4 douzaines de chemises, on emploie 135 mètres de toile à 1^{fr},45 le mètre; l'ouvrière les confectionne en 33 jours et demande 3^{fr},25 par jour; enfin on dépense, pour le fil et les boutons, 3^{fr},60. A combien revient la chemise? (Haute-Saône.)

*__324.__ Deux tonneaux contiennent ensemble 396 litres; mais la capacité du plus petit n'est que les 5/6 de celle du grand. Quelle est la contenance de chaque tonneau? (Saône-et-Loire.)

325. Un ouvrier gagne 6 francs par jour et dépense 4 francs. Au bout de l'année il a économisé 340 francs. Pendant combien de jours a-t-il travaillé?

326. Une fermière vend au marché 87 œufs à 0^{fr},80 la douzaine et 4^{kg},2 de beurre à 1^{fr},30 le demi-kilogramme. Elle emploie la somme qu'elle retire de cette double vente à l'achat de cotonnade qui vaut 0^{fr},75 le mètre. Combien de mètres de cotonnade recevra-t-elle? (Charente.)

PROBLÈMES DE REVISION

327. Un ouvrier dépense 2^{fr},25 par jour pour sa nourriture, et 42 francs par mois pour son entretien et son logement. Il économise 118^{fr},75 par an. Sachant qu'il gagne 4^{fr},75 par jour de travail, pendant combien de jours a-t-il travaillé dans l'année?

328. Un ouvrier dépense tous les jours pour 0^{fr},15 de tabac et, en outre, chaque semaine, une moyenne de 2^{fr},50 au cabaret. Combien dépense-t-il inutilement chaque année? — Il a commencé à l'âge de 20 ans; de quelle somme aurait-il pu disposer à l'âge de 30 ans s'il n'avait pas fait ces dépenses inutiles?

*__329.__ Deux pièces d'étoffe de qualité différente ont chacune 30 mètres de longueur et ont coûté 570 francs. L'étoffe de qualité supérieure coûtant 90 francs de plus que l'autre, quel est le prix du mètre de chaque qualité? (C. E.)

330. Une maison et un jardin coûtent ensemble 46 750 francs. Le jardin ne coûte que les 2/9 de ce que coûte la maison. Quelle est la valeur de la maison et celle du jardin? (Allier.)

331. A combien reviennent les 5/7 d'une propriété dont les 3/4 sont estimés 41 475 francs? (Haute-Marne.)

332. Trois frères ont à se partager une somme de 19 250 francs. Les deux plus jeunes frères doivent avoir l'un et l'autre 425 francs de moins que l'aîné. Quelle sera la part de chacun? (Haute-Marne.)

333. Pour 98^{fr},15, on peut avoir 25 kilogrammes de sucre et 15^{kg},5 de café. Quel est le prix du kilogramme de sucre et celui du kilogramme de café, sachant que 1 kilogramme de café vaut autant que 8 kilogrammes de sucre? (Doubs.)

*__334.__ L'hectolitre de blé pèse 75 kilogrammes et vaut 18^{fr},50. Le blé donne les 0,75 de son poids en farine et celle-ci une fois et un quart de son poids de pain. Que doit-on vendre le kilogramme de pain pour gagner 8 francs sur 100 kilogrammes?

*__335.__ Un laboureur doit tracer 180 sillons de 51 mètres chacun; il parcourt 17 mètres à la minute. A quelle heure aura-t-il fini son travail s'il commence à 5 heures du matin et s'il s'arrête 2 heures et demie dans la journée? (C. E. Seine.)

336. Deux propriétés valent ensemble 12 500 francs. La plus grande vaut 2 520 francs de plus que l'autre. Quelle est la valeur de chaque propriété?

337. Une lingère emploie 2^m,40 de toile à 1^{fr},40 le mètre pour faire une chemise; la façon est estimée 1^{fr},50. Quel bénéfice fera-t-elle en vendant une douzaine de ces chemises à 6^{fr},30 la chemise? (Vienne.)

338. Un ouvrier gagne 3^{fr},25 par jour de travail et dépense chaque jour 2^{fr},10. Combien peut-il économiser en une année, s'il se repose par an 52 dimanches et 4 jours de fête?

339. Deux bouchers ont acheté un lot de 42 moutons pour 903 francs. Le 1er a payé 129 francs de plus que le 2e. Quel est le nombre de moutons qui revient à chacun? (Hautes-Pyrénées.)

340. Une somme de 18 400 francs a été partagée entre 2 personnes; l'une d'elles a reçu 3 fois plus que l'autre. Quelle est la part de chacune de ces personnes?

341. Une cuisinière achète un gigot et un poulet pour 12^{fr},60. Le gigot vaut le double du poulet. Dites le prix du gigot et celui du poulet.

342. En dépensant 90 francs par mois, il me manquerait 40 francs à la fin de l'année. Je veux, au contraire, mettre 200 francs de côté par an. Combien puis-je dépenser par mois? (Haute-Garonne.)

ADDITION DES NOMBRES ENTIERS

87. EXEMPLE. — **Un panier contient 10 pommes, un autre 12 et un troisième 15. On demande le nombre de pommes contenues dans les trois paniers réunis.**

Chercher ce *nombre*, c'est faire une **addition**.

88. Définition. — L'**addition** est une opération qui a pour but de former un *nombre* appelé **total** ou **somme** contenant à *lui seul* autant d'unités que plusieurs nombres donnés.

89. Signe. — L'addition s'indique par le **signe** + (*plus*) placé entre les nombres à additionner. Ex. : 4 + 7 + 9.

90. Addition de nombres entiers de plusieurs chiffres. — Soit à additionner : **8517 + 634 + 5478 + 62.**

91. Règle. — Pour faire une addition, on **écrit**, comme dans l'opération ci-contre, *les nombres à additionner* les uns au-dessous des autres de manière que les *unités de même ordre se correspondent*,

```
  8 517
    634
  5 478
     62
 ──────
 14 691
```

c'est-à-dire que les unités soient sous les unités, les dizaines sous les dizaines, etc. On **souligne** le dernier nombre pour le séparer du *résultat* qu'on écrit au-dessous. Puis, *commençant par la droite*, on fait successivement le *total des chiffres de chaque colonne* ; si ce total ne *dépasse pas* 9, on l'écrit sous la colonne ; s'il *dépasse* 9, on écrit seulement les *unités* et on retient les *dizaines* pour les additionner avec les chiffres de la colonne suivante ; sous la *dernière colonne*, on écrit le résultat tel qu'on le trouve.

92. Preuve. — La preuve d'une opération est une seconde opération *différente de la première* qu'on fait pour vérifier l'exactitude de la première.

Pour faire la **preuve** de l'*addition*, on refait l'addition dans un autre ordre que celui qui a été suivi, c'est-à-dire qu'on additionne les chiffres des colonnes de *bas en haut*, si on les a additionnés la première fois de *haut en bas*. On doit retrouver le **même résultat**.

QUESTIONNAIRE. — 1. Qu'est-ce que l'addition? — 2. Comment fait-on une addition de nombres de *plusieurs chiffres*? — 3. Comment fait-on la *preuve* de l'addition?

CALCUL MENTAL RAPIDE

I. *Multiplication par 2 ou double.* — Combien *font 2 fois* : 2; 4; 6; 8; 10; 12; 15; 3; 5; 7; 9; 11; 20; 40; 60; 80; 30; 50; 70; 90?

II. Pour *doubler* un nombre de **deux** ou **plusieurs chiffres**, on double chacune des unités du nombre en commençant par les plus élevées ; et on additionne au fur et à mesure les résultats.

Exemple : **467 × 2**. On dit : 2 fois 400... 800 ; 2 fois 60... 120 ; 800 *et* 120... 920 ; 2 fois 7... 14 ; 920 *et* 14... **934**.

EXERCICES : *Doubler* : 36; 54; 68; 75; 93; 19; 84; 108; 154; 183; 246; 358; 419; 572; 635.

EXERCICES (REVISION)

Oraux. — **343.** Quelle est l'unité 100 fois plus grande que la dizaine ? — 100 fois plus petite ? — **344.** Quel est le multiple 1000 fois plus grand que le décimètre ? — le sous-multiple 100 fois plus petit ? — **345.** Combien faut-il de centilitres pour faire un demi-hectolitre ? — un double litre ? — un demi-décalitre ? — **346.** Combien 1/3 contient-il de 15^{cs} ? — de 9^{cs} ? — de 12^{cs} ? — de 18^{cs} ? — de 30^{cs} ? — **347.** Combien faut-il de 10^{cs} pour faire 1/2 ? — 2/5 ? — 8/20 ? — **348.** Trouver la moitié de 3/7 ; — de 2/5 ; — le tiers de 1/4 ; 1/2 ; 2/3.

Écrits. — **349.** Exprimer *en dixièmes* : 8 centaines ; une demi-unité ; un demi-mille ; une dizaine ; une demi-dizaine ?

350. Exprimer en *décalitres* : 4^{hl},6^{lit} ; 753 centilitres ; 207^{dl},8^{ml} ?

351. Exprimer en *centimètres* : 1/4 de mètre ; 1/5 d'hectomètre ; 3/4 de kilomètre ?

352. Exprimer en *10es* : 1/2 ; 1/5 ; 6/20 ; — *en 12es* : 1/2 ; 2/3 ; 3/4 ; 4/24.

353. Exprimer en *27es* : 2/3 ; 4/18 ; 12/36 ; — *en 15es* : 2/3 ; 6/5 ; 40/60 ; 6/30.

PROBLÈMES
Quantités égales de valeurs différentes.

TYPE. — **354. Une somme de 63 francs est formée d'un nombre égal de pièces de 2 francs et de 5 francs. Combien y a-t-il de pièces de chaque sorte ?**

SOLUTION. — Une pièce de 2 francs et une de 5 francs valent $5^{fr} + 2^{fr} = 7$ francs. Autant de fois 7 francs seront contenus dans 63 francs, autant il y aura de pièces de 2 francs et de pièces de 5 francs, soit : $1^p \times \dfrac{63}{7} = 9$ pièces.

Vérification : 9 pièces de $5^{fr} = 45^{fr}$ } 63 francs.
9 pièces de $2^{fr} = 18^{fr}$ }

Oraux. — **355.** Une somme de 75 francs est composée d'un nombre égal de pièces de 2 francs et de 0^{fr},50. Combien y a-t-il de pièces de chaque espèce ? — **356.** On achète pour 7^{fr},50 un poids égal de sucre et de café. Le sucre coûte 0^{fr},70 le kilogramme, le café 4^{fr},30. Combien de kilogrammes de chaque marchandise a-t-on achetés ? — **357.** Le litre de vin coûtant 0^{fr},45 et le litre de bière 0^{fr},35, combien de litres de chaque boisson aurai-je pour une somme de 12 francs ?

Écrits. — **358.** Deux ouvriers ont reçu 233^{fr},75. L'un gagne 6^{fr},50 par jour, l'autre 7^{fr},25. On demande le nombre de journées de travail ?

359. Une somme d'argent pèse 5 kilogrammes. Elle se compose d'un nombre égal de pièces de 5 francs, de 2 francs, de 1 franc. Quel est le montant de la somme, et combien y a-t-il de pièces de chaque espèce ? *(Côte-d'Or.)*

360. On veut acheter une égale quantité de chocolat et de café pour 119^{fr},35. Le chocolat vaut 3^{fr},20 le kilogramme et le café 4^{fr},50 le kilogramme. Combien aura-t-on de l'un et de l'autre en poids et en valeur ? *(C. E.)*

CALCUL ÉCRIT RAPIDE

361. Multiplier 5432 successivement 5 fois par 2.

361 bis. Effectuer : 354×22 ; 2045×202 ; 504×2020 ; 3500×220.

ADDITION DES NOMBRES DÉCIMAUX

93. Soit à additionner : **87,5 + 623,45 + 70,064 + 23,07.**

Additionner ces nombres, c'est, comme on l'a fait pour les nombres entiers, réunir les unités de même ordre, les *dixièmes*, les *centièmes*, etc., et aussi les *unités*, les *dizaines*, etc. L'ensemble des résultats donne le total. D'où :

```
  87,5
 623,45
  70,064
  23,07
─────────
 804,084
```

94. Règle. — L'addition des **nombres décimaux** se fait comme celle des *nombres entiers*, et, les différentes unités du total correspondant exactement aux mêmes unités dans les nombres, on met au résultat une **virgule** sous la virgule des nombres additionnés.

95. Unités différentes. — Si les nombres à additionner sont exprimés en *unités différentes*, on les ramène tous à *l'unité demandée*, puis on fait l'opération.
Soit : $8^{hm} + 75^m + 483^{dam},7 + 3^{km},85$ à exprimer en *mètres*.
On a : $800^m + 75^m + 4837^m + 3850^m = $ **9.562** mètres.

96. Preuve. — La **preuve de l'addition** des nombres décimaux se fait comme celle de l'addition des nombres entiers, c'est-à-dire en faisant une seconde addition dans l'*ordre inverse* de celui qui a été suivi la première fois; on doit retrouver le même résultat.

QUESTIONNAIRE. — 1. Comment se fait l'addition des *nombres décimaux*? — 2. Lorsque les nombres à additionner sont exprimés en *unités différentes*, que faut-il faire tout d'abord? — 3. Comment fait-on la preuve de l'*addition* des nombres décimaux?

CALCUL MENTAL RAPIDE

I. *Division par 2 ou moitié.* — Combien de fois 2 dans : 4; 6; 8; 10; 12; 14; 16; 18; 20; 40; 60; 80.

Exercices : Prendre la *moitié* de : 3; 5; 7; 9; 4; 6; 8; 10; 15; 13; 14; 19; 40; 80; 60.

Exemple : 17 : 2. On dit : moitié 8 pour 16; reste 1.

II. Pour prendre la *moitié d'un nombre de* **2 chiffres**, on prend la moitié du plus grand nombre de dizaines (**20, 40, 60 ou 80**) divisible par 2, contenu dans le nombre, et on ajoute la moitié du reste. *Ex.* **53 : 2.** n dit : moitié de 40... 20; moitié de 13... 6 et 1 pour *reste*; 20 et 6... **26** et 1 pour *reste*.

Exercices : Prendre la *moitié* de : 25; 33; 46; 41; 57; 52; 69; 71.

III. Pour prendre la *moitié d'un nombre de* **trois chiffres**, on prend la moitié des centaines, et on ajoute la moitié du reste. *Ex.* **743 : 2.** *On dit :* moitié de 700.... 350; de 43... 21 et 1 pour *reste*; 350 et 21... **371** et 1 pour *reste*.

Exercices : Prendre la *moitié* de : 300; 500; 700; 900; 775; 919.

IV. Application. — **Addition d'une série de nombres consécutifs.** — On additionne le *premier* nombre avec le *dernier*; on divise par 2 la *somme* obtenue et on multiplie le *quotient* par la *quantité* des nombres.

Ainsi, soit à trouver *le total des nombres consécutifs* de 7 à 35. On dit : 7 et 35... 42; moitié 21; (de 7 à 35, il y a 29 nombres). Résultat 21 × 29... **609**.

Exercices : Trouver la somme des nombres consécutifs : de 1 à 63; — de 100 à 150; — de 12 à 46; — de 84 à 126; — de 80 à 180.

EXERCICES (REVISION)

Oraux. — **362.** *Quel changement apporte-t-on à 4,75 si on écrit 2 zéros sur la droite? à 0,7 si on écrit 3 zéros sur la droite?* — **363.** *Quelle différence entre 58^{lit},45 et 5845 centilitres? entre 8^m,5 et 8500 millimètres?* — **364.** *Quel changement apporte-t-on à la fraction 3/4 si on rend chacun de ses termes 3 fois plus grand? Quel changement apporte-t-on à la fraction 8/20 si on rend chacun de ses termes 4 fois plus petit?*

Écrits. — **365.** Exprimer: *en unités* l'équivalent de 3 centaines 8 centièmes. *En mètres*, l'équivalent de 2^{km}, 3^{dam}, 5^{cm}; | *En kg*, l'équivalent de 2^q,7^{kg},5^{hg}; *En 20es*, l'équivalent de 6/8, de 12/15; | *En 24es*, l'équivalent de 12/32; 30/40.

366. Simplifier, puis réduire au *même dénominateur* :
3/4 et 7/8; 5/9, 13/18, 12/15 et 8/18;   16/24 et 20/30;   5/10, 4/12 et 15/18.

PROBLÈMES
Quantités et valeurs différentes.

TYPE. — **367. Je possède une somme de 90 francs formée de 30 pièces, les unes de 5 francs, les autres de 2 francs. Combien ai-je de pièces de chaque sorte?**

Solution. — Si j'avais 30 pièces de 5 francs, j'aurais 5^{fr} × 30 = 150 francs. J'aurais donc *en trop* : 150^{fr} — 90^{fr} = 60 francs.
Si je remplace une pièce de 5 francs par une de 2 francs, je *diminue* la somme de 5^{fr} — 2^{fr} = 3 francs.
Autant de fois 3 francs seront contenus dans 60 francs, autant j'aurai de pièces de 5 francs à remplacer par des pièces de 2 francs, c'est-à-dire autant j'aurai de pièces de 2 francs, soit : 1p × $\frac{60}{3}$ = 20 pièces de 2 francs, et il reste :
30p — 20p = 10 pièces de 5 francs.

Vérification : 20 pièces de 2^{fr} = 40^{fr} } total : 90 francs.
10 pièces de 5^{fr} = 50^{fr}

Oraux. — **368.** *J'ai 20 francs formés de 15 pièces, les unes de 2 francs, les autres de 1 franc. Combien ai-je de pièces de chaque sorte?* — **369.** *Il y a dans une vitrine 50 jouets valant 90 francs. Les uns coûtent 3 francs, les autres 1 franc. Combien y a-t-il de jouets de chaque sorte?* — **370.** *30 ouvriers ont gagné 140 francs; les uns reçoivent 5 francs, les autres 4 francs. Combien ont reçu 5 francs, et combien ont reçu 4 francs?*

Écrits. — **371.** Un débitant achète 1250 litres de vin, du rouge et du blanc. Il paie 0^{fr},50 le litre de vin rouge et 0^{fr},40 le litre de vin blanc. Il dépense en tout 575 francs. Combien de litres de vin de chaque sorte a-t-il achetés?

372. Une fermière a des poulets à 2^{fr},75 et à 2^{fr},50. On lui en achète une douzaine pour 31 francs. Combien doit-elle en donner de chaque sorte?

373. Un domestique reçoit 3^{fr},50 par jour s'il n'est pas nourri, et 2 francs s'il est nourri. Au bout de 90 jours il reçoit 270 francs. Pendant combien de jours a-t-il été nourri?

374. Un élève reçoit de ses parents 5 francs chaque fois qu'il est classé premier dans une composition, et rend 3 francs s'il n'est pas premier. Après 22 compositions il lui reste 46 francs. Combien de fois a-t-il été premier?

CALCUL ÉCRIT RAPIDE

375. *Multiplier* 8679 *successivement* 5 *fois par* 2.
376. *Effectuer* : 674 × 2,2;   590 × 2,02;   86,7 × 0,22;   708 × 20,2.

ADDITION DES FRACTIONS

97. Les fractions ont le même dénominateur. — On additionne les *numérateurs*, et on donne pour dénominateur *au total* obtenu le *dénominateur* même des fractions. On extrait ensuite les entiers s'il y a lieu. Ainsi : $\frac{2}{5} + \frac{4}{5} + \frac{3}{5} = \frac{2+4+3}{5}$ ou $\frac{9}{5}$ ou $1\frac{4}{5}$.

2 cinquièmes + 4 cinquièmes + 3 cinquièmes font évidemment $2+4+3$ 9 cinquièmes. De plus, un entier comprenant 5 cinquièmes, le total 9 cinquièmes donne 1 entier 4 cinquièmes.

98. Les fractions n'ont pas le même dénominateur. — On les **réduit** au *même dénominateur* et on opère comme précédemment.

Soit à additionner les fractions : $\frac{2}{3} + \frac{4}{5} + \frac{1}{2}$

Réduites au même dénominateur, ces fractions deviennent :

$$\frac{2 \times 5 \times 2}{3 \times 5 \times 2} = \frac{20}{30} \; ; \; \frac{4 \times 3 \times 2}{5 \times 3 \times 2} = \frac{24}{30} \; ; \; \frac{1 \times 3 \times 5}{2 \times 3 \times 5} = \frac{15}{30}.$$

Total des fractions : $\frac{20}{30} + \frac{24}{30} + \frac{15}{30} = \frac{59}{30}$ ou $1\frac{29}{30}$.

QUESTIONNAIRE. — 1. Comment fait-on l'*addition* des fractions ⁶/₈ et ³/₈ ? — 2. Comment fait-on l'*addition* des fractions ²/₃ et ³/₅ ? — 3. Rappelez comment on *réduit* des fractions *au même dénominateur* et comment on *extrait* les entiers d'une expression fractionnaire.

CALCUL MENTAL RAPIDE

I. *Multiplication par 3 ou triple.* — Combien font 3 fois : 2; 4; 6; 8; 10; 12; 3; 5; 7; 9; 11; 15; 20; 40; 60; 80; 30; 50; 70; 90?

II. Pour *multiplier par 3 un nombre de* **deux chiffres**, on *triple* les dizaines et on ajoute le *triple* des unités.

Exemple : **38 × 3**. On dit : 3 fois 30... 90; 3 fois 8... 24; 90 et 24... **114**.

Exercices : *Multiplier* par 3 : 13; 18; 24; 32; 57; 66; 75; 81; 93; 67.

III. Pour *multiplier par 3* un nombre de **plusieurs chiffres**, on multiplie par 3 chacune des unités en commençant par les plus élevées, et on additionne les résultats au fur et à mesure.

Exemple : **285 × 3**. On dit : 3 fois 200... 600; 3 fois 80... 240; 600 et 240... 840; 3 fois 5... 15; 840 et 15... **855**.

Exercices : *Multiplier* par 3 : 113; 248; 265; 326; 437; 580; 664; 785.

IV. *Division par 3 ou tiers.* — Combien de fois 3 dans : 3; 6; 9; 12; 15; 18; 21; 24; 27; 30; 60; 90?

Exercices : Prendre le *tiers* de : 7; 11; 13; 18; 22; 25; 27; 29; 60; 90.
Exemple : **26 : 3**. On dit : tiers de 26... 8 pour 24; reste 2.

V. Pour prendre le *tiers* d'un nombre de **deux chiffres**, on prend le tiers du plus grand nombre de dizaines (**30, 60, 90**), contenu dans le nombre et on ajoute le tiers du reste. — *Exemple* : **71 : 3**. On dit : tiers de 60... 20; tiers de 11... 3 pour 9; reste 2; 20 et 3... 23 et il reste 2.

Exercices : Prendre le *tiers* de : 37; 43; 57; 52; 68; 77; 83; 89; 93; 98.

EXERCICES (REVISION)

Oraux. — **377.** Que manque-t-il à chacun des nombres suivants pour valoir l'unité : 0,37; 0,045; 0^{fr},15; 2/3; 4/15; 7/13 11/20? — **378.** De combien chacun des nombres suivants surpasse-t-il l'unité : 1^{fr},70; 1^g,38; 3^m,053; 5/3, 7/5, 9/4, 25/18? — **379.** Comment ajoute-t-on 9; 19; 29; 39, etc., à un nombre? — **380.** Comment ajoute-t-on 11; 21; 31; 41, etc., à un nombre? — **381.** Que deviendront les nombres suivants rendus 100 fois plus grands : 47 dizaines; 85 hecto; 685 déci; 70 déca; 247 centi? — **382.** Que deviennent les nombres suivants rendus 100 fois plus petits : 32 déca; 49 déci; 36 hecto?

Écrits. — **383.** Exprimer en *unités* : 243 dixièmes + 47 centaines; 809 centièmes + 7 hecto + 430 déci.

384. Exprimer en *kilogrammes* : 3 tonnes + 4 quintaux + 17 hectogrammes + 6354 grammes + 726 décagrammes.

385. Faire les *additions* suivantes : $\frac{5}{7} + \frac{1}{3}$; $\frac{3}{20} + \frac{5}{8} + \frac{3}{5}$; $\frac{2}{3} + \frac{3}{4} + \frac{11}{24}$.

386. *Simplifier* : $\frac{1710}{2430}$; $\frac{700}{1820}$; $\frac{1260}{1650}$.

PROBLÈMES

Partage en parties dont les rapports sont donnés.

TYPE. — **387. Un homme et une femme travaillent au même ouvrage; la femme gagne les 3/5 de ce que gagne l'homme. S'ils gagnent ensemble 80 francs que revient-il à chacun?**

Homme. |———————| ⎫
Femme. |————| ⎬ 80 francs.

SOLUTION. — Le gain de la femme étant les 3/5 de celui de l'homme, les deux gains réunis représentent les 5/5 + 3/5 ou les 8/5 du gain de l'homme.

Si les 8/5 du gain de l'homme valent 80 francs, il revient à l'homme :
$$\frac{80^{fr} \times 5}{8} = 50 \text{ francs et il revient à a femme } 80^{fr} - 50^{fr} = 30 \text{ francs.}$$

Oraux. — **388.** Un ouvrier gagne le double de ce que gagne sa femme. Sachant qu'ils gagnent ensemble 75 francs, que revient-il à chacun? — **389.** 3 ouvriers et 3 ouvrières gagnent ensemble 99 francs. Sachant que le gain d'une ouvrière n'est que les 4/7 de celui d'un ouvrier, quel est le gain d'un ouvrier et celui d'une ouvrière?

Écrits. — **390.** Une couturière et son apprentie confectionnent ensemble 5 douzaines de chemises, à raison de 3^{fr},50 par chemise. Elles font 5 chemises en 4 jours. Le travail de l'apprentie est évalué aux 2/5 de celui de la maîtresse. Que gagne chacune d'elles par jour?   (Yonne.)

391. 3 hommes et 3 femmes travaillent au sarclage d'un champ. On les paye à raison de 0^{fr},10 par are. Ils ont fait 9^h,66^a. Combien revient-il à chacun? Les femmes ne gagnent que les 3/4 de ce que gagnent les hommes.   (Nièvre.)

*****392.** Un propriétaire loue 2 maisons pour la somme de 1 938 francs. Il augmente le premier loyer des 0,2 et diminue le second des 0,3. Les deux loyers sont maintenant égaux. A combien chacun s'élevait-il avant cette modification?

=== CALCUL ÉCRIT RAPIDE ===

393. *Multiplier* 8,75 successivement 4 fois par 3 et prendre la *moitié* du résultat.

394. *Effectuer* : 8070 × 3,40;   7900 × 4030;   87,04 × 3,04.

ADDITION DES FRACTIONS (Suite)

99. Addition des nombres fractionnaires. — On réduit les fractions au même dénominateur pour les **additionner séparément**; on **extrait** du total les *unités entières* et on ajoute ces unités *aux entiers* des nombres fractionnaires.

Soit à additionner les nombres fractionnaires : $5\frac{2}{3} + 4\frac{3}{8} + 7\frac{4}{5}$.

Réduites au même dénominateur, les fractions deviennent :

$$\frac{2 \times 8 \times 5}{3 \times 8 \times 5} = \frac{80}{120}; \quad \frac{3 \times 3 \times 5}{8 \times 3 \times 5} = \frac{45}{120}; \quad \frac{4 \times 3 \times 8}{5 \times 3 \times 8} = \frac{96}{120}.$$

Total des fractions : $\frac{80}{120} + \frac{45}{120} + \frac{96}{120} = \frac{221}{120}$ ou $1\frac{101}{120}$.

Total des nombres fractionnaires : $5 + 4 + 7 + 1\frac{101}{220} = 17\frac{101}{220}$

*100. **Addition des fractions ordinaires avec des fractions décimales**.— On convertit, suivant le cas, les fractions ordinaires en fractions décimales ou *inversement* les fractions décimales en fractions ordinaires, puis on fait le total. (*Se rappeler que* $\frac{1}{2} = 0,5$; $\frac{1}{3} = 0,333$; $\frac{1}{4} = 0,25$; $\frac{1}{5} = 0,2$; $\frac{1}{6} = 0,166$; $\frac{1}{7} = 0,142$; $\frac{1}{8} = 0,125$.)

1° Soit à additionner : $\frac{4}{5} + 0,25$.   On a : $\frac{4}{5} = 0,80$.

D'où : $\frac{4}{5} + 0,25 = 0,80 + 0,25 = \mathbf{1,05}$.

2° Soit à additionner : $\frac{2}{3} + 0,04$.   On a : $0,04 = \frac{4}{100}$.

D'où : $\frac{2}{3} + 0,04 = \frac{2}{3} + \frac{4}{100} = \frac{200}{300} + \frac{12}{300} = \frac{212}{300}$

Ou enfin, après simplification $\frac{212 : 4}{300 : 4} = \frac{53}{75}$.

QUESTIONNAIRE. — 1. Comment se fait l'addition de *nombres fractionnaires*? — 2. Comment se fait l'addition de *fractions ordinaires* avec des *fractions décimales*?

=== CALCUL MENTAL RAPIDE ===

Division par 3 ou tiers (suite). — Pour prendre le *tiers* d'un **nombre de 3 chiffres** : 1° si les *centaines* sont *divisibles* par 3, on en prend le *tiers* et on *ajoute* le tiers du reste.

Exemple : **tiers de 638**. On dit : tiers de 600... 200; de 38... 12, reste 2; 212 et *reste* 2.

2° si les *centaines ne sont pas divisibles* par 3, on prend le *tiers* du plus grand nombre de dizaines divisible par 3 (**30, 60, 90**) contenu dans le nombre, et on ajoute le tiers du reste.

Exemple : **tiers de 857**. On dit : tiers de 85... 20 pour 60; et 8 pour 24; 20 et 8... 28 ou 280; *il reste* 1 qui vaut 10; et 7... 17; tiers de 17... 5; et reste 2; 280 et 5... **285** ; et reste 2.

*Exercices : Prendre le *tiers* de : 387; 638; 947; 469; 574; 758; 819; 863; 378; 856.

EXERCICES

Oraux. — **395.** *Comment s'écrivent en chiffres romains* : 36; 89; 488; 1909? — **396.** *Citer les mois de l'année qui ont 31 jours.* — **397.** *Le 1er jour d'un mois est un jeudi, quelle sera la date du dernier jeudi de ce mois?* — **398.** *Le 1er jour d'un mois de 31 jours est un dimanche, par quel jour commencera le mois suivant?* — **399.** *Une année ordinaire commence un samedi par quel jour commencera l'année suivante?* — **400.** *Comment transforme-t-on en fractions ordinaires* : 0,25; 0,038; 0,9 ?

Écrits. — **401.** Effectuer les *additions* suivantes :

1/3 + 5/8 ;   3/5 + 1/4 + 7/9 ;   3/8 + 2/3 + 5/2 ;   1/2 + 4/5 + 2/3.

402. Effectuer : 12/14 + 8/28 + 3/21 ;   4/32 + 12/21 + 10/45.

403. Effectuer les *additions* suivantes en transformant les fractions ordinaires en fractions décimales :

3/4 + 3,45 ;   2 3/5 + 7,25 ;   7 4/25 + 12,20 ;   0,75 + 2 1/2 ;   13 7/20 + 2,42.

404. Même exercice en transformant les fractions décimales en fractions ordinaires :

2/7 + 0,65 ;   7 2/3 + 0,75 ;   3 4/6 + 2,4 ;   15,50 + 3 2/9 ;   8,10 + 3/51.

405. Effectuer *l'addition* : 4/5 + 0,35 + 5/8 + 3/4 + 0,112 + 45,28 + 3/20.

PROBLÈMES
Somme composée d'une fraction et d'une quantité connue.

TYPE. — **406. Les 2/7 de la somme que je possède, augmentés de 50 francs, font 330 francs. Combien ai-je?**

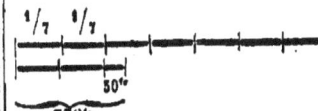

SOLUTION. — Si je retranche 50 francs de 330 francs, j'obtiens exactement les 2/7 de ce que je possède.

Donc 330^{fr} — 50^{fr} = 280 francs valant les 2/7 de ce que j'ai,

la somme totale ou 7/7 vaut donc : $\dfrac{280^{fr}}{2} \times 7 = 980$ francs.

Oraux. — **407.** *Si j'avais 1/6 de plus et 18 francs, j'aurais 60 francs. Combien ai-je?* — **408.** *Le 1/7 de ce que j'ai, augmenté de 25 francs vaut 39 francs. Combien ai-je?* — **409.** *Un berger qui a vendu 1/3 de ses moutons plus 3 en a 28 de moins. Combien de moutons avait-il?*

Écrits. — **410.** Une personne a dépensé les 5/8 de son argent et il lui reste encore le 1/4 plus 20 francs. Combien possédait-elle ? *(Doubs.)*

411. Un fermier augmente le nombre de ses moutons des 4/5, il meurt 18 moutons de maladie, et il en a maintenant en tout 477. Combien en avait-il précédemment?

*412. Une fermière a vendu les 3/5 d'un panier d'œufs ; si elle ajoutait 28 œufs à ce qui lui reste, le nombre qu'elle avait avant la vente serait augmenté de 1/5 ; quel était ce nombre?

CALCUL ÉCRIT RAPIDE

413. *Multiplier* 4 523 successivement 4 fois par 3 ; puis prendre successivement la *moitié* et le *tiers* du résultat.

414. *Effectuer* : 532 × 43 ;   405 × 243 ;   2,05 × 0,43 ;   4,35 × 0,304.

ADDITION DES NOMBRES COMPLEXES

101. Additionner des *nombres complexes*, c'est, comme pour les nombres entiers et les nombres décimaux, additionner les unités de même ordre et réunir en un seul total tous les résultats, d'où :

102. Règle. — Pour additionner des *nombres complexes*, on les dispose les uns au-dessous des autres de façon que les *secondes* soient sous les *secondes*, les *minutes* sous les *minutes*, etc.; puis, commençant par la droite, on **additionne séparément** *les secondes, les minutes*, etc.; lorsqu'un *total* obtenu contient des unités de l'ordre supérieur, on **extrait** *ces unités* qu'on ajoute aux unités du même ordre.

$$7^j\ 11^h\ 35^m\ 43^s$$
$$5^j\ \ 9^h\ 40^m\ 25^s$$
$$8^j\ 19^h\ 42^m\ 35^s$$
$$\overline{21^j\ 40^h\ 118^m\ 103^s}$$
$$21^j\ 16^h\ 58^m\ 43^s$$

1° Soit : $7^j11^h35^m43^s + 5^j9^h40^m25^s + 8^j19^h42^m35^s$.

Le total des secondes est 103 secondes ou 1^m43^s; j'écris au-dessous 43 secondes; je *retiens* 1 minute, que j'additionne avec les minutes. — Le total 118 minutes vaut $1^h\ 58^m$; j'écris au-dessous 58 minutes et je *retiens* 1 heure, que j'additionne avec les heures. — J'opère de même pour les heures qui donnent au total 40 heures ou $1^j\ 16^h$ et avec les jours qui donnent au total 21 jours. Le résultat de l'addition est : $21^j\ 16^h\ 58^m\ 43^s$.

$$4°\ 35'\ 42''$$
$$8°\ 19'\ \ 8''$$
$$6°\ 37'\ \ 6''$$
$$\overline{19°\ 91'\ 56''}$$
$$31'$$

2° Soit : $4°35'42'' + 8°19'8'' + 6°37'6''$.

Le total $91'$ vaut $1°31'$; j'écris $31'$ et je *retiens* $1°$ que j'additionne avec les degrés.

Le résultat de l'addition est : **19° 31′ 56″**.

QUESTIONNAIRE. — **1.** Comment *convertit-on* des mois en jours? des jours en heures? des heures en minutes? des minutes en secondes? — **2.** Comment *convertit-on* des degrés en minutes? des minutes en secondes? — **3.** Comment se fait *l'addition* des nombres complexes? — **4.** Additionner 40′ avec 1°37′ et donner le résultat en *degrés* et *minutes*.

=== CALCUL MENTAL RAPIDE ===

I. **Multiplication par 4 ou quadruple.** — Combien *font 4 fois* : 1; 3; 5; 7; 9; 11; 12; 15; 2; 4; 6; 8; 10; 30; 50; 70; 90; 20; 40; 60; 80.

II. *Pour multiplier un nombre par 4*, on multiplie par *4 chacune des unités*, en commençant par les plus élevées, et on additionne au fur et à mesure les résultats.

Exemple : 48×4. On dit : 4 fois 40... 160; 4 fois 8... 32; 160 et 32... **192**.

Exercices :

a) *Multiplier* par 4 : 13; 17; 14; 25; 34; 49; 55; 67; 89; 93.
b) *Multiplier* par 4 : 240; 365; 417; 568; 639; 717; 849; 995.

III. **Autre procédé.** — On multiplie un nombre par $4 = 2 \times 2$, en cherchant le *double du double* de ce nombre.

Exemple : 65×4. On dit : 65 et 65... 130; et 130... **260**.

Exercices : *Multiplier* par 4 en *doublant deux fois* successivement :
68; 140; 78; 127; 89; 156; 215; 344; 420.

IV. **Division par 4 ou quart.** — Combien *de fois* 4 dans : 8, 12, 16, 20, 24, 28, 32, 36, 40, 60, 80.

Exemple : 31 : 4. *On dit* : quart de 31... 7 pour 28; il reste 3.

Exercices : Prendre le *quart* de 9; 14; 19; 26; 29; 34; 15; 40; 80; 60.

EXERCICES

Oraux. — **415.** Trouver ce qu'il faut ajouter : à 17 secondes pour faire 1 minute; — à 45 secondes pour faire $1^m 1/2$; — à 27 secondes pour faire $2^m 1/4$. — **416.** Trouvez ce qu'il faut ajouter : à 30 secondes pour faire 1 minute; — à 53 minutes pour faire $2^h 15^m$; — à $21^m 30^s$ pour faire 1/2 heure. — *__417.__ Trouver ce qu'il faut ajouter : à 47 secondes pour faire $1' 10''$; — à 30 minutes pour faire $3°20'$; — à $3°40''$ pour faire $5°$. — *__418.__ Dire ce que font ensemble : 15 heures et 3 jours 2/3; 1 heure 3/5 et 12 minutes. — *__419.__ Additionner : $57''$ et $2° 1/2$; $48''$ et $3' 2/3$; $12' 45''$ et $25' 1/2$.

Écrits. — **420.** Effectuer les *additions* suivantes :

$3^h 45^m 47^s + 5^h 30^m 15^s$; $4)17^h + 2^m 19^j 15^h$;

*__421.__ Effectuer : $7° 25' 41'' + 11° 16' 9''$; $9° 7' 29'' + 3° 54' 47''$.

PROBLÈMES

Temps pour parcourir une distance.

TYPE. — **422. Un train part de Paris pour Bordeaux à $7^h, 50^m$; sa vitesse moyenne est de 80 kilomètres à l'heure. A quelle heure arrivera-t-il à destination, sachant qu'il doit faire 13 haltes d'une durée totale de $1^h 37^m$? La distance de Paris à Bordeaux est de 588 kilomètres.**

Solution. — L'*heure d'arrivée* est donnée par l'*heure de départ* augmentée du temps de la *durée totale* du trajet.

La *durée totale* du trajet est égale *au temps de marche* augmenté de la *durée des arrêts*.

Le *temps de marche* est égal au *quotient* de la distance totale par la distance parcourue en une heure.

Temps de marche : $1^h \times \dfrac{588}{80} = 7^h \dfrac{7}{20}$ ou 7 heures 21 minutes.

Durée totale du trajet : $7^h 21^m + 1^h 37^m = 8$ heures 58 minutes.

Heure d'arrivée : $7^h 50 + 8^h 58 = 16^h 48$.

Oraux. — **423.** *Un cavalier parcourt 500 mètres en 2 minutes. Quel temps mettra-t-il pour faire 18 kilomètres?* — **424.** *Un piéton fait par jour en moyenne 25 kilomètres. Sachant qu'il fait 4 kilomètres à l'heure, combien marche-t-il d'heures dans un jour? dans une semaine de 7 jours?* — *__425.__ *Un express doit parcourir une distance de 900 kilomètres; sa vitesse est de 60 kilomètres à l'heure. En partant à 5 heures, à quelle heure arrivera-t-il à destination?*

Écrits. — **426.** Un train de chemin de fer, se rendant de Paris à Lyon (distance 512 kilomètres), part de Paris à $22^h 30^m$. S'il parcourt en moyenne 40 kilomètres à l'heure, à quelle heure précise arrivera-t-il à Lyon?   (Rhône.)

427. Un train parti à 9 heures doit parcourir une distance de $517^{km},5$ à raison de $3,5^{km},5$ à l'heure. Quand arrivera-t-il?   (Indre.)

*__428.__ Un marcheur fait $34^{km},5$ en $7^h 1/2$. Combien mettra-t-il de temps, aller et retour, pour se rendre à une localité située à $54^{km},05$ en supposant qu'au milieu de sa course il prenne un repos de $2^h 1/4$?   (Rhône.)

CALCUL ÉCRIT RAPIDE

429. *Multiplier* 6 987 successivement par 2 et 4 et prendre le *tiers* du résultat.
430. *Effectuer* : 976×34; 890×432; $8,75 \times 0,405$; $76,90 \times 430$.

SOUSTRACTION

103. Exemple. — Une personne possède **15 francs**; elle dépense **8 francs, que lui reste-t-il ?**

Ce reste s'obtient en *retranchant* des 15 francs les 8 francs dépensés. On fait une **soustraction**.

104. Définition. — La **soustraction** est une opération qui a pour but de **retrancher** *un nombre d'un autre plus grand et de la même espèce.*

Le résultat s'appelle **reste, excès** ou **différence**.

105. Remarque. — Il est évident qu'en ajoutant le reste au petit nombre, on doit *reproduire* le grand nombre ; d'où cette seconde définition :

106. Seconde définition. — La **soustraction** est une opération qui a pour but, étant donnés *la* **somme** *de deux nombres et l'un de ces nombres, de trouver l'autre nombre.*

107. Signe. — La soustraction s'indique en plaçant le signe — (*moins*) devant le nombre à soustraire. Ex. : 15 — 8 ; 8,75 — 4,05.

108. PRINCIPE. — La **différence** de deux nombres ne **change pas** quand on **augmente** ou quand on **diminue** ces deux nombres *d'une même quantité.*
En effet, soit 7 — 4.

1° Si on *augmente* chacun de ces nombres 7 et 4, exprimés en lignes, d'une même quantité, 2, par exemple, on voit que la différence, 3, ne change pas.

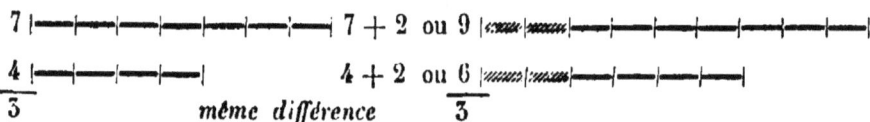

2° Si, d'autre part, on *diminue* chacun des nombres de 2, la différence, 3, reste également la même.

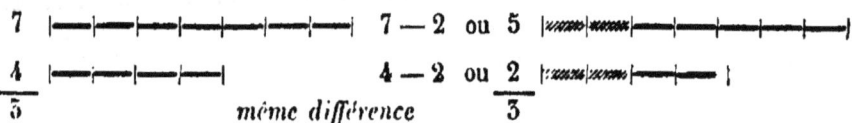

QUESTIONNAIRE. — 1. Composer un petit *problème* donnant lieu à une soustraction. — 2. Qu'est-ce que la *soustraction* ? — 3. Composer un exemple de soustraction donnant pour résultat un *reste*, — un *excès*, — une *différence*. — 4. Qu'obtient-on en *ajoutant* le petit nombre au reste ? — 5. Qu'est-ce que la soustraction *comparée* à l'addition ? — *6. Quelle modification peut-on apporter *aux deux nombres* d'une soustraction sans changer le résultat ?

=== CALCUL MENTAL RAPIDE ===

Division par **4** *ou quart* (suite). — Pour trouver le *quart d'un nombre* de **deux chiffres**, on prend le quart du plus grand nombre de dizaines (**40, 60, 80**) divisible par 4 contenu dans le nombre et on ajoute le quart du reste.

Exemple : **77 : 4**. *On dit* : quart de 60... 15 ; de 17... 4 pour 16 ; reste 1 : 15 et 4... 19 ; reste 1.

EXERCICES : Prendre le *quart* de : 43 ; 57 ; 53 ; 64 ; 69 ; 75 ; 83 ; 97 ; 59 ; 71.

EXERCICES (REVISION)

Oraux. — **431.** *Expliquer sur l'exemple* 4,85 + 7,35 *comment se fait de tête l'addition des nombres décimaux.* — **432.** *Expliquer, à l'aide des deux nombres 3,56 et 7,40, comment on trouve ce qu'il faut ajouter au 1er nombre pour avoir le 2°.* — **433.** *Convertir en nombres fractionnaires* : 22/5 174/17 —
434. *Convertir en expressions fractionnaires* : 3 4/11; 11 2/7; 9 8/15. —
435. *Convertir en fractions décimales*: 1/2; 1/4; 3/4; 2/5; 3/5; 4/5.

Écrits. — **436.** Ajouter 2/3 à chacune des fractions 5/6, 7/9, 12/21 et faire le total des résultats obtenus?

437. Ajouter 3/5 à chacune des fractions 2/3, 7/10, 13/30, 8/45 et faire le total des résultats obtenus.

438. Effectuer l'addition : 12,50 + 2 3/4 + 7 4/5 + 6,45 + 3 5/8 + 21,32 + 7 4/25.

PROBLÈMES
Échange.

TYPE. — **439. Un marchand échange 45 mètres de drap à 4^{fr},50 le mètre contre de la toile à 3 francs le mètre. Combien de mètres de toile doit-il recevoir ?**

SOLUTION. — Dans les échanges, la valeur de ce que l'on *donne* doit être *égale* à la valeur de ce que l'on *reçoit*.
La valeur de ce que l'on *donne* est égale au prix de l'unité multiplié par le nombre d'unités données. Le *produit* représente la *valeur* de ce que l'on *reçoit*. Le *nombre* d'unités reçues est le *quotient* de la valeur reçue par le prix de l'unité.

Prix de 45 mètres de drap : $4^{fr},50 \times 45 = 202^{fr},50$.

Nombre de mètres de toile reçus : $1^m \times \dfrac{202,50}{3} = 67^m,50$.

Vérification : 45 mètres de drap à $4^{fr},50 = 202^{fr},50$.
  $67^m,50$ de toile à $3^{fr} = 202^{fr},50$.

Oraux. — **440.** *J'échange 15 billes contre 3 toupies valant chacune* $0^{fr},15$. *Que vaut une de mes billes ?* — **441.** *J'échange du vin à* $0^{fr},50$ *contre 50 litres de bière à* $0^{fr},40$. *Combien de litres de vin dois-je recevoir ?* — **442.** *Un libraire échange 36 livres à 2 francs contre 40 autres livres à* $1^{fr},50$. *Quelle somme doit-il donner en plus ?*

Écrits. — **443.** Un marchand échange 15 mètres de drap contre 140 mètres de toile à $0^{fr},90$ le mètre. Il donne 6 francs en plus. Quel est le prix du mètre de drap ? (Oise.)

444. Mon frère a du vin qui vaut $0^{fr},75$ la bouteille ; j'ai du cidre qui me coûte $0^{fr},37$ le double litre. Si je lui donne 370 litres de cidre, combien de bouteilles de vin mon frère doit-il me donner? (Seine.)

445. Une fermière reçoit de sa voisine 8 poulets à $2^{fr},75$ et elle lui donne en échange 2 francs plus un certain nombre d'œufs à $0^{fr},90$ la douzaine. Combien d'œufs donne-t-elle ? (Corrèze.)

*****446.** Une femme a donné 9 kilogrammes de beurre et $2^{fr},70$ en argent pour avoir $1^m,80$ de drap. Si elle avait donné 3 kilogrammes de beurre de plus et pas d'argent, elle aurait eu $2^m,16$. Quel est le prix du kilogramme de beurre et le prix du mètre de drap?

=== CALCUL ÉCRIT RAPIDE ===

447. *Multiplier* 4353 *successivement par* 2 *et* 4 *et prendre le tiers du résultat.*
448. *Effectuer* : 354×405 ; 2030×540 ; $4035 \times 0,405$; 3026×4500,

SOUSTRACTION DES NOMBRES ENTIERS

109. Soustraction donnant pour reste un nombre d'un seul chiffre. — Soit $9-7=2$; $15-8=7$; $85-76=9$.

On cherche de tête ce qu'il faut ajouter au petit nombre pour avoir le grand nombre.

On dit 7 ôtés de 9, reste 2; 8 ôtés de 15, reste 7; 76 ôtés de 85 reste 9; ou plus simplement : 7 de 9... 2; 8 de 15... 7; 76 de 85... 9.

110. Soustraction d'un nombre de plusieurs chiffres d'un autre de plusieurs chiffres.

Lorsque chacun des chiffres du petit nombre est **au plus égal** au chiffre des mêmes unités dans le grand, la soustraction se fait en *retranchant* successivement *les unités* du petit nombre des *unités* du grand; les *dizaines*, des *dizaines*, etc. Toutes les parties du petit étant ainsi retranchées des parties du grand, le résultat est la *différence* demandée.

```
9 876
5 362
-----
4 514
```
Soit $9\,876 - 5\,362$. On dispose les nombres comme ci-contre, et on dit : 2 de 6... 4; 6 de 7... 1; 3 de 8... 5; 5 de 9... 4. Le reste est : **4 514**.

111. Lorsque l'un *des chiffres du petit nombre est plus fort que le chiffre des mêmes unités du grand*, on *augmente* celui-ci de 10, et, afin que le résultat ne change pas, on **augmente** de 1 le chiffre suivant du petit nombre, cette unité d'un ordre supérieur valant les 10 unités ajoutées au grand nombre.

```
4 076
2 748
-----
1 328
```
Soit $4\,076 - 2\,748$. On dit : 8 de 16... 8; je retiens 1; et 4... 5; de 7... 2; 7 de 10... 3; je retiens 1; et 2... 3; de 4... 1. Le reste est : **1 328**. D'où :

112. Règle. — Pour faire une soustraction, on écrit le *petit nombre sous le grand* de manière que les unités soient sous les unités, les dizaines sous les dizaines, etc. On **souligne** *le petit nombre* pour le séparer du résultat qu'on écrira au-dessous : puis, commençant par la droite, on **retranche** *respectivement* chaque chiffre du petit nombre de celui qui lui correspond dans le grand nombre. Lorsque l'un des chiffres du petit nombre est *plus fort* que celui qui lui correspond au-dessus, on *augmente* celui-ci de 10 et on retient 1 qu'on ajoute au chiffre suivant du *petit nombre*.

113. Preuve. — Pour faire la **preuve** de la soustraction, on *additionne le petit nombre avec le reste*. On doit *retrouver le grand nombre*.

QUESTIONNAIRE. — 1. Comment soustrait-on 7 de 9; 8 de 15? — 2. Comment soustrait-on 5 362 de 9 876? — 3. Comment soustrait-on 2 748 de 4 076? — 4. Comment, en général, fait-on la *soustraction*? — 5. Comment fait-on la preuve de la soustraction?

== CALCUL MENTAL RAPIDE ==

Division par 4 ou quart (suite). — On peut trouver encore le *quart* d'un nombre en prenant la *moitié de la moitié* de ce nombre.

Exemple : $86 : 4$. On dit : moitié de 86... 43; moitié de 43... **21 et il reste 1**.

Exemple : $748 : 4$. On dit : moitié de 700... 350; moitié de 48... 24; 350 et 24... 374; moitié de 300... 150; moitié de 74... 37; 150 et 37... **187**.

EXERCICES
a) Prendre le *quart* de : 456; 487; 852; 817; 875; 465; 843.
b) Prendre le *quart* de : 165; 354; 567; 584; 719; 778.

EXERCICES

Oraux. — **449.** *Peut-on faire la soustraction en commençant par la gauche ? Expliquer l'opération sur l'exemple* 3045 — 1829. — **450.** *Montrer sur l'exemple* 15 — 11 *que la différence entre ces deux nombres ne change pas :* 1° *quand on les augmente tous deux de* 6 ; 2° *quand on les diminue tous deux de* 6. — **451.** *Retrancher mentalement* 997 *de* 1859. *Expliquer le procédé.*

Écrits. — **452.** Effectuer les *soustractions* suivantes et *ajouter* le résultat au petit nombre : 8043 — 5764 ; 15902 — 9967 ; 8700 — 4007 ;
60003 — 28045 ; 77040 — 58069 ; 9019 — 3896.

453. Réduire au *même dénominateur* les groupes de fractions ci-dessous :
2/9, 2/6, 3/4 ;   5/8, 4/5, 3/10 ;   7/5, 7/18, 11/15 ;   5/14, 6/21, 13/28.

PROBLÈMES
Variation de valeur.

TYPE. — **454. Une personne veut mettre sa montre en loterie : à 5 francs le billet, elle gagnerait 100 francs ; à 3 francs, elle perdrait 60 francs. On demande le nombre des billets et le prix de la montre.**

Solution. — Différence entre les produits des deux modes de loterie $100^{fr} + 60^{fr}$ ou 160 francs. Pour un billet, cette différence est de $5^{fr} — 3^{fr}$ ou 2 francs.

A 5^{fr} . .
Montre. .
A 3^{fr} . .

Pour une différence de 160 francs, le nombre des billets est de $1^b \times \frac{160}{2} = 80$ billets.

La 1re loterie rapporte $5^{fr} \times 80$ ou 400 francs. Le prix de la montre est donc de $400^{fr} — 100^{fr}$ ou 300 francs.

Oraux. — **455.** *Un certain nombre de personnes ont dîné en commun. Si chaque personne verse 2 francs il manquera 3 francs pour payer la dépense totale ; si chacune verse 3 francs, il y aura 4 francs de trop. Quel est le nombre de convives ?* — **456.** *4 pièces de toile de même longueur ont été vendues à raison de 1 franc le mètre. Si on avait vendu le mètre $1^{fr},50$, le bénéfice eût été de 60 francs au lieu de 20 francs. Dites la longueur de chaque pièce.* — **457.** *Un marchand gagne 7 francs sur une pièce de vin qu'il vend à raison de $0^{fr},75$ le litre. S'il avait vendu ce vin $0^{fr},70$ le litre, il aurait perdu 3 francs. Quelle est en litres la contenance de la pièce ?*

458. Écrits. — Une dame veut acheter des mouchoirs. Elle calcule que si elle en prend 20, il lui restera $1^{fr},50$, mais que si elle en prend 25, il lui manquera $1^{fr},25$. Quel est le prix d'un mouchoir ? Quelle somme cette dame avait-elle ?

459. En revendant le vin contenu dans un tonneau à $0^{fr},65$ le litre, un marchand ferait un bénéfice de 22 francs ; en revendant le litre $0^{fr},50$, il ferait une perte de 11 francs. Quelle est la contenance du tonneau ? *(Meuse.)*

***460.** J'ai acheté du drap à $14^{fr},25$ le mètre et il me reste $1^{fr},45$. Si j'en avais pris à $15^{fr},50$ le mètre, il m'aurait manqué $1^{fr},80$ pour le payer. Combien de mètres de drap ai-je achetés ? *(C. E.)*

=== **CALCUL ÉCRIT RAPIDE** ===

461. *Multiplier* 524 successivement par 2 et 3, puis prendre le *quart* du résultat.
462. *Effectuer :* 609 × 540 ;   87,50 × 4,05 ;   5,86 × 0,45 ;   6890 × 543.

SOUSTRACTION DES NOMBRES DÉCIMAUX

114. Règle. — La soustraction des *nombres décimaux* se fait comme celle *des nombres entiers*. Si l'un des nombres a *moins de chiffres décimaux* que l'autre, on le complète réellement ou mentalement par des *zéros*; et comme les différentes unités du résultat correspondent aux mêmes unités dans les nombres, on met, au courant de l'opération, une *virgule* au résultat sous la virgule même des nombres.

$$\begin{array}{r} 83,45 \\ 7,5 \\ \hline 75,95 \end{array} \qquad \begin{array}{r} 83,45 \\ 7,567 \\ \hline 75,883 \end{array}$$

Soit : 83,45 — 7,5 et 83,45 — 7,567; on opère comme ci-dessus.

115. Unités différentes. — Si les nombres donnés sont exprimés en *unités différentes*, on les ramène à l'unité demandée.

Soit : 3hl,4 — 82lit,45 à exprimer en *dal*; on a : 34 dal — 8 dal,245 = 25dal,755.

116. PREUVE. — On fait la **preuve** de la soustraction des nombres décimaux comme celle de la soustraction des nombres entiers, c'est-à-dire en *additionnant le petit nombre avec le reste*; on doit *retrouver le grand nombre*.

*117. **PRINCIPE.** — Lorsqu'on **rend** deux nombres **2, 3, etc. fois plus grands** ou **plus petits**, leur **différence** est rendue de même **2, 3, etc., fois plus grande ou plus petite**.

1° Soit 5 — 3 = 2.

Si on rend 2 *fois plus grand* chacun de ces nombres 5 et 3, exprimés en lignes, on voit que la différence 2 est rendue également 2 *fois plus grande* ou 4.

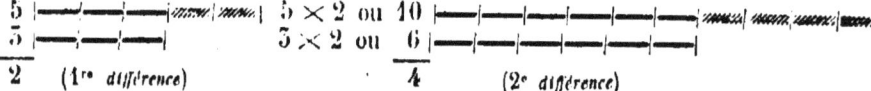

La *seconde* différence 4 est *double* de la *première*.

2° Soit, d'autre part, 9 — 6 = 3.

Si on rend 3 *fois plus petit* chacun de ces nombres 9 et 6, exprimés en lignes, on voit que la différence 3 est rendue également 3 *fois plus petite* ou 1.

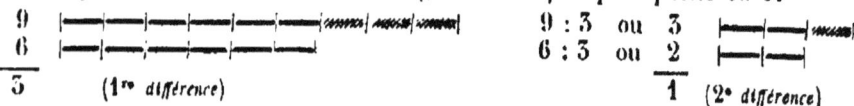

La *seconde* différence 1 est *trois fois plus petite* que la *première*.

QUESTIONNAIRE. — 1. Comment se fait la soustraction des *nombres décimaux*? — 2. Si les nombres sont donnés en *unités différentes* que fait-on? — 3. Comment se fait la preuve de la soustraction? — *4. Lorsqu'on rend deux nombres 2, 3, etc. fois *plus grands* ou *plus petits*, que devient leur différence?

CALCUL MENTAL RAPIDE

I. *Multiplication par 5.* — Combien *font* 5 *fois* : 1; 3; 5; 7; 9; 11; 15; 2; 4; 6; 8; 10; 12; 20; 40; 60; 80; 30; 50; 70; 90.

II. Pour *multiplier un nombre par 5*, on le multiplie par 10 et on prend la moitié du résultat. *Ex.* : **85 × 5.** On dit : 10 fois 85... 850; moitié **425.**

EXERCICES : a) *Multiplier* par 5 : 24; 29; 37; 43; 54; 66; 71.
b) — 118; 222; 344; 467; 572; 625; 784.

EXERCICES

Oraux. — **463.** Quelle est la différence de deux nombres dont l'un vaut 5 fois l'autre? — **464.** Deux nombres ont pour différence 12, le petit nombre est le quart du grand, quels sont ces deux nombres? — **465.** Soit 24 — 15 ; que devient la différence de ces deux nombres si on rend chacun 4 fois plus grand? — 3 fois plus petit? — **466.** La différence de deux nombres est 24 ; deux fois le petit nombre font aussi 24. Quels sont ces deux nombres?

Écrits. — **467.** Exprimer :
1° En *unités* : 3 centaines 7 unités 4 centièmes + 9 dizaines 7 dixièmes 5 millièmes — 2 centaines 8 unités 7 centièmes.
2° En *dizaines* : 4 mille 3 centaines 2 dixièmes 4 millièmes + 8 centaines 7 dizaines 4 centièmes — 7 centaines 5 unités 9 dixièmes.
3° En *centièmes* : 3 centaines 4 dixièmes — 17 dizaines 8 centièmes.
4° En *mètres* : $8^{hm} 7^{m} 4^{cm} 5^{mm} - 9^{dam} 8^{dm} 7^{cm}$;
5° En *kilomètres* : $1^{Mm} 7^{hm} 3^{m} 4^{dm} + 8^{km} 7^{dam} 3^{m} - 9^{km} 8^{dam} 7^{dm}$;

PROBLÈMES
Fractions successives d'une somme.

TYPE. — **468. Une personne dépense au marché, pour un premier achat, les 0,25 de son argent, puis le 1/3 de ce qui lui reste, et elle revient ayant encore $4^{fr},40$. Quelle somme avait-elle en partant ?**

SOLUTION. — La fraction $0,25 = 25/100 = 1/4$.
Reste après le premier achat : $1 - 1/4 = 3/4$.
Deuxième dépense $= 1/3$ de $3/4$, c'est-à-dire une quantité 3 fois plus petite que $3/4$ soit $1/4$.
Reste après la deuxième dépense : $3/4 - 1/4 = 2/4$ ou $1/2 = 4^{fr},40$.
La somme primitive est donc : $4^{fr},40 \times 2 = 8^{fr},80$.

Oraux. — **469.** Après avoir dépensé les 0,6 de ce que j'avais, il me reste 24 francs. Combien avais-je? — **470.** J'ai doublé ce que je possédais, puis j'ai perdu 1/4 de mon nouvel avoir, et j'ai maintenant 21 francs. Combien avais-je d'abord? — **471.** Paul a perdu les 2/3 de ses billes, il a regagné le double de ce qui lui restait et il a maintenant 16 billes. Combien en avait-il d'abord ?

Écrits. — **472.** Une personne qui a dépensé les 0,30, plus les 0,20, plus les 0,75 de son avoir primitif, s'est endettée de 350 francs. Quel était son avoir primitif?

473. Un ouvrier dépense par quinzaine, pour son logement et sa pension, les 2/3 de son gain, plus 6 francs pour autres dépenses; il lui reste 15 francs à la fin de sa quinzaine. Combien gagne-t-il par jour s'il a travaillé tous les jours? *(Neuilly.)*

474. Un marchand qui avait une pièce de toile de 174 mètres en a vendu 1/3 à $1^{fr},60$ le mètre, les 3/4 du reste $1^{fr},80$ et le reste à 2 francs le mètre. Il a gagné ainsi $46^{fr},40$. A quel prix avait-il acheté le mètre de cette toile?

*****475** Une personne dépense les 2/3 de son argent, puis elle gagne une somme égale à la moitié de ce qui lui restait. Elle a alors 36 francs, dites combien elle avait tout d'abord?

CALCUL ÉCRIT RAPIDE

476. *Multiplier* 2 364 successivement par 3 et 5, puis prendre la *moitié*, le *quart* du résultat.

477. *Effectuer* : 452×5006 ; $34,50 \times 6,065$; $5,304 \times 6,50$; $35,04 \times 5460$.

SOUSTRACTION DES FRACTIONS

118. Règle. — Pour faire une **soustraction de fractions** :

1° Si les deux fractions ont le même **dénominateur**, on prend la *différence des numérateurs* et on donne à cette différence *le dénominateur même des fractions*. Ainsi :

$$\frac{7}{5} - \frac{4}{5} = \frac{7-4}{5} \text{ ou } \frac{3}{5}.$$

119. 2° Si les fractions **n'ont pas le même dénominateur**, on les réduit *au même dénominateur*, et on opère comme il vient d'être dit. Ainsi :
$$\frac{7}{5} - \frac{2}{3} = \frac{21}{15} - \frac{10}{15} = \frac{21-10}{15} = \frac{11}{15}.$$

120. Nombres fractionnaires. — Pour faire la soustraction de **nombres fractionnaires**, on fait d'abord *la différence des fractions*, puis *celle des parties entières*.

Si la fraction du petit nombre est *plus forte* que celle du grand nombre, on rend la soustraction possible en *ajoutant* à cette dernière *une unité* sous forme de fraction ; par compensation, on augmente de *une unité* la partie entière du petit nombre. Soit : $4\frac{3}{7} - 2\frac{6}{7}$.

$4\frac{3}{7}$
$2\frac{6}{7}$
$\overline{1\frac{4}{7}}$

On ne peut retrancher $\frac{6}{7}$ de $\frac{3}{7}$; on augmente $\frac{3}{7}$ d'une unité ou $\frac{7}{7}$, ce qui se fait en ajoutant le dénominateur au numérateur ; on a $\frac{10}{7}$. En retranchant $\frac{6}{7}$ de $\frac{10}{7}$, le reste est $\frac{4}{7}$. On retient 1 qu'on ajoute à la partie entière, 2, du petit nombre ; et on dit 3 ôtés de 4, reste 1.

Le résultat est $1\frac{4}{7}$.

*121. Fraction ordinaire et fraction décimale. — Pour soustraire une **fraction décimale** d'une **fraction ordinaire** ou *inversement*, il suffit, suivant les cas, de **transformer** la fraction ordinaire en fraction décimale ou *inversement* la fraction décimale en fraction ordinaire.

1° Soit : $\frac{4}{5} - 0,25$. On a : $\frac{4}{5} = 0,80$; d'où $\frac{4}{5} - 0,25 = 0,80 - 0,25 = \mathbf{0,55}$.

2° Soit : $\frac{2}{3} - 0,04$. On a : $0,04 = \frac{4}{100}$; d'où $\frac{2}{3} - 0,04 = \frac{2}{3} - \frac{4}{100}$

et on opère, pour ce second cas, comme il est dit au n° 119.

QUESTIONNAIRE. — 1. Comment fait-on la soustraction de $^7/_5 - {}^4/_5$? de $^7/_5 - {}^2/_3$? — 2. Comment *soustrait-on* l'un de l'autre deux *nombres fractionnaires* ?

CALCUL MENTAL RAPIDE

I. **Division par 5.** — Combien de fois 5 dans 10 ; 15 ; 20 ; 25 ; 30 ; 35 ; 40 ; 45 ; 50 ; 55 ; 60 ; 70 ; 75 ; 80 ; 90.

II. *Pour diviser un nombre par 5, on double les dizaines et on ajoute le cinquième des unités. Exemple* : 78 : 5. *On dit* : 2 fois 7... 14 et 1... **15**, reste 3.

EXERCICES : *Prendre le cinquième* de : 49 ; 37 ; 54 ; 62 ; 145 ; 270 ; 560.

EXERCICES

Oraux. — **478.** *Trouver la différence entre les quantités suivantes :*
7/9 — 4/9 ;   8/10 — 40/100 ;   3/4 — 6/12 ;   0,40 — 1/5 ;   1/4 — 0,125. —
479. *Retrancher de l'unité les fractions suivantes :* 1/2 ;   2/3 ;   5/6 ;   7/13 ;
3/25 ;   31/43 ;   7/100 ;   9/1000 ;   27/40 ;   13/71. —**480.** *Transformer en douzièmes :* 2/3 ;   1/2 ;   21/36 ;   15/18 ;   10/15. — **481.** *Transformer en trentièmes :* 3/5 ;   1/2 ;   7/10 ;   13/26 ;   21/45. — **482.** *Transformer en quarante-deuxièmes :* 2/3 ;   4/7 ;   5/6 ;   7/21 ;   8/12 ;   6/28.

Écrits. — **483.** Effectuer les *soustractions* suivantes :
7/11 — 2/9 ;   7/8 — 3/20 ;   5/6 — 2/15 ;   7/12 — 3/15.

484. Effectuer les *soustractions* suivantes :
12 3/13 — 9 4/5 ;   5 3/4 — 5 7/12 ;   17 4/9 — 9 11/15 ;   3 2/11 — 1 7/9.

PROBLÈMES

Partage d'après des rapports donnés.

TYPE. — **485. Partager 90 francs entre trois personnes de telle façon que la 1re ait la moitié de la 2e et celle-ci le 1/3 de la 3e.**

SOLUTION. — Si je compare les trois parts à la plus petite, c'est-à-dire à celle de la 1re personne, je trouve que la 1re a une part, que la 2e en a 2 et que la 3e en a 6 : en tout 9 parts valant 90 francs.
D'où la 1re, qui a une part, reçoit 90fr : 9 ou 10 francs ;
La 2e, qui a 2 parts, reçoit 10fr × 2 ou 20 francs ; et la 3e, qui a 3 parts, reçoit 20fr × 3 ou 60 francs.

Oraux. — **486.** *Partager 49 billes en trois tas tels que le 1er en contienne la moitié du 2e et celui-ci la moitié du 3e.* — **487.** *Partager 50 francs en trois parts de manière que la 2e part soit la moitié de chacune des deux autres ?* — **488.** *Partager 100 francs en trois parts de manière que la 1re part soit le 1/3 de la 2e et que la 2e soit la moitié de la 3e.*

Écrits. — **489.** Partager 8610 francs en 4 parties telles que la 1re soit les 2/3 de la 2e, celle-ci les 3/4 de la 3e, et enfin la 3e les 4/5 de la 4e.

490. Partager 36 en trois parts telles que la 2e soit les 3/2 de la 1re et la 3e le 1/5 des deux autres.

491. Partager 66 en trois parts telles que la 2e soit égale au double de la 1re et aux 4/5 de la 3e.

492. Partager 63 000 francs entre trois personnes, de manière que la part de la 2e soit les 3/4 de celle de la 1re et que celle de la 3e soit les 2/3 de la 2e.

*****493.** On veut partager une somme de 5600 francs entre un homme, deux enfants et une femme de manière que l'homme ait 3 fois plus que la femme, la femme 2 fois plus que le 1er enfant et que la part du 2e enfant soit le 1/3 de celle du 1er. On demande la part de chacun. *(Var.)*

*****494.** Partagez 7500 francs entre 3 personnes : la part de la 1re surpasse de 1/5 celle de la 2e ; la part de la 2e surpasse du 1/4 celle de la 3e. *(Ardennes.)*

=== CALCUL ÉCRIT RAPIDE ===

495. *Multiplier 9 675 successivement par 3 et 4 ; puis prendre le cinquième du résultat.*

496. *Effectuer :* 9078 × 67 ;   680 × 706 ;   6,87 × 0,076 ;   8,75 × 6,007.

SOUSTRACTION DES NOMBRES COMPLEXES

122. Règle. — Pour faire une *soustraction* de nombres complexes, on **dispose**, comme pour la soustraction des nombres décimaux, *le petit nombre sous le grand*, de façon que *les secondes soient sous les secondes, les minutes sous les minutes, etc.*; puis commençant par la droite on **soustrait** séparément *les secondes des secondes, les minutes des minutes, etc., et on* **écrit** les résultats immédiatement *au-dessous*.

Si l'une des parties du petit nombre est *plus forte* que la partie correspondante du grand nombre, *on* **augmente** *celle-ci d'une unité d'un ordre supérieur* et, par compensation, on **ajoute** *une même unité à la partie qui suit du petit nombre*.

$14^h 37^m 50^s$
$8 18 27$
$\overline{6^h 19^m 23^s}$

1° Soit à effectuer : $14^h 37^m 50^s - 8^h 18^m 27^s$.
Toutes les parties du petit nombre pouvant se retrancher du grand nombre, je retranche *successivement* 27 secondes de 50 secondes, 18 minutes de 37 minutes et 8 heures de 14 heures; et j'ai pour *différence* $6^h 19^m 23^s$.

$8^h \overset{76}{16}{}^m \overset{83}{25}{}^s$
$5 58 35$
$\overline{2^h 37^m 48^s}$

2° Soit : $8^h 16^m 25^s - 5^h 38^m 35^s$.
Je ne puis soustraire 35 secondes de 25 secondes; j'ajoute 60 secondes à 25 secondes, ce qui donne 85 secondes; j'ôte 35 secondes de 85 secondes; *résultat* 48 secondes.
Je retiens 1 minute que j'ajoute aux 38 minutes du petit nombre; ce qui donne 39 minutes; je ne puis soustraire 39 minutes de 16 minutes; j'ajoute 60 minutes à 16 minutes, ce qui donne 76 minutes; j'ôte 39 minutes de 76 minutes : *résultat* 37 minutes; j'ajoute 1 heure de retenue aux 5 heures du petit nombre, et j'ôte 6 heures des 8 heures : *résultat* 2 heures. *Différence* $2^h 37^m 48^s$.

$4° \overset{85}{25}' \overset{77}{17}''$
$2 40 52$
$\overline{1° 44' 25''}$

3° Soit : $4° 25' 17'' - 2° 40' 52''$.
Je retranche 52'' de 17'' + 60'' ou 77'' : *résultat* 25''. J'ajoute 1' de retenue à 40', et je retranche 41' de 25' + 60' ou 85' : *résultat* 44'. J'ajoute 1° de retenue à 2° et je retranche 3° de 4° : *résultat* 1°. *Différence* $1° 44' 25''$.

QUESTIONNAIRE. — 1. Comment soustrait-on 8 h. 10 m. de 10 h. 15 m. ? — 2. Comment soustrait-on 8 h. 45 m. de 10 h. 15 m. ? — 3. Comment, en général, fait-on la soustraction des nombres complexes ? — Indiquer la *différence* entre 4° 10' et 50'.

=== CALCUL MENTAL RAPIDE ===

I. **Multiplication par 6.** — Combien font 6 fois : 2; 4; 6; 8; 10; 12; 1; 3; 5; 7; 9; 11; 15; 20; 40; 60; 80; 30; 50; 70; 90 ?

II. Pour *multiplier un nombre par 6*, on multiplie chacune des unités par 6, en commençant par les plus élevées, et on additionne au fur et à mesure les résultats.

1er *exemple* : 76×6. *On dit* : 6 *fois* 70... 420; 6 *fois* 6... 36; 420 *et* 36... **456.**

2° *exemple* : 867×6. *On dit* : 6 *fois* 800... 4800; 6 *fois* 60... 360; 4800 *et* 360... 5160; 6 *fois* 7... 42; 5160 *et* 42... **5202.**

EXERCICES : { a) *Multiplier* par 6 : 33; 27; 49; 58; 63; 77; 89; 93.
{ b) — : 143; 237; 458; 564; 615; 710; 873; 968.

III. **Autre procédé.** — Pour *multiplier un nombre par* $6 = 3 \times 2$, on prend le *double du triple* de ce nombre. *Exemple* : 84×6. *On dit* : 3 *fois* 84... 252; 2 *fois* 252... **504.**

EXERCICES

Oraux. — **497.** *Trouver les différences suivantes* :
$7^m - 4^m 30^s$; $1/4$ *d'heure* $- 12^m 15^s$; $1/2$ *heure* $- 2^m 41^s$.

498. *Trouver les différences suivantes* :
$1^h - 14^m$; $3^h - 1^h 15^m$; $2^h 1/2 - 46^m$; $5^m 7^s - 35^s$.

*499. *Trouver les différences suivantes* :
$10^o - 4^o 57'$; $3' - 43''$; $1^o - 15'$; $3' 15'' - 55''$; $5^o 30' - 3^o 50'$.

Écrits. — **500.** Effectuer les *soustractions* suivantes :
$3^h 45^m 21^s - 1^h 23^m 17^s$; $7^h 15^m 25^s - 3^h 17^m 31^s$.

*501. *Trouver les différences suivantes* :
$3^o 17' 49'' - 2^o 9' 6''$; $25^o 19' - 18^o 3' 40''$; $45^o 13'' - 36^o 18' 23''$.

502. Un homme est né le 16 novembre 1862. Quel âge a-t-il eu le 24 janvier 1885 ?
(C. E. Ardennes.)

PROBLÈMES
Avance ou retard d'une montre.

TYPE. — **503. Une montre avance de 12 minutes par jour. On la met à l'heure à midi. Quelle heure marquera-t-elle quand il sera 10 heures du soir ?**

SOLUTION. — L'heure marquée par une montre qui avance est égale à l'*heure véritable* augmentée de l'*avance* de la montre.

L'*avance* de la montre est égale au produit de l'avance en une heure par le *nombre d'heures* de marche.

Nombre d'heures de marche : 10 heures.
Avance en 1 heure : $12^m : 24 = 1/2$ minute.
Avance en 10 heures : $1/2^m \times 10 = 5$ minutes.

A 10 heures du soir, l'heure marquée par la montre sera : $10^h + 5^m = 10$ heures 5 minutes.

Oraux. — **504.** *Une montre avance de 1/4 de minute par heure. Quelle heure marque-t-elle à 7 heures du soir si on l'a mise à l'heure à 11 heures du matin ?* — **505.** *Une montre retarde de 18 minutes par jour. On la met à l'heure à 8 heures du soir. Quelle heure marquera-t-elle quand il sera 2 heures du soir le lendemain ?* — **506.** *Une montre avance de 3 minutes en 12 heures. On la met à l'heure à 2 heures de l'après-midi. Quelle heure marquera-t-elle quand il sera 10 heures du soir ?*

Écrits. — **507.** Une montre retarde de 3 secondes en 45 minutes. Si on la met à l'heure exacte à 6 heures du matin, quelle heure marquera-t-elle le soir lorsque l'heure exacte sera 6 heures ?
(Haute-Savoie.)

508. Une montre avance de 15 minutes en 24 heures. On la met exactement à l'heure à 8 heures du soir. Quelle heure marquera-t-elle lorsqu'il sera réellement midi le lendemain ?
(Calvados.)

*509. Une pendule retarde de 12 minutes en 3 jours. On la met à l'heure aujourd'hui à 7 heures du matin. Quelle heure marquera-t-elle demain quand il sera réellement 10 heures du matin ?
(Eure.)

=============== CALCUL ÉCRIT RAPIDE ===============

510. *Multiplier* 3 428 successivement par 3, par 5 et par 6, puis prendre le *tiers* et le *quart* du résultat.

511. *Effectuer* : $3405 \times 3,70$; $4,52 \times 670$; $25,042 \times 75,4$; $40,53 \times 7600$.

EXERCICES ET PROBLÈMES

EXERCICES (REVISION)

Oraux. — **512.** *Deux nombres multipliés par 5 ont pour total 80; le petit est les 3/5 du grand. Quels sont ces deux nombres* — **513.** *Deux nombres rendus 2 fois plus petits ont pour différence 6 ; le grand est le double du petit. Quels sont ces nombres ?* — **514.** *En additionnant les sommes possédées par Pierre et Paul avec la différence de ces sommes on obtient 54 francs. Qu'est-ce que possède Pierre?*

Écrits. — **515.** Effectuer : $10^h 42^m 26^s + 7^h 23^m 41^s - 15^h 53^m 45^s$.

516. Soit $12\ 4/5 - 7\ 5/8$. Effectuer cette soustraction après avoir augmenté le 1er nombre de 1,25 et diminué le 2e de 2,45.

PROBLÈMES

Double achat d'objets de valeur et de quantité différentes.

TYPE. — **517. 8 mètres de drap et 5 mètres de soie valent 93 francs. Le mètre de soie vaut 3 francs de plus que le mètre de drap. Quel est le prix du mètre de chaque étoffe ?**

SOLUTION. — Si le mètre de soie ne coûtait pas plus que le mètre de drap, la somme totale serait diminuée du produit de la *différence sur un mètre* par le *nombre de mètres de soie.*

D'où : le prix du *mètre de drap* est égal au quotient de la *somme restante* par le *nombre total de mètres.*

Différence de prix produite par la soie : $3^{fr} \times 5 = 15$ francs.

Valeur totale si le prix d'un mètre de soie était égal au prix d'un mètre de drap : $93^{fr} - 15^{fr} = 78$ francs.

Prix d'un mètre de drap : $78^{fr} : (5 + 8)$ ou $13 = 6$ francs ;
Prix d'un mètre de soie : $6^{fr} + 3^{fr} = 9$ francs.

Vérification : $\begin{array}{l} 8 \text{ mètres de drap à } 6^{fr} = 48^{fr} \\ 5 \text{ mètres de soie à } 9^{fr} = 45^{fr} \end{array} \Big\}\ 93$ francs.

Oraux. — **518.** *Un kilogramme de sucre et un demi-kilogramme de café ont coûté 2^{fr},70. Si le kilogramme de sucre coûte 1^{fr},30 de moins que le demi-kilogramme de café, dites le prix de chaque denrée.* — **519.** *10 poulets et 10 lapins ont coûté 50 francs. Un lapin coûte 1 franc de moins qu'un poulet. Quel est le prix de chaque animal ?* — **520.** *4 litres de vin rouge et 10 litres de vin blanc ont coûté 8 francs. Le litre de vin blanc coûte 0^{fr},10 de plus que le litre de vin rouge. Quel est le prix du litre de chaque espèce ?*

Écrits. — **521.** Une personne a acheté 8 mètres de toile et 13 mètres de calicot. Le mètre de toile coûte 2 francs de plus que le mètre de calicot. La dépense totale s'élève à 37 francs. On demande le prix du mètre de chaque étoffe.

522. Un fermier achète des porcs et des moutons : il paye 2241^{fr},50 pour 73 animaux. A combien lui revient chaque porc et chaque mouton, s'il a acheté 17 moutons de plus que de porcs, et si un mouton lui coûte 5^{fr},20 de plus qu'un porc ?

*****523.** Une personne achète un fût de vin de 220 litres et un autre de 136 litres. Le litre du 1er fût vaut 0^{fr},05 de plus que le litre du 2e. Le prix total d'achat est de 224^{fr},60. Quel est le prix du litre de vin de chaque fût ?

CALCUL ÉCRIT RAPIDE

524. *Multiplier* successivement 5769 par 4 et 5, puis prendre le *quart*, le *cinquième* du résultat.

31ᵉ LEÇON

EXERCICES ET PROBLÈMES

EXERCICES (REVISION)

Oraux. — **525.** *Paul et Pierre ont ensemble 27 francs; Pierre a 5 francs de moins que Paul. Que possèdent-ils chacun?* — **526.** *Jacques et Jean ont ensemble 30 francs; Jean n'a que les 2/3 de ce qu'a Jacques. Combien chacun a-t-il?* — **527.** *Trouver une fraction équivalente à 5/7 et dont la somme des termes soit 72.*

Écrits. — **528.** Soit 15,756 — 9,57.   Trouver la différence de ces deux nombres, après avoir augmenté le 1ᵉʳ nombre de 0,85 et diminué le 2ᵉ de 1,8.

529. Soit $8^{hl} 4^{cl} - 54^{dal} 8^{dl}$. Effectuer cette soustraction après avoir diminué le 1ᵉʳ nombre de $425^{dl} 5^{ml}$ et augmenté le 2ᵉ de $34^{lit} 4^{cl}$.

530. Soit 13 5/6 — 7 3/4.   Effectuer cette soustraction après avoir ajouté 4 3/5 au 1ᵉʳ nombre et retranché 2 5/8 au 2ᵉ.

PROBLÈMES
Dépenses inutiles.

TYPE. — **531.** **Un ouvrier dépense chaque jour 0ᶠʳ,40 au cabaret et fume pour 0ᶠʳ,10 de tabac. Quelle économie ferait-il s'il évitait ces dépenses: en 1 semaine? en 52 semaines?**

Solution. — Dépenses par jour : $0^{fr},40 + 0^{fr},10 = 0^{fr},50$.
En évitant ces dépenses, il ferait une économie :
Par semaine de $0^{fr},50 \times 7 = 3^{fr},50$; par année de $3^{fr},50 \times 52 = 182$ francs.

Oraux. — **532.** *Un fumeur dépense par jour 0ᶠʳ,20 de tabac. Que dépense-t-il ainsi par an?* — **533.** *Un homme dépense chaque jour 0ᶠʳ,15 de tabac et 0ᶠʳ,25 d'apéritif. Que dépense-t-il ainsi par semaine? — par an?* — **534.** *Un homme qui doit 75 francs se prive tous les jours d'un apéritif de 0ᶠʳ,25. Combien de temps mettra-t-il à s'acquitter de sa dette?*

Écrits. — **535.** Un homme consomme chaque jour au cabaret 3 verres d'eau-de-vie de 0ᶠʳ,15 et 2 apéritifs de 0ᶠʳ,30 ; il y perd une heure de travail évaluée à 0ᶠʳ,45. Le dimanche sa dépense au cabaret est double. Quelle somme aurait-il économisée après 20 ans en renonçant à cette habitude ?   (M.-et-M.)

536. Un homme gagne 5 francs par jour et travaille 300 jours par an. Il dépense 3 francs par jour pour sa nourriture et son entretien, plus 0ᶠʳ,20 de tabac par jour et en moyenne 4ᶠʳ,25 au cabaret par semaine. On demande à combien s'élève son économie annuelle et à combien cette économie s'élèverait s'il ne faisait pas ces dépenses inutiles?

*****537.** Un homme consomme chaque matin un verre d'eau-de-vie de 0ᶠʳ,15 et achète un paquet de tabac de 0ᶠʳ,50 tous les 4 jours. Combien de demi-kilogrammes de pain à 0ᶠʳ,35 le kilogramme pourrait-il acheter avec la somme ainsi dépensée dans une année?   (*Loire-Inférieure.*)

*****538.** Un individu consomme chaque matin un verre d'eau-de-vie de 0ᶠʳ,25 et fume pour 0ᶠʳ,20 de tabac par jour. En outre, les dimanches et les jours de fête, il dépense en moyenne 3ᶠʳ,25 au cabaret. Combien, en se privant d'eau-de-vie et de tabac, cet individu aurait-il pu économiser depuis 10 ans? On comptera 10 jours de fête pour chaque année.   (C. E.)

CALCUL ÉCRIT RAPIDE

539. *Multiplier* 6 798 successivement par 5 et 6; puis prendre le *tiers* et le *quart* du résultat.

540. *Effectuer :* $97,85 \times 0,076$; $0,0709 \times 0,076$; $8900 \times 0,706$.

MESURES DE LONGUEUR

123. Définition. — On appelle **mesures de longueur** celles qui servent à mesurer les dimensions des corps et les distances d'un point à un autre.

124. Mètre. — L'**unité principale** des mesures de longueur est le **mètre**.

125. Le **mètre** (m) est *environ la dix-millionième partie du quart du méridien terrestre*[1].

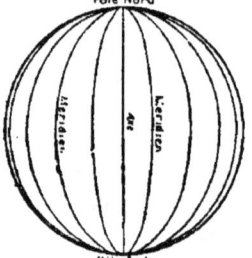

126. Méridien[2]. — Un *méridien*, ou circonférence faisant le tour de la terre en passant par les deux pôles, a *quarante millions de mètres*.

127. Deux savants français, *Méchain* et *Delambre*, de 1792 à 1799, ont mesuré *directement* la partie du méridien comprise entre *Dunkerque* et *Mont-Jouy*, près de Barcelone. Par le calcul, ils ont déterminé ensuite la longueur du quart du méridien terrestre, laquelle a été trouvée égale à 5 130 740 toises, la toise étant l'unité des anciennes mesures de longueur. La *dix-millionième partie* de cette longueur a donné le mètre. Légalement, le mètre est la longueur de l'étalon prototype à la température de *zéro degré*, conservé au Bureau international des Poids et Mesures.

128. Multiples. — Les **multiples décimaux** du mètre sont :

décamètre (dam) qui vaut 10 mètres,
hectomètre (hm) qui vaut 100 mètres,
kilomètre (km) qui vaut 1 000 mètres,
myriamètre (Mm) qui vaut 10 000 mètres.

129. Sous-multiples. — Les **sous-multiples décimaux** du mètre sont :

décimètre (dm) ou la 10ᵉ partie du mètre ou 0^m,1,
centimètre (cm) ou la 100ᵉ partie du mètre ou 0^m,01,
millimètre (mm) ou la 1 000ᵉ partie du mètre ou 0^m,001.

130. Mesures effectives. — Les *mesures réelles* ou *effectives* sont celles qui **existent réellement**, celles dont on se sert dans la *pratique* pour mesurer.

131. La loi ne permet de prendre pour mesures effectives que l'*unité principale*, certaines *unités secondaires*, multiples et sous-multiples, ainsi que le *double* et la *moitié* de chacune de ces unités.

QUESTIONNAIRE. — 1. Quelle est l'*unité principale* des mesures de longueur ? — 2. Qu'est-ce que le *mètre* ? — 3. Quelle en est la mesure *approximative* ? — 4. Comment la *longueur* du mètre a-t-elle été déterminée au début ? — 5. Citer les *multiples* du mètre, — les *sous-multiples*. — 6. Indiquer les abréviations employées pour les désigner. — 7. Qu'appelle-t-on mesures *effectives* ? — 8. Quelles sont les mesures effectives *permises* ?

CALCUL MENTAL RAPIDE

I. **Division par 6 ou sixième.** — *Combien de fois 6* dans : 18 ; 36 ; 48 ; 60.

II. Pour trouver le *sixième* d'un nombre de deux chiffres, on prend le sixième du *plus grand nombre de dizaines* (**30, 60, 90**) divisibles par 6, contenu dans ce nombre et on ajoute le *sixième du reste*.

On peut aussi *diviser un nombre par 6*, en prenant le *tiers* de la *moitié*.

1ᵉʳ *Exemple* : 78 : 6. *On dit* : sixième de 60... **10**, de 18... **3**; 10 et 3... **13**.
2ᵉ *Exemple* : 96 : 6. *On dit* : moitié de 96... **48**; tiers de 48... **16**.

EXERCICES : Prendre le *sixième* de 52 ; 68 ; 87 ; 91 ; 98 ; 106 ; 141.

1. D'après de récents travaux scientifiques, la longueur du quart du méridien terrestre serait de 10 002 000 mètres.
2. L'appellation *méridienne* conviendrait mieux. En réalité, le *méridien* est un PLAN coupant la terre en passant par les pôles, la *méridienne* est la CIRCONFÉRENCE d'intersection obtenue.

EXERCICES

Oraux. — **541.** Combien le décamètre vaut-il de cm ; de dm ? — **542.** Combien le kilomètre vaut-il de dam ; de dm ; d'hm ; de cm ? — **543.** Combien le myriamètre vaut-il de dm ; de km ; de dam ; de cm ? — **544.** Combien faut-il de décamètres pour faire 1 km ; 1 Mm ; 1/2 km ? — **545.** Combien faut-il de décimètres pour faire 1 dam ; 1 km ; 1/2 km ?

Écrits. — **546.** Effectuer les opérations suivantes en prenant pour unité :

1° le *mètre* : $7^{km}5^{dam} + 3^{hm}7^{m}6^{cm} + 1^{Mm}5^{hm}6^{m} + 247^{dam}8^{cm}$.

2° le *décamètre* : $8^{hm}6^{m} + 756^{dm}8^{mm} + 1^{km}7^{dam}5^{cm} + 24^{hm}7^{cm}$.

3° le *décimètre* : $5^{dam}7^{cm} - 8^{m}7^{dm}4^{mm}$; $345^{cm}7^{mm} - 6^{dm}83^{mm}$.

4° le *kilomètre* : $7^{Mm}8^{hm}7^{m} - 42^{hm}6^{dam}$; $47^{km}5^{m} - 2^{Mm}3^{hm}$.

PROBLÈMES
Vitesse.

TYPE. — **547. Un train part de Poitiers à 12^h22^m et arrive à Paris à 17^h24^m, ayant eu, durant le trajet, neuf arrêts d'une durée totale de 1^h2^m. La distance de Paris à Poitiers est de 336 kilomètres. Combien de kilomètres ce train parcourt-il à l'heure ?** (C. E.)

SOLUTION. — La *vitesse à l'heure* est le quotient de la *distance parcourue* par le *nombre d'heures de marche*.

Le *nombre d'heures de marche* est égal à la *durée totale du trajet* diminuée du *temps des arrêts*.

Durée totale du trajet : $17^h24^m - 12^h22^m = 5^h2^m$.
Nombre d'heures de marche : $5^h2^m - 1^h2^m = 4$ heures.
Vitesse à l'heure : $336^{km} : 4 = 84$ kilomètres.

Oraux. — **548.** Quelle est la vitesse à l'heure d'un courrier qui a parcouru 25 kilomètres en 7 heures, y compris un arrêt de 3/4 d'heure ? — **549.** Un cycliste a parcouru 72 kilomètres de $7^h 1/2$ du matin à midi. Quelle est sa vitesse à l'heure ? — **550.** Un train a fait 140 kilomètres de 10^h10^m à 13^h40^m. Quelle distance parcourt-il en une heure ?

Écrits. — **551.** Un train, parti à $6^h 1/2$, doit arriver à destination à midi en faisant 36 kilomètres à l'heure. A 10^h15^m, un accident l'arrête pendant 25 minutes. Quelle vitesse uniforme le mécanicien doit-il donner à son train pour arriver à l'heure prescrite ?

552. Un piéton devait parcourir d'un pas réglé 35 kilomètres en 8 heures. Après avoir fait $17^{km},5$, il s'arrête 54 minutes. Combien doit-il faire ensuite de chemin à l'heure pour regagner le temps perdu ?

*553. Un vélocipédiste, qui a marché de 6^h10^m du matin à 4^h50^m du soir, a parcouru $223^{km},25$. Sachant qu'il a fait 3 haltes de 1/4 d'heure chacune, on demande sa vitesse par heure et par minute. (*Gironde.*)

*554. Un train parti de Bordeaux à 6 heures arrive à Castres à midi. La distance qui sépare ces deux villes étant de 306 kilomètres, dites à quelle heure le train est passé à Montauban qui est à 99 kilomètres de Castres. (C. E.)

CALCUL ÉCRIT RAPIDE

555. *Multiplier* 7085 successivement par 2, par 4 et par 6 ; puis prendre le tiers et le cinquième du résultat.

556. *Effectuer* : $4053 \times 4,85$; $53\,400 \times 700,86$; $45,032 \times 67,08$.

MESURES EFFECTIVES DE LONGUEUR

132. Mesures effectives. — Les *mesures effectives* de longueur sont au nombre de *huit* :

Le *décimètre*, le *double décimètre*;
le *demi-mètre*, le *mètre*, le *double mètre*;
le *demi-décamètre*, le *décamètre*, le *double décamètre*.

133. Le *double décamètre*, le *décamètre* ou chaîne d'arpenteur, le *demi-déca-*

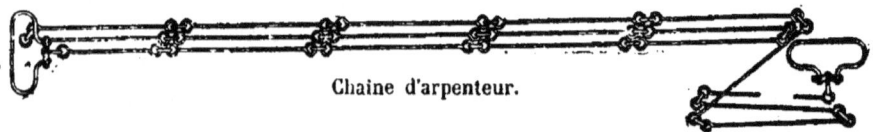

Chaîne d'arpenteur.

mètre sont ordinairement composés de **tiges de fer** de deux décimètres, réunies par des anneaux, ou d'une **lame d'acier** enroulée sur un petit treuil.

134. Le *double mètre*, le *mètre* et le *demi-mètre* sont formés d'une **règle plate** (en bois, ivoire, os, cuivre, etc.), brisée en 2, 5 ou 10 parties pouvant se replier les unes sur les autres

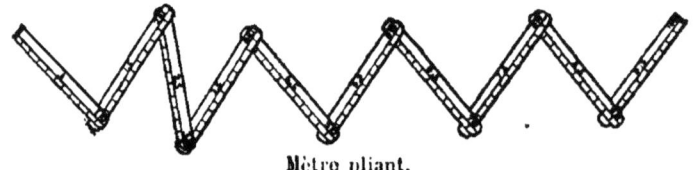

Mètre pliant.

Ces mesures ont aussi la forme de **règles droites**, plates ou carrées, en bois ou en cuivre. Elles ont encore la forme de **rubans de tresse** s'enroulant autour d'un axe dans un étui cylindrique ou de **lanières de toile cirée**.

135. Le *double décimètre*, le *décimètre* (en bois, ivoire, os, cuivre, etc.) sont

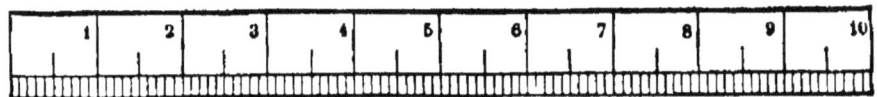

Décimètre des dessinateurs (grandeur réelle).

des **règles plates** taillées, ou non, en biseau sur leurs bords et divisées en centimètres et millimètres.

QUESTIONNAIRE. — 1. Quelles sont les mesures *effectives* de longueur? — 2. Pourquoi le double décamètre est-il la *plus grande* mesure effective de longueur? — 3. En quoi et comment les trois *plus grandes* sont-elles faites? — 4. En quoi et comment le demi-mètre, le mètre et le double mètre sont-ils faits? — 5. En quoi et comment les deux *plus petites* mesures effectives sont-elles faites?

═══════════ **CALCUL MENTAL RAPIDE** ═══════════

I. *Multiplication par 7.* — *Combien font 7 fois* : 2; 4; 6; 8; 10; 12; 1; 3; 5; 7; 9; 11; 15; 20; 40; 60; 80; 30; 50; 70; 90?

II. Pour *multiplier* un nombre par 7, on multiplie *chacune de ses unités* par 7, en commençant par les plus élevées, et on *additionne* au fur et à mesure les résultats.

Exemple : 69×7. On dit : 7 fois 60... 420; 7 fois 9... 63; 420 et 63... 483.

EXERCICES : Multiplier par 7 : 17; 24; 35; 48; 53; 61; 78; 85; 97; 84; 114; 283; 372; 453.

EXERCICES

Oraux. — **557.** Quelles sont les unités de longueur 100 fois plus grandes que le centimètre; que le décamètre; que le décimètre; que l'hectomètre? — **558.** Quelles sont les unités de longueur 1000 fois plus petites que le décamètre; que le kilomètre; que le myriamètre? — **559.** Dans un nombre exprimé en hectomètres, quelles sont les unités correspondant aux centièmes; aux centaines; aux dixièmes; aux dizaines?

Écrits. — **560.** Effectuer les opérations suivantes en prenant le *mètre* pour unité : 1° $3^{dam}\frac{2}{5} + 4^{hm}\frac{3}{4} + 7^{m}\frac{3}{5} + 6^{hm}\frac{3}{20}$;   3° $2^{m}\frac{2}{3} - 1^{m}\frac{7}{12}$;

2° $7^{dm}\frac{3}{25} + 45^{cm}\frac{7}{50} + 8^{m}\frac{7}{8} + 4^{dam}\frac{3}{4}$;   4° $3^{dam}\frac{5}{12} - 25^{m}\frac{4}{21}$.

PROBLÈMES

Courriers allant à la rencontre l'un de l'autre.

TYPE. — **561. Deux trains partent à la même heure, l'un de Paris, l'autre de Dijon. (Distance : 315 kilomètres.) Le premier fait 65 kilomètres à l'heure, le second 40 kilomètres. Au bout de combien de temps se fera la rencontre?**

SOLUTION. — Au moment de la rencontre les deux trains auront parcouru *complètement* la *distance totale*. En une heure, les deux trains ont parcouru une distance égale à *la somme de leurs vitesses à l'heure*. Le *temps total* est donc le quotient de la distance totale par la somme des vitesses à l'heure.

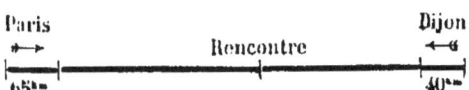

Somme des vitesses à l'heure : $65^{km} + 40^{km} = 105$ kilomètres.

Temps nécessaire pour la rencontre : $1^{h} \times \frac{315}{105} = 3$ heures.

Oraux. — **562.** *Deux cavaliers partent en même temps de deux points distants de 80 kilomètres et viennent à la rencontre l'un de l'autre; l'un fait 9 kilomètres à l'heure et l'autre 7 kilomètres. Dans combien de temps se rencontreront-ils?* — ***563.** *Deux trains qui font le premier 32 kilomètres à l'heure, le second 48 kilomètres, partent à 8 heures de Caen pour Paris et de Paris pour Caen. Ces deux villes étant distantes de 240 kilomètres, à quelle heure se croisent les trains.*

Écrits. — **564.** Deux personnes, séparées par une distance de 6228 mètres, vont à la rencontre l'une de l'autre et se mettent en route au même moment. La première parcourt 21 mètres pendant que la deuxième n'en parcourt que 15. A quelle distance du point de départ de la première les deux personnes se rejoindront-elles?

565. Deux équipes de terrassiers travaillent à la construction d'un chemin long de $16^{km},825$. Elles ont commencé chacune à une extrémité du chemin; la première fait 15 mètres par jour, la deuxième 12 mètres. A quelle distance ces 2 équipes seront-elles l'une de l'autre au bout de 160 jours de travail?

***566.** Deux trains partent à 5 heures, l'un de Paris, l'autre de Marseille; le premier fait 54 kilomètres à l'heure et le deuxième 36 kilomètres. Le croisement a lieu après $9^h 36^m$ de marche. Quelle est la distance de Paris à Marseille?

MESURES ITINÉRAIRES

136. Définition. — Les **mesures itinéraires** sont les mesures de longueur qui servent à évaluer les ***distances géographiques*** : *la longueur d'une route, d'une rivière ; la distance d'une ville à une autre,* etc.

On les exprime en *kilomètres* (km), et parfois, mais rarement, en *myriamètres* (Mm).

137. Remarque. — Sur les routes, les *kilomètres* sont marqués au moyen de **bornes kilométriques** ; les *hectomètres*, entre les bornes kilométriques, sont indiqués au moyen de bornes plus petites, numérotées de 1 à 9.

Sur les voies ferrées, la distance kilométrique est parfois indiquée par des poteaux surmontés d'une plaque en fonte portant le nombre de kilomètres.

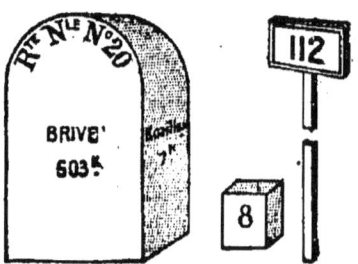

138. Mesures des parties d'un méridien. — Le **méridien** étant une circonférence se divise en *degrés, minutes* et *secondes*.

Le **degré**, ou la 360ᵉ partie du méridien, a 40 000^{km} : 360, ou **111^{km},111**.
La **lieue marine** est la 20ᵉ partie d'un degré, ou 111^{km},111 : 20 = **5^{km},555**.
Le **mille marin** est le tiers de la lieue marine, ou la 60ᵉ partie d'un degré : il représente 5^{km},555 : 3 = **1^{km},85185**.
Le **nœud**[1] est la 120ᵉ partie du mille marin, ou 1851^{m},85 : 120 = **15^{m},43**.

139. Autres mesures. — Avant l'adoption du système métrique, l'unité des mesures itinéraires était la **lieue** qui valait **3898** mètres ; on emploie encore cette dénomination dans le langage courant, mais on attribue à la lieue une longueur de 4 kilomètres.

Les marins se servent parfois, pour l'évaluation de certaines distances, des termes suivants : la **brasse** (1^{m},624) et l'**encablure** (200 mètres).

QUESTIONNAIRE. — 1. Qu'est-ce que les *mesures itinéraires* ? — 2. Par quelles *unités* les exprime-t-on ? — 3. Comment les distances sont-elles marquées sur les *routes* ? — sur les voies ferrées ? — 4. Quelle est, en *kilomètres*, la longueur d'un degré ? — 5. Quelle est, en *mètres*, la longueur d'un *mille marin* ? — d'une *lieue marine* ? — d'un *nœud* ? — de la *lieue ordinaire* ? — 6. Quelle est la longueur de la *brasse* ? de l'*encablure* ?

CALCUL MENTAL RAPIDE

I. **Division par 7 ou septième.** — *Combien de fois 7 dans* : 14 ; 21 ; 28 ; 35 ; 42 ; 49 ; 56 ; 63 ; 70.

II. Pour prendre le *septième* d'un nombre, entre **70** et **140** on prend le septième de la partie du nombre *dépassant* 70 et on *ajoute* 10.

Exemple : 94 : 7. *On dit* : septième de 24... 3 ; reste 3 ; 3 et 10... **13**... reste 3.

Exercices : *Prendre le 7ᵉ de* : 45 ; 69 ; 87 ; 103 ; 115 ; 123 ; 131 ; 138 ; 127.

1. Pour évaluer la vitesse d'un navire, on se sert d'un instrument métallique appelé *loch*, fixé à une ficelle portant des **nœuds** qui sont distants les uns des autres de 15^{m},43. Lancé à l'eau, le *loch* demeure à peu près immobile tandis que le navire poursuit sa route. On laisse se dérouler la ficelle *pendant une demi-minute* et on compte combien de nœuds « filent » pendant ce temps sous les doigts, soit, par exemple, 15 nœuds. C'est donc 15 fois 15^{m},43 que le navire a parcourus *pendant une demi-minute*, c'est-à-dire 15^{m},43 × 15 × 120 *pendant une heure* ou (15^{m},43 × 120) × 15, c'est-à-dire 15 milles marins, puisque le nœud est la 120ᵉ partie du mille marin. Ce navire marche donc à une vitesse de près de 28 kilomètres à l'heure.

EXERCICES

Oraux. — **567.** *Un navire file 25 nœuds; combien parcourt-il de milles à l'heure?* — **568.** *Combien faut-il de kilomètres pour faire 5 lieues; 100 lieues; 3/4 de lieue; 2 lieues 1/2; 6 lieues 3/4?*

Écrits. — *__569.__* Trouver la mesure de 5° du méridien : 1° en myriamètres; 2° en lieues ordinaires; 3° en lieues marines; 4° en milles marins; 5° en nœuds.

__570.__ Trouver en kilomètres la distance de deux points situés sur un même méridien et éloignés l'un de l'autre de 7°; de 2° 1/2; de 1°20'; de 4°36'.

PROBLÈMES
Courriers allant à la suite l'un de l'autre.

TYPE. — **571. Deux courriers partent à midi pour Paris, l'un de Melun, l'autre de Fontainebleau. La distance de ces deux dernières villes est de 14 kilomètres. Le premier fait 4 kilomètres à l'heure, l'autre 6 kilomètres. On demande à quelle heure le second rejoindra le premier?**

SOLUTION. — La rencontre aura lieu quand le second courrier aura gagné l'avance que le premier a sur lui. En une heure le second courrier gagne sur le premier la *différence des deux vitesses à l'heure*. Le temps de la rencontre est donc le *quotient* de l'avance du premier par la *différence des vitesses à l'heure*.

Différence des vitesses à l'heure : $6^{km} - 4^{km} = 2$ kilomètres.

Temps total : $1^h \times \dfrac{14}{2} = 7$ heures.

Heure de la rencontre : $12^h + 7^h = 19$ heures.

Oraux. — **572.** *Un cycliste fait 12 kilomètres à l'heure; il part à la poursuite d'un piéton qui fait 5 kilomètres à l'heure. La distance qui les sépare au début est de 42 kilomètres. Après combien de temps le cycliste aura-t-il rejoint le piéton?* — **573.** *Un train qui fait 25 kilomètres à l'heure part de Paris à 8 heures; un autre qui fait 30 kilomètres à l'heure part 4 heures après et suit la même direction. On demande après combien d'heures le second rejoindra le premier.* — **574.** *Deux trains partent à la même heure, l'un de Paris, l'autre de Melun, et se dirigent sur Lyon. Le 1ᵉʳ fait 28 kilomètres à l'heure, l'autre 23 kilomètres. A quelle distance de Paris le croisement se fera-t-il? La distance de Melun à Paris est de 45 kilomètres.*

Écrits. — **575.** *Un cocher part avec une vitesse de 12 kilomètres à l'heure. Cinq heures après, on envoie à sa poursuite un cycliste qui franchit 2ᵏᵐ 1/2 par minute. Au bout de combien de temps le cycliste rejoindra-t-il le cocher?*

576. *Un cavalier et un piéton partent d'un même point à 8 heures du matin. Ils suivent la même route. Le cavalier fait 11 kilomètres à l'heure, le piéton fait 1ᵏᵐ,5 en 15 minutes. A quelle distance seront-ils l'un de l'autre à midi?*

__577.__ *Une locomotive, qui fait 352 kilomètres en 11 heures, a 4ʰ 1/2 d'avance sur une autre qui fait 903 kilomètres en 21 heures. Dans combien de temps la deuxième locomotive rejoindra-t-elle la première?* (Loire.)

CALCUL ÉCRIT RAPIDE

578. *Multiplier 3798 successivement par 3, 5 et 6; puis prendre le quart et le septième du résultat.*

EXERCICES ET PROBLÈMES

EXERCICES (REVISION)

Oraux. — **579.** *Trouver mentalement les résultats suivants et expliquer le moyen suivi :*

double	de 258; de 1246	moitié	de 657; de 748
triple	de 435; de 154	tiers	de 714; de 162
quadruple	de 257; de 753	quart	de 548; de 172
quintuple	de 148; de 552	cinquième	de 63; de 175
sextuple	de 128; de 642	sixième	de 144; de 156

Écrits. — **580.** Effectuer : $9°17'29'' + 7°53'43'' - 12°49'55'' + 2°7'8''$.

*581. Une roue a déjà parcouru un arc de $29°47'$. Quelle est la grandeur de l'arc qu'elle doit encore parcourir pour que le tour soit complet ?

*582. On a 4 angles égaux de $7°8'25''$. Quelle est la valeur d'un angle égal à leur somme ? Que manque-t-il pour obtenir un angle droit ? *(Landes.)*

PROBLÈMES

Problèmes se raisonnant comme les problèmes des courriers.

TYPE. — **583. Une personne possède 75 francs, une autre possède 45 francs. La première économise par semaine 6^{fr},50 et la seconde 8 francs. Au bout de combien de temps ces deux personnes posséderont-elles la même somme ?**

Solution. — La 1re personne a sur la 2e une avance de $75^{fr} - 45^{fr} = 30$ francs. En une semaine cette avance diminue de $8^{fr},50 - 6^{fr},50 = 1^{fr},50$.

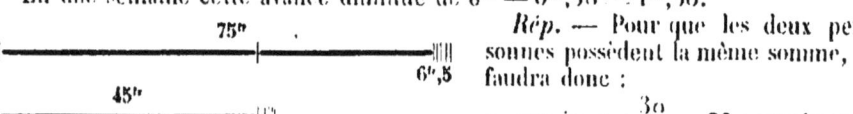

Rép. — Pour que les deux personnes possèdent la même somme, il faudra donc :

$$1 \text{ semaine} \times \frac{30}{1,5} = 20 \text{ semaines}.$$

Oraux. — **584.** *Georges a sur Paul une avance de 40 bons points. Si Paul en reçoit 7 par jour et Georges 3, au bout de combien de jours en auront-ils tous les deux le même nombre ?* — **585.** *Gaston a 55 billes, André 22. A chaque partie Gaston en perd 2 et André en gagne 1. Au bout de combien de parties auront-ils tous les deux le même nombre de billes ?* — **586.** *Deux personnes possèdent l'une 90 francs, et l'autre 40 francs ; chaque jour la 1re dépense 3 francs, tandis que la 2e ajoute 2 francs à son avoir. Au bout de combien de jours ces deux personnes auront-elles la même somme ?*

Écrits. — **587.** Un ménage, qui possède 430 francs, gagne 210 francs par mois et dépense en moyenne 6^{fr},50 par jour. Un autre ménage, qui possède 1150 francs, gagne 225 francs par mois et dépense en moyenne 7^{fr},80 par jour. Après combien de temps ces deux ménages posséderont-ils la même somme ?

*588. Un bassin contient 3 hectolitres d'eau de plus qu'un autre bassin. Un robinet remplit celui-ci à raison de 12 litres par minute ; un robinet vide au contraire le 1er bassin à raison de 3 litres par minute. Au bout de combien de temps les deux bassins contiendront-ils la même quantité d'eau ?

*589. Deux fermes possèdent : l'une un troupeau de 240 moutons et l'autre un troupeau de 180. Chaque année le 1er troupeau s'augmente de son $1/20$ et le 2e de son $1/12$. On demande après combien d'années les deux troupeaux seront égaux.

*590. Deux fûts de vin contiennent : l'un 220 litres, l'autre 136 litres. On ajoute chaque jour au 2^e $4^{lit},30$ et au 1er $2^{lit},20$ seulement. On demande après combien de jours le second fût contiendra 42 litres de plus que le premier ?

PROBLÈMES DE REVISION

591. Un faïencier a acheté des assiettes à raison de 13 francs le 100, et il les a revendues à raison de 2^{fr},25 la douzaine. Combien a-t-il gagné sur 200 assiettes ? *(Loiret.)*

592. Un propriétaire veut échanger 6 demi-pièces de vin contenant chacune 116 litres à 45 centimes le litre contre du cidre valant 12 francs l'hectolitre. Combien d'hectolitres de cidre devra-t-il recevoir ? *(Ardennes.)*

593. Un train va de Paris à Chartres en 2^{h}1/4. Un express va de Chartres à Paris en 1 h. 1/2. Les deux trains partent ensemble des points opposés. Au bout de combien de temps se croiseront-ils ? *(Eure-et-Loir.)*

594. Une caisse de bougies, pesant 350 kilogrammes, achetées à raison de 2^{fr},80 le kilogramme, a été expédiée à une ville distante de 150 kilomètres. A combien revient-elle, sachant que le transport coûte 0^{fr},35 par 100 kilogrammes et par myriamètre ?

*595. Une personne dépense les 2/3 de son argent pour acheter un paletot ; avec la moitié du reste elle achète une douzaine de mouchoirs, et il lui reste 15 francs. Dites le prix de son paletot et de chaque mouchoir.

596. Trois cultivateurs achètent un pré. Le 1er en prend les 0,2 ; le 2e les 0,3 et le 3e le reste, qu'il paye 5394^{fr},50. On demande la surface et le prix de chaque part sachant que le pré a été payé 50 francs l'are ? *(C. E.)*

597. Un train est parti de Paris depuis 1^{h}1/2, et parcourt 33 kilomètres à l'heure. Si on le fait suivre par une locomotive qui parcourt 54 kilomètres à l'heure, dans combien de temps la locomotive rejoindra-t-elle le train ?

598. Une marchande vend la moitié d'un panier d'œufs à 7 centimes et demi l'œuf, et la moitié de ce qui lui reste à raison de 4 œufs pour 0^{fr},45. Quelle est sa recette, sachant qu'il lui est resté 3 douzaines d'œufs ?

599. J'ai acheté à un marchand 8^{m}50 d'étoffe que j'ai payés 15^{fr},30 ; mais, en vérifiant, je trouve que le marchand ne m'a donné que 7^m,75. Quelle somme dois-je réclamer ? *(Meuse.)*

600. La distance qui sépare deux villes est de 480 kilomètres ; une locomotive a parcouru les 5/8 de cette distance en 6^{h}1/4. Quelle distance parcourt-elle en une heure ?

*601. Un négociant vend à raison de 5^{fr},25 le mètre les 5/9 d'une pièce d'étoffe, puis les 3/4 du reste, et enfin le reste pour 42 francs. Calculer : 1° la longueur totale de la pièce ; 2° sa valeur.

602. Une personne a acheté 143 kilogrammes de marchandises à 1^{fr},80 le kilogramme et n'a payé, en argent, que les 0,75 du prix d'achat. Pour s'acquitter du reste, elle donne du sucre valant 0^{fr},75 le kilogramme. Quel poids doit-elle en donner ?

603. Un épicier échange du café, qui vaut 187^{fr},50 les 50 kilogrammes, contre du vin estimé 85^{fr},50 la pièce de 228 litres. Combien recevra-t-il de litres de vin pour 37 kilogrammes de café ? *(Ain.)*

*604. Deux trains de chemin de fer partent à 6 heures, l'un de Bordeaux pour Paris, l'autre de Paris pour Bordeaux : le premier fait le trajet en 10 heures et le second en 17 heures. A quelle heure se rencontreront-ils ?

605. Trouver le nombre d'hectolitres de vin récoltés par un vigneron qui a vendu les 3/8 de sa récolte et qui en consomme 1/4, sachant que le reste, à raison de 42^{fr},50 l'hectolitre, vaut 828^{fr},75. *(Meuse.)*

PROBLÈMES DE REVISION

606. Un train de chemin de fer part à 6^h15^m et fait 10 kilomètres en 12 minutes; il est suivi par un autre train qui, partant 2^h57^m plus tard, fait 25 kilomètres en 20 minutes. A quelle distance du point de départ le deuxième train rejoindra-t-il le premier ? (*Nord.*)

607. Un employé dépense $1/10$ de ses appointements annuels pour son logement, $1/4$ pour ses habits et son linge et les $50/100$ pour sa nourriture. Il lui reste ainsi par trimestre 75 francs pour ses autres dépenses. Quel est le montant de ses appointements ?

608. Un cultivateur a une pièce de terre dont les $3/5$ sont ensemencés en blé et le $1/7$ en avoine; les $10^{ha},8$ qui restent ont été réservés pour la culture de la betterave. Quelle est la surface de la pièce entière et celle des parties ensemencées : 1° en blé ; 2° en avoine ? (*Nord.*)

*609. Pour 162 francs on a eu 15 mètres de soie de deux qualités, savoir : 9 mètres de la première et 6 mètres de la seconde. Le prix du mètre de la seconde étant les $3/4$ du prix du mètre de la première, quel est le prix du mètre de chaque qualité ? (*Alpes-M.*)

*610. Le train omnibus qui part de Dijon à midi 28^m arrive à Paris à 21^h35^m. Il s'arrête à 42 gares et chaque arrêt est en moyenne de 2 minutes et demie. On demande : 1° combien il fait de kilomètres à l'heure, sachant que la distance de Dijon à Paris est de 315 kilomètres ; 2° à quelle heure il arriverait à Paris s'il ne s'arrêtait pas ? (*Côte-d'Or.*)

*611. Un négociant déclaré en faillite ne peut payer que les $0,31$ de ce qu'il doit à ses créanciers. Avec 4941 francs de plus, il pourrait payer les $4/7$ de ce qu'il doit. Quel est son actif (ce qu'il possède) et quel est son passif (ce qu'il doit) ?

612. J'ai dépensé les $3/4$ de ce que j'avais, puis les $3/4$ du reste et j'ai encore 2 francs. Combien avais-je ?

613. Deux trains partent en même temps et se dirigent en sens contraire. Le premier parcourt 62 kilomètres et le deuxième 58 kilomètres à l'heure. A quelle distance seront-ils l'un de l'autre au bout de 2^h45 ?

614. De 8^h15^m à 14^h48^m, un train a franchi une distance de $394^{km},2$. Sachant qu'il a fait 8 haltes de 3 minutes et demie chacune, on demande sa vitesse à l'heure lorsqu'il était en marche.

615. J'achète des fagots à 39 francs le 100 à condition d'en recevoir 4 en plus du 100. On m'en livre 936. Combien dois-je ? (*Doubs.*)

616. Un homme lègue les $0,4$ de sa fortune à une personne, les $0,25$ à une autre et les 35 000 francs qui restent à une 3°. Quelle est la somme totale léguée et la part de chaque personne ?

*617. Un train doit parcourir une distance de 150 kilomètres. Au bout de $5^h12^m36^s$ il lui reste $3^{km},33$ à faire. On demande quelle distance il a franchie à l'heure. (*Seine-et-Oise.*)

*618. On a acheté 3 pièces de vin pour 468 francs; la deuxième coûte les $2/3$ du prix de la première, et la troisième coûte les $3/4$ du prix de la deuxième. Quel est le prix d'achat de chaque pièce ?

619. J'ai dans ma bourse une somme de 1315 francs formée de pièces de 20 francs et de 5 francs. Le nombre de pièces de 5 francs surpasse de 28 celui des pièces de 20 francs. Combien ai-je de pièces de chaque sorte ? (*Var.*)

620. Deux propriétés ont ensemble $3^{ha},71$ et valent 9730 francs. Sachant que l'une a une superficie égale aux $0,75$ de l'autre, calculer : 1° la surface de chaque propriété ; 2° la valeur de chacune d'elles. (*Côtes-du-Nord.*)

PROBLÈMES DE REVISION

621. Pierre et Paul possèdent chacun une certaine somme. Pierre possède 240 francs de plus que Paul. La somme que possède Paul est les 3/4 de celle que possède Pierre. Quel est l'avoir de chacun d'eux ? (*Aveyron.*)

622. Quand on a vendu les 3/4 d'une caisse d'oranges, on en jette 8 qui sont gâtées, et il y en a encore 64 à vendre, à raison de 2 pour 0^{fr},15. Les premières ont été vendues 0^{fr},10 pièce. Combien retirera-t-on de la vente totale ? (*Nièvre.*)

623. Un marchand qui achète une pièce d'étoffe à raison de 9^{fr},25 les 5 mètres la revend au prix de 24 francs les 15 mètres. Il fait ainsi une perte de 10 francs. Quelle est la longueur de la pièce ? (*Charente.*)

624. Un marchand faïencier avait acheté un mille d'assiettes à raison de 19 francs le 100 ; il en casse 75 dans le transport ; il revend le reste et il gagne encore 41^{fr},25 sur ce marché. Combien a-t-il revendu chaque assiette ? (*Maine-et-Loire.*)

625. Deux ouvriers ont travaillé ensemble ; le 1er gagne 1^{fr},50 par jour de plus que le 2e. Au bout du même nombre de jours, le 1er a reçu 84 francs et le 2e 63 francs. Combien chacun d'eux gagnait-il par jour ? (*C. E.*)

626. Un train de voyageurs a une vitesse de 65^{km},625 à l'heure ; il part de Lyon pour Marseille à 8^{h}2^m. A quelle heure arrivera-t-il à Marseille sachant que la distance entre ces deux villes est de 350 kilomètres et qu'il s'est arrêté 1^{h}5^m en chemin ?

627. Le conducteur d'un tramway a reçu 5^{fr},70 pour 24 places, les unes à 0^{fr},30 et les autres à 0^{fr},15. Combien y a-t-il de places de chaque catégorie ?

628. Un voyageur fait 3^{km} 4/5 par heure. Combien un second voyageur doit-il faire de kilomètres par heure pour atteindre le premier en 48 heures, sachant que ce premier a 60 kilomètres d'avance ?

629. On a déboursé 141 francs pour payer 2 ouvriers dont l'un a fait 12 journées et l'autre 15 ; mais le 2e recevait par journée 2 francs de plus que le 1er. Trouver le prix de la journée de chacun. (*C. E.*)

630. On a payé 1950 francs pour le salaire d'un mois à 20 ouvriers, hommes et femmes. Les hommes ont gagné 5 francs par jour et les femmes 2^{fr},25. Le mois comprend 25 jours de travail. Combien d'hommes et de femmes y avait-il ? (*Aveyron.*)

631. Un voyageur, parti à 5^h 1/2 du matin pour faire une route de 39 kilomètres doit arriver à son but à 3^h 4/4 du soir. Il règle son pas sur la distance et le temps et parcourt ainsi 18 kilomètres ; mais alors il est forcé de s'arrêter 1^h 1/2. Combien de chemin à l'heure doit-il faire ensuite pour arriver au moment prescrit ?

632. Une mère de famille désire acheter 40 poires, mais il lui manque 0^{fr},80. Alors faisant un achat de 25 poires seulement, il lui reste 1 franc. Quel était le prix d'une poire ?

*633. Deux ouvriers, dont l'un a travaillé 10 jours et l'autre 15, reçoivent la même somme comme salaire. Le deuxième gagne 1 franc de moins par jour que le premier. Combien l'un et l'autre gagnent-ils par jour ?

*634. On a mis en bouteilles une barrique de vin. Les bouteilles contiennent 4/5 de litre ; si elles n'avaient contenu que 3/4 de litre, il en aurait fallu 19 de plus. Quelle était la contenance de la barrique de vin ?

635. Dans une usine, on coule 480 pièces de fonte ; les unes pèsent 12 kilogrammes, les autres 20 kilogrammes ; le poids total des 480 pièces est 7520 kilogrammes ; on demande le nombre des pièces de chaque espèce. (*Isère.*)

*636. On donne 4 francs à un ouvrier par journée de travail complète, mais on lui retient 1 franc par journée incomplète. Au bout de 25 jours, l'ouvrier reçoit 80 francs ; combien y a-t-il eu de journées incomplètes ?

MULTIPLICATION

140. Exemple. — **Soit à trouver le prix de 5 mètres d'une étoffe à 7 francs le mètre.**

5 mètres à 7 francs le mètre valent :
$$7^{fr} + 7^{fr} + 7^{fr} + 7^{fr} + 7^{fr} = 35 \text{ francs.}$$

Au lieu d'opérer par l'addition, on fait une **multiplication** ; on dit :

Multiplicande   Multiplicateur   Produit

5 fois 7 francs font **35** francs ou $7^{fr} \times 5 = 35$ francs.

141. Définition. — La **multiplication** est une opération qui a pour but de **répéter** un nombre appelé **multiplicande** autant de fois qu'il y a d'unités dans un autre nombre appelé **multiplicateur**.

Le résultat se nomme **produit**.

142. La multiplication est une *addition abrégée* de nombres égaux. Le **multiplicande** représente les *nombres égaux* à additionner, le **multiplicateur**, la *quantité* de ces nombres ; le **produit**, la *somme*.

143. Le *produit*, qui est une somme, exprime des unités *de même espèce* que le *multiplicande* qui représente les nombres répétés.

144. Signe. — On indique une multiplication en plaçant le signe $\times$ (*multiplié par*) entre les nombres à multiplier, appelés encore les **facteurs** du produit.

On écrit d'abord le **multiplicande** en l'accompagnant de l'initiale désignant ses unités, puis le **multiplicateur** sans désignation d'unités, puis le **produit** avec l'indication de ses unités.

Ainsi 9 hectolitres de vin à 40 francs l'hectolitre valent :

Multiplicande   Multiplicateur   Produit
$40^{fr} \times 9 = 360$ francs.

QUESTIONNAIRE. — 1. Composer un *exemple* donnant lieu à une multiplication. — 2. Qu'est-ce que la multiplication ? — 3. Que représente le *multiplicande*, si l'on compare la multiplication à l'addition ? — 4. Que représente le *multiplicateur* ? — le *produit* ? — 5. Quelles *espèces d'unités* exprime le produit ? — 6. Comment s'indique une multiplication ? — 7. Comment dispose-t-on les facteurs et le produit ?

CALCUL MENTAL RAPIDE

I. **Multiplication par 8.** — *Combien font 8 fois* 2 ; 4 ; 6 ; 8 ; 10 ; 12 ; 1 ; 3 ; 5 ; 7 ; 9 ; 11 ; 15 ; 20 ; 40 ; 60 ; 80 ; 30 ; 50 ; 70 ; 90 ?

II. Pour *multiplier* un nombre **par 8**, on multiplie *chacune de ses unités* par 8, en commençant par les plus élevées, et on *additionne* au fur et à mesure les résultats. — *Exemple* : **78 × 8**. On dit : 8 fois 70... 560 ; 8 fois 8... 64 ; 560 et 64... **624**.

Exercices : *Multiplier par 8* : 36 ; 43 ; 55 ; 67 ; 109 ; 217 ; 324 ; 438.

III. Pour *multiplier* un nombre **par 8**, on peut aussi le multiplier par 2 successivement *trois fois*.

Exemple : **83 × 8**. On dit : 2 fois 83... 166 ; 2 fois 166... 332 ; 2 fois 332... **664**.

Exercices : *Multiplier par 8* : 75 ; 57 ; 68 ; 26 ; 140 ; 420 ; 650.

EXERCICES

Oraux. — **637.** *Dire combien font :*

2 fois 3 plus 3 fois 9	2 fois 2 plus 3 fois 8	2 fois 11 plus 3 fois 19
2 — 7 — 3 — 5	2 — 6 — 3 — 4	2 — 15 — 3 — 12

638. *Effectuer mentalement, en indiquant le procédé employé :*
$$537 \times 2 \qquad 467 \times 3 \qquad 34,40 \times 2 \qquad 47,50 \times 3$$

Écrits. — **639.** *Effectuer :* 709×302; 85400×230; 875×2003.

640. *Effectuer et donner le résultat :*
en *centimètres* : $87^{dam} 8^{dm} \times 3023$; | en *hectogrammes* : $3^{kg} 6^{dag} \times 2033$;
en *décimètres* : $64^{dam} 7^{cm} \times 20303$; | en *milligrammes* : $7^{dag} 8^{cg} \times 3023$;

PROBLÈMES
Robinets remplissant un bassin.

TYPE. — **641. Un bassin est alimenté par deux fontaines : l'une le remplit en 2 heures, l'autre en 3 heures. Combien ensemble mettront-elles de temps pour le remplir ?**

SOLUTION. — La partie du bassin remplie en 1 heure *est égale à la somme des fractions* du bassin remplies en une heure par chaque fontaine.

Sachant qu'il faut une heure pour remplir une certaine fraction du bassin, on calcule ensuite le temps nécessaire pour remplir la *totalité* du bassin.

En une heure, la 1re fontaine remplit $1/2$ du bassin et la 2e remplit $1/3$.
En une heure, coulant ensemble, les deux fontaines remplissent
$$1/2 + 1/3 = 5/6 \text{ du bassin.}$$
Pour remplir les $6/6$ du bassin, elles mettent :
$$\frac{1^h \times 6}{5} = 1^h 12^m.$$

Oraux. — **642.** *Deux robinets coulent dans un bassin contenant 7000 litres; le 1er fournit 400 litres à l'heure; le 2e 600 litres. Combien d'heures mettront-ils pour le remplir ?* — **643.** *Un robinet verse dans un bassin 12 litres par minute; un autre, moitié moins. Combien mettront-ils de temps pour remplir aux 3/4 ce bassin contenant 1200 litres ?* — **644.** *Une fontaine remplit un bassin en 1/2 heure; une autre, en 1/4 d'heure. Quel temps mettront-elles ensemble pour remplir ce bassin ?*

Écrits. — **645.** Un bassin est alimenté par 2 robinets. Ce bassin peut contenir 2124 décalitres. Le premier robinet verse 35 litres et le second 25 litres par minute. Combien faudra-t-il d'heures pour le remplir ? *(Haute-Loire.)*

646. Une fontaine fournit 45 litres par heure ; une autre, 62 litres. Combien mettront-elles de temps pour remplir aux $3/4$ un bassin contenant 37200 litres ?

647. Un robinet remplit un bassin en $1/3$ d'heure ; un autre, en $1/6$ d'heure. Combien de temps mettront-ils ensemble pour remplir ce bassin ?

*648. Une fontaine remplit un bassin en 2 heures ; une autre le remplirait en 5 heures ; si les deux fontaines coulent ensemble, au bout de combien de temps ce bassin sera-t-il plein ? *(Basses-Pyrénées.)*

CALCUL ÉCRIT RAPIDE

649. Trouver le *quotient* et le *reste* de :
82 : 23; 157 : 22; 845 : 23; 1754 : 24; 154327 : 25.

PRINCIPES RELATIFS A LA MULTIPLICATION

145. — I. Si on rend le **multiplicande** 2, 3, etc. fois *plus grand* ou *plus petit*, le produit est rendu le *même nombre* de fois *plus grand* ou *plus petit*. Soit $8 \times 6 = 48$, on a :

$$1° \quad (8 \times 2) \times 6 = 48 \times 2; \quad 2° \quad (8 : 2) \times 6 = 48 : 2.$$

En effet, le multiplicande représente les *nombres égaux* à additionner et le produit la *somme* de ces nombres. Les nombres étant rendus 2, 3, etc. fois plus grands ou plus petits, la somme, ou produit, est rendue de même 2, 3, etc. fois plus grande ou plus petite.

146. — II. Si on rend le **multiplicateur** 2, 3, etc. fois *plus grand* ou *plus petit*, le produit est rendu le *même nombre* de fois *plus grand* ou *plus petit*. Soit $8 \times 6 = 48$, on a :

$$1° \quad 8 \times (6 \times 2) = 48 \times 2; \quad 2° \quad 8 \times (6 : 2) = 48 : 2.$$

En effet, le multiplicateur représente la *quantité* de nombres égaux à additionner, et le produit la *somme* de ces nombres ; la quantité des nombres étant rendue 2, 3, etc. fois plus grande ou plus petite, la somme, ou produit, est rendue de même 2, 3, etc. fois plus grande ou plus petite.

147. — III. Si on rend l'un des facteurs 2, 3, etc. fois *plus grand* et l'autre facteur le *même nombre* de fois *plus petit*, le produit ne change pas. Soit $8 \times 6 = 48$, on a :

$$(8 \times 2) \times (6 : 2) = 48.$$

En effet, on rend d'un côté le produit 2 fois plus grand et de l'autre 2 fois plus petit ; ce produit ne change pas.

*148. — IV. Si on rend l'un des facteurs 2 fois *plus grand* ou *plus petit*, et l'autre facteur 3 fois *plus grand* ou *plus petit*, le produit est rendu 3 fois 2 fois, ou **6 fois**, *plus grand* ou *plus petit*. Soit $8 \times 6 = 48$, on a :

$$(8 \times 2) \times (6 \times 3) = 48 \times 2 \times 3 \text{ ou } 48 \times 6.$$

En effet, après avoir rendu le produit 2 fois plus grand, on le rend de nouveau 3 fois plus grand ; ce produit est bien rendu 3 fois 2 fois, ou 6 fois, plus grand.

QUESTIONNAIRE. — 1. Que devient le produit si on rend 2, 3, etc. fois *plus grand* ou *plus petit* : 1° le multiplicande? 2° le multiplicateur? — 2. Que devient le produit si on rend l'*un* des facteurs 2, 3, etc. fois plus grand et l'*autre* facteur le même nombre de fois plus petit? — *3. Si on rend l'un des facteurs 2 fois plus grand et l'*autre* 3 fois? — 4. L'un des facteurs 2 fois plus petit et l'*autre* 3 fois?

CALCUL MENTAL RAPIDE

I. **Division par 8, ou huitième.** — Combien de fois 8 en : 16 ; 24 ; 32 ; 40 ; 48 ; 56 ; 64 ; 72 ; 80.

II. Pour prendre le 8ᵉ d'un nombre compris entre 80 et 160, on prend le 8ᵉ de la partie dépassant 80 et on ajoute 10.

Exemple : **121 : 8.** On dit : 8ᵉ de 41... 5 ; reste 1 ; 5 et 10... **15** ; *reste 1*.

EXERCICES : Prendre le 8ᵉ de : 27 ; 39 ; 45 ; 54 ; 61 ; 73 ; 87 ; 93 ; 104 ; 111 ; 126 ; 135 ; 143 ; 157.

III. **Revision.** — Multiplier *successivement* 632 par 3, 5 et 6 et prendre le *huitième* de chaque résultat.

EXERCICES

Oraux. — **650.** *Dire combien font :*

| 4 fois 2 plus 5 fois 8 | 4 fois 3 plus 5 fois 9 | 4 fois 11 plus 5 fois 19 |
| 4 — 8 — 5 — 2 | 4 — 9 — 5 — 3 | 4 — 19 — 5 — 19 |

651. *Effectuer mentalement en indiquant le procédé employé :*

372×4 | 548×5 | $12^{fr},75 \times 4$ | $22^{fr},30 \times 5$
*2396×4 | *3624×5 | *$248^{fr},50 \times 4$ | *$351^{fr},40 \times 5$

Écrits. — **652.** *Effectuer :* 5508×305 ; 74300×540 ; 8095×50043.

653. *Effectuer et exprimer le résultat :*

en *litres* : $3^{hl} 7^{dal} \times 504$; | en *hectolitres* : $8^{hl} 7^{lit} \times 5400$;
en *décilitres* : $8^{dal} 05^{dl} \times 4503$; | en *décalitres* : $84^{hl} 49^{ml} \times 405300$.

PROBLÈMES
Robinets remplissant et vidant un bassin.

TYPE. — **654. Un bassin est muni de deux fontaines, l'une qui le remplit en 3 heures, l'autre qui le vide en 4 heures. Les deux fontaines étant ouvertes, au bout de combien de temps le bassin sera-t-il plein ?**

SOLUTION. — La partie du bassin remplie en une heure est *égale* à la fraction du bassin *remplie* par la première fontaine *diminuée* de la fraction du bassin *vidée* par la seconde fontaine.
Connaissant la fraction du bassin remplie en une heure, on cherche le temps nécessaire pour remplir la totalité du bassin.
En une heure, la 1re fontaine remplit $1/3$ du bassin et la 2e vide $1/4$.
Au bout d'une heure, il reste dans le bassin :

$$1/3 - 1/4 = 1/12 \text{ du bassin.}$$

Pour remplir $1/12$ du bassin il faut 1 heure, pour remplir $12/12$ il faut 12 heures.

Oraux. — **655.** *Un robinet verse par heure dans un bassin 70 litres d'eau ; un autre le vide de 30 litres. Au bout de combien de temps le bassin, qui contient 720 litres, sera-t-il plein ?* — **656.** *Une fontaine verse par minute 50 litres d'eau dans un bassin ; un autre le vide en même temps de 30 litres. Si le bassin met $6^h 1/4$ à se remplir, quelle en est la contenance ?* — **657.** *Un robinet remplit un bassin en $1/4$ d'heure, un autre le vide en $1/2$ heure. Coulant ensemble, combien mettront-ils de temps pour le remplir ?*

Écrits. — **658.** Un robinet verse dans un bassin 15 litres d'eau par minute, mais une ouverture au fond de ce bassin laisse perdre dans le même temps 3 litres d'eau ; sachant que le bassin a été rempli en 4 heures, on demande quelle en est la capacité en hectolitres.

659. Une fontaine remplirait un bassin en 9 heures ; un robinet placé à la base le viderait en 12 heures. Quelle fraction du bassin serait remplie en 1 heure si l'on ouvrait la fontaine et le robinet en même temps ? (*Nord.*)

*****660.** Un robinet remplirait un bassin en $1/8$ d'heure, mais une ouverture le viderait en $1/5$ d'heure. Sachant que le robinet et l'ouverture fonctionnent ensemble, quel temps faudra-t-il pour que le bassin soit rempli aux $4/5$? (*Seine.*)

CALCUL ÉCRIT RAPIDE

661. Trouver le *quotient* et le *reste* de :

$954 : 27$; $1765 : 19$; $85432 : 236$; $160432 : 187$; $56208 : 287$.

38ᵉ LEÇON
MULTIPLICATION DES NOMBRES ENTIERS

149. 1ᵉʳ Cas. — **Multiplication de deux nombres d'un chiffre.**
$$7 \times 5 = 35$$

On dit : 5 *fois* 7 *font* 35. Le produit est donné par la **table de multiplication** qu'on doit savoir par cœur.

150. Table de multiplication. — Pour faire la table de multiplication ou de *Pythagore* on écrit sur une *première ligne* horizontale les neuf premiers nombres ; la *seconde ligne* se forme en écrivant, sous les nombres de la première, les nombres comptés de 2 en 2, à partir de 2 ; la 3ᵉ *ligne* se forme en écrivant, sous les nombres de la 2ᵉ, les nombres de 3 en 3, à partir de 3 ; et ainsi de suite, on forme de même la 4ᵉ, la 5ᵉ, jusqu'à la 9ᵉ *ligne*.

1	2	3	4	5	6	7	8	9
2	4	6	8	10	12	14	16	18
3	6	9	12	15	18	21	24	27
4	8	12	16	20	24	28	32	36
5	10	15	20	25	30	35	40	45
6	12	18	24	30	36	42	48	54
7	14	21	28	35	42	49	56	63
8	16	24	32	40	48	56	64	72
9	18	27	36	45	54	63	72	81

Pour avoir le produit de **7 par 5**, par exemple, on prend 7 dans la 1ʳᵉ *ligne horizontale* et on descend verticalement jusqu'à ce qu'on soit en face du nombre 5 dans la 1ʳᵉ *ligne verticale à gauche* ; le nombre 35 sur lequel on s'arrête est le produit cherché.

151. 2ᵉ Cas. — **Multiplication d'un nombre de plusieurs chiffres par un nombre d'un seul chiffre.**
$$465 \times 7 = 3255$$

Le produit de 465 par 7 doit contenir :

7 *fois* 5 *unités* ou	35 unités	35 unités
— 6 *dizaines* ou	42 dizaines ou	420 —
— 4 *centaines* ou	28 centaines ou	2 800 —
Ce produit est :		3 255 —

Dans la pratique, on dispose l'opération comme ci-contre, et on reporte aussitôt la retenue d'un produit au produit suivant. On dit :

1ʳᵉ manière :
465
7
―――
3255

2ᵉ manière : $5465 \times 7 = 3255$

7 fois 5... 35 ; j'écris 5 et retiens 3 ; 7 fois 6... 42 et 3 de retenue 45 ; j'écris 5 et je retiens 4 ; 7 fois 4... 28 et 4... 32 ; j'écris 32.

CALCUL MENTAL RAPIDE

I. *Multiplication par 9.* — *Combien font* 9 *fois* 1 ; 3 ; 5 ; 7 ; 9 ; 11 ; 15 ; 2 ; 4 ; 6 ; 8 ; 10 ; 12 ; 20 ; 40 ; 60 ; 80 ; 30 ; 50 ; 70 ; 90.

II. Pour multiplier un nombre **par 9** on peut : 1° prendre *3 fois le triple* de ce nombre.
Exemple : 67×9. On dit 3 fois 67... 201 ; 3 fois 201... **603** ;
On peut : 2° *multiplier ce nombre par 10 et retrancher une fois le nombre.*
Exemple : 85×9. On dit : 10 fois 85... 850 ; moins 85... **765**.
Exercices : *Multiplier par* 9 : 18 ; 24 ; 35 ; 48 ; 57 ; 63 ; 108 ; 135 ; 157 ; 163.

EXERCICES

Oraux. — **662.** *Dire combien font* :

6 fois 2 plus 7 fois 8.	6 fois 3 plus 7 fois 9.	6 fois 11 plus 7 fois 19.
6 — 4 — 7 — 6.	6 — 5 — 7 — 7.	6 — 12 — 7 — 15.
6 — 6 — 7 — 4.	6 — 7 — 7 — 5.	6 — 15 — 7 — 12.
6 — 8 — 7 — 2.	6 — 9 — 7 — 3.	6 — 19 — 7 — 19.

663. *Effectuer mentalement, en indiquant le procédé employé* :

36×6	49×7	$2^{fr}40 \times 6$	$6^{fr}50 \times 7$
274×6	352×7	$34^{fr}20 \times 6$	$25^{fr}40 \times 7$
*1346×6	*2425×7	*$136^{fr}60 \times 6$	*$420^{fr}50 \times 7$

Écrits. — **664.** *Effectuer* : 8900×670 ; 7069×7053 ; 8765×249.

665. *Effectuer* et exprimer le résultat :

en *hectogrammes* : $8^{kg}7^{dag} \times 7600$; | en *grammes* : $8^{hg}475^{cg} \times 576$;
en *kilogrammes* : $5^{Mg}43^{dag} \times 70600$; | en *décigrammes* : $47^{dag}504^{mg} \times 5067$.

PROBLÈMES
Ouvriers travaillant ensemble.

TYPE. — **666. Deux couturières travaillant séparément mettent pour faire une robe, la 1ʳᵉ 3 jours, la 2ᵉ 6 jours. Quel temps mettraient-elles, travaillant ensemble, pour faire cette robe?**

SOLUTION. — En un jour la 1ʳᵉ couturière fait le $1/3$ de la robe ; la 2ᵉ en fait le $1/6$. Travaillant ensemble elles feront en un jour $1/3 + 1/6$ ou $1/2$ de la robe.
Si pour faire la $1/2$ de la robe, les deux couturières mettent 1 jour ; pour faire la robe entière, elles mettront 1 jour $\times$ 2 ou 2 jours.

Oraux. — **667.** *Un ouvrier fait un ouvrage en 2 heures, un second le ferait en 4 heures. Quelle partie de l'ouvrage feront-ils en travaillant ensemble pendant une heure?* — **668.** *Trois ouvriers travaillant isolément peuvent faire un ouvrage, le 1ᵉʳ en 6 jours, le 2ᵉ en 3 jours et le 3ᵉ en 5 jours. Quelle partie de l'ouvrage feraient-ils en travaillant ensemble pendant un jour?* — **669.** *Un ouvrier pour faire un ouvrage met 1/2 jour ; un autre met 1/3 de jour. Ensemble quel temps mettront-ils pour faire cet ouvrage?*

Écrits. — **670.** Un ouvrier pourrait creuser un fossé en 8 jours, un autre en 5 jours, un troisième en 3 jours. Quelle portion du fossé sera creusée en un jour si l'on occupe ensemble ces 3 ouvriers ?

671. Un certain ouvrage pourrait être fait en 12 heures par un homme, en 18 heures par une femme et en 30 heures par leur enfant. Combien mettront-ils de temps pour le faire en y travaillant ensemble ? *(Gard.)*

***672.** Un maçon bâtirait un mur en 20 jours, un 2ᵉ en 15 jours, un 3ᵉ en 12 jours. Ils s'associent et reçoivent ensemble 225 francs. Quelle part revient à chacun ? *(Cantal.)*

***673.** Trois menuisiers travaillent ensemble à établir une barrière en planches ; le 1ᵉʳ la ferait en $1/5$ de jour, le 2ᵉ en $1/4$ de jour, et le 3ᵉ en $1/3$ de jour : quel temps leur faudra-t-il pour faire l'ouvrage, la journée étant de 10 heures ?

CALCUL ÉCRIT RAPIDE

674. Trouver le *quotient* et le *reste* de :

$93 : 34$; $265 : 28$; $754 : 34$; $2683 : 29$; $670\,453 : 32$.

MULTIPLICATION DES NOMBRES ENTIERS (Suite)

152. 3ᵉ Cas. — **Multiplication de deux nombres de plusieurs chiffres.**

$$4627 \times 258 = 1\,193\,766.$$

Le produit de 4627 par 258 doit contenir 258 fois 4627, ou 4627 répété 8 fois + 50 fois + 200 fois. On a :

$4627 \times 8 = $ 37 016 unités
$4627 \times 50 = 4627 \times 5 \times 10 = 231\,350 =$ 231 35 dizaines
$4627 \times 200 = 4627 \times 2 \times 100 = 925\,400 =$ 9254 centaines

 Le produit est $\overline{1\,193\,766}$

Le 1ᵉʳ *chiffre* de chaque produit partiel représente des unités d'un ordre immédiatement supérieur à celles que représente le produit précédent, aussi est-il placé au 2ᵉ *rang* par rapport à celui-ci. D'où :

153. Règle générale. — Pour faire la multiplication, on écrit le multiplicateur *sous* le multiplicande. On *multiplie* successivement, en commençant par la droite, le multiplicande par *chacun des chiffres du multiplicateur*; on écrit les *produits partiels* les uns au-dessous des autres, en ayant soin de *reculer d'un rang* vers la gauche le premier chiffre de chaque produit par rapport au produit qui précède; on additionne enfin les produits partiels pour avoir le **produit total.**

```
  4627
   258
  ----
 37016
 23135
 9254
 ------
1193766
```

```
 4200
  360
 ----
  252
  126
 -------
1512000
```

154. Facteurs terminés par des zéros. — On opère sans s'occuper *des zéros*, et on écrit sur la droite du produit *autant de zéros* qu'il y en a à la droite des deux facteurs.

Soit 4200×360. Je dis que $4200 \times 360 = 42 \times 36 \times 1000$.

On a, en effet, 42×360, 100 fois plus petit que 4200×360; on a ensuite 42×36, 10 fois plus petit que 42×360, et par conséquent 10 fois 100 fois, 1000 fois plus petit que 4200×360. Donc $4200 \times 360 = 42 \times 36 \times 1000$, ou 1 512 000.

155. Zéros intercalés entre les chiffres du multiplicateur.

```
 465        8647
 204        3007
 ----       -----
1860       60529
 930       25941
-----     --------
94860     26001529
```

— On *néglige les zéros*, mais on a soin de *reculer* le premier chiffre de chaque produit partiel, par rapport au produit qui précède, d'*autant de rangs* vers la gauche qu'il y a de *zéros* intercalés plus *un*.

155 bis. Preuve. — On refait l'opération en *changeant l'ordre* des facteurs; on doit retrouver le *même produit*. Mais on se sert de préférence de la preuve par 9.

QUESTIONNAIRE. — 1. Comment fait-on la *multiplication* de deux nombres de plusieurs chiffres? — 2. Comment fait-on la multiplication lorsque les facteurs sont terminés par des *zéros*? — 3. Comment opère-t-on lorsque les facteurs contiennent des *zéros intercalés* entre leurs chiffres? — 4. Comment se fait la preuve de la multiplication?

=== CALCUL MENTAL RAPIDE ===

Revision. — 1º Multiplier par 6; 2º diviser par 6 chacun des nombres suivants : 46, 84, 120, 146. — 1º Multiplier par 8; 2º diviser par 8 chacun de ces mêmes nombres.

EXERCICES

Oraux. — **675.** *Dire combien font :*

8 fois 2 plus 9 fois 8.	8 fois 3 plus 9 fois 9.	8 fois 11 plus 9 fois 19
8 — 4 — 9 — 6.	8 — 5 — 9 — 7.	8 — 12 — 9 — 15.
8 — 6 — 9 — 4.	8 — 7 — 9 — 5.	8 — 15 — 9 — 12.

676. *Effectuer mentalement, en indiquant le procédé employé :*

75×8	68×9	$5^{fr},40 \times 8$	$3^{fr},20 \times 9$
*6540×8	*3240×9	*$650^{fr},50 \times 8$	*$2410^{fr},30 \times 9$

Écrits. — **677.** *Effectuer :* 7905×908; $87\,400 \times 970$; $8096 \times 90\,708$.

678. *Effectuer* et exprimer le résultat
en *décalitres* : $7^{hl}8^{dl} \times 709$; | en *hectomètres* : $8^{km}763^{dm} \times 6890$;
en *hectogrammes* : $6^{kg}58^{dag} \times 6970$; | en *centilitres* : $8^{dal}7^{dl} \times 8790$.

PROBLÈMES

Ouvriers travaillant ensemble (suite).

TYPE. — **679. Pour creuser une tranchée, 2 terrassiers ont mis 4 heures; un seul de ces ouvriers l'aurait creusée en 6 heures. Quelle portion de l'ouvrage l'autre ouvrier a-t-il faite ?**

SOLUTION. — La portion de l'ouvrage faite par le second terrassier est *égale* à la *totalité* de l'ouvrage *diminuée* de la *fraction* faite par le premier terrassier.

Le 1er ouvrier, en 1 heure, fait $1/6$ de l'ouvrage; en 4 heures, il a fait les $4/6$ de l'ouvrage.

Le 2e ouvrier en a donc fait dans le même temps $1 - 4/6$ ou $2/6$ ou $1/3$.

Oraux. — **680.** *Deux groupes d'ouvriers ont mis* $1/5$ *d'heure pour faire un travail. Le* 1er *groupe seul aurait mis* $1/2$ *heure. Quelle partie du travail a été faite par le* 2e *groupe ?* — **681.** *L'ensemble d'un travail a été payé 24 francs. Ce travail a été fait en 1 heure par deux ouvriers. Le* 2e *seul l'aurait fait en 3 heures. On demande la part de salaire revenant à chacun.* — ***682.** Deux groupes d'ouvriers bâtissent un mur. Le* 1er *groupe ferait cette tâche en 10 heures, le* 2e *groupe en 20 heures. Après 4 heures de travail le* 1er *groupe se retire. Quel temps le second mettra-t-il pour achever la tâche ?*

Écrits. — **683.** Deux plombiers mettent 6 heures pour établir une conduite d'eau; l'un des deux pourrait faire seul cet ouvrage en 10 heures, on demande quel temps l'autre ouvrier emploierait pour faire seul le même travail ? (*Charente.*)

684. Une équipe de couvreurs couvrirait une maison en 5 jours; une autre équipe la couvrirait en 8 jours. Combien faudrait-il de temps pour faire ce travail à la moitié de la première équipe jointe au tiers de la seconde ? (*C. E.*)

***685.** En 20 jours, 15 ouvriers ont posé la moitié d'une charpente. A ce moment, 3 d'entre eux quittent le chantier; combien les autres mettront-ils de jours pour poser l'autre moitié ? (*C. E.*)

***686.** Deux peintres tapissent un appartement en 3 jours et demi et reçoivent 46 francs. Le premier travaille de manière à faire seul tout l'ouvrage en 5 j 3/4. Quelle sera la part de chaque ouvrier dans l'ouvrage accompli et quel sera son gain par jour ? (*Meuse.*)

=== CALCUL ÉCRIT RAPIDE ===

687. Trouver le *quotient* et le *reste* de :
$765 : 327$; $2654 : 278$; $465\,325 : 307$; $2\,654\,032 : 269$; $304\,965 : 386$.

MULTIPLICATION DES NOMBRES DÉCIMAUX

156. 1ᵉʳ Cas. — **Le multiplicateur est entier.** — Soit :

$$4{,}625 \times 47.$$

```
  4,625
     47
  -----
 32 375
185 00
 ------
217,375
```

Dans l'addition correspondante à cette multiplication, le nombre 4,625 est répété 47 fois et la somme (ou le produit) est exprimé en 0,001 ; c'est-à-dire que ce *produit* contient *autant de chiffres décimaux* que le *multiplicande* lui-même.

157. 2ᵉ Cas. — **Le multiplicateur est décimal.** — Soit :

$$45{,}7 \times 4{,}25$$

```
 45,7
 4,25
 -----
22 85
91 4
1828
 -----
194,225
```

Je multiplie par 100 le multiplicateur 4,25 pour le rendre entier, et, afin que le produit ne change pas, je divise par 100 le multiplicande 45,7 ; j'obtiens

$$45{,}7 \times 4{,}25 = 0{,}457 \times 425.$$

L'opération est ainsi ramenée au 1ᵉʳ cas.

Or, le produit, exprimé en millièmes, contient autant de *chiffres décimaux* qu'il y en a aux *deux facteurs* proposés.

158. Règle. — Pour faire la *multiplication* de nombres décimaux, on opère comme si les nombres étaient **entiers**, et on *sépare* sur la droite du produit **autant de chiffres décimaux** qu'il y en a dans les deux facteurs.

159. Multiplication par 0,1 ; 0,01 ; 0,001, etc. — Le produit de deux facteurs ne changeant pas, quand on rend *l'un des facteurs* un certain nombre de fois *plus grand* et *l'autre facteur* le même nombre de fois *plus petit* (Principe III, n° 147), on a :

$$342 \times 0{,}1 \;\;= 34{,}2 \;\;\times 1 = 34{,}2$$
$$342 \times 0{,}01 = 3{,}42 \;\;\times 1 = 3{,}42$$
$$342 \times 0{,}001 = 0{,}342 \times 1 = 0{,}342$$

d'où : multiplier un nombre par 0,1 ; 0,01 ; 0,001, etc., c'est en prendre le *dixième*, le *centième*, le *millième*, etc.

160. Multiplication par 0,7 ; 0,35 ; etc. — On a :

$$645 \times 0{,}7 \;\;= (645 \times 0{,}1) \times 7$$
$$645 \times 0{,}35 = (645 \times 0{,}01) \times 35$$

Multiplier un nombre par 0,7 ou par 0,35, c'est prendre 7 fois le dixième ou 35 fois le centième, c'est-à-dire les 7 dixièmes ou les 35 centièmes de ce nombre.

QUESTIONNAIRE. — 1. Comment fait-on la multiplication des *nombres décimaux* ? — 2. Qu'est ce que *multiplier* un nombre par 0,1 ? — par 0,01 ? — par 0,001 ? — 3. Qu'est-ce que multiplier un nombre par 0,7 ? — par 0,35 ? — 4. Lorsque le multiplicateur est une *fraction décimale*, comment est le *produit* par rapport au multiplicande ?

CALCUL MENTAL RAPIDE

I. *Division par 9, ou neuvième.* — Combien de fois 9 en : 18 ; 27 ; 36 ; 45 ; 54 ; 63 ; 72 ; 81 ; 90 ?

II. Pour trouver le 9ᵉ d'un nombre de 90 à 180, on prend le 9ᵉ de la partie *dépassant 90* et on *ajoute 10* ; on peut aussi prendre le *tiers du tiers* du nombre.

1ᵉʳ *exemple* : **9ᵉ de 127.** On dit : 9ᵉ de 37... 4 ; reste 1 ; 4 et 10... **14** ; reste 1.

2ᵉ *exemple* : **9ᵉ de 261.** On dit : tiers de 261... 87 ; tiers de 87... **29**.

EXERCICES : Trouver le 9ᵉ de : 108 ; 135 ; 162 ; 143 ; 175 ; 621 ; 784 ; 536.

EXERCICES

Oraux. — **688.** *Trouver le produit des nombres suivants* : 72×40 ; 89×40 ; $4,60 \times 40$; $10,60 \times 0,04$; $3,50 \times 0,04$; $22,60 \times 0,04$. — **689.** *Prendre les 4% de 80 francs ; de 460 francs ; les 6% de 65 francs ; de 1 240 francs.*

Écrits. — **690.** Trouver les résultats suivants :

en *hectomètres* : $835^m,45 \times 6,7$ | en *centigrammes* : $8^{dag},5^{dg} \times 8,607$
en *kilomètres* : $708^{dam},8 \times 4,36$ | en *hectogrammes* : $7^{kg},8^{hg} \times 95,79$
en *litres* : $97^{dal},57 \times 5,8$ | en *décagrammes* : $7^{hg},8^g \times 9,75$
en *décilitres* : $8^{hl},4^{dal} \times 8,07$ | en *myriamètres* : $8^{km},7^{dam} \times 6,09$
en *décalitres* : $7^{dal},9^{cl} \times 6,09$ | en *centimètres* : $85^m,6^{mm} \times 7,085$

691. Une feuille de papier a une épaisseur de $0^m,000135$. Quelle est en centimètres l'épaisseur d'une rame qui contient 20 mains, chaque main contenant 25 feuilles ? Chaque feuille est pliée en deux. *(Haute-Saône.)*

PROBLÈMES
Diminution de poids.

TYPE. — **692. Le kilogramme de viande sans os coûte $2^{fr},10$; avec os, le kilogramme ne coûte que $1^{fr},50$. Quel est le plus avantageux ? On admet que le poids des os représente le $1/4$ du poids total.**

SOLUTION. — Le mode le plus avantageux s'obtient par la comparaison du prix d'un même poids de viande acheté : 1° *avec os* ; 2° *sans os*.
Poids des os dans 1 kilogramme de viande avec os :
$$1^{kg} : 4 = 0^{kg},25.$$
Poids de la viande dans 1 kilogramme de viande avec os :
$$1^{kg} - 0^{kg},25 = 0^{kg},75.$$
Prix de $0^{kg},75$ de viande au prix de la viande avec os : $1^{fr},50$.
Prix de $0^{kg},75$ de viande au prix de la viande sans os :
$$2^{fr},10 \times 0,75 = 1^{fr},575.$$
Il vaut donc mieux acheter la viande avec os.

Oraux. — **693.** *Par la cuisson, la viande diminue des $0,40$ de son poids. Quelle quantité de viande cuite donnent 3 kilogrammes de viande crue ?* — **694.** *Le kilogramme de viande avec os revient à $1^{fr},80$. En admettant que les os forment le $1/4$ du poids total, on demande à combien revient le kilogramme de viande sans os ?* — **695.** *En se desséchant le foin vert perd les $0,75$ de son poids. Quelle quantité de foin vert faut-il pour donner 60 000 kilogrammes de foin sec ?*

Écrits. — **696.** Par la cuisson, la viande perd environ 39% de son poids. Quelle quantité de viande cuite fournira un morceau de viande crue pesant $8^{kg} 3^{dag}$?

697. Un morceau de bœuf de 6 kilogrammes a été payé avec les os à raison de $1^{fr},65$ le kilogramme. Le poids des os est le $1/4$ du poids total. On demande à quel prix revient le kilogramme de viande sans os.

***698.** Un bûcher, ayant un volume de 75 stères, est rempli aux $3/4$ de bois pesant actuellement 350 kilogrammes le stère. La dessiccation lui a fait perdre $1/8$ de son poids et ce bois avait été payé vert $1^{fr},75$ les 100 kilogrammes. On demande le prix coûtant de cette provision. *(Puy-de-Dôme.)*

=== CALCUL ÉCRIT RAPIDE ===

699. Trouver le *quotient* et le *reste* de :
$954 : 418$; $3547 : 379$; $8\,053\,457 : 453$; $2\,795\,342 : 386$; $307\,653 : 485$.

MULTIPLICATION DES FRACTIONS

161. 1ᵉʳ Cas. — Le multiplicateur est entier. — Soit $\frac{4}{7}\times 5$.

Multiplier $\frac{4}{7}$ par 5, c'est répéter $\frac{4}{7}$ 5 fois. On a :

$$\frac{4}{7}\times 5 = \frac{4}{7}+\frac{4}{7}+\frac{4}{7}+\frac{4}{7}+\frac{4}{7} = \frac{4\times 5}{7}$$

162. Règle. — Pour *multiplier une fraction par un nombre entier*, on multiplie le numérateur par l'entier et on conserve le dénominateur.

163. 2ᵉ Cas. — Le multiplicateur est une fraction, le multiplicande est entier. — Soit $5\times\frac{4}{7}$. On a : $5\times\frac{4}{7}=\frac{5\times 4}{7}$.

$5\times 1 = 5$
$5\times\frac{1}{7}=\frac{5}{7}$
$5\times\frac{4}{7}=\frac{5\times 4}{7}$

En effet, si je multiplie 5 par l'unité, j'obtiens 5 ; si je multiplie 5 par $\frac{1}{7}$, facteur 7 *fois plus petit* que l'unité, j'obtiens un produit 7 *fois plus petit* ou $\frac{5}{7}$, et si je multiplie 5 par $\frac{4}{7}$, facteur 4 *fois plus grand* que $\frac{1}{7}$, j'obtiens $\frac{5\times 4}{7}$.

164. Règle. — Pour *multiplier un entier par une fraction*, on multiplie l'entier par le numérateur et on conserve le dénominateur.

165. 3ᵉ Cas. — Le multiplicande et le multiplicateur sont deux fractions. — Soit $\frac{4}{7}\times\frac{3}{5}$. On a : $\frac{4}{7}\times\frac{3}{5}=\frac{4\times 3}{7\times 5}$.

$\frac{4}{7}\times 1 = \frac{4}{7}$
$\frac{4}{7}\times\frac{1}{5}=\frac{4}{7\times 5}$
$\frac{4}{7}\times\frac{3}{5}=\frac{4\times 3}{7\times 5}$

En effet, si je multiplie $\frac{4}{7}$ par l'unité, j'obtiens $\frac{4}{7}$; si je multiplie $\frac{4}{7}$ par $\frac{1}{5}$, facteur 5 *fois plus petit* que l'unité, j'obtiens un produit 5 *fois plus petit*, ou $\frac{4}{7\times 5}$; et si je multiplie $\frac{4}{7}$ par $\frac{3}{5}$, facteur 3 *fois plus grand* que $\frac{1}{5}$, j'obtiens $\frac{4\times 3}{7\times 5}$.

166. Règle. — Pour *multiplier deux fractions entre elles*, on fait le *produit des numérateurs* et on divise par le *produit des dénominateurs*.

*167. **Fraction de fraction.** — Soit à prendre les **2/3 des 4/5 de 60**.

Le $\frac{1}{5}$ de 60 est $\frac{60}{5}$; les $\frac{4}{5}$ sont $\frac{60\times 4}{5}$; le $\frac{1}{3}$ de $\frac{60\times 4}{5}$ est $\frac{60\times 4}{5\times 3}$; les $\frac{2}{3}$ sont $\frac{60\times 4\times 2}{5\times 3}$; les $\frac{2}{3}$ des $\frac{4}{5}$ de 60 sont donc $\frac{60\times 4\times 2}{5\times 3}=60\times\frac{4}{5}\times\frac{2}{3}$.

168. Règle. — Pour *prendre une fraction de fraction et de nombre entier*, on fait le *produit des fractions et de l'entier*.

QUESTIONNAIRE. — 1. Comment multiplie-t-on *une fraction* par un nombre *entier* ? — 2. Un *entier* par une fraction ? — 3. *Deux fractions* entre elles ?

EXERCICES

Oraux. — 700. *Effectuer mentalement les opérations suivantes :*
1/3 × 7; 1/6 × 12; 4/7 × 21; 2/3 × 6; 3 × 1/4; 7 × 1/2; 15 × 1/7.

701. *Prendre de chacun des nombres suivants :*
Les 2/3 : 42; 66; 57; | Les 3/4 : 60, 72; 136; | Les 5/6 : 90; 150; 330;
Le 1/5 : 2/3; 7/8; 3/4; | Les 2/3 : 6/7; 10/12; 2/5; | Les 4/7 : 3/5; 7/12; 5/6.

Écrits. — 702. Effectuer les opérations suivantes :
5/8 × 12; 9 × 3/7; 60 × 11/15; 3/11 × 2/9; 5/6 × 3/4; 9/13 × 26/27.

703. Prendre les 2/3 des 3/4 de 120 ; les 2/9 des 3/10 de 5 ; les 3/4 des 0,2 de 80.

704. Prendre les 2/7 des 3/9 de 36 ; les 0,4 des 2/3 de 69 ; les 0,2 des 0,25 de 100.

PROBLÈMES
Fraction de fraction.

TYPE. — 705. On vend la moitié d'un champ, puis le 1/4 du reste. Il reste alors 390 mètres carrés. Quelle était la surface totale du champ ?

SOLUTION. — Surface restante après la première vente : 1 — 1/2 = 1/2.
Deuxième vente : 1/4 de la 1/2 du champ.
Reste : 3/4 de la 1/2 du champ = 3/8 du champ.

Surface totale : $\frac{390^{m^2} \times 8}{3}$ = 1 040 mètres carrés.

On peut faire aussi la solution de la manière suivante :
Première vente : 1/2 ; reste après la première vente : 1/2 ; *deuxième vente* : le 1/4 de 1/2 ou 1/8 ; *total des deux ventes* : 1/2 + 1/8 ou 4/8 + 1/8 = 5/8. *Dernier reste* : 8/8 — 5/8 = 3/8. Ces 3/8 représentent 390 mètres carrés. Surface totale du champ : $\frac{390^{m^2} \times 8}{3}$ = 1 040 mètres carrés.

Oraux. — 706. *J'ai dépensé les 3/8 de ce que je possédais, plus la moitié du reste : il me reste 15 francs. Quelle somme possédais-je ?* (Seine-et-Oise). —
707. *Dans un jour un ouvrier fait le 1/3 d'un ouvrage ; dans un autre jour, il fait le quart du reste. Que lui reste-t-il à faire dans la troisième journée ?* —
708. *J'ai fait les 2/3 des 3/4 d'un ouvrage en 5 jours. Quel temps mettrai-je pour faire le reste ?*

Écrits. — 709. Un marchand vend les 4/7 d'une pièce de toile, puis la moitié du reste pour 15ᶠʳ,60 à raison de 1ᶠʳ,30 le mètre. Dites la longueur de la pièce.

710. Un ouvrier dépense annuellement pour sa nourriture le 1/3 de ce qu'il gagne et le 1/4 du reste pour son logement. Il lui reste alors 930 francs. Combien cet ouvrier dépense-t-il : 1° pour sa nourriture ? 2° pour son logement ? (Seine.)

711. Un ouvrier a 94ᵐ,58 de terrassement à faire. Il en a déjà fait les 2/3 des 7/11. Que lui reste-t-il à faire ? Que recevra-t-il à 7 francs les 5/8 de mètre ?

712. Une personne porte au marché un certain nombre d'œufs. Elle en vend les 3/4 des 2/5 pour 18 francs. Les œufs étant vendus 0ᶠʳ,15 la pièce, on demande le nombre d'œufs. (Deux-Sèvres.)

CALCUL ÉCRIT RAPIDE

713. — Trouver le *quotient* et le *reste* de :
845 : 53.   4359 : 48;   875345 : 54;   436532 : 36;   270572 : 58.

MULTIPLICATION DES FRACTIONS (Suite)

169. Multiplication de nombres fractionnaires. — Soit : $3\frac{4}{5} \times 4\frac{2}{3} \times 7$. On a : $3\frac{4}{5} \times 4\frac{2}{3} \times 7 = \frac{19}{5} \times \frac{14}{3} \times 7 = \frac{19 \times 14 \times 7}{5 \times 3}$.

On **convertit** les nombres fractionnaires en expressions fractionnaires, et on opère *comme pour les fractions*.

170. Multiplication de fractions ordinaires et de fractions décimales. — Soit :   1° $0,45 \times \frac{3}{4}$;   2° $\frac{5}{7} \times 0,25$.

On a : $0,45 \times \frac{3}{4} = \frac{0,45 \times 3}{4}$; $\frac{5}{7} \times 0,25 = \frac{5 \times 0,25}{7}$.

On opère avec les **nombres décimaux** *comme avec les nombres entiers*.

QUESTIONNAIRE. — 1. Comment multiplie-t-on des *nombres fractionnaires* ? — 2. Une *fraction ordinaire* avec une *fraction décimale* ?

EXERCICES

Écrits. — **714.** *Effectuer* les opérations suivantes :

$2\frac{4}{5} \times 15$ | $7 \times \frac{5}{14}$ | $2\frac{5}{7} \times 3\frac{2}{3}$ | $\frac{2}{3} \times 0,45$ | $0,45 \times \frac{3}{8}$

PROBLÈMES
Fraction de fraction (suite).

TYPE. — 715. J'ai gagné un nombre de billes égal à la moitié du nombre que j'avais, puis j'ai perdu les 2/3 du tout. Il m'en reste 15. Combien avais-je de billes avant de jouer ?

SOLUTION. — J'avais un certain nombre de billes ; je les augmente d'abord de la moitié ; j'ai donc 1 fois 1/2 ou 3/2 fois ce nombre.
Avant le jeu |————|
Après gain |——————|
Après perte |——|

Puis je perds les 2/3 de ces 3/2 fois ; il me reste le 1/3 de ces 3/2 fois, ou $\frac{1 \times 3}{3 \times 2}$, ou 1/2 de ce nombre.

Si la moitié du nombre vaut 15, le nombre entier vaut 15×2, ou 30. J'avais donc 30 billes.

Oraux.— 716. Paul a gagné une somme égale à la moitié de ce qu'il avait, puis la moitié de son nouvel avoir ; il a alors 45 francs. Combien avait-il d'abord ?
— **717.** Une coquetière a cassé le 1/12 de la moitié de ses œufs et vend le reste pour 2^{fr},30 à raison de 0^{fr},10 l'œuf. Combien d'œufs avait-elle ?

Écrits. — 718. Un ouvrier a fait un travail en 3 jours ; le 1er jour, il a fait les 2/7 de l'ouvrage ; le 2e jour les 2/5 du reste ; le 3e jour, il a reçu 7^{fr},20 pour son salaire. Combien a-t-il reçu pour chacun des deux premiers jours ?
***719.** Pendant trois années consécutives, la fortune d'un commerçant s'est élevée à 54 000 francs, en augmentant chaque année de la moitié de ce qu'elle était au commencement de cette même année ; quelle était sa fortune primitive ?

***720.** Un litre est rempli de vin aux 3/4, on en vide la moitié qu'on remplace par de l'eau, puis on vide encore la moitié. Combien restera-t-il de centimètres cubes de vin dans le litre ?

(*Creuse.*)

CALCUL ÉCRIT RAPIDE

721. Trouver le *quotient* et le *reste* de :   3095 : 478 ;   876543 : 527.

43ᵉ LEÇON
MULTIPLICATION DES NOMBRES COMPLEXES

171. EXEMPLE. — Soit : $8^h 45^m 37^s \times 7 = 2^j 13^h 19^m 19^s$.

On a :
$37^s \times 7 = 259$ secondes . . . . . ou $\quad 4^m 19^s$
$45^m \times 7 = 315$ minutes . . . . . ou $\quad 5^h 15^m$
$8^h \times 7 = 56$ heures . . . . . . ou $\quad 2^j \; 8^h$
$\qquad\qquad\qquad$ Produit . . . . $2^j 13^h 19^m 19^s$

172. Règle. — Pour multiplier un nombre complexe par un nombre, on **multiplie** successivement *chaque partie* du nombre complexe par le multiplicateur ; on **convertit**, s'il y a lieu, chaque produit en unités *immédiatement supérieures*, et on **additionne** les résultats obtenus.

EXERCICES

Oraux. — **722.** *Trouver les résultats suivants :*

$3^h 1/2 \times 6$	$8^m \times 5\,1/2$	$50' \times 8$	$4^o\,20' \times 5$
$3^h 12^m \times 6$	$24^s \times 4\,1/3$	$3^o\,1/2 \times 4$	$2^o\,30' \times 8$
$3^j 7^h \times 6$	$9^h \times 3\,1/3$	$4^o\,1/5 \times 10$	$10^o\,5' \times 5$

723. Trouver le 1/4 d'une minute ; les 2/3 d'une heure ; les 3/4 de 2 jours.

Écrits. — **724.** Effectuer les produits suivants :

$4^m 53^s \times 12$	*$15^o 3' \times 25$	* $8^o 45' 17'' \times 8$
$2^{mois} 7^j \times 15$	*$17^o 4' \times 7$	*$12^o 12' 8'' \times 25$

725. Un enfant a eu 13 ans le 15 septembre 1909. Combien de jours aura-t-il vécu à cette date ? Tenir compte des années bissextiles. *(Seine.)*

PROBLÈMES

Distance de deux points situés sur un même méridien.

TYPE. — **726. Paris et Barcelone sont sur le même méridien : la première ville, à 48° 50′ et la deuxième à 41° 22′ de latitude nord. Quelle est, en kilomètres, la distance de ces deux villes ?**

Solution. — Différence de latitude : $48°\,50' - 41°\,22' = 7°\,28'$, ou $448'$.

Pour $90°$, la distance est de 10 000 kilomètres ; pour $1°$ elle est de $\dfrac{10\,000^{km}}{90}$; pour $1'$, elle est de $\dfrac{10\,000^{km}}{90 \times 60}$; et pour $448'$ elle est de $\dfrac{10\,000^{km} \times 448}{90 \times 60} = 829$ kilomètres.

Oraux. — **727.** *Quelle est la distance, en kilomètres, de deux lieux situés sur le même méridien et dans le même hémisphère et dont les latitudes respectives sont : 0° et 90° ; — 13° et 22° ; — 20° et 65° ?* — **728.** *Quelle est la distance, en kilomètres, de deux lieux situés sur le même méridien, mais l'un dans l'hémisphère nord, et l'autre dans l'hémisphère sud, et dont les latitudes respectives sont : 45° et 45° ; — 3° et 6° ; — 27° et 18° ?*

Écrits. — **729.** Trouver quelle est, en kilomètres, la distance de Dunkerque à Barcelone. On sait que ces deux villes sont sur le méridien de Paris, que la latitude de Barcelone est 41° 22′ et celle de Dunkerque 51° 2′. *(Yonne.)*

730. La lumière met $8^m 18^s$ pour nous venir du soleil ; sachant qu'elle parcourt 300 000 kilomètres par seconde, on demande la distance de la terre au soleil.

731. La France est située entre 42° 20′ et 51° 5′ de latitude nord. Combien cet intervalle comprend-il de kilomètres ? *(Seine.)*

MULTIPLES ET PUISSANCES

173. Multiple. — **12** ou 3×4 ; **30** ou 3×10 ; **75** ou 3×25 sont des multiples différents de 3.

On appelle **multiple** d'un nombre le *produit* de ce nombre par un nombre entier quelconque.

***174. Puissance.** — 5×5 ou 5^2 ou **25** est la 2e **puissance** ou le **carré** de 5
$5 \times 5 \times 5$ ou 5^3 ou 125 — 3e — — **cube** de 5
$5 \times 5 \times 5 \times 5$ ou 5^4 ou 625 — 4e — — de 5

La 2e, 3e, 4e, etc. **puissance** d'un nombre est le *produit* de ce nombre multiplié 2 *fois*, 3 *fois*, 4 *fois*, etc., par **lui-même**.

*__175. Exposant.__ — On indique la puissance d'un nombre à l'aide d'un *petit chiffre*, appelé **exposant**, qu'on écrit en haut et à droite du nombre.

3^2 indique la 2e **puissance** de 3 ou $3 \times 3 = 9$
4^3 — 3e — de 4 ou $4 \times 4 \times 4 = 64$.

176. Carré. — Le *carré*, ou 2e *puissance* d'un nombre, est le *produit* de ce nombre par **lui-même**. Ainsi :

25 est le *carré de* **5**, puisque $5 \times 5 = 25$,
64 — **8**, puisque $8 \times 8 = 64$.

*__177. Racine carrée.__ — La *racine carrée* d'un nombre est le nombre qui, *élevé au carré,* reproduit ce nombre.

Ainsi : **5** est la *racine carrée* de **25** ; **8** est la *racine carrée* de **64**.

*__178. Radical.__ — On indique la racine carrée d'un nombre en plaçant ce nombre sous le *trait horizontal* du **signe** $\sqrt{}$, appelé **radical**, entre les branches duquel on place, ou non, le petit chiffre 2.

Ainsi : la *racine carrée* de 64 s'indique ainsi : $\sqrt{64}$ ou $\sqrt[2]{64}$.

179. Cube. — Le *cube* ou 3e *puissance* d'un nombre est le *produit* de ce nombre multiplié 3 fois par **lui-même**. Ainsi :

8 est le *cube* de 2, puisque $2 \times 2 \times 2 = 8$,
125 — 5, puisque $5 \times 5 \times 5 = 125$.

*__180. Racine cubique.__ — La *racine cubique* d'un nombre est le nombre qui, *élevé au cube,* reproduit ce nombre.

Ainsi : **3** est la *racine cubique* de **27** ; **4** est la *racine cubique* de **64**.

*__181.__ La *racine cubique* d'un nombre s'indique en écrivant 3 entre les branches du radical. Ainsi on écrit : $\sqrt[3]{216} = 6$.

QUESTIONNAIRE. — 1. Qu'appelle-t-on *multiple* d'un nombre ? — 2. Qu'appelle-t-on 2e, 3e *puissance* d'un nombre ? — 3. Comment indique-t-on la puissance d'un nombre ? — 4. Qu'est-ce que le *carré* d'un nombre ? — 5. Qu'est-ce que la *racine carrée* d'un nombre ? — 6. Comment indique-t-on la racine carrée d'un nombre ? — 7. Qu'est-ce que le *cube* d'un nombre ? — 8. Qu'est-ce que la *racine cubique* d'un nombre ?

CALCUL MENTAL RAPIDE

Multiplication d'un nombre de deux chiffres par 11. — Pour multiplier un nombre de deux chiffres par 11, on *additionne* les deux chiffres du nombre ; on *intercale* le chiffre des unités du total entre les deux chiffres du nombre ; on retient, s'il y a lieu, la *dizaine* du total pour l'ajouter aux centaines du nombre ainsi formé. On a ainsi le produit.

Exemple : 53×11. *On dit* : 5 et 3... 8 : **583**.

Exemple : 78×11. *On dit* : 7 et 8... 15 : 758 et en ajoutant la *dizaine* de 15 au chiffre des centaines 7... **858**.

EXERCICES : *Multiplier* par 11 : 28 ; 34 ; 49 ; 81 ; 72 ; 63 ; 49 ; 54 ; 95 ; 87.

EXERCICES

Oraux. — **732.** *Trouver les carrés des nombres suivants :*

7 | 10 | 12 | 11 | 60 | 0,6 | 0,04 | 0,1

733. *Trouver les racines carrées des nombres suivants :*

64 | 36 | 49 | 400 | 3600 | 0,36 | 0,81 | 0,0001

734. *Trouver le cube des nombres suivants :* 2; 3; 4; 5; 6; 7; 8; 9; 10; 0,1; 0,01; 0,5; 0,3; 0,2. — ***735.** Trouver les racines cubiques de :* 8; 125; 27; 216; 64; 1000; 0,001.

Écrits. — **736.** Effectuer : 16^2; 16^3; 25^2; 25^3; 49^2; 49^3; $0,85^2$; $0,85^3$.

PROBLÈMES
Problèmes dits de supposition.

TYPE. — **737. Un marchand achète une pièce d'étoffe à 4 francs le mètre. Il vend la moitié de ce qu'il a acheté à 5 francs le mètre, le $1/3$ à 6 francs le mètre et le reste à 7 francs. Il fait en tout un bénéfice de 80 francs. Combien de mètres avait-il achetés ?**

Solution. — Je *suppose* un nombre de mètres achetés dont on puisse prendre la *moitié* et le *tiers*; soit 12 mètres, dont la *moitié* est 6 mètres et le *tiers* 4 mètres; je *vends* ce nombre de mètres dans les conditions indiquées par le problème; il suffit ensuite, pour trouver la longueur d'étoffe achetée, de comparer le *bénéfice* ainsi fait avec le *bénéfice total*.

Prix d'achat des 12 mètres : $4^{fr} \times 12 = 48$ francs.
Prix de vente de la moitié : $5^{fr} \times 6 = 30$ francs.
Prix de vente du tiers : $6^{fr} \times 4 = 24$ francs.
Longueur vendue jusqu'ici : $6^m + 4^m = 10$ mètres.
Longueur restant à vendre : $12^m - 10^m = 2$ mètres.
Prix de vente de cette dernière longueur : $7^{fr} \times 2 = 14$ francs.
Prix total de vente des 12 mètres : $30^{fr} + 24^{fr} + 14^{fr} = 68$ francs.
Bénéfice sur 12 mètres d'étoffe : $68^{fr} - 48^{fr} = 20$ francs.

Longueur de la pièce d'étoffe : 20 francs représentant le bénéfice sur 12 mètres, le nombre de mètres achetés se compose donc d'autant de fois 12 mètres que 80 francs contiennent 20 francs ou : $12^m \times \dfrac{80}{20} = 48$ mètres.

Oraux. — **738.** *En revendant la moitié d'une pièce d'étoffe à $0^{fr},60$ le mètre et l'autre moitié à $0^{fr},70$, on gagne 7 francs. Sachant que le mètre de cette étoffe revient à $0^{fr},40$, on demande la longueur de la pièce d'étoffe.* — **739.** *Un libraire a une collection de livres qu'il a payés $0^{fr},70$ pièce; il en vend le 1/4 à 1 franc pièce et le reste $0^{fr},90$. Il gagne ainsi 18 francs. De combien de livres se composait la collection ?*

Écrits. — **740.** *Une revendeuse achète des œufs à 8 francs le 100; elle en revend la moitié à $0^{fr},10$ pièce, et l'autre moitié à raison de 3 pour $0^{fr},20$; de cette manière, elle gagne 0 fr. 80. Combien d'œufs avait-elle achetés ?*

741. *Une femme achète une certaine quantité de poires dont la moitié à 2 pour 5 centimes, et l'autre à 3 pour 5 centimes. Elle les a toutes revendues 3 centimes pièce et il se trouve qu'elle a gagné ainsi $1^{fr},10$. Combien de poires avait-elle ?*

CALCUL ÉCRIT RAPIDE

742. Trouver le *quotient* et le *reste* de :
97 : 43;   368 : 38;   776 : 47;   3096 : 36;   57342 : 41.

MESURES DE SURFACE

182. Surface. — Une surface ou **superficie** est une étendue ayant **longueur et largeur**.

183. Mesures de surface. — Les **mesures de surface** servent à évaluer l'étendue ayant **longueur et largeur**.

184. Unité principale. — L'*unité principale* des mesures de surface est le **mètre carré**.

Le **mètre carré** (m²) est un *carré* de 1 mètre de côté.

185. Les *multiples* et les *sous-multiples* du mètre carré sont des *carrés* construits sur les unités de longueur.

186. Multiples. — Les **multiples** sont :

le *décamètre carré*   (dam²) ou carré de 1 *décamètre* de côté ;
l'*hectomètre carré*   (hm²) ou carré de 1 *hectomètre* de côté ;
le *kilomètre carré*   (km²) ou carré de 1 *kilomètre* de côté ;
le *myriamètre carré* (Mm²) ou carré de 1 *myriamètre* de côté.

187. Sous-multiples. — Les **sous-multiples** sont :

le *décimètre carré*   (dm²) ou carré de 1 *décimètre* de côté ;
le *centimètre carré*   (cm²) ou carré de 1 *centimètre* de côté ;
le *millimètre carré* (mm²) ou carré de 1 *millimètre* de côté.

188. Les unités de surface sont de 100 en 100 fois plus grandes ou plus petites. — Supposons que le carré ci-contre ABCD soit un mètre carré. On peut le partager en 10 bandes égales de 1 mètre de long sur 1 décimètre de large ; puis partager chacune de ces bandes en 10 carrés de 1 décimètre de côté, c'est-à-dire en 10 décimètres carrés. Dans les dix bandes, il y a donc 10^{dm²} × 10 = 100 décimètres carrés.

Le *mètre carré* vaut donc 100 décimètres carrés.
De même, le décamètre carré vaut 100 mètres carrés, le décimètre carré vaut 100 centimètres carrés et ainsi de suite.

189. Choix de l'unité. — Les *petites surfaces*, telles que la surface d'une feuille de papier ou de carton, la section d'un tube ou d'une tige, etc., s'expriment en centimètres carrés ou en millimètres carrés.

Les *surfaces ordinaires*, comme la surface d'un mur, d'un plafond, d'une cour, etc., s'évaluent en mètres carrés.

QUESTIONNAIRE. — 1. Quelle est l'*unité principale* des mesures de surface ? — 2. Qu'est-ce que le *mètre carré* ? — 3. Quels sont les *multiples* du mètre carré ? — 4. Les *sous-multiples* ? — 5. Comment les unités de surface se comptent-elles ? — 6. Montrer comment le mètre carré contient 100 dm². — 7. En quelles unités exprime-t-on les *petites surfaces* ? — les *surfaces ordinaires* ?

CALCUL MENTAL RAPIDE

Multiplication par 1,1 ; par 2,1 ; par 3,1, etc. — On prend 1 *fois*, 2 *fois*, 3 fois, etc., le nombre et on *ajoute* au résultat le *dixième* du nombre. *Exemple* : 46 × 2,1. On dit : 2 fois 46... 92, et 4,6... **96,6**.

EXERCICES : 23 × 1,1 ;   47 × 2,1 ;   63 × 4,1 ;   75 × 6,1 ;   87 × 4,1.

EXERCICES

Oraux. 743. Combien le mètre carré vaut-il de dm^2; de cm^2; de mm^2? — Combien le décamètre carré vaut-il de dm^2; de cm^2: de mm^2? — Combien l'hectomètre carré vaut-il de m^2; de dm^2; de cm^2? — Combien le kilomètre carré vaut-il de dam^2; de m^2; de dm^2? — Combien y a-t-il de décimètres carrés dans le dam^2; l'hm^2? — **744.** Combien de mètres carrés vaut chacun des nombres suivants : 6 hectomètres carrés; 13 décamètres carrés; 42 kilomètres carrés; 275 décimètres carrés; 7 hectomètres carrés.

Écrits. — 745. Écrire les nombres suivants :

en *décamètres carrés* : $2^{km^2}07653$; $76845^{dm^2}49$ $9763^{m^2}048$;
en *centimètres carrés* : $8^{m^2}4785$; $45^{dm^2}8$; $785^{mm^2}83$;
en *hectomètres carrés* : $673^{dam^2}42$; $7^{km^2}805$: $375^{m^2}42$.
en *mètres carrés* : $8^{hm^2}305$; $5^{km^2}436$; $97^{dm^2}56$.

PROBLÈMES
Achat double d'objets différents.

TYPE. — 746. Un kilogramme de café et 3 kilogrammes de chocolat valent ensemble 18 francs; un kilogramme de café et 5 kilogrammes de chocolat valent 26 francs. Quel est le prix du kilogramme de café et celui du kilogramme de chocolat ?

SOLUTION. — Le poids de café étant *le même* dans les deux achats, la *différence des prix* provient de la *différence des poids de chocolat*.

Café. Chocolat.
$1^{kg} + 3^{kg} = 18$ francs
$1^{kg} + 5^{kg} = 26$ francs
────────────────
$2^{kg} = 8$ francs

Différence des deux prix : $26^{fr} — 18^{fr} = 8$ francs.
Différence des poids de chocolat : $5^{kg} — 3^{kg} = 2$ kilogrammes.
Prix de 2 kilogrammes de chocolat : 8 francs.
Prix du kilogramme de chocolat : $8^{fr} : 2 = 4$ francs.
Prix de 3 kilogrammes de chocolat du 1er achat : $4^{fr} \times 3 = 12$ francs.
Prix du kilogramme de café : $18^{fr} — 12^{fr} = 6$ francs.

Oraux. — 747. 5 mètres de toile et 3 mètres de drap valent 40 francs; 7 mètres de toile et 3 mètres de drap valent 44 francs; trouver le prix du mètre de chaque étoffe. — **748.** 3 journées d'homme et 2 journées de femme valent 21 francs; 3 journées d'homme et 6 journées de femme valent 33 francs. Combien vaut la journée de chacun? — **749.** 4 dindons et 8 oies coûtent 132 francs; 11 oies et 4 dindons coûtent 159 francs. Quel est le prix d'une oie et le prix d'un dindon?

Écrits. — 750. 6 kilogrammes de chocolat et 5 kilogrammes de café valent ensemble $47^{fr},60$. Mais 6 kilogrammes de chocolat et 8 kilogrammes de café coûtent $63^{fr},20$. Quel est le prix du kilogramme de chaque denrée? (C. E.)

751. Une personne a payé 35 francs pour 5 kilogrammes de chocolat et 3 kilogrammes de café. Une autre a payé 40 francs pour 5 kilogrammes de chocolat et 4 kilogrammes de café. On demande : 1° le prix du kilogramme de café; 2° le prix du kilogramme de chocolat. (Orne.)

752. Une ménagère a payé $8^{fr},40$ pour 14 kilogrammes de pain et 8 litres de vin; la semaine suivante, elle a payé $9^{fr},45$ pour 14 kilogrammes de pain et 11 litres de vin. Quel est le prix du kilogramme de pain et celui du litre de vin?

=== CALCUL ÉCRIT RAPIDE ===

753. Trouver le *quotient* et le *reste* de :
$865 : 74$; $6496 : 68$; $8054378 : 73$; $6528605 : 67$.

MESURES DE SURFACE (suite)

190. — Comment on écrit et on lit un nombre exprimant une surface. — Chaque unité de surface, contenant *100 unités* de l'ordre immédiatement inférieur, est composée de *dizaines* et *d'unités* ; il faut donc *deux chiffres* pour la représenter. D'où :

191. 1re Règle. — Pour écrire un nombre *exprimant une surface*, on écrit successivement de gauche à droite *toutes les unités* exprimées, en ayant soin que chacune d'elles soit représentée par une *tranche* de *deux chiffres*.

Si l'une de ces unités n'a qu'un chiffre, on place un *zéro* devant ce chiffre ; on remplace par une *tranche* de *deux zéros* l'unité qui manque.

Ainsi le nombre $4^{m^2}, 6^{dm^2} 25^{mm^2}$ s'écrit $4^{m^2}, 06\ 00\ 25$. On complète par un zéro la tranche des dm² et on remplace par deux zéros les cm² qui manquent.

192. 2e Règle. — Pour lire un nombre *exprimant une surface*, on lit d'abord la *partie entière*, puis successivement chacune des *unités décimales* en ayant soin de prendre pour chacune d'elles les *deux chiffres* qui la représentent.

Ainsi le nombre $35^{m^2}, 05437$ se lit : $35^{m^2} 5^{dm^2} 43^{cm^2} 70^{mm^2}$.

On peut également considérer un nombre exprimant une surface comme un *nombre décimal ordinaire* et l'énoncer de même.

Ainsi le nombre $35^{m^2}, 05437$ peut se lire : $35^{m^2}, 05437$ cent-millièmes.

TABLEAU DES UNITÉS DE SURFACE

Mm²	km²	hm²	dam²	m²	dm²	cm²	mm²
d. u.	d. u.	d. u.	d. u.	d. u.	d. u.	d. u.	d. u.
				4	0 6	0 0	2 5
				3 5	0 5	4 3	7 0

QUESTIONNAIRE. — 1. Combien faut-il de *chiffres* pour représenter chaque unité de surface et pourquoi ? — 2. Comment *s'écrit* un nombre exprimant une surface ? — 3. Comment *lit-on* un nombre exprimant une surface ? — 4. Dire la *série* des unités de surface de la plus petite à la plus grande.

CALCUL MENTAL RAPIDE

I. Multiplication de deux nombres compris entre 10 et 20. — On additionne *l'un des nombres* avec les *unités* de l'autre ; on multiplie le total par 10, et on ajoute au résultat le *produit des unités* des deux nombres :

Exemple : 14×17. On dit : 14 et 7... 21 ; 210 ; 4 fois 7... 28 ; et 210... **238**.

EXERCICES :				
	16×17	15×15	16×16	18×14
12×13	18×19	17×17	14×14	17×15
14×15	12×17	13×13	17×13	19×19

II. RÉVISION. — Multiplier *successivement* 140 par 6, 7, 8 et 9 et prendre le cinquième de chaque résultat.

EXERCICES

Oraux. — 754. *Lire les nombres suivants* : $473^{m^2},625$; $307^{dam^2},0795$; $204^{hm^2},45076$; $370^{km^2},067$; $27^{Mm^2},705$; $2765^{cm^2},4$; $438^{cm^2},0243$. — **755.** *L'unité d'un nombre étant le mètre carré, quelle unité de surface représente le chiffre des centièmes ? des centaines ? des millièmes ? des mille ? des dixièmes ?*

Écrits. — 756. *Écrire les nombres suivants* :
En *décimètres carrés* : $3^{dam^2}7^{m^2}25^{cm^2}$; $3^{m^2}5^{dm^2}7^{mm^2}$; $4^{hm^2}8^{dam^2}5^{cm^2}$.
En *hectomètres carrés* : $3^{Mm^2}6^{dam^2}$; $25^{km^2}5^{m^2}$; $2403^{dam^2}5^{dm^2}$; 4007^{m^2}.

757. *Effectuer* les opérations suivantes en exprimant le résultat :
En *décamètres carrés* : $3^{km^2}7^{dam^2}25^{m^2} + 32^{hm^2}45^{dm^2} - 274^{m^2}4^{dm^2}$.
En *mètres carrés* : $(25^{dam^2}4^{m^2}6^{dm^2} + 9^{m^2}34^{cm^2}7^{mm^2}) - 8^{dam^2}7^{m^2}5^{cm^2}$.

PROBLÈMES
Achat ou vente double d'objets différents (suite).

TYPE. — 758. Un fermier vend 4 lapins et 3 poulets pour 23 francs ; un autre jour, il vend 8 lapins et 9 poulets pour 61 francs. Quel est le prix d'un lapin et celui d'un poulet ?

Solution. — Il est nécessaire de modifier l'une des deux ventes de façon que le nombre des lapins ou des poulets devienne le *même* que dans l'autre vente.

Lapins Poulets
$4 + 3 = 23$ francs
$8 + 9 = 61$ francs
$\overline{8 + 6 = 46}$ francs
$8 + 9 = 61$ francs
$\overline{3 = 15}$ francs

Pour cela, je multiplie la 1re vente par un nombre tel que j'obtienne au produit un nombre de lapins égal au nombre de lapins de la 2e vente. Dans ces conditions, le nombre des lapins étant rendu le *même* dans les deux ventes, la différence des prix sera le prix de la différence des nombres de poulets dans les deux cas.

Si je double la 1re vente j'ai 8 *lapins* + 6 *poulets pour* 46 francs.
Or la 2e vente comprend 8 lapins (comme dans la 1re vente ainsi modifiée) et 9 poulets pour 61 francs.
Prix de 3 poulets $61^{fr} - 46^{fr} = 15$ francs.
Prix d'un poulet : $15^{fr} : 3 = 5$ francs.
Prix de 4 lapins (1re vente) $23^{fr} - (5^{fr} \times 3) = 8$ francs.
Prix d'un lapin : $8^{fr} : 4 = 2$ francs.

Oraux. — 759. *5 mètres de drap et 2 mètres de soie valent 66 francs ; 3 mètres de drap et 4 mètres de soie valent 62 francs. Que vaut le mètre de chaque étoffe ?* — **760.** *Une journée d'homme et 3 journées de femme valent 18 francs ; 3 journées d'homme et une journée de femme valent 22 francs. Combien vaut une journée pour chacun ?*

Écrits. — 761. *Un marchand achète 18 chevaux et 14 bœufs moyennant 20020 francs. Une autre fois il achète 12 chevaux et 26 bœufs aux mêmes prix que les premiers et paye 19180 francs. A combien lui revient chaque cheval et chaque bœuf ?* (Maine-et-Loire.)

762. *Je vends 100 bottes de paille et 50 bottes de foin pour 65 francs. Une autre fois je vends 50 bottes de paille et 100 bottes de foin pour $77^{fr},50$. Quel est le prix de cent bottes de paille et celui de cent bottes de foin ?*

*763. *Un train express a 27 voyageurs de 1re classe et 56 de 2e classe qui ont payé en tout $260^{fr},55$. S'il y avait eu 56 voyageurs de première et 27 de seconde, la recette eût été de $299^{fr},70$. On demande le prix du billet de chaque classe.* (C. E.)

MESURES AGRAIRES

193. Mesures agraires. — Les *mesures agraires* servent à exprimer la *surface*, ou *superficie*, des champs, des bois, des prés, etc.

L'unité principale des mesures agraires est l'are.

L'*are* équivaut au *décamètre carré*.

194. Multiple et sous-multiple. — L'are a :
un *multiple*, l'hectare (ha) qui vaut *cent ares* ;
un *sous-multiple*, le *centiare*, ou *centième* partie de l'are.

Entre les *hectares*, ou centaines d'ares, et les *ares*, il y a les *dizaines* d'ares ; entre les *centiares*, ou centièmes d'are, et les *ares*, il y a les *dixièmes* d'are ; d'où :

195. Règle. — Pour écrire un nombre exprimé en *mesures agraires*, il faut avoir soin de donner à chaque unité la *place* qui lui convient, les hectares occupant le 2e rang à la *gauche* des ares, et les centiares occupant le 2e rang à la *droite* des ares.

Ainsi : le nombre 3^{ha} 7^a 4^{ca} s'écrit, en prenant l'are pour unité, 307^a,04. On remplace par un zéro les dizaines, de même que les dixièmes d'are qui manquent.

196. Comparaison entre les mesures agraires et les mesures de surface ordinaires.

L'*are* équivaut au *décamètre carré*.
L'*hectare*, ou 100 ares, équivaut à 100 décamètres carrés ou à l'*hectomètre carré*.
Le *centiare*, ou 100e partie de l'are, équivaut à la 100e partie du décamètre carré ou au *mètre carré*. D'où on a :

> hectare = hectomètre carré ;   are = décamètre carré ;
> centiare = mètre carré.

197. Mesures topographiques. — Les mesures topographiques servent à exprimer les *grandes surfaces*, comme la surface d'un département, d'un État, etc.

Les *unités* des mesures topographiques sont le **kilomètre carré** et le **myriamètre carré**.

Ainsi on dit que la *France* a une superficie de 536 800 kilomètres carrés ; que l'*Europe* a une superficie de 10 millions de kilomètres carrés.

QUESTIONNAIRE. — 1. A quoi servent les mesures *agraires* ? — 2. Quelle est l'*unité principale* des mesures agraires ? — 3. Quels sont les *multiples* et les *sous-multiples* de l'are ? — 4. Comment écrit-on un nombre exprimé en mesures agraires ? — 5. Que représente le *chiffre* placé entre les ares et les hectares ? — entre les ares et les centiares ? — 6. Par rapport aux ares, quel *rang* occupent les hectares ? — les centiares ? — 7. A quelle mesure de *surfaces ordinaires* équivaut l'hectare ? — le centiare ? — 8. Qu'appelle-t-on mesures *topographiques* ? — 9. Quelles sont les *unités* des mesures topographiques ?

CALCUL MENTAL RAPIDE

Multiplication par 20, 30, 40... 80 *ou* 90. — On multiplie *par* 2, 3, 4... 8 *ou* 9, puis par 10, en ajoutant *un zéro* à la droite. *Exemple* : 84 × 30. On dit : 3 fois 84... 252... 2 520.

Exercices :	56 × 40 ;	86 × 40 ;	26 × 80 ;	146 × 20 ;
26 × 20 ;	65 × 30 ;	13 × 60 ;	17 × 90 ;	257 × 30.
37 × 30 ;	75 × 20 ;	19 × 70 ;	43 × 60 ;	856 × 40.

EXERCICES

Oraux. — **764.** *Dans un nombre exprimé en* **ares**, *quelle unité représente le chiffre des dizaines? des dixièmes? des centaines? des centièmes? des mille? des millièmes?* — **765.** *Dans un nombre exprimé en* **hectares**, *quelle unité représente le chiffre des centièmes? des dixièmes? des dix-millièmes? des millièmes?* — **766.** *Dire combien l'hectare contient de mètres carrés? de décamètres carrés? de décimètres carrés?* — **767.** *Dire combien l'hectomètre carré contient d'ares? de centiares? d'hectares?*

Écrits. — **768.** Écrire les surfaces suivantes :
En *ares* : $8^{ha}5^a7^{ca}$; $8\,504^{ca}$; $4^{hm2}7^{m2}$; $85^{dam2}5^{m2}$.
En *centiares* : 15^a ; $3^{ha}08^{ca}$; 7^a6^{ca} ; $7^{dam2}7^{cm2}$; 4^{hm2}.

769. *Effectuer* les opérations suivantes et exprimer le résultat :
En *ares* : $3^{ha}7^a + 242^a5^{ca} + 0^{ha}71^a + 4^{ca} + 25^{dam2}3_2{^{m2}}$.
En *hectares* : $(267^a25 + 6^{hm2}425^{m2}) - (207^{ca}3 + 32^{dam2}42)$.

PROBLÈMES
Produit d'un champ.

TYPE. — **770. Une terre de 10 hectares a rapporté 150 hectolitres de blé. Le blé vaut 25 francs les 100 kilogrammes et l'hectolitre pèse 80 kilogrammes. Quelle est la valeur nette de la récolte sachant que les frais de culture s'élèvent au $1/10$ du produit brut ?**

Solution. — La valeur *nette* de la récolte d'un champ égale la valeur *totale* de la récolte *diminuée* des frais.
Poids des 150 hectolitres de blé : $80^{kg} \times 150 = 12\,000$ kilogrammes, ou 120 quintaux.
Valeur, à 25 francs les 100 kilogrammes ou le quintal : $25^{fr} \times 120 = 3\,000$ francs.
Frais : $3\,000^{fr} : 10 = 300$ francs.
Valeur nette de la récolte : $3\,000^{fr} - 300^{fr} = 2\,700$ francs.

Oraux. — **771.** *Un hectare de terre produit 1000 kilogrammes d'avoine. Le quintal d'avoine vaut 20 francs. Quelle est la valeur nette de la récolte d'un champ de 20 hectares, en admettant que les frais de culture absorbent le $1/10$ de cette valeur ?* — **772.** *Un champ de luzerne a produit deux coupes : la 1re a été du double de la 2e. La 2e coupe a une valeur de 120 francs. Sachant que le fourrage vaut 10 francs le quintal, on demande le poids total de la récolte.* — **773.** *La récolte en orge d'un champ de 2 hectares vaut 480 francs. Sachant que le quintal vaut 20 francs, on demande le poids de la récolte par hectare.*

Écrits. — **774.** *Une terre de $3^{ha}15^a$ a rapporté $16^{hl},25$ de blé par hectare. On vend ce blé à raison de 26 francs les 100 kilogrammes. Quel prix en retirera-t-on si l'hectolitre de blé pèse 76 kilogrammes ?* (Orne.)

775. *1 hectare de terre produit en moyenne $32^{hl}1/2$ d'avoine. Sachant que l'hectolitre pèse $47^{kg},75$ et que 100 kilogrammes d'avoine se vendent en moyenne $18^{fr},25$, quelle sera la valeur de la récolte d'un champ de $3^{ha},25$?* (I.-et-V.)

*****776.** *Une récolte en froment a été vendue $25^{fr},50$ les 100 kilogrammes et a produit $2\,727^{fr},40$: sachant que l'étendue des terres ensemencées est de $9^{ha},55$, on demande la quantité de froment produite par un hectare* (Paris.)

CALCUL ÉCRIT RAPIDE

777. Trouver le *quotient* et le *reste* de :
$947 : 83$; $7\,043 : 76$; $9\,073\,408 : 84$; $7\,593\,047 : 78$.

NOTIONS DE GÉOMÉTRIE

198. La ligne. — La ligne a une seule dimension, la **longueur**. Elle peut être *droite, brisée* ou *courbe*.

199. Droite verticale et droite horizontale. — La *droite verticale* est la droite qui suit la direction d'un *fil à plomb*; la *droite horizontale* est la droite qui *coupe en croix* la droite verticale; elle a la direction de la surface de l'eau tranquille.

200. Droites parallèles. — Deux *droites*, situées dans un *même plan*, sont dites **parallèles** quand, *prolongées indéfiniment*, elles ne peuvent se rencontrer. Deux droites parallèles conservent toujours entre elles la *même distance*.

201. Angle. — Un *angle* est la figure formée par **deux droites** partant d'un même **point**.

Le point d'où les droites partent s'appelle le **sommet** de l'angle; les droites en sont les **côtés**.

202. Droites perpendiculaires. — Deux *droites* sont dites *perpendiculaires* quand elles se coupent en croix, c'est-à-dire quand elles forment autour de leur point d'*intersection* **quatre angles égaux.**

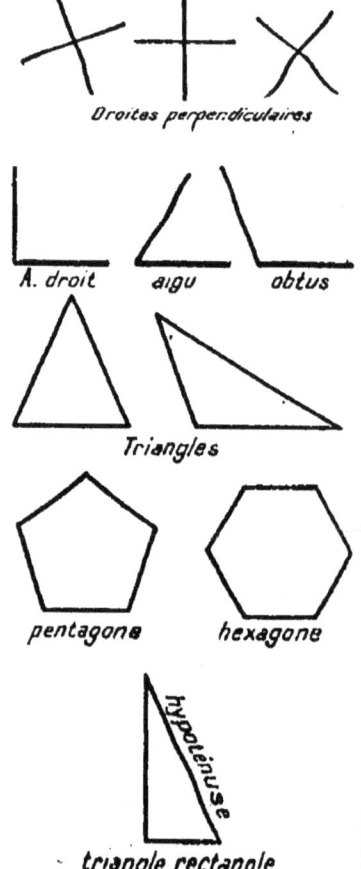

Droites perpendiculaires

A. droit — aigu — obtus

Triangles

pentagone — hexagone

hypoténuse

triangle rectangle

203. Les angles. — L'*angle droit* est l'angle formé par deux droites *perpendiculaires*; l'*angle aigu* est *plus petit* que l'angle droit; l'*angle obtus* est *plus grand* que l'angle droit.

204. Polygones. — Le *polygone* est une figure plane limitée par une *ligne brisée fermée*. Les *côtés* du polygone sont les portions de la ligne brisée qui le limite. Le *périmètre*, ou *pourtour*, du polygone est l'ensemble des côtés du polygone.

205. Le **triangle** est un polygone à 3 côtés; le **quadrilatère** est un polygone à 4 côtés. Ex. : *carré, rectangle, trapèze*, etc. ; le **pentagone** est un polygone à 5 côtés; l'**hexagone** est un polygone à 6 côtés, etc.

206. Triangle rectangle. — Le triangle rectangle est un triangle qui a **un angle droit.**

L'**hypoténuse** d'un triangle rectangle est le côté opposé à l'angle droit.

QUESTIONNAIRE. — 1. Combien une ligne a-t-elle de *dimensions*? — 2. Combien peut-elle avoir de *formes différentes*? — 3. Qu'est-ce qu'une *droite verticale*? — une *droite horizontale*? — 4. Qu'appelle-t-on *droites parallèles*? — 5. Qu'est-ce qu'un *angle*? — 6. Qu'appelle-t-on *sommet* de l'angle? — *côtés* de l'angle? — 7. Quand deux droites sont-elles *perpendiculaires*? — 8. Qu'est-ce qu'un *angle droit*? — un *angle aigu*? — un *angle obtus*? — 9. Qu'est-ce qu'un *polygone*? — Nommez quelques polygones et *définissez-les*. — 10. Qu'est-ce que le *triangle rectangle*? — son *hypoténuse*?

49ᵉ LEÇON
CARRÉ

207. Définition. — Le carré est un **quadrilatère** dont les *côtés* sont *égaux* et les *angles droits*.

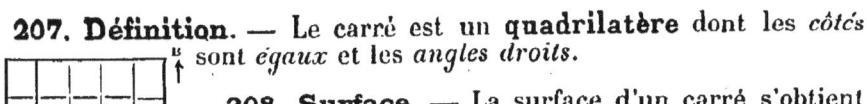

208. Surface. — La surface d'un carré s'obtient en *multipliant* le *côté* par *lui-même*.

Ainsi, un carré de 5 mètres de côté a pour surface en mètres carrés :
$$1^{m²} \times (5 \times 5) = 25 \text{ mètres carrés.}$$

209. Formules. — Soient S la surface d'un carré et C le côté, on a :
$$S = C \times C \text{ ou } C^2 \quad ; \quad C = \sqrt{S}$$

210. Périmètre. — Le *périmètre*, ou *pourtour*, du carré est égal à 4 fois le côté du carré.

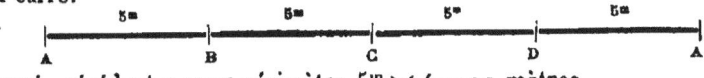

Le carré précédent a pour périmètre $5^m \times 4 = 20$ mètres.

PROBLÈMES

TYPE. — 778. Autour d'un pré carré on a planté 40 arbres à 2 mètres les uns des autres. Il y a un arbre à chaque angle. Quelle est la valeur du pré à 200 francs l'are ?

SOLUTION. — Le pourtour du pré est de $2^m \times 40 = 80$ mètres, le côté du pré est de $80^m : 4 = 20$ mètres.

La surface du pré en mètres carrés est de $1^{m²} \times (20 \times 20) = 400$ mètres carrés, ou 4 ares.

La valeur de ce pré est de $200^{fr} \times 4 = 800$ francs.

Oraux. — 779. La construction d'un mur autour d'une cour carrée de 21 mètres de côté diminue de $0^m,50$ les côtés de cette cour. Quelle surface de cour reste-t-il ? — **780.** On coud tout autour d'un tapis carré de 2 mètres de côté une bande de moquette de $0^m,50$ de largeur. De combien la surface du tapis est-elle augmentée ? — *__781.__ Quelle est la longueur du côté d'un jardin carré de 36 ares de surface ?

Écrits. — 782. Une palissade autour d'un jardin carré est soutenue par des pieux placés à 5 mètres les uns des autres. Sachant qu'il a fallu utiliser 72 pieux, on demande la valeur du jardin à $1^{fr},15$ le mètre carré.

783. Une feuille de papier carrée a 75 centimètres de côté. On coupe tout autour une bande de 12 millimètres de largeur. De combien a-t-on diminué la surface de la feuille ?

784. Un tableau de forme carrée de 80 centimètres de côté est composé d'une gravure et d'un cadre de 9 centimètres de largeur. On demande la surface de la gravure et la surface du cadre ?

*__785.__ On plante en vigne un terrain carré de $46^m,60$ de côté. Les ceps sont plantés à $0^m,50$ des bords du champ et à $0^m,80$ les uns des autres ; on demande la dépense sachant que le cent de ceps plantés revient à 12 francs.

CALCUL ÉCRIT RAPIDE

786. Trouver le *quotient* et le *reste* de :
$9709 : 827$; $7495 : 783$; $92\,763\,045 : 849$; $78\,307\,362 : 793$.

RECTANGLE

211. Définition. — Le rectangle est un **quadrilatère** dont les *côtés* sont *égaux deux à deux* et les *angles droits*.

212. Surface. — La surface d'un rectangle s'obtient en *multipliant* l'un de ses côtés appelé *base* ou *longueur* par l'autre côté appelé *hauteur* ou *largeur*.

Ainsi un rectangle de 6 mètres de base et 4 mètres de hauteur a pour surface en mètres carrés :
$$1^{m2} \times (6 \times 4) = 24 \text{ mètres carrés.}$$

213. Formules. — Soient S la surface d'un rectangle, B sa base, et H sa hauteur; on a : $\quad S = B \times H; \quad B = \dfrac{S}{H}; \quad H = \dfrac{S}{B}.$

214. Périmètre. — Le *périmètre*, ou *pourtour*, du rectangle est égal à 2 fois la longueur *plus* 2 fois la largeur du rectangle.

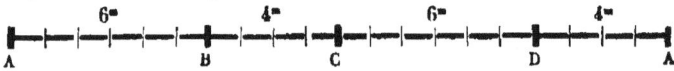

Le rectangle précédent a pour *périmètre* $6^m + 4^m + 6^m + 4^m,$
ou $(6^m \times 2) + (4^m \times 2) = 20 \text{ mètres.}$

PROBLÈMES

TYPE. — **787.** La largeur d'une table rectangulaire est égale aux 2/5 de la longueur; le pourtour est de $2^m,80.$ Quelle est la surface de cette table?

Solution. — Demi-périmètre $= 2^m,80 : 2 = 1^m,40.$

Si la longueur est représentée par 5/5, la largeur est représentée par 2/5 de la longueur; le demi-périmètre est donc représenté par 5/5 + 2/5 = 7/5 de la longueur.

Longueur de la table : $\dfrac{1^m,40 \times 5}{7} = 1$ mètre; largeur $\dfrac{1^m \times 2}{5} = 0^m,40.$

Surface de la table : $1^{m2} \times (1 \times 0,4) = 0^{m2},40^{dm2}.$

Oraux. — **788.** La largeur d'un rectangle est égale aux 2/3 de la longueur. Trouver la surface si le périmètre est de 30 mètres ? — **789.** On borde un tapis rectangulaire avec 14 mètres de ruban. La longueur surpasse la largeur de 1 mètre. Trouver les dimensions et la surface du tapis? — **790.** Trouver la surface d'un champ rectangulaire dont la longueur est 150 mètres et dont la largeur est égale aux 2/3 de la longueur.

Écrits. — **791.** Un champ rectangulaire a 132 mètres de long et 76 mètres de large ; mais le décamètre qui a servi à mesurer ces dimensions n'a que 975 centimètres. Quelle est la surface réelle du champ ? (Eure.)

792. Le périmètre d'un champ rectangulaire est de 210 mètres, la longueur est le double de la largeur. Ce champ coûte $1^{fr},75$ le centiare. Quelle est sa valeur ?

*__**793.**__ Un jardin rectangulaire dont la largeur est les 2/7 de la longueur a été clos au moyen d'un treillage qui coûte $17^{fr},50$ le décamètre courant. Le terrain a été payé sur le pied de 7 250 francs l'hectare. Combien vaut le jardin tout clos, si la clôture coûte 378 francs ? (Dordogne.)

51e LEÇON

SURFACE

PROBLÈMES

Dimensions augmentées ou diminuées.

TYPE. — 794. On encadre un dessin rectangulaire de 35 centimètres sur 25 centimètres d'une bande de carton ayant 3 centimètres de large. Quelles sont les dimensions extérieures de cette bande et quel en est le pourtour ?

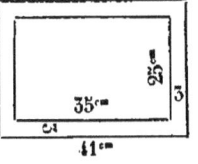

SOLUTION. — La longueur et la largeur se trouvent respectivement augmentées de 2 fois la largeur de la bande.
Longueur extérieure du cadre : $35^{cm} + 3^{cm} + 3^{cm} = 41^{cm}$.
Largeur — $25^{cm} + 3^{cm} + 3^{cm} = 31^{mm}$.
Pourtour — $(41^{cm} \times 2) + (31^{cm} \times 2) = 144^{cm}$.

Oraux. - *795. On détache tout autour d'une feuille de papier rectangulaire de 28 centimètres de long sur 16 centimètres de large une bande de 4 centimètres de large. Quelles sont les dimensions de la feuille restante et quel en est le pourtour ? — 796. Autour d'un dessin rectangulaire de 30 centimètres de long et 20 centimètres de large, on colle un carton qui le dépasse en tous sens de 5 centimètres. Quel est le pourtour de ce carton ?*

Écrits. - **797.** Quelle est la valeur d'une grille contournant un pavillon rectangulaire de $12^m,50$ de long sur $10^m,25$ de large ? La grille est placée à 7 mètres de la construction et vaut $47^{fr},50$ le décamètre.

798. Autour d'un pavillon rectangulaire de 6 mètres de longueur sur 5 mètres de largeur, on fait établir un pavage de $1^m,50$ de largeur. Dites le prix du pavage à raison de $12^{fr},25$ le mètre carré.

*****799.** Dans un champ rectangulaire de 112 mètres de long sur 63 mètres de large, on trace deux chemins parallèlement aux côtés et se coupant à angle droit au milieu du champ. Les chemins ont $1^m,20$ de large. On demande ce qu'il reste de terrain cultivable dans ce champ. *(Oise.)*

Calcul d'une dimension.

TYPE. — 800. Combien peut-on planter d'arbres, distants de 2 mètres les uns des autres, autour d'un champ rectangulaire de 12 ares qui a 60 mètres de long ?

SOLUTION. — La dimension inconnue est le *quotient* de la *surface* du champ par la *dimension connue*. D'où :

Largeur du champ $1^m \times \dfrac{1\,200}{60} = 20$ mètres. Pourtour du champ $(60^m \times 2) + (20^m \times 2) = 160$ mètres. Nombre d'arbres $1^{arb} \times \dfrac{160}{2} = 80$ arbres.

Oraux. — 801. *Trouver la longueur d'un champ rectangulaire ayant pour surface 2 400 mètres carrés et pour largeur 30 mètres.* **— 802.** *Trouver la largeur d'un champ rectangulaire ayant pour surface 900 mètres carrés et pour longueur 45 mètres.*

Écrits. — 803. Dans un jardin rectangulaire de $4^a,64$, on trace un chemin de 3 mètres de large dans toute la longueur du terrain. La surface cultivée est alors réduite à $3^a,77^{ca}$. Quelle est la longueur de ce chemin ? *(Aube.)*

*****804.** La surface d'un tapis rectangulaire est de $12^{mq},60$. On enlève sur la longueur une bande de $0^m,45$ de large, et la superficie n'est plus que les $\frac{9}{10}$ de ce qu'elle était auparavant. Quelles étaient les dimensions primitives du tapis ? *(Isère.)*

PARALLÉLOGRAMME

215. Définition. — Le parallélogramme proprement dit est un quadrilatère dont les *côtés opposés* sont *parallèles*, mais dont les *angles* ne sont pas *droits*.

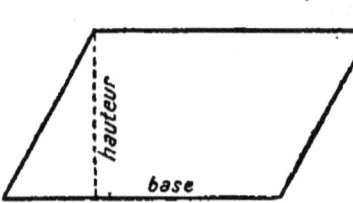

77. Surface. — La surface d'un parallélogramme s'obtient en *multipliant* la *base* par la *hauteur*.

La **base** est l'un des côtés, ordinairement le plus long ; la **hauteur** est la perpendiculaire élevée de la base au côté opposé.

216. Formules. — Mêmes formules que pour le rectangle.

$$S = B \times H \quad ; \quad B = \frac{S}{H} \quad ; \quad H = \frac{S}{B}.$$

PROBLÈMES

TYPE. — **805.** Un carton en forme de parallélogramme a 40 centimètres de base et 25 centimètres de hauteur. Quelle en est la surface en décimètres carrés ?

SOLUTION. — Surface du carton en centimètres carrés :
$$1^{cm2} \times (40 \times 25) = 1\,000 \text{ centimètres carrés.}$$

Surface du carton en décimètres carrés :
$$1\,000^{cm2} : 100 = 10 \text{ décimètres carrés.}$$

Oraux. — **806.** Un parallélogramme qui a 10 mètres de base a la même surface qu'un carré de 12 mètres de côté ; quelle en est la hauteur ? — **807.** On veut établir un parallélogramme de 6 mètres de hauteur ayant même surface qu'un rectangle de 15 mètres de long sur 8 mètres de large, quelle en doit être la base ?

Écrits. — **808.** Un champ carré de 76 mètres de côté est vendu 2 021^{fr},60. Le prix de l'are restant le même, combien vendra-t-on un autre champ en forme de parallélogramme qui a 87^m,50 de long sur 48^m,60 de large ?

809. Un pré en forme de parallélogramme a 68^m,50 de long sur 56^m,80 de large ; on creuse à l'intérieur et le long de chacune des deux grandes dimensions autour de ce jardin un fossé de 0^m,75 de largeur : on demande ce qu'il restera de surface pour le pré.

810. Un champ en forme de parallélogramme de 75^m,40 de base sur 48^m,60 de hauteur est coupé vers le milieu et dans le sens de la longueur d'un chemin de 1^m,50 de large. Le reste est vendu à raison de 26^{fr},50 l'are. On demande le prix de vente de ce champ.

*****811.** Un terrain, en forme de parallélogramme, a une hauteur de 38 mètres. On veut détacher sur la droite de ce champ par une ligne parallèle au petit côté une parcelle de 2^a,85. On demande à quelle distance de l'extrémité droite de la base cette ligne doit partir.

CALCUL ÉCRIT RAPIDE

812. Trouver le *quotient* et le *reste* de :
$$7\,964 : 87 \quad ; \quad 9\,263\,428 : 94 \quad ; \quad 7\,893\,497 : 89.$$

TRIANGLE

217. Définition. — Le triangle est un **polygone** *à 3 côtés*.

218. Différents triangles. — On distingue le triangle *équilatéral*,

  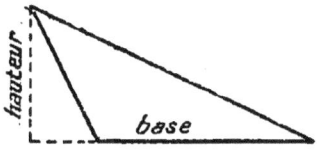 

T. équilatéral.   T. isocèle.   T. scalène.   T. rectangle.

qui a les trois côtés égaux; le triangle *isocèle*, qui a deux côtés égaux; le triangle *scalène*, qui a les trois côtés inégaux; le triangle *rectangle*, qui a un angle droit.

219. Surface. — La surface d'un triangle s'obtient en *multipliant* la *base* par la *moitié de la hauteur*.

La **base** est l'un des côtés; la **hauteur** est la perpendiculaire abaissée du sommet opposé à la base sur cette base ou son prolongement.

220. Formules. — Soient S la surface d'un triangle, B la base et H la hauteur; on a : $S = B \times \dfrac{H}{2}$; d'où $B = S : \dfrac{H}{2}$; $\dfrac{H}{2} = \dfrac{S}{B}$; $H = \dfrac{S}{B} \times 2$.

PROBLÈMES

TYPE. — 813. Une feuille de papier triangulaire a 25 centimètres de base et 40 centimètres de hauteur. Quelle en est la surface en centimètres carrés ? Quelle serait la hauteur d'une feuille de même forme, ayant la même base, mais une surface double ?

Solution. — Surface de la feuille en centimètres carrés : $1^{cm2} \times \left(25 \times \dfrac{40}{2}\right)$ = 500 centimètres carrés.

Une feuille de surface double, c'est-à-dire de $500^{cm2} \times 2$, ou 1 000 centimètres carrés, et de 25 centimètres de base, aurait pour *demi-hauteur* $1^{cm} \times \dfrac{1\,000}{25} = 40$ centimètres; et pour *hauteur* $40^{cm} \times 2 = 80$ centimètres.

Oraux. — 814. *Un carton triangulaire a 6 décimètres carrés de surface et 30 centimètres de base. Quelle en est la hauteur ?* — **815.** *Un jardin en forme de triangle acheté 100 francs l'are, a été payé 750 francs. Quelle en est la base, la hauteur étant de 60 mètres ?*

Écrits. — 816. Un champ a été vendu 3 482^{fr},85. Dites quel est le prix de l'hectare, sachant que ce champ a la forme d'un triangle ayant 248 mètres de base et 75 mètres de hauteur ? (C.E.)

817. Un pré triangulaire, de 188 mètres de base et 90^m,50 de hauteur, est vendu à raison de 42^{fr},75 l'are. Avec le prix, on achète, à 70 francs l'are, un jardin rectangulaire de 52^m,10 de largeur. Quelle est la longueur du jardin ?

818. Un terrain ayant la forme d'un triangle a été vendu à raison de 45^{fr},50 l'are. La base de ce triangle est de 118 mètres : trouver la hauteur, sachant que le prix de vente a été de 1 449^{fr},63. (Seine.)

LOSANGE

221. Définition. — Le losange est un **quadrilatère** dont les quatre *côtés* sont égaux, mais dont les *angles* ne sont pas droits.

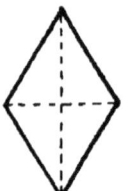

222. Surface. — La surface d'un losange s'obtient en *multipliant l'une des diagonales* par la *moitié* de l'autre.

La **diagonale** d'un losange est la ligne qui va d'un sommet au sommet opposé.

223. Formules. — Soient S la surface d'un losange, D la grande diagonale, d la petite, on a :

$$S = d \times \frac{D}{2} \quad \text{d'où} \quad d = S : \frac{D}{2}$$

$$S = D \times \frac{d}{2} \quad \text{d'où} \quad D = S : \frac{d}{2}$$

PROBLÈMES

TYPE. — 819. *Un panneau de bois sculpté en forme de losange se paie à raison de 0^{fr},50 le centimètre carré. Que vaut ce panneau si ses deux dimensions sont de 34 centimètres et 20 centimètres ?*

SOLUTION. — Surface du panneau en centimètres carrés : $1^{cm^2} \times \left(34 \times \frac{20}{2}\right)$ = 340 centimètres carrés.

Valeur du panneau : 0^{fr},50 × 340 = 170 francs.

Oraux. — 820. *Une plate-bande en forme de losange a 6 mètres carrés de surface ; une des diagonales a 3 mètres. Quelle est la longueur de l'autre diagonale ?* — **821.** *Un vitrail en forme d'un losange, dont les diagonales sont 1 mètre et 0^m,60, est formé de petits losanges qui ont pour diagonales 1 décimètre et 5 centimètres. Combien y a-t-il de petits losanges dans le vitrail ?* — *__822__. *On joint deux à deux les milieux des côtés d'un rectangle qui a 40 centimètres de long sur 25 centimètres de large. On demande en centimètres carrés la surface de la figure ainsi inscrite.*

Écrits. — 823. On a un parterre en forme de losange dont les diagonales ont respectivement 2^m,50 et 1^m,80. Que doit-on payer au jardinier qui prépare la terre à raison de 1^{fr},25 le mètre carré ? (C. E.)

824. Un jardinier dessine une croix à bras opposés égaux ; les deux grands bras ont chacun 3^m,50 et les deux petits 2^m,40. Il joint deux à deux les extrémités des bras et plante dans la figure ainsi dessinée des fleurs à raison d'une par décimètre carré. Combien de pieds de fleurs a-t-il plantés ?

*__825__. On veut tracer dans un jardin un massif en forme de losange dont la grande diagonale aura 3^m,60. Quelle mesure doit-on donner à la petite diagonale pour que la surface du massif ainsi dessiné soit de 4^{m^2},50 ?

*__826__. Une palissade rectangulaire en planches parfaitement jointes a 130 mètres de long sur 2^m,10 de haut. Elle est, en outre, percée de 85 ouvertures ayant la forme de losanges de 0^m,60 de grande diagonale et 0^m,40 de petite diagonale. Combien paierait-on pour la peindre à raison de 0^{fr},55 le mètre carré ? On la peint sur les deux faces. (*Maine-et-Loire*.)

CALCUL ÉCRIT RAPIDE

827. *Effectuer* : 3 275 000 : 670 ; 90 400 : 5 700 ; 170 500 : 75 000.

TRAPÈZE

224. Définition. — Le trapèze est un **quadrilatère** qui n'a que *deux côtés parallèles.*

La surface d'un trapèze est la *moitié* de celle d'un parallélogramme

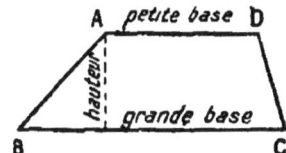
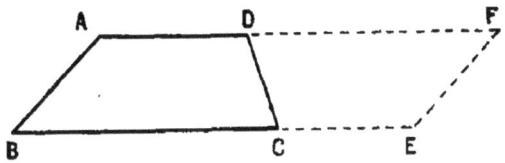

de même hauteur et dont la base est égale à la somme des deux bases du trapèze. D'où :

225. Surface. — La surface d'un trapèze s'obtient en *multipliant* la *demi-somme des bases par la hauteur.*

226. Formules. — Soient S la surface d'un trapèze, B la grande base, b la petite base et H la hauteur; on a :

$$S = \frac{B+b}{2} \times H; \qquad H = S : \frac{B+b}{2}; \qquad \frac{B+b}{2} = \frac{S}{H}.$$

PROBLÈMES

TYPE. — **828.** On dessine un trapèze qui a pour bases **42 centimètres** et **24 centimètres** et pour hauteur **20 centimètres** : quelle en est la surface ? Quelle serait la hauteur d'un trapèze de même surface dont les bases seraient **26 centimètres** et **18 centimètres**.

SOLUTION. — La hauteur du trapèze est égale au quotient de la surface par la demi-somme des bases.

Demi-somme des bases en centimètres : $\dfrac{42^{cm} + 24^{cm}}{2}$, ou 33 centimètres.

Surface du 1ᵉʳ trapèze : $1^{cm2} \times (33 \times 20) = 660$ centimètres carrés.

Demi-somme des bases du second trapèze : $\dfrac{26^{cm} + 18^{cm}}{2}$, ou 22 centimètres.

Hauteur, en centimètres, de ce second trapèze : $1^{cm} \times \dfrac{660}{22} = 30$ centimètres.

Oraux. — **829.** Une cour, qui a 1500 mètres carrés de surface, a la forme d'un trapèze dont la petite base a 40 mètres et la hauteur 30 mètres. Quelle est la longueur de la grande base ? — **830.** Un champ de 28 ares de surface a la forme d'un trapèze qui a 40 mètres de hauteur et dont la grande base est 3 fois plus grande que la petite : quelles sont ces deux bases ?

Écrits. — **831.** Un terrain a la forme d'un trapèze qui, à raison de 60 francs l'are, est estimé 9702 francs. Sachant que les deux bases ont 125 mètres et 105 mètres, dire la hauteur du trapèze.   (Lozère.)

***832.** Un champ, dont la forme est celle d'un trapèze, a 37ᵃ,125 de superficie. Trouver la longueur de la petite base de ce trapèze, sachant que celle de la grande base est de 105 mètres et que la hauteur est de 45 mètres.   (Eure-et-Loir.)

***833.** La surface d'un jardin en forme de trapèze est de 16ᵃ,49 ; la différence des bases est de 11 mètres ; la hauteur, de 34 mètres. Quelle est la longueur de chacune des bases ?

POLYGONES RÉGULIERS

227. Définition. — Un polygone *régulier* est un polygone dont *tous les côtés sont égaux* et dont *tous les angles sont égaux* aussi.

228. Surface. — La surface d'un polygone régulier s'obtient en *multipliant* son *périmètre* par la moitié de *l'apothème*.

229. L'*apothème* est la *perpendiculaire* abaissée du centre du polygone régulier sur le côté de ce polygone.

Hexagone régulier.   Octogone régulier.

EXERCICES

Écrits. — **834.** Trouver la surface des deux polygones réguliers ci-dessus, sachant que : 1° L'*apothème* de l'hexagone est égal au côté multiplié par 0,866.
2° L'*apothème* de l'octogone est égal au côté multiplié par 1,2. — (On admettra que le côté de l'hexagone égale 10 mètres et celui de l'octogone 7 mètres).

POLYGONES IRRÉGULIERS

230. Un *polygone* irrégulier peut toujours être décomposé en *triangles, trapèzes, rectangles,* etc.

231. Surface. — La *surface* d'un polygone ainsi décomposé est égale à la *somme* des surfaces des différentes figures qui le composent. Soit le polygone ABCDEF. Je mène la diagonale AE ; puis, de chacun des sommets du polygone, j'abaisse sur cette diagonale les perpendiculaires BG, CI, DK, FH. Je forme ainsi deux trapèzes et quatre triangles dont je mesure les bases et les hauteurs et dont je cherche ensuite les surfaces respectives.

La *somme* de ces surfaces donne la *surface* du polygone.

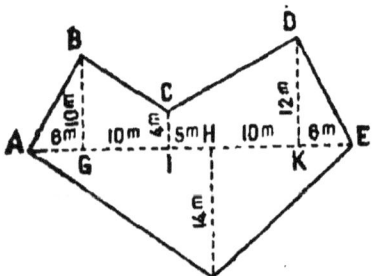

EXERCICES

Écrits. — **835.** Trouver la valeur du terrain représenté par le polygone ci-dessus ABCDEF à 29^{fr},50 l'are.

836. Trouver la surface du polygone ci-contre construit à l'échelle de 1 : 500.

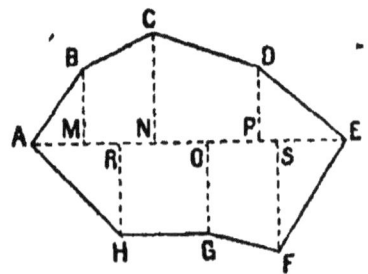

Indications :	AR = 10^{mm}	CN = 12^{mm}
AM = 6^{mm}	RO = 10^{mm}	DP = 8^{mm}
MN = 8^{mm}	OS = 8^{mm}	RH = 10^{mm}
NP = 12^{mm}	SE = 8^{mm}	OG = 10^{mm}
PE = 10^{mm}	BM = 8^{mm}	SF = 12^{mm}

PROBLÈMES DE REVISION

837. On a bordé de frange valant $0^{fr},32$ le mètre 2 paires de rideaux qui ont chacun $4^m,25$ de hauteur sur $0^m,85$ de largeur. Il a fallu 4 journées 1/2 à $2^{fr},80$ et $0^{fr},50$ de fil. A combien s'élève la dépense? *(Nord.)*

*838. Un robinet remplirait un bassin en 5 heures ; un 2e robinet le viderait en 7 heures. Le bassin étant à moitié plein, on ouvre les 2 robinets. Au bout de combien de temps le bassin sera-t-il rempli ?

839. Un terrain rectangulaire a $172^m,40$ de périmètre et sa longueur surpasse sa largeur de $7^m,20$. Il a été entouré d'un treillage qui coûte $3^{fr},50$ le mètre courant. Quelle est la valeur de ce terrain clos, le terrain seul étant estimé 82 francs l'are ? *(C. E.)*

*840. Deux ouvriers travaillent ensemble pendant 17 jours. Le 2e reçoit par jour un salaire inférieur de $1^{fr},40$ à celui du 1er. Ensemble ils reçoivent en tout 170 francs. Que revient-il à chacun ?

841. Un pré de forme carrée, ayant $214^m,80$ de contour, a coûté $1\,421^{fr},30$. A combien revient l'are? *(Pas-de-Calais.)*

842. Partager 1820 francs entre 5 hommes, 4 femmes et 3 enfants, de manière que chaque homme ait autant qu'une femme et un enfant, et chaque femme autant que 2 enfants. *(C. E.)*

843. On mesure un champ rectangulaire avec une chaîne d'arpenteur ayant $0^m,025$ de trop. On trouve que ce champ contient en longueur 12 fois cette chaîne et en largeur 8 fois ; quelles sont les dimensions et la surface véritable ?

844. Sur un côté d'une cour carrée, on établit un trottoir ayant une surface de $69^{m2},60$ avec $2^m,40$ de large. Quelle est la surface de ce qui reste de la cour ? *(Nord.)*

*845. Deux équipes de terrassiers s'offrent pour creuser une tranchée : la 1re la creuserait seule en 7 jours, et la 2e en 5 jours. Si l'on prend 1/3 de la 1re équipe et les 3/4 de la 2e, en combien de jours le travail sera-t-il terminé ?

846. Un bassin reçoit par 1/4 d'heure $18^{lit},5$ d'eau et en perd dans le même temps $4^{lit} 2/3$. Combien conservera-t-il de litres en 2 heures et demie? *(Oise.)*

*847. Une personne a payé $242^{fr},40$ six paires de drap et une couverture. Trouver le prix de chacun de ces objets sachant que 7 paires de draps et 2 couvertures ont coûté $308^{fr},05$. *(Cantal.)*

848. On achète à raison de 55 francs l'are un terrain rectangulaire de 52 mètres de long et de 37 mètres de large. On entoure ce terrain avec un treillage de 1 mètre de hauteur, pesant $3^{kg} 1/2$ par mètre carré et valant 45 francs le quintal. Quelle sera la dépense totale ?

849. Un toit est formé par deux rectangles ayant chacun $28^m,70$ de longueur et $14^m,85$ de largeur. Combien faudra-t-il d'ardoises de 25 centimètres de longueur sur 19 centimètres de largeur pour recouvrir ce toit, sachant que par suite du recouvrement chaque ardoise perd environ le 1/4 de sa superficie ?

850. Deux ouvriers travaillent ensemble pendant un même nombre de jours; le 1er gagne par jour $0^{fr},75$ de moins que le 2e. La différence du salaire est de $12^{fr},75$. On demande le nombre de journées de travail ?

*851. Un parterre de $16^m,20$ de long et de 12 mètres de large est entouré d'une plate-bande de $1^m,20$ de large. Les bords intérieurs et extérieurs de cette plate-bande sont garnis de pieds de fleurs, espacés de $0^m,30$ et coûtant chacun $0^{fr},07$. Combien a coûté cette plantation ? *(Pas-de-Calais.)*

PROBLÈMES DE REVISION

***852.** Un régiment devait mettre 12 jours pour arriver à sa destination ; mais, au moment du départ, il reçoit un ordre qui lui enjoint d'arriver 3 jours plus tôt. En vertu de cet ordre, le régiment fait 9 kilomètres de plus par jour. Quelle distance avait-il à parcourir ? *(Gers.)*

853. Un tapis de $3^m,2$ de longueur sur $2^m,1$ de largeur est acheté $7^{fr},05$ le mètre carré. A combien reviendra-t-il en totalité, si on veut l'entourer d'une bordure payée $0^{fr},75$ le mètre linéaire ? *(Meuse.)*

854. Un bois rectangulaire est 4 fois 1/2 plus long que large. Le pourtour est de $1\,600^m,50$. On demande la valeur de ce bois à 1450 francs l'hectare.

855. Un fermier vend sa récolte en deux fois, dans les mêmes conditions. La première fois, il vend 27 hectolitres de blé et 19 hectolitres d'avoine ; il touche $647^{fr},50$. La 2ᵉ fois, il vend le même nombre d'hectolitres de blé et 42 hectolitres d'avoine ; il reçoit alors 843 francs. Quel est le prix de l'hectolitre de blé et celui de l'hectolitre d'avoine ? *(C. E.)*

***856.** On demande de calculer le côté d'un carré, sachant que si ce côté avait 1 mètre de plus, la surface du carré augmenterait de 43 mètres carrés.

857. Une mère de famille et sa fille travaillent dans un atelier. La 1ʳᵉ fait 3 mètres d'ouvrage par jour ; la fille, 2 mètres. Au bout de 18 jours, la fille reçoit $25^{fr},20$ de moins que sa mère. Quel est le prix du mètre d'ouvrage ? Au bout de combien de temps auront-elles gagné 126 francs à elles deux ?

858. Pour border les quatre côtés d'un tapis rectangulaire, on a employé pour $3^{fr},64$ de ruban à $0^{fr},40$ le mètre. Sachant que la longueur du tapis surpasse la largeur de $1^m,95$, on demande les deux dimensions. *(C. E.)*

859. Un jardin rectangulaire a $67^m,75$ de demi-périmètre, sa largeur est les 2/3 de sa longueur : quelle en est la valeur à raison de $42^{fr},50$ l'are ?

860. Un moulin fournit 15 hectolitres de farine en 8 heures, un autre 10 hectolitres en 3 heures ; si les deux moulins travaillent ensemble, quel temps leur faut-il pour fournir un hectolitre ?

***861.** Une personne a payé une première fois 7 francs pour 8 kilogrammes de pain et 10 litres de vin. Une autre fois, elle a payé $10^{fr},10$ pour 12 kilogrammes de pain et 14 litres de vin. Quel est le prix du kilogramme de pain et celui du litre de vin ?

862. Un cultivateur achète 2 champs dans les mêmes conditions : l'un a une surface de $34^a\,28^{ca}$; l'autre a la forme d'un carré de 80 mètres de côté. Le second lui coûte $609^{fr},26$ de plus que le premier. Quel est le prix d'achat : 1° de l'are ? 2° de chaque champ ?

863. Deux maçons travaillent à la construction d'une maison. Le 1ᵉʳ y travaille pendant 13 jours, le 2ᵉ pendant 19 jours. Le 1ᵉʳ reçoit par jour $0^{fr},80$ de moins que le 2ᵉ. Sachant que la différence des salaires reçus par chacun d'eux est de $43^{fr},40$, on demande le prix d'une journée de travail pour chaque ouvrier.

864. Une prairie de forme carrée a 1236 mètres de périmètre. Combien pourra-t-elle donner de bottes de foin sec du poids de 5 kilogrammes, si l'are a produit 89 kilogrammes de foin sec ? On tiendra compte d'un chemin, large de 4 mètres, qui traverse la prairie, parallèlement aux côtés.

865. On achète tout autour d'un terrain carré de $8^m,75$ de côté une bande de terre de $0^m,8$ de large. On demande de combien la surface du terrain est augmentée.

866. Un père, pour 21 jours de travail, et son fils, pour 24 jours, ont reçu $163^{fr},50$. Une autre fois pour 25 jours du père et 24 jours du fils, ils ont reçu $185^{fr},50$. Combien chacun d'eux gagne-t-il par jour ? *(Orne.)*

PROBLÈMES DE REVISION

867. Une feuille de papier carrée a 3 décimètres de côté; on coupe sur le pourtour une bande de $1^{cm},5$ de largeur. On demande : 1° la longueur totale de la bande; 2° la surface de la partie enlevée; 3° la surface de la partie restante.

*__868.__ Avec 52 francs on a acheté 8 kilogrammes de café et 1 kilogramme de thé; avec 56 francs on a eu 4 kilogrammes de café et 3 kilogrammes de thé. Quel est le prix du kilogramme de café et celui du kilogramme de thé ?

869. Un bassin reçoit par 1/2 heure 35 litres 1/2 d'eau, et perd par un orifice 6 litres 2/3 dans le même temps : combien conservera-t-il de litres en 1 heure 1/2 ?

*__870.__ Un tapis a une surface de $3^{m²},6$. On en enlève sur toute la longueur une bande de $0^m,15$ de large et la surface du tapis se trouve alors n'être plus que les 9/10 de ce qu'elle était d'abord. Quelles étaient les dimensions primitives de ce tapis ? *(Seine-et-Oise.)*

871. On échange un champ de forme carrée de $72^m,50$ de côté contre un autre de forme rectangulaire. La largeur du champ rectangulaire est de 25 mètres, quelle en est la longueur ?

872. Une gravure carrée a $24^{cm},5$ de côté; on l'entoure d'un cadre de $2^{cm},5$ de largeur. On demande la surface occupée par cette gravure et son cadre.

*__873.__ Deux ouvriers ont travaillé, le premier 42 jours et le deuxième 59 jours. Ils reçoivent ensemble un salaire total de $498^{fr},40$. On demande ce que chacun de ces ouvriers a gagné par jour, sachant que le salaire journalier du premier n'est que les 5/7 de celui du deuxième.

874. Un propriétaire possède un jardin qui a 124 mètres de long sur 76 mètres de large. Il l'agrandit et ajoute 5 mètres à la longueur et 2 mètres à la largeur. Exprimer en ares et centiares l'agrandissement de ce jardin.

875. Un bassin carré a 76 mètres de périmètre; on l'entoure d'une palissade fixée à $0^m,70$ au delà des bords et soutenue par des pieux placés à $1^m,20$ les uns des autres. On demande le prix de revient de cette palissade, sachant que les pieux coûtent 40 francs le 100 et la palissade 3 francs le mètre linéaire.

*__876.__ Un terrain rectangulaire est entouré d'une allée dont la largeur est de $0^m,85$. Ce jardin a une contenance totale de $35^a 4^{ca}$ (allée comprise), et sa longueur est de 73 mètres. On demande la surface totale de l'allée. *(Nord.)*

877. Une prairie de $2^{ha},7$ produit en moyenne 18 300 kilogrammes de fourrage vert par hectare. Par la dessiccation, ce fourrage perd les 0,64 de son poids et se vend alors 65 francs les 1 000 kilogrammes. Quelle somme retire-t-on de la vente du fourrage de cette prairie ?

878. On a un jardin rectangulaire de 48 mètres de long sur 36 mètres de large. On l'agrandit de 12 mètres sur la longueur et de 4 mètres sur la largeur. De combien de mètres carrés sa superficie est-elle augmentée ?

*__879.__ On établit une allée de 1 mètre de largeur autour d'un terrain carré de 20 mètres de côté et on divise le reste du terrain en 4 carrés égaux, séparés les uns des autres par une allée de même largeur que la première. On demande la superficie de chaque carré.

880. Une pièce de drap a été achetée $291^{fr},60$. On en a revendu le tiers au prix coûtant et le reste avec un bénéfice de $1^{fr},25$ par mètre. On a ainsi retiré $318^{fr},60$ de la pièce. Calculer la longueur de la pièce et le prix d'achat du mètre.

881. Une ouvrière a mis 16 heures 1/2 à faire en tapisserie un carré dont chaque côté est de 15 centimètres. Combien mettra-t-elle de temps pour faire $1^{m²},025$ de la même tapisserie ?

PROBLÈMES DE REVISION

*882. Le café perd par la torréfaction 1/6 de son poids. Un marchand l'achète non brûlé 3^{fr},40 le kilogramme et le revend torréfié 1^{fr},35 le paquet de 25 décagrammes. Quel bénéfice fait-il en vendant un quintal de café, si la torréfaction a nécessité une dépense de 4^{fr},25 ? (Nord.)

883. La farine de froment absorbe 50 pour 100 d'eau pendant le pétrissage et, pendant la cuisson, une partie de l'eau s'évapore, de telle sorte que 100 kilogrammes de cette pâte fournissent 85 kilogrammes de pain. D'après cela, combien peut-on faire de rations de 475 grammes avec 1 000 kilogrammes de farine ? (C. E.)

884. Un jardin de forme carrée a 21^m,50 de côté ; on établit tout autour une allée de 0^m,75 de large. On demande ce qu'il reste de surface cultivable.

*885. Une personne achète un tapis dont la largeur est les 5/7 de la longueur. Elle veut l'entourer d'une frange qui coûte toute posée 1^{fr},50 le mètre. Sachant que le prix total de la frange posée est les 4/9 du prix d'achat et que le tapis tout fait revient à 35^{fr},10, on demande quelle est la longueur de la frange et quelles sont les dimensions du tapis. (Ain.)

886. Une pièce de toile écrue de 85 mètres revient à 150 francs. Au blanchissage, la toile a raccourci et le mètre revient alors à 1^{fr},92. De combien la pièce a-t-elle raccourci ? (Meurthe-et-Moselle.)

887. Une feuille de papier rectangulaire mesure 0^m,7 sur 0^m,58 ; on en détache sur ses 4 côtés une bande dont la largeur a partout 1^{cm}3/4. On demande de combien la surface est diminuée. (Cantal.)

*888. Combien faudra-t-il de kilogrammes de farine pour faire 34 kilogrammes de pain, si pour avoir 100 kilogrammes de pâte il faut ajouter à la farine 33 kilogrammes d'eau et 750 grammes de sel, et si, en outre, à la cuisson la pâte perd 15 % de son poids ?

889. Un marchand achète du café et du sucre pour une somme totale de 260 francs. Le café vaut 4^{fr},40 le kilogramme et le sucre 0^{fr},70. Il a pris 3 fois plus de sucre que de café. On demande combien de kilogrammes de chaque marchandise il a achetés. (Manche.)

890. Un jardin rectangulaire de 87 mètres de long a été acheté pour 3 845^{fr},80, à raison de 7 000 francs l'hectare. On veut l'entourer d'une palissade. Quelle sera la dépense, si cette palissade revient à 5 francs le mètre linéaire ?

891. On a payé 140^{fr},10 une balle de café vert pesant 45^{kg},75. Le café perdra par la torréfaction 18 % de son poids. Combien faudra-t-il revendre le kilogramme de café brûlé pour faire un bénéfice de 32^{fr},15 ?

892. Un pré évalué 3 200 francs l'hectare a coûté 899^{fr},36 ; il a la forme d'un triangle dont la base mesure 77 mètres. Quelle est la hauteur de ce triangle ?

893. Du savon, en séchant, perd 11 % de son poids. Combien de kilogrammes de ce savon frais faut-il acheter pour obtenir 71^{kg},2 de savon sec ?

894. On a répandu sur un terrain triangulaire de 80 mètres de base, pour 12^{fr},90 de nitrate de soude, à 21^{fr},50 le quintal. Sachant qu'on a employé 300 kilogrammes par hectare, on demande en mètres la hauteur du champ. (C. E.)

*895. Une ménagère achète 8 kilogrammes de groseilles à 0^{fr},45 le kilogramme pour en faire de la gelée. Les groseilles fournissent en jus les 7/10 de leur poids. Le jus est cuit avec un égal poids de sucre coûtant 0^{fr},35 le demi-kilogramme. Elle obtient ainsi 9^{kg},4 de gelée. Combien coûterait le pot de 250 grammes ? Les pots vides coûtent 0^{fr},15 la pièce. (C. E.)

896. Le périmètre d'un tapis a 8^m,50 et sa longueur surpasse sa largeur de 0^m,75. Combien coûtera la doublure de ce tapis si l'étoffe employée pour le doubler a 0^m,70 de largeur et vaut 0^{fr},75 le mètre ?

PROBLÈMES DE REVISION

***897.** La grande base d'un trapèze est égale au triple de la petite. La hauteur est de 56 mètres. Sachant que la surface de ce trapèze est égale à celle du carré construit sur la hauteur, calculer les deux bases de ce trapèze. (*Seine.*)

*898. Le café vert en grains vaut 3^{fr},40 le kilogramme; torréfié, il perd 1/6 de son poids. On demande : 1° à combien revient le kilogramme de café torréfié; 2° combien il faudra vendre le kilogramme de ce café pour gagner 12 %.

899. On fait peindre un losange tracé sur un panneau d'une grande porte. Les 2 diagonales ont : l'une 0^m,92 et l'autre 0^m,84. Quelle est la somme à payer au prix de 2^{fr},50 le mètre carré? (*C. E.*)

900. La houille fournit à peu près les 4/9 de son poids de coke; 1 kilogramme de houille donne 0^{m3},275 de gaz d'éclairage; quel est le poids de coke produit dans un an par une usine à gaz qui livre 2700 mètres cubes de gaz par jour, le mètre cube valant 1000 litres.

901. Trouver la valeur du plomb produit par an dans une usine où l'on traite annuellement 184 000 kilogrammes de minerai, sachant : 1° que ce minerai renferme 66 % de plomb; 2° qu'on perd 21 % du plomb que contient le minerai; 3° que le plomb se vend 35 francs le quintal. (*Cantal.*)

902. En supposant que le loyer d'une terre soit 3 % de sa valeur, quelle serait la longueur d'un champ rectangulaire loué 45^{fr},63 si ce champ vaut 45 francs l'are et si sa largeur est 25 mètres? (*Seine-et-Oise.*)

903. Un marchand a acheté une pièce de drap à raison de 20 francs le mètre. Il en a vendu la moitié à 24 francs, le 1/6 à 20 francs, le 1/4 à 27 francs et le reste à 30 francs. Il a gagné ainsi 165 francs sur le marché. Quelle longueur avait la pièce de drap? (*Isère.*)

904. On a acheté pour 7970^{fr},90, à raison de 7000 francs l'hectare, une pièce de terre rectangulaire qui a 118 mètres de longueur. Combien faudra-t-il dépenser pour entourer ce terrain d'une palissade, si cette palissade revient à 5 francs le mètre linéaire? (*Landes.*)

905. Le savon frais se vend 0^{fr},65 le kilogramme. En séchant, il perd 12 % de son poids. Combien vaut le kilogramme de savon sec? (*C. E.*)

*906. Deux personnes ont ensemble 250 francs. La première ayant dépensé les 3/4 de ce qu'elle avait, et la 2e les 2/3 de son argent, il ne leur reste plus en tout que 75 francs. Combien chacune avait-elle?

907. Un marchand achète une pièce de toile de 98 mètres de long. Il en vend les 3/4 à raison de 1^{fr},75 le mètre; les 2/5 du reste à raison de 1^{fr},80, et le reste 1^{fr},85. Il a réalisé ainsi un bénéfice de 33 francs. Combien avait-il payé le mètre de cette toile? (*Seine.*)

908. Un pré rectangulaire de 186 mètres de long acheté à raison de 3860 francs l'hectare a coûté 6282^{fr},50. On l'entoure d'une haie d'aubépine formée de pieds distants de 0^m,25 et valant 5 francs le 100. Combien a-t-on dépensé pour l'achat des pieds d'aubépine?

*909. Un trapèze, dont une des bases est double de l'autre et dont la hauteur est de 24^m,50, a une surface de 962^{m2},85. Calculer la longueur de chacune des bases.

910. Quelle est la surface d'un rectangle dont le périmètre est 181^m,50, sachant que la hauteur de ce rectangle est la moitié de la base? (*C. E.*)

911. Un ouvrier gagne 4^{fr},75 chaque jour qu'il travaille et dépense journellement 3^{fr},15. Au bout de 40 jours, il lui manquait 2^{fr},50 pour régler sa dépense. Pendant combien de jours avait-il travaillé? (*C. E.*)

912. Un fonctionnaire touche par mois 126^{fr},66. On lui retient pour la retraite 1/20 de son traitement, quel est le traitement annuel de ce fonctionnaire?

DIVISION

232. EXEMPLE. — **Soit à partager 72 francs entre 9 personnes.**

Partager 72 francs entre 9 personnes, c'est partager 72 francs, *en 9 parts égales*. Chercher la valeur d'une part, soit 8 francs, c'est faire **une division**.

233. Termes. — Le nombre 72 francs qui *doit être partagé* est le **dividende**; le nombre 9 qui indique la *quantité de parts à faire* est le **diviseur**; la *valeur d'une part*, soit 8 francs, est le **quotient**. D'où :

234. 1re Définition. — La division est une opération qui a pour but de **partager** *un nombre appelé* **dividende** en autant de parties égales qu'il y a d'unités dans *un autre nombre appelé* **diviseur**; le résultat de l'opération s'appelle **quotient**.

235. EXEMPLE. — **Soit à déterminer la longueur d'une pièce d'étoffe valant 72 francs, le prix du mètre étant de 9 francs.**

La pièce contient autant de mètres que 72 francs contiennent de fois 9 francs. Chercher ce nombre de fois, soit 8, c'est faire **une division**. D'où :

236. 2e Définition. — La division est une opération qui a pour but de **chercher combien** de fois *un nombre appelé* **dividende** contient *un autre nombre appelé* **diviseur**.

237. Dans les deux cas, le **diviseur** *multiplié* par le **quotient** *reproduit* le **dividende**; on a donc : Dividende = diviseur × quotient.

En effet, la part d'une personne *répétée 9 fois* doit reproduire la somme totale partagée, 72 francs; de même le prix d'un mètre, 9 francs, *multiplié par 8*, nombre de mètres de la pièce, doit reproduire le prix total de la pièce, 72 francs. D'où :

238. 3e Définition. — La division est une opération qui a pour but, étant donnés le **produit** de deux facteurs et *l'un de ces facteurs*, de *trouver l'autre* facteur.

239. Signe. — La division s'indique de deux façons : 1° en séparant le dividende du diviseur par le **signe** : (*divisé par*). Ex. $35 : 7 = 5$; 2° En écrivant, sous *forme de fraction*, le dividende au numérateur et le diviseur au dénominateur. Ex. $\frac{35}{7} = 5$.

QUESTIONNAIRE. — 1. Indiquez un exemple dans lequel la division a pour but de *partager*. — 2. Un exemple dans lequel la division a pour but de chercher *combien de fois* un nombre contient un autre nombre. — 3. Donnez la 1re définition de la division. — 4. Donnez la 2e définition de la division; la 3e. — 5. Comment s'indique la division ?

=== CALCUL MENTAL RAPIDE ===

I. **Multiplication par 50.** — On multiplie *par 100* et on prend la *moitié*.
Exemple : 63×50. On dit : 100 fois 63... 6 300; moitié **3 150**.
EXERCICES : *Multiplier par* 50 : 18; 45; 74; 253; 715; 846.

II. **Division par 50.** — On multiplie *par 2* et on divise *par 100*.
Exemple : $78 : 50$. On dit : 2 fois 78... 156; centième **1,56**.
EXERCICES : *Diviser par* 50 : 24; 57; 74; 146; 267; 357; 841.

EXERCICES

Oraux. — **913.** *Combien de décimètres en 28 décamètres? de décamètres en 3 kilomètres?* — **914.** *Combien de minutes en 1/2 heure? en 3/4 d'heure? en 2ʰ 1/4?* — **915.** *Un mètre d'étoffe coûte 1ᶠʳ,20. Que coûtent 0ᵐ,75?* — **916.** *À 4 francs le litre d'huile, que coûtent 3ˡⁱᵗ,75?* — **917.** *Une somme, augmentée de ses 5/7, vaut 36 francs. Quelle est cette somme?*

Écrits. — **918.** 67 moutons valent 1 926ᶠʳ,25. Que vaut un mouton?

919. On partage 39 869ᶠʳ,60 entre 976 personnes. Dites chaque part.

PROBLÈMES
Peinture ou tapissage d'une chambre.

TYPE. — **920. Une chambre a 5ᵐ,50 de long, 4ᵐ,50 de large et 3 mètres de haut : on fait peindre à l'huile les 4 murs et le plafond à raison de 2ᶠʳ,15 le mètre carré. On retranche 1/10 de la surface pour les portes et les fenêtres. Quelle est la dépense totale ?**

SOLUTION. — La *surface totale* est égale à la surface des murs et du plafond *diminuée* de la surface des ouvertures. La surface des murs est égale à la somme des surfaces des quatre murs. Les quatre murs ayant même hauteur, la surface des murs est égale au produit du *périmètre du plancher* par la hauteur.

Périmètre de la base : $(5^m,50 + 4^m,50) \times 2 = 20$ mètres.
Surface des murs en mètres carrés : $1^{m2} \times (20 \times 3) = 60$ mètres carrés.
Surface du plafond en mètres carrés : $1^{m2} \times (5,5 \times 4,5) = 24^{m2},75$.
Surface totale en mètres carrés : $60^{m2} + 24^{m2},75 = 84^{m2},75$.

Surface à peindre en mètres carrés : $84^{m2},75 - \left(\dfrac{84^{m2},75}{10}\right) = 76^{m2},275$.

Dépense totale : $2^{fr},15 \times 76,275 = 163^{fr},9912$5, ou en chiffres ronds : 164 francs.

Oraux. — **921.** *Une chambre a 5 mètres de long, 4 mètres de large et 3 mètres de haut. Les portes et les fenêtres représentent 1/6 de la surface des murs. Combien coûtera la peinture des murs à 2 francs le mètre carré?* — ***922.** Une chambre a 6 mètres de long sur 4 mètres de large. Les ouvertures occupent un 1/10 de la surface des murs. On a dépensé 108 francs pour la peinture à 2 francs le mètre carré. Quelle est la hauteur de la pièce?*

Écrits. — **923.** Une salle mesure 6ᵐ,60 de longueur, 5ᵐ,90 de largeur et 3ᵐ,75 de haut. Elle a 4 fenêtres ayant chacune 2ᵐ,10 de haut et 1ᵐ,50 de large et une porte ayant 2ᵐ,90 de haut et 1ᵐ,50 de large. Combien coûtera la peinture des murs à raison de 1ᶠʳ,90 le mètre carré?

924. On fait badigeonner les murs et le plafond d'une salle de classe ayant 7 mètres de longueur sur 6 mètres de largeur, au prix de 0ᶠʳ,80 le mètre carré. La dépense ayant été de 96 francs, et les ouvertures occupant le 1/3 de la surface des murs, trouver la hauteur de la salle.

925. On veut tapisser avec du papier de 0ᵐ,57 de large et revenant à 0ᶠʳ,95 le rouleau de 7ᵐ,20, pose comprise, une salle de 11 mètres de longueur, 9ᵐ,90 de largeur et 3ᵐ,60 de hauteur. La surface des ouvertures représente les 2/9 de la surface des murs. Quelle sera la dépense?

=== CALCUL ÉCRIT RAPIDE ===

926. Trouver le *quotient* avec *deux chiffres décimaux* de :
550,85 : 47; 6 432,06 : 58; 9 243,72 : 305; 1 862,4 : 596.

PRINCIPES RELATIFS A LA DIVISION

240. Exemple. — **Soit une somme de 72 francs à partager entre 12 personnes; la part de chaque personne est de 6 francs.**

Soit une somme 2 *fois*, 3 *fois*... *plus grande* à partager, entre le *même nombre de personnes*, la part sera 2 *fois*, 3 *fois*... *plus grande*.

Si la somme à partager est 2 *fois*, 3 *fois*... *plus petite*, la part sera, au contraire, 2 *fois*, 3 *fois*... *plus petite*. D'où :

241. I. Lorsqu'on rend le **dividende** 2 fois, 3 fois... *plus grand* ou *plus petit*, le quotient est rendu le *même nombre* de fois *plus grand* ou *plus petit*.

242. Soit à partager la même somme *entre* 2 *fois*, 3 *fois*... *plus de personnes*, la part sera 2 *fois*, 3 *fois*... *plus petite*. D'où :

243. II. — Lorsqu'on rend le **diviseur** 2 fois, 3 fois... *plus grand*, le **quotient** est rendu le *même* nombre de fois *plus petit*.

244. Soit à partager la même somme entre un *nombre de personnes* 2 *fois*, 3 *fois*... *plus petit*, la part sera, au contraire, 2 *fois*, 3 *fois*... *plus grande*. D'où :

245. III. — Lorsqu'on rend le **diviseur** 2 fois, 3 fois... *plus petit*, le **quotient** est rendu le *même nombre* de fois *plus grand*.

246. Soit à partager une somme 2 *fois*, 3 *fois*... *plus grande* entre un *nombre* 2 *fois*, 3 *fois*... *plus grand* de personnes, *la part ne change pas*.

Si on partage une somme 2 *fois*, 3 *fois*... *plus petite* entre un nombre 2 *fois*... 3 *fois plus petit* de personnes, la part *reste encore la même*. D'où :

247. IV. — Lorsqu'on rend le **dividende** et le **diviseur** 2 fois, 3 fois... *plus grands* ou *plus petits*, le **quotient** *ne change pas*.

En effet, 35 divisé par 5 *donne* 7 pour quotient ; 35×3 divisé par 5×5 donne également 7 pour quotient.

QUESTIONNAIRE. — 1. Que devient le *quotient*: 1° lorsqu'on rend le *dividende* 2, 3, etc., fois plus grand ou plus petit? 2° lorsqu'on rend le *diviseur* 2, 3, etc., fois plus grand? plus petit? — 2. Que devient le quotient d'une division lorsqu'on rend le *dividende et le diviseur* le même nombre de fois plus grands ou plus petits?

CALCUL MENTAL RAPIDE

I. *Multiplication par 25*. — On multiplie *par* 100 et on prend le *quart du résultat*.

Exemple : 78×25. On dit : 100 *fois* 78... 7 800 ; *quart de* 7 800... **1 950**.

Exercices : *Multiplier par* 25 : 24; 39; 52; 83; 215; 239; 514.

II. *Division par 25*. — On multiplie *par* 4 et on prend le 100ᵉ du résultat.
Exemple : 86 : 25. On dit : 4 fois 86... 344; 100ᵉ... **3,44**.

Exercices : *Diviser par* 25 : 35; 47; 71; 56; 117; 342; 428.

III. *Multiplication par 75*. — On multiplie par 100 et on prend les *trois quarts* du résultat.

Exemple : 24×75. On dit : 100 *fois* 24... 2 400; quart de 2 400... 600; trois quarts de 600... **1 800**.

Exercices: *Multiplier par* 75 : 48; 96; 64; 84; 124; 238; 360.

EXERCICES (REVISION)

Oraux. — 927. Sur une carte à l'échelle de 1 : 1 000 000, deux villes sont éloignées de 37 millimètres. Quelle est, à vol d'oiseau, la *distance réelle de ces deux villes ?* — **928.** Sur une carte de France à l'échelle de : 1 : 5 000 000, la ligne droite qui joint : 1° Paris et Nantes, a 65 millimètres; 2° Paris et Brest, a 102 millimètres. Trouver *la distance réelle, à vol d'oiseau, de Paris à ces deux villes.*

Écrits. — 929. Un carré a 10 centimètres de côté. Que devient sa surface : si on augmente son côté de 2 centimètres? — si on le diminue de 3 centimètres?

930. Un rectangle a pour dimensions 11 centimètres et 7 centimètres. Que devient sa surface : si on augmente sa longueur de 2 centimètres $1/2$? — si on augmente sa largeur de 3 centimètres? — si on augmente sa longueur de 2 centimètres et sa largeur de 3 centimètres?

PROBLÈMES
Carrelage.

TYPE. — 931. Combien coûtera le pavage d'une rue de $270^m,90$ de longueur sur 9 mètres de largeur, avec des pavés de 18 centimètres de côté, sachant que le cent de pavés coûte $32^{fr},50$ et que la main-d'œuvre coûte 40 francs par décamètre carré ?

Solution. — Surface d'un pavé en mètres carrés : $1^{m2} \times (0,18 \times 0,18) = 0^{m2},0324$.
Surface de la rue en mètres carrés : $1^{m2} \times (270,9 \times 9) = 2438^{m2},10$.

Nombre de pavés : $1^{pavé} \times \dfrac{2438,10}{0,0324} = 75\,250$ pavés.

Prix des pavés : $0^{fr},325 \times 75\,250 = 24\,456^{fr},25$.
Prix de la main-d'œuvre : $40^{fr} \times 24,381 = 975^{fr},24$.
Prix total : $24\,456^{fr},25 + 975^{fr},24 = 25\,431^{fr},49$.

Oraux. — 932. On emploie des carreaux de $0^m,10$ de côté pour recouvrir le sol d'une cuisine de 4 mètres de long sur 3 mètres de large. Quelle sera la dépense si, tout posé, le mille de carreaux revient à 100 francs? — **933.** Un espace rectangulaire a 60 mètres de pourtour; sa longueur dépasse de 10 mètres sa largeur; on le recouvre de pavés cubiques de $0^m,20$ d'arête. On demande le prix de ce travail si le cent de pavés tout posés revient à 80 francs.

Écrits. — 934. On veut garnir de carreaux carrés de faïence de $0^{m}20$ de côté un mur de cuisine ayant 4 mètres de long sur 3 mètres de haut. Sachant que les carreaux du pourtour, plus chers, valent 45 francs le cent, et les autres 35 francs le cent, quelle sera la dépense totale?

935. Une cour rectangulaire, dont le périmètre est de 168 mètres et la longueur de 48 mètres, doit être pavée avec des pavés à face supérieure carrée de $0^m,25$ de côté et valant 40 francs le cent. Si la pose coûte $1^{fr},85$ le mètre carré, à combien reviendra le pavage de cette cour?

*936. On confectionne un tapis de $0^m,70$ de long sur $0^m,40$ de largeur avec des carrés de tapisserie de diverses couleurs de $0^m,06$ de côté. Combien faudra-t-il de ces carrés, en admettant que la couture fasse perdre 1 centimètre carré par carré de tapisserie?

(C. E.)

CALCUL ÉCRIT RAPIDE

937. Trouver le *quotient* avec *trois chiffres décimaux* de :
$3\,216 : 5,36$; $5\,985 : 13,3$; $7\,853 : 68,74$; $40\,768 : 4,735$.

DIVISION DES NOMBRES ENTIERS

248. 1ᵉʳ Cas. — **Le diviseur et le quotient n'ont qu'un chiffre.**

Soit 65 : 7. — La table de multiplication donne le *produit* : $7 \times 9 = 63$. Le *quotient* est donc 9. Il y a un *reste* qui est 2.

249. 2ᵉ Cas. — **Le diviseur a plusieurs chiffres et le quotient en a un.**

Soit 2517 : 365. — L'opération étant disposée comme ci-contre, on cherche le **nombre** qui, *multiplié par* 365, donne au **produit** 2517.

```
2517 | 365
 327 |  6
```

Pour simplifier l'opération, on *néglige* les unités et les dizaines du *diviseur* et du *dividende* et l'on cherche le nombre qui, multiplié par 3 centaines, donne au *produit* 25 centaines. La table de multiplication donne les produits $3 \times 6 = 18$; $3 \times 7 = 21$; $3 \times 8 = 24$. Si on multiplie successivement 365 par les nombres 6, 7, 8, on s'aperçoit que seul le produit de 365 par 6 peut se retrancher du dividende 2517.

6 est donc le quotient cherché.

Comme dans le premier cas, on obtient un reste qui est ici 327.

250. Règle. — On néglige à droite du dividende et du diviseur un même nombre de chiffres, de façon à ne conserver **qu'un seul chiffre au diviseur**. On effectue la division comme dans le premier cas, et on obtient le chiffre du quotient.

251. Quotient approché à moins d'une unité près. — Dans la division précédente, le quotient 6 n'est pas exact; il diffère du quotient exact d'une quantité plus petite que l'unité, puisque ce quotient exact est plus grand que 6 et plus petit que 7; c'est pourquoi on dit que ce quotient est **approché** *par défaut* à moins d'une unité près. En prenant 7 on aurait un quotient **approché** *par excès*.

252. Quotient exact. — Pour avoir le quotient exact de 2517 par 365, il faut *ajouter* au *quotient* 6 le *résultat de la division du reste par le diviseur* 365.

Ce quotient exact s'exprime ainsi : $6\dfrac{327}{365}$.

253. Reste d'une division. — Parfois, en craignant de prendre un *chiffre trop fort* au quotient, on en prend *un trop faible*; on le reconnaît à ce que le *reste de la division* est *égal* au diviseur ou *plus grand* que le diviseur. Le reste d'une division doit toujours être *plus petit* que le diviseur.

QUESTIONNAIRE. — 1. Comment se fait la division de 84 par 9? — 2. Faites mentalement la division de 67 par 8 et dites quel est le quotient approché *par défaut* à moins d'une unité près. — 3. Quel serait le quotient exact? — 4. Quelle doit être la valeur du reste par rapport au diviseur?

CALCUL MENTAL RAPIDE

I. *Multiplication par* **19, 29, 39,** *etc.* — On multiplie *par* 20, 30, 40, etc., et on retranche *une fois* le nombre.

Exemple : 47×39. On dit : 40 *fois* 47... 1880; *moins* 47... 1833.

Exercices :

17×19	34×39	26×69	117×39	541×79
25×29	18×49	48×79	232×69	624×49
	54×59	74×89	318×59	275×99

II. *Révision.* — Multiplier et diviser *par* 25; multiplier et diviser *par* 50 chacun des nombres suivants : 48; 52; 64; 86; 120; 170; 184; 230.

EXERCICES

Oraux. — **938.** Combien de *centiares* en 3 *hectares* ? — d'*ares* en 3 *hectomètres carrés* ? — Combien de *mètres carrés* en 6 *hectares* ? — de *décamètres carrés* en 425 *ares* ? — de *décimètres carrés* en 17 *centiares* ? — **939.** A 45 *francs* l'*hectolitre* de vin, que valent 70 *hectolitres* ? — **940.** On découpe, autour d'une feuille carrée de 4 *décimètres* de côté, une bande de 1 *centimètre* de large. Quelle est en *centimètres carrés* la surface de la partie enlevée ?

Écrits. — **941.** Trouver le *facteur inconnu* des produits suivants :

$876 \times \ldots = 4\,456\,212$ | $498 \times \ldots = 2\,992\,482$
$\ldots \times 763 = 6\,160\,462$ | $\ldots \times 682 = 6\,620\,856$

PROBLÈMES
Doublure d'un tapis ou vêtement.

TYPE. — **942. Un tapis de 3 mètres de long sur 2 mètres de large est doublé avec une étoffe de $0^m,50$ de largeur. Quelle est la longueur de la doublure employée et sa valeur à $0^{fr},60$ le mètre ?**

SOLUTION. — La longueur de la doublure est le *quotient* de la *surface de la doublure* par la *largeur* de la doublure.
La surface de la doublure est *égale à la surface* du tapis.
Surface du tapis en mètres carrés : $1^{m2} \times (3 \times 2) = 6$ mètres carrés.

Longueur de la doublure : $1^m \times \dfrac{6}{0,5} = 12$ mètres.

Valeur de la doublure : $0^{fr},60 \times 12 = 7^{fr},20$.

Oraux. — **943.** Les dimensions d'un tapis sont de 6 mètres sur 5 mètres et la doublure est une étoffe de $0^m,60$ de large. Quelle est la longueur de doublure qu'il a fallu employer ? — **944.** Pour faire une robe, il faut 3 mètres d'une étoffe de $0^m,80$ de largeur. Combien, pour la doubler, faudra-t-il employer d'une autre étoffe de $0^m,60$ de largeur ? — *945.** Pour doubler un vêtement, fait avec 10 mètres d'une étoffe à $0^m,60$ de large, on a employé une étoffe de $0^m,30$ de large. Le prix de la première étoffe est de 3 francs le mètre et le vêtement tout doublé revient à 40 francs. On demande le prix du mètre de la doublure.

Écrits. — **946.** Pour border une couverture rectangulaire dont la longueur a $0^m,75$ de plus que la largeur, on a employé $12^m,50$ de bordure. Combien faut-il de mètres d'étoffe de $0^m,90$ de largeur pour doubler cette couverture ? *(Doubs.)*

947. Un rideau de 4 mètres de long et de $3^m,25$ de large coûte $4^{fr},25$ le mètre carré. La doublure employée pour le doubler entièrement a $0^m,65$ de large, et le tapis doublé a coûté $72^{fr},25$. Quel est le prix du mètre de doublure ?

*948.** Un tapis rectangulaire ayant $3^m,25$ de longueur sur $2^m,50$ de largeur est doublé d'une étoffe de $0^m,65$ de largeur, et valant $0^{fr},75$ le mètre. Il est ensuite bordé d'un galon valant $0^{fr},10$ le mètre. Trouver le prix total de la doublure et du galon. *(C. E.)*

*949.** On achète $9^m,2$ d'une pièce de soie qui a $3/5$ de mètre de largeur. Combien faudra-t-il de percaline ayant $0^m,75$ de largeur pour doubler cette étoffe ? *(Orne.)*

=== CALCUL ÉCRIT RAPIDE ===

950. Trouver le *quotient* avec 3 *chiffres décimaux* de :

$58,473 : 8,34$; $27,32 : 3,7$; $46,815 : 57,4$; $72,007 : 3,65$.

DIVISION DES NOMBRES ENTIERS (Suite)

254. 3ᵉ Cas. — Le quotient a plusieurs chiffres.

Soit 576 593 : 782. — L'opération étant disposée comme ci-contre, on supprime *à droite du dividende* un nombre de chiffres suffisant pour ramener l'opération à une division du 2ᵉ cas. On a : 3 765 : 782. Le quotient est 4 et le reste 637.

```
576593 | 782
 6379  |─────
 1253  | 481
  451
```

J'ajoute *à droite de ce reste* les 9 dizaines du dividende et j'obtiens un second dividende, soit 6 379 à diviser par 782. Le quotient est 8 et le reste 123.

J'ajoute *à droite de ce reste* le dernier chiffre du dividende et j'obtiens le dernier dividende 1253 à diviser par 782. Le quotient est 1 et le reste 451. Le quotient total étant composé des chiffres 4, 8, 1, est égal à **481**. D'où :

255. Règle générale. — On **prend** sur la *gauche du dividende assez de chiffres* pour que le nombre qu'ils forment contienne *au moins une fois, mais non 10 fois*, le diviseur; cela forme un *premier dividende partiel* qui, divisé par le diviseur, donne le *premier chiffre à gauche du quotient* et un reste.

On **abaisse** à la droite du reste le *chiffre suivant du dividende*; cela forme un *second dividende partiel* qui, divisé par le diviseur, donne le *second chiffre du quotient* et un reste.

On **abaisse** le *chiffre suivant du dividende*; on a un *nouveau dividende partiel* sur lequel on opère comme sur les précédents; et on continue l'opération jusqu'à ce qu'on ait abaissé *le dernier chiffre du dividende*.

Le *reste* de la dernière division partielle est le *reste de la division*.

Si un dividende partiel est *plus petit* que le diviseur, on met un *zéro* au quotient et on *abaisse* le chiffre suivant du dividende pour former un nouveau dividende partiel.

256. Dividende et diviseur terminés par des zéros. — Lorsque le diviseur est terminé par des *zéros*, on supprime les *zéros* du diviseur et on recule la virgule dans le *dividende* d'autant de rangs vers la gauche qu'il y a de zéros à la droite du diviseur.

Soit : 1ᵉʳ *exemple* : 648 000 : 2 700 et 2ᵉ *exemple* : 3 458 : 2 700.

En supprimant les deux zéros du diviseur 2 700, je rends ce diviseur 100 fois plus petit; pour que le quotient ne change pas je dois rendre le dividende également 100 fois plus petit; et j'ai :

648 000 : 2 700 = 6 480 : 27 ; de même 3 458 : 2 700 = 34,58 : 27.

QUESTIONNAIRE. — 1. Comment se fait la division des nombres entiers lorsque le quotient a plusieurs chiffres? — 2. Lorsque dans le courant de la division on rencontre un dividende partiel plus petit que le diviseur, que fait-on? — 3. Que fait-on quand le dividende et le diviseur sont terminés par des zéros?

===== CALCUL MENTAL RAPIDE =====

Multiplication par 12 = 3 × 4; *par* 15 = 3 × 5; *par* 16 = 4 × 4; *par* 21 = 3 × 7, etc. — On multiplie successivement par les *facteurs* composant le *multiplicateur*.

Exemple : 27 × 12 = 27 × 3 × 4. On dit : 3 fois 27... 81 ; 4 fois 81... 324.

EXERCICES :
| 21 × 15 | 25 × 18 | 45 × 21 | 27 × 15 | 16 × 16 |
| 14 × 16 | 34 × 14 | 62 × 12 | 18 × 18 | 46 × 12 |

EXERCICES

Oraux. — **951.** Combien coûte un objet, sachant que :

1°	40 objets coûtent	320 francs	2°	50 objets coûtent	650 francs
	200 —	— 2400 —		600 —	— 3600 —
	800 —	— 4800 —		500 —	— 350 —

952. Indiquer comment on trouve aisément les quotients suivants :

$6 \times 13 : 3$	$12 \times 7 : 6$	$15 \times 8 : 5$	$32 \times 12 : 8$
$8 \times 11 : 4$	$18 \times 11 : 9$	$21 \times 11 : 7$	$24 \times 15 : 2$

Écrits. — **953.** Trouver la *hauteur* du triangle qui a :

1° Pour surface $12^{ha},58$ et pour base 370 mètres.
2° Pour surface $7^{ha},28$ et pour base 260 mètres.

954. Trouver la *base* du triangle qui a :

1° Pour surface $56^a,64$ et pour hauteur 160 mètres.
2° Pour surface $60^a,408$ et pour hauteur $76^m,80$.

PROBLÈMES
Salaire journalier; dépense journalière.

TYPE. — **955. Deux ouvriers travaillent ensemble: l'un gagne $0^{fr},50$ de plus que l'autre par jour de travail. Après le même nombre de jours de travail, le premier reçoit 130 francs, l'autre 120 francs. Quel est le salaire journalier de chacun ?**

SOLUTION. — Le nombre de jours de travail est égal au *quotient* de la *différence totale* des salaires par la *différence des salaires en un jour*.

Pour un jour de travail, la différence des salaires est de $0^{fr},50$.

Pour une différence de salaires de $130^{fr} - 120^{fr}$, ou 10 francs, le nombre des jours de travail est de $1 \times \dfrac{10}{0,50} = 20$ jours.

Le salaire journalier du 1er ouvrier est de $130^{fr} : 20 = 6^{fr},50$.
Le salaire journalier du 2e ouvrier est de $120^{fr} : 20 = 6$ francs.

Oraux. — **956.** Un ouvrier économise $10^{fr},50$ par semaine. Sachant qu'il dépense par semaine les 0,75 de son salaire, on demande quel est le salaire par semaine de cet ouvrier. — **957.** Un ouvrier qui dépense 5 francs par jour s'endette de $3^{fr},50$ par semaine ; pour économiser au contraire $3^{fr},50$ par semaine, combien devrait-il dépenser par jour ?

Écrits. — **958.** Deux ouvriers travaillent ensemble : le premier gagne $1^{fr},25$ par jour de plus que le deuxième. Après avoir travaillé ensemble pendant le même nombre de jours, le premier reçoit 102 francs et le deuxième 72 francs. On demande combien chaque ouvrier gagnait par jour.

959. La dépense d'un ménage s'est élevée, dans les 146 premiers jours de l'année, à $616^{fr},25$. De combien doit-il diminuer sa dépense par jour, dans le reste de l'année, pour que la dépense totale soit de $1441^{fr},25$?   (*Meuse.*)

960. Pour dépenser $138^{fr},45$ par mois, il me manquerait $25^{fr},40$ par an. Or, je tiens à économiser 250 francs par an. Combien puis-je dépenser par mois?

=== **CALCUL ÉCRIT RAPIDE** ===

961. Effectuer jusqu'aux *centièmes* les divisions suivantes :

87500 : 5800;   35700 : 870;   504300 : 47000;   63740 : 68000.

DIVISION DES NOMBRES DÉCIMAUX

257. Le diviseur est entier. — Soit **827,45 : 57**.

```
827,45 | 57
 257   |——————
 294   | 14,5166
  95
 380
 380
  38
```

Règle. — Pour **diviser un nombre décimal par un nombre entier**, il suffit d'opérer comme pour la division des *nombres entiers*, en ayant soin de placer une **virgule** au quotient avant d'abaisser le *premier chiffre* de la partie décimale du dividende.

Le quotient en *dix-millièmes* de 827,45 par 57 est **14,5166**.

258. Remarque. — Soit 2,63 : 785. Dans la division de 2,63 par 785, la partie entière 2 du dividende étant plus petite que le diviseur 785, on écrit *un zéro au quotient* pour les unités;

```
2,630 | 785
2750  |————
 395  | 0,0033
```

26 dixièmes, puis 263 centièmes ne pouvant pas non plus être divisés par 785, on écrit de même *au quotient un zéro* pour les dixièmes et *un zéro* pour les centièmes.

Le quotient en *dix-millièmes* de 2,63 : 785 est **0,0033**.

259. Le diviseur est décimal. — Soit **8,537 : 3,24**. On a :
8,537 : 3,24 = 853,7 : 324.

```
853,7 | 324
205 7 |————
 11 30| 2,634
  1 580
    284
```

Règle — Lorsque le *diviseur est décimal*, on le rend **entier** en *supprimant la virgule*; et afin de ne pas changer le quotient on transporte la virgule dans le dividende *d'autant de rangs* vers la droite qu'il y avait de *chiffres décimaux* au diviseur.

Le quotient en *millièmes* de 8,537 par 3,24 est **2,634**.

260. Remarque. — Soit 17 : 0,255. On a : 17 : 0,255 = 17 000 : 255.

```
17000 | 255
  550 |————
  800 | 72,34
  950
   10
```

Dans la division de 17 par 0,255, comme il n'y a pas de virgule à déplacer dans le dividende puisque ce dividende est un nombre entier, j'écris *trois zéros* à la droite de ce dividende 17, c'est-à-dire *autant de zéros* qu'il y a de *chiffres décimaux* dans le diviseur proposé.

Le quotient en *centièmes*, de 17 : 0,255 est **72,34**.

261. Division par 0,1; par 0,01; par 0,001; etc. On a :

$$47 : 1 = 47$$
$$47 : 0,1 = 47 \times 10$$
$$47 : 0,01 = 47 \times 100$$
$$47 : 0,001 = 47 \times 1000.$$

Chaque diviseur étant 10 fois plus petit que le diviseur précédent donne un quotient 10 fois plus grand que le quotient précédent. D'où :

Diviser un nombre par 0,1, par 0,01, par 0,001, etc., revient à le *multiplier* par 10, 100, 1000, etc.

QUESTIONNAIRE. — 1. Comment divise-t-on un nombre *décimal* par un nombre *entier* ? — 2. Comment fait-on la division lorsque le *diviseur* est un nombre décimal ? — 3. Qu'est-ce que diviser un nombre par 0,1, par 0,01, par 0,001 ?

CALCUL MENTAL RAPIDE

Pour cent. — 1 %= 0,01; 2 %= 0,02; 3 %= 0,03; 4 %= 0,04, etc. Prendre *le* 1 %; *les* 2 %; *les* 3 %; *les* 4 %, *etc.*, d'un nombre, c'est en prendre *le* 0,01, *les* 0,02, *les* 0,03, *les* 0,04, *etc.*

EXERCICES : Prendre les 2 % de : 36; 57; 160; | les 4 % de : 53; 84; 250.

EXERCICES

Oraux. — **962.** *Indiquer les quotients des divisions suivantes* : 87 : 0,1; 12 : 0,01; 345 : 0,001; 27 : 0,0001. — **963.** *Une somme diminuée de ses 0,6 vaut 48 francs. Quelle est cette somme?* — **964.** *Un triangle a 48 centimètres de base et 20 centimètres de hauteur. Quelle en est la surface?* — **965.** *Un triangle a 10 décimètres carrés de surface et 50 centimètres de base. Quelle en est la hauteur?*

Écrits. — **966.** Un carré a 15 centimètres de côté. Quelle en est la surface? Quelle en serait la surface si on en rendait le côté 2 fois plus grand? 2 fois plus petit? 3 fois plus grand? 3 fois plus petit? Faire le graphique.

967. Calculer la base d'un rectangle de 86 mètres de hauteur équivalant à un carré de 76 mètres de côté.

PROBLÈMES
Mise en bouteilles.

TYPE. — **968. Un marchand met en bouteilles une pièce de vin de 228 litres. Il emplit d'abord 52 bouteilles de chacune 1/2 litre, puis 100 bouteilles de chacune $0^{lit},85$. Combien lui faudra-t-il de bouteilles de $0^{lit},75$ pour mettre le reste?** (C. E.)

SOLUTION. — Contenance des 52 bouteilles de $0^{lit},50$ chacune :
$$0^{lit},50 \times 52 = 26 \text{ litres.}$$
Contenance des 100 bouteilles de $0^{lit},85$ chacune : $0^{lit},85 \times 100 = 85$ litres.
Quantité mise dans des bouteilles de $0^{lit},75$... : $228^{lit} - 26^{lit} - 85^{lit} = 117$ litres.

Nombre de bouteilles à $0^{lit},75$... : $1^b \times \dfrac{117}{0,75} = 156$ bouteilles.

Oraux. — **969.** *Un fût de vin de 120 litres est mis dans des bouteilles de $0^{lit},80$. Ce fût a coûté 100 francs, les bouteilles 20 francs le 100. Les frais de bouchons et de mise en bouteilles reviennent à 10 francs. On demande combien il faudra vendre la bouteille pour gagner 10 francs sur le tout.* — *970. Un fût de vin de 60 litres est vendu au détail au prix de $0^{fr},50$ la bouteille de $0^{lit},50$ verre compris. Quel bénéfice réalise-t-on, sachant que les frais de mise en bouteilles, bouteilles comprises, s'élèvent à 20 francs et que ce vin a été payé à raison de 50 francs l'hectolitre?*

Écrits. — **971.** Une personne se sert de bouteilles telles que 4 d'entre elles ont la même capacité que 3 litres, pour mettre en bouteilles 114 litres de vin achetés à 75 francs l'hectolitre. A combien lui revient la bouteille? (H.-Marne.)

972. 312 litres de vin sont mis dans des bouteilles de $0^{lit},65$. Le vin coûte 12 francs le double décalitre, les bouteilles 15 francs le cent et les bouchons 20 francs le mille. A combien revient chaque bouteille de vin, le tonnelier demandant 4 francs pour son travail? (Seine-et-Oise.)

973. Une personne achète 8 pièces de vin de chacune 225 litres à 65 francs la pièce. Elle paie $48^{fr},60$ de transport. L'octroi s'élève à $4^{fr},50$ par hectolitre. Il y a dans chaque tonneau $4^{lit},75$ de lie. A combien revient la bouteille de 75 centilitres de vin clair? (Morbihan.)

CALCUL ÉCRIT RAPIDE

974. Effectuer *jusqu'aux millièmes* les divisions suivantes :
47,35 : 3,742;   819,7 : 9,78;   51,245 : 47,8;   56,422 : 7,835.

DIVISION DES FRACTIONS

262. Le diviseur est entier. — Soit $\frac{2}{3} : 5$. On a $\frac{2}{3} : 5 = \frac{2}{3 \times 5}$.

En effet, diviser 2/3 par 5, c'est rendre 5 fois *plus petite* la fraction 2/3, ce qui se fait en *multipliant* le dénominateur 3 par 5 : d'où on a : $\frac{2}{3} : 5 = \frac{2}{3 \times 5}$.

263. 1re Règle. — Pour diviser **une fraction par un nombre entier**, on **multiplie** le *dénominateur* de la fraction par le *nombre entier*.

REMARQUE. — Soit $\frac{8}{9} : 4$. Le numérateur 8 étant divisible par 4, il suffit de *diviser* ce numérateur 8 par le *diviseur* 4. On a donc : $\frac{8}{9} : 4 = \frac{8 : 2}{9}$ ou $\frac{4}{9}$.

264. Le diviseur est une fraction. — Soit $\frac{4}{5} : \frac{3}{7}$ et $5 : \frac{2}{3}$.

1° On a $\frac{4}{5} : \frac{3}{7} = \frac{4 \times 7}{5 \times 3}$.

En effet, si je divise $\frac{4}{5}$ par l'unité, j'ai $\frac{4}{5}$. Si je prends un diviseur 7 *fois plus petit*, soit $\frac{1}{7}$, j'ai un quotient 7 *fois plus grand* ou $\frac{4 \times 7}{5}$; et si je prends un diviseur 3 *fois plus grand*, soit $\frac{3}{7}$, j'ai un quotient 3 *fois plus petit* ou $\frac{4 \times 7}{5 \times 3}$.

2° De même on a $5 : \frac{2}{3} = \frac{5 \times 3}{2}$.

265. 2e Règle. — Pour diviser une *fraction* par **une fraction** ou un *nombre entier* par **une fraction**, on **multiplie** la fraction dividende ou le nombre entier dividende par la *fraction diviseur renversée*.

266. Fractions décimales ou nombres décimaux. — On opère avec les *fractions décimales* ou les *nombres décimaux*, en appliquant les règles précédentes :

1er *exemple* : $\frac{2}{3} : 0,65 = \frac{2}{3 \times 0,65}$; 2e *exemple* : $0,65 : \frac{2}{3} = \frac{0,65 \times 3}{2}$;

3e *exemple* : $\frac{3}{4} : 2,65 = \frac{3}{4 \times 2,65}$; 4e *exemple* : $2,65 : \frac{3}{4} = \frac{2,65 \times 4}{3}$.

267. Nombres fractionnaires. — On convertit les *nombres fractionnaires* en *expressions fractionnaires* et on opère comme avec les fractions, d'après les règles précédentes. Ainsi, soit à diviser $4\frac{2}{7}$ par $2\frac{4}{9}$. On a :

$$4\frac{2}{7} : 2\frac{4}{9} = \frac{30}{7} : \frac{22}{9} = \frac{30 \times 9}{7 \times 22}$$

QUESTIONNAIRE. — 1. Comment divise-t-on une fraction par un entier? — 2. Comment fait-on la division lorsque le diviseur est une *fraction*? — 3. Comment opère-t-on avec les *fractions décimales* ou les *nombres décimaux*? — 4. Comment fait-on la division de deux *nombres fractionnaires*?

EXERCICES

Oraux. — **975.** Que coûte le mètre d'une étoffe, sachant : 1° que 2/3 de mètre valent 3 francs; 2° que 3/4 de mètre valent 1fr,50? — **976.** Trouver le nombre dont les 2/3 valent 14; — le nombre dont les 3/4 valent 21; — le nombre dont les 4/11 valent 36. — Trouver le nombre dont les 2/3 des 3/4 valent 36; — un nombre dont les 2/5 du 1/4 valent 60. — **977.** Par quelle fraction faut-il multiplier 2/3 pour avoir 8 ? — **978.** Par quelle fraction faut-il multiplier 4/5 pour avoir 7 ?

Écrits. — **979.** Effectuer :

5/7 : 3	14/19 : 7	2/5 : 3/4	0,35 : 2/3	*15 2/3 : 9
4/11 : 5	7 : 3/8	1/2 : 5/8	2,5 : 0,45	2 1/8 : 4 5/7
	11 : 5/9	5/6 : 3/10	0,66 : 3 2/11	7 2/9 : 13 3/5

PROBLÈMES

Fraction d'un nombre.

TYPE. — **980. Il me reste les 0,3 d'une somme que je possédais. Je dépense de nouveau 7 francs et il ne me reste plus que 8 francs. Quelle était cette somme?**

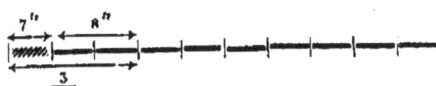

SOLUTION. — Si les 0,3 de la somme, diminués de 7 francs, valent 8 francs; non diminués, ces 0,3 valent : $8^{fr} + 7^{fr} = 15$ francs. Si les 0,3 du nombre valent 15 francs, le 0,1 vaut $15^{fr} : 3$ ou 5 francs et le nombre entier vaut :
$$5^{fr} \times 10 = 50 \text{ francs.}$$

Oraux. — **981.** En ajoutant 15 au 1/4 d'un nombre, on obtient les 0,5 de ce nombre, quel est-il? — **982.** Je donne les 2/5 de ce que je possède à Pierre et les 0,5 à Jean. Celui-ci a 7fr,50 de plus que Pierre. Quelle somme ai-je partagée? — ***983.** En ajoutant 3m,50 aux 2/5 d'une longueur, on obtient les 3/4 de cette longueur. Quelle est-elle?

Écrits. — **984.** Une propriété est ensemencée : la 1/2 en blé, le 1/3 en pommes de terre et le reste en maïs; il y a 15 ares de plus en blé qu'en pommes de terre. Quel est le rapport total de la propriété, sachant que l'are donne en moyenne 1fr,35 de revenu net? *(Haute-Vienne.)*

985. Les 2/3 d'un champ sont plantés en froment ; les 2/9 en vignes, et le reste en pommes de terre. La deuxième partie surpasse la troisième de 8a,4. On demande l'étendue totale du champ et l'étendue de chaque parcelle. *(Nord.)*

986. Trois associés se partagent un bénéfice. Le premier en prend les 2/5 ; le deuxième, 3/7 et le troisième, le reste. Le deuxième reçoit 42 francs de plus que le premier. Quelle est la part de chaque associé ? *(Indre-et-Loire.)*

***987.** Deux jeunes filles possédaient des économies dont le total s'élevait à 502fr,20. L'une d'elles ayant dépensé les 2/3 de sa part et l'autre les 3/7 de la sienne, il reste à la première 2 fois plus qu'à la seconde. Quelle était primitivement la part de chacune ? *(C. E.)*

CALCUL ECRIT RAPIDE

988. Effectuer jusqu'aux *millièmes* les divisions suivantes :
87,507 : 0,0075; 143,25 : 0,0985; 8,079 : 17,045; 6,9015 : 0,497

DIVISION DES NOMBRES COMPLEXES

268. Le diviseur est entier. — Soit 4 jours 13^h 47^m 50^s à diviser par 8.

```
     4j   13h   47m   50s | 8
   ─────────────────────── 
   24h×4=96h              |13h 43m 28s
        109h
         29h
          5h
        ─────────
        60m×5=300m
             347m
              27m
               3m
             ─────────
             60s×3=180s
                  230s
                   70s
                    6
```

On convertit 4 jours en heures, et on ajoute au résultat les 13 heures du dividende; on divise le total 109 heures par 8, ce qui donne 13 heures au quotient et 5 heures pour reste.

On convertit ce reste en minutes, et on ajoute au résultat les 47 minutes du dividende; on divise le total 347 minutes par 8, ce qui donne 43 minutes au quotient et 3 minutes pour reste.

On convertit ce reste en secondes et on ajoute au résultat les 50 secondes du dividende. On divise le total 230 secondes par 8, ce qui donne 28 secondes au quotient, et 6 secondes pour reste.

Le quotient est $13^h\ 43^m\ 28^s\ \frac{6}{8}$.

269. Règle. — Pour diviser **un nombre complexe par un nombre entier**, on *divise successivement*, en commençant par les plus hautes unités, les *différentes parties du dividende* par le diviseur, on *convertit chaque reste* en unités immédiatement *inférieures* qu'on *ajoute* aux unités de même espèce avant de continuer la division.

270. Le diviseur est un nombre décimal ou une fraction.

1er Exemple. — Soit $1^h\ 15^m\ 20^s$ à diviser par **2,5**.
On dit : $1^h\ 15^m\ 20^s$ convertis en secondes font $1^h = 60^m$; $+ 15^m = 75^m$, ou $60^s \times 75 = 4\,500^s$; $+ 20^s = 4\,520$ secondes. Le quotient est $4\,520^s : 2,5 = 1808^s$, ou $1^m \times \frac{1808}{60} = 30^m, 8^s$.

2e Exemple. — Soit $2^o\ 10'$ à diviser par $\frac{2}{3}$.

On dit : 2° convertis en minutes font $60' \times 2 = 120'$; $+ 10' = 130'$.

$130'$ divisées par $\frac{2}{3} = \frac{130' \times 3}{2} = \frac{390'}{2} = 195'$, ou $3^o\ 15'$.

QUESTIONNAIRE. — Comment fait-on la division d'un *nombre complexe* par un *entier*?

=== CALCUL MENTAL RAPIDE ===

I. **Multiplication par 0,50.** — Multiplier un nombre par 0,50, c'est prendre les 50 *centièmes* ou la *moitié* du nombre.
Exemple : $47 \times 0,50$. On dit : moitié de 47... **23,5**.
Exercices : *Multiplier par* 0,50 : 84; 112; 98; $6^{fr},50$; $4^{fr},80$; $26^{fr},60$.

II. **Multiplication par 0,25.** — Multiplier un nombre par 0,25, c'est prendre les 25 *centièmes* ou le *quart* de ce nombre.
Exemple : $82 \times 0,25$. On dit : quart de 82... **20,5**.
Exercices : *Multiplier par* 0,25 : 84; 148; 220; 560; $12^{fr},40$; $28^{fr},60$.

EXERCICES

Oraux. — **989.** Trouver le 1/5 d'une heure; le 1/6; le 1/4; le 1/15; le 1/10.
990. Trouver le 1/6 d'une minute; le 1/5; le 1/15; le 1/4; le 1/10.
991. Trouver mentalement les résultats suivants :

$3° : 5$; $6° : 15$; $104' : 13$; $7'30'' : 15$; $2° \, 10' : 10$; $4°30' : 9$.

Écrits. — **992.** Effectuer les divisions suivantes :

$18^h 5^m : 7$; $4^h 48^m : 0,5$; $8° 40' : 14$; $8' 20'' : \frac{3}{4}$;

$15^h 47^m : 15$; $3^h 20^m : \frac{3}{5}$; $65° 47' 51'' : 11$; $7° 12' : 0,45$.

993. Convertir en secondes : $1° \, 13' \, 56''$; $115° \, 23' \, 12''$; $27° \, 47' \, 39''$.

994. On demande combien il y a d'années, de mois, de jours, d'heures et de minutes dans 3 527 436 minutes. *(Paris.)*

995. Une voiture part avec une vitesse de 11 kilomètres par heure. On envoie à sa poursuite un courrier qui fait 297 mètres par minute et qui la rejoint au bout de $2^h 27^m$. Quelle était la différence des heures de départ ? *(Seine-et-Oise.)*

PROBLÈMES
Temps et distances.

TYPE. — **996. Un train de chemin de fer parcourt 90 kilomètres en $1^h 1/2$. Il est parti à $11^h,20$. A quelle heure aura-t-il parcouru $12^{km},6$?**

SOLUTION. — Le trajet en une heure est $90^{km} : 1 \, 1/2 = 90^{km} : \frac{3}{2} = \frac{90^{km} \times 2}{3}$
$= 60$ kilomètres.

La durée du trajet sera donc $1^h \times \frac{126}{60} = 2^h 6^m$.

L'heure de l'arrivée sera $11^h 20^m + 2^h 6^m = 13^h 26^m$.

Nota. — Quand, dans un problème, une division (comme celle de 126 par 60 du problème type) donne au quotient un nombre complexe, *des heures, par exemple*, il faut, pour passer aux unités inférieures (minutes, secondes), multiplier par 60 chacun des restes successifs de la division et continuer ensuite l'opération. Si la première partie du quotient exprimait, par exemple, des années, on trouverait les unités inférieures (mois, jours, heures, etc.) en multipliant chacun des restes successifs par 12, 30, 24, 60, 60, etc.

```
126 | 60
  6 | 2^h 6^m
 60
 360
```

Oraux. — **997.** *Une montre avance de 15 secondes par heure; de combien avance-t-elle en 12 heures ?* — **998.** *Un train parcourt 4 kilomètres en 5 minutes. Combien de temps mettra-t-il pour parcourir sans arrêt 120 kilomètres ?* — **999.** *Un courrier part à $10^h 15^m$ du matin et marche pendant $3^h 25^m$. Quelle heure est-il alors ?*

Écrits. — **1000.** La vitesse de la lumière est de 300 000 kilomètres par seconde. La lumière de Sirius mettant 3 ans environ à venir jusqu'à nous, dites la distance de la terre à Sirius (étoile très brillante de la constellation du Grand Chien).

1001. Un train de chemin de fer parcourt 35 kilomètres à l'heure. Il part à $6^h 15^m$. A quelle heure arrivera-t-il à destination s'il a 235 kilomètres à parcourir et si, pendant ce trajet, les arrêts durent au total $1^h 10^m$. *(C. E.)*

1002. Un bassin contient 730 litres d'eau. Combien de temps (exprimé en heures, minutes, secondes) faudra-t-il, pour vider ce bassin, à un robinet placé à la partie inférieure et laissant écouler 82 litres à l'heure ?

CARACTÈRES DE DIVISIBILITÉ — PREUVES PAR 9

271. Division exacte. — On dit qu'un nombre est **divisible** par un autre lorsque leur division ne laisse pas de reste.

Ainsi : 15 est *divisible* par 5 ;   42 est *divisible* par 7.

272. Diviseur. — Tout nombre qui en divise un autre est appelé **diviseur, facteur** ou **sous-multiple** de cet autre nombre.

273. Divisibilité par 2 ou par 5. — Un nombre est divisible par **2** ou par **5** quand son **dernier chiffre** de droite est un **zéro** ou un chiffre divisible par **2** ou par **5**.

Ainsi : 740 *est divisible par* 2 *et par* 5 ;   276 *est divisible par* 2.

274. Divisibilité par 4 ou par 25. — Un nombre est divisible par **4** ou par **25** quand ses **deux derniers chiffres** de droite sont **deux zéros**, ou forment un nombre divisible par **4** ou par **25**.

Ainsi : 3 700 *est divisible par* 4 *et par* 25 ;   172 *est divisible par* 4.

275. Divisibilité par 3 ou par 9. — Un nombre est divisible par **3** ou par **9** quand la **somme** de ses chiffres est divisible par **3** ou par **9**.

Ainsi : 753 *qui donne* $7+5+3=15$ *est divisible par* 3 ; 2475 *qui donne* $2+4+7+5=18$ *est divisible par* 3 *et par* 9.

276. Reste de la division d'un nombre par 9. — Le *reste* de la division d'un nombre par 9 est égal au *reste* de la division par 9 de la **somme de ses chiffres**. Ainsi : 875 *divisé par* 9 *donne le même reste que* $8+7+5$ *ou* 20 *divisé par* 9 ; *soit* 2.

277. Preuve par 9 de la multiplication. — I. On cherche le reste de la division par 9 du *multiplicande* en disant 8 et 5... 13 ; reste 4, et 7... 11 ; *reste* **2**. — II. On fait de même pour le *multiplicateur* ; *reste* **8**. — III. On cherche le reste de la division par 9 du *produit de ces deux restes* obtenus en disant 2 fois 8... 16 ; *reste* **7**. — IV. On fait de même pour le *produit de la multiplication* ; *reste* **7**. Ces deux derniers restes doivent être les mêmes.

```
  85,7
  4,85
 ------
  4 285
 68 56
342 8
 ------
415,645
```

278. Preuve par 9 de la division. — I. On cherche le reste de la division par 9 du *diviseur* en disant 6 et 5... 11 ; *reste* **2**. — II. De même pour le *quotient* ; *reste* **4**. — III. De même pour le *produit de ces deux premiers restes* **additionné** au reste de la division en disant 2 fois 4... 8 ; et 2... 10 ; reste **1** ; et 4... 5 ; *reste* **5**. — IV. De même pour le *dividende* ; *reste* **5**. Ces deux derniers restes doivent être les mêmes.

```
2506354 | 65
 556    | 35482
 315
 555
 154
  24
```

QUESTIONNAIRE. — 1. Comment appelle-t-on un nombre qui en *divise* un autre ? — 2. Quand un nombre est-il *divisible* par 2 ? — par 5 ? — par 4 ? — par 25 ? — par 3 ? — par 9 ? — 3. A quoi est égal le *reste* de la division d'un nombre par 9 ?

EXERCICES

Oraux. — **1003.** *Dans les nombres suivants, distinguez ceux qui sont divisibles :* 1° *par* 2; 2° *par* 5; 3° *par* 2 *et par* 5.

8; 24; 27; 38; 125; 230; 454; 95; 358; 145; 80; 123. 148; 245; 556; 800; 324; 660; 250; 1340; 972; 1200.

1004. — *Dans les nombres suivants, distinguez ceux qui sont divisibles :* 1° *par* 3; 2° *par* 9 : 234; 603; 543; 765; 511; 819; 654; 135; 177.

1005. — *Dans les nombres suivants, distinguez ceux qui sont divisibles par* 6, *c'est-à-dire les nombres qui sont à la fois divisibles par* 2 *et par* 3.

134; 48; 78; 124; 156; 246; 354; 254; 376; 2484.

Écrits. — **1006.** Simplifiez : $\frac{72}{96}$; $\frac{103}{198}$; $\frac{135}{1845}$; $\frac{254}{376}$; $\frac{350}{910}$; $\frac{3420}{4860}$.

1007. Simplifiez, puis effectuez : 1° $\frac{16 \times 30 \times 4}{8 \times 15 \times 30}$. 2° $\frac{8 \times 120 \times 10 \times 4}{200 \times 5 \times 6}$.

PROBLÈMES

La longitude d'un lieu étant donnée, trouver l'heure solaire de ce lieu[1].

TYPE. — **1008. Lorsqu'il est midi à Paris, quelle heure est-il dans une ville située : 1° à 13° de longitude ouest; 2° à 15° 30' de longitude est de Paris.**

Solution. — Pour une différence de longitude de 180°, c'est-à-dire la moitié de la mesure en degrés du méridien terrestre, la différence des heures est de 12 heures, c'est-à-dire de la moitié du jour; pour une différence de 1° cette différence est de 12^h ou $720^m : 180 = 4$ minutes. La différence 4 minutes exprime le retard par degré pour une longitude *ouest* et l'avance par degré pour une longitude *est*.

La ville située à 13° de longitude *ouest* de Paris a donc sur Paris un *retard* de $4^m \times 13 = 52$ minutes, c'est-à-dire que *l'heure solaire* de cette ville est midi moins 52 minutes ou $11^h 8^m$ du matin, quand il est midi à Paris. La ville située à 15°30' de longitude *est* de Paris a donc sur Paris une *avance* de $4^m \times 15 = 60^m + 2$ minutes, ou 62 minutes, c'est-à-dire qu'il est, dans cette ville, midi plus 62 minutes, ou $1^h 2^m$ du soir quand il est midi à Paris (*heure solaire*).

Oraux. — **1009.** *Lorsqu'il est midi à Paris, quelle heure solaire est-il dans les endroits suivants qui sont à une longitude* **ouest** *de* 180° — 90° — 30° — 60°? — **1010.** *Lorsqu'il est minuit à Paris, quelle heure solaire est-il dans les endroits suivants qui sont à une longitude* **est** *de* 90° — 30° — 3° — 1°?

Écrits. — **1011.** Quand il est midi à Paris, quelle heure *solaire* est-il à New-York, qui se trouve à 76° 28' de longitude ouest de Paris ?

1012. Quelle heure *solaire* est-il à Rome quand il est midi à Paris, la longitude de Rome étant de 10°9' par rapport au méridien de Paris ?

1. Dans ces problèmes, il s'agit de déterminer l'heure *solaire*, c'est-à-dire l'heure donnée par les cadrans solaires et qui est la 24ᵉ partie de l'espace de temps compris entre deux passages successifs du soleil au méridien du lieu. Ainsi, quand il est midi à Paris, l'heure *solaire* de Marseille, située à peu près à 3 degrés de longitude *est* de Paris, est midi 12; l'heure *solaire* de Brest, situé à peu près à 7 degrés de longitude *ouest*, est $11^h 52^m$ quand il est midi à Paris. Mais, en pratique, depuis le 9 mars 1911, l'heure légale est la même pour tous les pays occupant l'un des 24 fuseaux entre lesquels la surface de la terre a été partagée. La France appartient au fuseau dont l'heure est donnée par le méridien de Greenwich. La différence des heures de deux fuseaux consécutifs est d'une heure.

RÈGLE DE TROIS

279. 1ᵉʳ EXEMPLE. — 8 mètres d'étoffe coûtent 40 francs, combien coûtent 32 mètres.

8 mètres d'étoffe coûtent 40 francs; 1 mètre d'étoffe coûtera 8 fois *moins* que 8 mètres; et 32 mètres d'étoffe coûteront 32 fois *plus* qu'un mètre.

Deux quantités sont **directement proportionnelles** lorsque l'une d'elles devenant 2, 3, *etc. fois plus grande ou plus petite*, l'autre devient de même 2, 3, *etc. fois plus grande ou plus petite*.

Ainsi, le prix d'une marchandise est *directement proportionnel* ou à sa longueur, ou à sa surface, ou à son poids, ou à son volume.

280. 2ᵉ EXEMPLE. — 4 ouvriers ont mis 12 jours pour faire un travail, combien 16 ouvriers mettront-ils de jours pour faire ce même travail ?

Pour faire un travail, 4 ouvriers ont mis 12 jours; 1 ouvrier aurait mis 4 fois *plus* de jours que 4 ouvriers; et 16 ouvriers mettront 16 fois *moins* de jours que 1 ouvrier.

Deux quantités sont **inversement proportionnelles** lorsque l'une devenant 2, 3, *etc. fois plus grande ou plus petite*, l'autre devient *inversement* 2, 3, *etc. fois plus petite ou plus grande*.

Ainsi, le temps employé à faire un ouvrage est *inversement proportionnel* au nombre des ouvriers.

281. Règle de trois. — La règle de trois est une règle qui permet de résoudre les problèmes sur les **quantités proportionnelles**.

La règle de trois est **simple** lorsqu'elle s'applique à *trois quantités connues* permettant d'en trouver une *quatrième*; elle est **composée** lorsqu'elle comprend *plusieurs* règles de trois simples *successives*.

La règle de trois est **directe** si les quantités sont *directement proportionnelles*; elle est **inverse** si les quantités sont *inversement proportionnelles*.

QUESTIONNAIRE. — 1. Quand deux quantités sont-elles *directement* proportionnelles ? — 2. Composer un *exemple* dans lequel se trouvent deux quantités directement proportionnelles ? — 3. Quand deux quantités sont-elles *inversement* proportionnelles ? — 4. Composer un *exemple* dans lequel se trouvent deux quantités inversement proportionnelles ? — 5. Qu'est-ce que la *règle de trois* ? — 6. Quand est-elle *directe* ? — *inverse* ?

CALCUL MENTAL RAPIDE

I. **Multiplication par 0,75.** — Multiplier un nombre par 0,75, c'est prendre 3 *fois les 25 centièmes*, ou 3 *fois le quart* de ce nombre.

Exemple : 62 × 75. On dit : quart de 62... 15,5 ; 3 fois 15,5... **46,5**.

EXERCICES : Multiplier par 0,75 : 56 ; 72 ; 82 ; 120 ; 560 ; 8,40 ; 26,60.

II. **Multiplication par 11, 21, 31, etc.** — On multiplie par 10, 20, 30, etc., et on ajoute au produit *une fois le nombre*.

Exemple : 45 × 31. On dit : 30 fois 45... 1 350 ; et 45... **1 395**.

EXERCICES : 23 × 21 ; 63 × 51 ; 26 × 61 ; *118 × 21 ; *543 × 81.

III. **Multiplication par 0,9 ; 1,9 ; 2,9 ; 3,9, etc.** — On multiplie par 1, 2, 3, 4, etc. ; et on retranche du produit le *dixième* du nombre.

Exemple : 43 × 5,9. On dit : 6 fois 43... 258 ; moins 4,3... **253,7**.

EXERCICES : 27 × 1,9 ; 57 × 5,9 ; 39 × 3,9 ; *123 × 0,9 ; *417 × 5,9.

PROBLÈMES
Règle de trois simple directe.

TYPE. — 1013. Un ouvrier a reçu 40 francs pour 16 journées de travail. Quelle somme aurait-il reçue s'il avait travaillé 12 jours de plus ?

SOLUTION. — On dit, en disposant comme ci-contre :

16^j
1^j
28^j

$\dfrac{40^{fr} \times 28}{16} = 70$ francs.

Pour 16 journées l'ouvrier reçoit 40 francs ;

Pour une journée il recevra 16 fois moins, ou $\dfrac{40^{fr}}{16}$;

Et pour 28 journées il recevra 28 fois plus, ou $\dfrac{40^{fr} \times 28}{16} = 70$ francs.

Nota. — Il va de soi qu'avant d'effectuer l'expression finale, il faut *toujours* la *simplifier*, quand c'est possible.

Dans le problème précédent, l'expression $\dfrac{40^{fr} \times 28}{16}$ aurait dû être simplifiée successivement ainsi en divisant par 8 les nombres 40 et 16, $\dfrac{5^{fr} \times 28}{2}$ et ensuite, en divisant par 2 les nombres 28 et 2, $\dfrac{5^{fr} \times 14}{1} = 70$ francs.

$\dfrac{\overset{5^{fr}}{\underset{}{40^{fr}}} \times \overset{14}{28}}{\underset{1}{\underset{2}{16}}} = 70$ francs.

Dans la pratique, on simplifie sur l'expression elle-même comme cela est indiqué ci-dessus.

Oraux. — 1014. 15 *mètres d'étoffe coûtent 75 francs, que coûtent 8 mètres? 25 mètres?* — **1015.** 20 *litres de vin coûtent 9 francs. Que coûtent 60 litres? 15 litres? 80 litres?* — **1016.** 1 *mètre de drap vaut 12 francs. Que valent* 0^m,50 ? 0^m,25 ? 0^m,75 ? — **1017.** 1 *kilogramme de café vaut 6 francs. Que valent* 250 *grammes?* 80 *grammes?* 120 *grammes?* — **1018.** 1 *ouvrier gagne* 4^{fr},50 *par jour de travail; que gagne-t-il en un mois de 25 jours de travail?* — **1019.** *Une source donne* 1^{lit}1/2 *en 10 minutes. Combien de litres donne-t-elle à l'heure?* — **1020.** *On paie* 3^{fr},50 *de façon pour 14 objets. Que paiera-t-on pour 90 objets?* — **1021.** 1000 *grammes d'eau de mer contiennent* 50 *grammes de sel. Dans quel poids d'eau de mer trouvera-t-on un quintal de sel?* (C. E.) — **1022.** 0^m,25 *d'étoffe valent 12 francs; Combien vaut 1 mètre de cette étoffe?* — **1023.** 0^{kg},30 *de café coûte* 1^{fr},20. *Que coûtent 9 kilogrammes?*

Écrits. — 1024. On offrait à une femme sur le marché 625 grammes de beurre au prix de 1^{fr},50. Elle a préféré acheter pour 8^{fr},55 un morceau de même qualité, pesant 3^{kg},8. Dites combien elle a gagné ou perdu. (*Nord.*)

1025. On achète 150 œufs à 0^{fr},80 la douzaine; on en vend le tiers à 0^{fr},15 l'œuf et le reste à raison de 4 pour 0^{fr},35. Combien gagne-t-on? (*Meuse.*)

1026. On achète deux sacs de blé de 150 litres chacun pour 54^{fr},50, le blé devant peser 79 kilogrammes l'hectolitre. Au moment de la livraison, on s'aperçoit que l'hectolitre ne pèse que 76 kilogrammes. Combien aura-t-on à payer? (*Haute-Garonne.*)

1027. Un débitant achète des liqueurs à raison de 40^{fr},20 la bonbonne de 12 litres. Il les revend au détail à raison de 0^{fr},25, le verre contenant 0^{lit},05. Quel est son bénéfice par hectolitre ? (*Cher.*)

1028. Une fontaine débite 1440 litres en 3^h 1/2. Combien mettra-t-elle de temps à remplir un réservoir contenant 12 mètres cubes, le mètre cube contenant 1000 litres?

CALCUL ÉCRIT RAPIDE

1029. Effectuer jusqu'aux *millièmes* les divisions suivantes :

7856,2 : 0,0875 ;   8642,35 : 0,059 ;   5843,62 : 8,035

RÈGLE DE TROIS

PROBLÈMES
Règle de trois simple inverse.

TYPE. — 1030. 29 terrassiers ont mis 18 jours pour creuser un fossé. Combien 90 ouvriers auraient-ils mis de jours pour faire le même ouvrage ?

29^{ouv}
1^{ouv}
90^{ouv}
$$\frac{18^j \times 29}{90} = 5^j \, 4/5.$$

SOLUTION. — *Plus* il y a d'ouvriers, *moins* il faut de jours pour faire l'ouvrage. Le *nombre d'ouvriers* et le *nombre de jours* sont donc des quantités *inversement* proportionnelles.

29 terrassiers, pour creuser un fossé, ont mis 18 jours.
Un terrassier mettrait 29 fois plus de temps que 29 terrassiers ou $18^j \times 29$.
90 terrassiers mettront 90 fois moins de temps que 1 terrassier, ou :
$\frac{18^j \times 29}{90} = 5^j \, 4/5$, après l'expression finale simplifiée.

Nota. — Ce calcul n'est pas exact dans la pratique; les ouvriers d'un chantier se répartissent la besogne et la division du travail permet plus de rapidité.

Oraux. — **1031.** *Pour doubler un vêtement, il faut 6 mètres de doublure de $0^m,50$ de large. Combien faudrait-il de doublure de $0^m,60$ de large?* — **1032.** *12 hommes ont fait un ouvrage en 20 jours. Quel temps 20 hommes mettraient-ils pour faire ce même ouvrage?* — **1033.** *Pour bêcher un jardin, 3 jardiniers ont mis 9 jours. Combien 9 jardiniers auraient-ils mis de jours pour faire le même travail?* — **1034.** *Un poste militaire a des vivres pour 60 jours; on en augmente l'effectif du 1/4. Combien dureront les vivres si on conserve la même ration journalière pour chaque homme?*

Écrits. — **1035.** On doit employer 8 mètres d'une étoffe ayant $1^m,05$ de large pour faire une robe. Combien de mètres emploierait-on si l'étoffe avait seulement $0^m,70$ de large? Sachant que le prix total de l'étoffe est de 30 francs dans les deux cas, trouver le prix du mètre de la deuxième étoffe. (*Nord.*)

1036. Un entrepreneur devait faire paver une route en 14 jours par 44 ouvriers; mais on veut qu'il la fasse paver en 11 jours. Combien d'ouvriers en plus devra-t-il prendre? (*Loiret.*)

1037. Une fontaine qui fournit 3 hectolitres d'eau par heure remplit un bassin en 15 heures; combien une fontaine qui donne 5 hectolitres par heure mettra-t-elle de temps pour remplir ce même bassin? (*Aveyron.*)

*1038. Un homme et son fils travaillent à un ouvrage qu'ils comptaient faire en 15 jours. Au bout de 12 jours le fils tombe malade. Combien de temps le père a-t-il dû mettre pour finir l'ouvrage, sachant que le fils ne faisait que les trois quarts du travail du père ?

*1039. Un navire a du pain pour 90 jours, si l'on donne par jour à chaque homme une ration de 600 grammes; mais il doit tenir la mer 10 jours de plus. A combien doit-on réduire la ration journalière?

CALCUL MENTAL RAPIDE

Multiplier un nombre par 0,2; par 0,4; par 0,6; par 0,8. — Remarquer que $0,2 = 1/5$; que $0,4 = 2$ *fois* $1/5$; que $0,6 = 3$ *fois* $1/5$; que $0,8 = 4$ *fois* $1/5$.

D'où, multiplier un nombre par 0,2; par 0,4; par 0,6; par 0,8, c'est en prendre 1 fois, 2 fois, 3 fois ou 4 fois le *cinquième*. Exemple : $45 \times 0,6$. On dit : cinquième de 45… 9; 3 fois 9… **27**.

EXERCICES : $\begin{cases} 45 \times 0,4 \\ 65 \times 0,6 \end{cases}$ | $\begin{matrix} 85 \times 0,8 \\ 32 \times 0,2 \end{matrix}$ | $\begin{matrix} 52 \times 0,4 \\ 28 \times 0,6 \end{matrix}$ | $\begin{matrix} *138 \times 0,4 \\ 247 \times 0,8 \end{matrix}$ | $\begin{matrix} *179 \times 0,6 \\ 487 \times 0,2 \end{matrix}$

67ᵉ LEÇON

RÈGLE DE TROIS
PROBLÈMES
Règle de trois composée directe

TYPE. — 1040. 35 ouvriers ont reçu 504 francs pour 18 journées de travail. Que recevraient 25 ouvriers pour 14 journées ?

REMARQUE. — Ce problème peut être résolu au moyen d'une règle de trois *unique*, dite règle de trois *composée* (solution n° 1) ; mais, au Cours Moyen, *il est préférable de résoudre le problème par deux règles de trois simples successives* (solution n° 2). Ce second procédé présente beaucoup moins de complications et de chances d'erreur et c'est celui que nous conseillons d'adopter.

SOLUTION n° 1. — 35 ouvriers pour 18 journées de travail ont reçu 504 francs :

35 ouv 18 j
1 ouv 18 j
25 ouv 18 j
25 ouv 1 j
25 ouv 14 j

1 ouvrier, pour 18 journées, recevra 35 fois moins que 35 ouvriers, ou $\frac{504^{fr}}{35}$; et 25 ouvriers recevront 25 fois plus qu'un ouvrier ou : $\frac{504^{fr} \times 25}{35}$.

$$\frac{504^{fr} \times 25 \times 14}{35 \times 18} = 280^{fr}.$$

Pour une journée, au lieu de 18, ces 25 ouvriers recevront 18 fois moins, ou :
$$\frac{504^{fr} \times 25}{35 \times 18}$$

Et pour 14 journées, ces 25 ouvriers recevront 14 fois plus, ou :
$$\frac{504^{fr} \times 25 \times 14}{35 \times 18} = 280 \text{ francs}.$$

SOLUTION n° 2. — 1ʳᵉ *Règle de trois* : Salaire de 25 ouvriers pour 18 journées : 35 ouvriers ont reçu 504 francs ; 1 ouvrier recevrait 35 fois moins, ou $\frac{504^{fr}}{35}$ et 25 ouvriers recevraient 25 fois plus, ou $\frac{504^{fr} \times 25}{35}$.

35 ouv
1 ouv $\frac{504^{fr} \times 25}{35}$
25 ouv

2ᵉ *Règle de trois* : Salaire de 25 ouvriers par 14 journées : Pour 18 journées, 25 ouvriers reçoivent $\frac{504^{fr} \times 25}{35}$, pour 1 journée, au lieu de 18, ils recevront 18 fois moins, ou $\frac{504^{fr} \times 25}{35 \times 18}$;

18 j
1 j $\frac{504^{fr} \times 25 \times 14}{35 \times 18} = 280$ francs.
14 j

et pour 14 journées, ils recevront 14 fois plus, ou $\frac{504^{fr} \times 25 \times 14}{35 \times 18} = 280$ francs.

Oraux. — 1041. 12 chevaux en 10 jours ont consommé 200 kilogrammes de foin ; combien 36 chevaux en 20 jours en consommeraient-ils ? — **1042.** 4 ouvriers en 12 jours ont fait 45 mètres d'un ouvrage. Quelle longueur de cet ouvrage 10 ouvriers feraient-ils en 8 jours ? — *1043. 4 mètres d'étoffe ayant 0ᵐ,50 de large ont coûté 12^fr,60. Quel serait le prix de 5 mètres de cette même étoffe ayant 0ᵐ,60 de large ?

Écrits. — 1044. 6 amis en voyage ont dépensé 495 francs en 15 jours ; 5 de leurs amis se joignent à eux et ils vivent ensemble pendant 25 jours. Quelle somme ont-ils dépensée dans la seconde partie de leur voyage ? (Sarthe.)

*1045. 25 vaches ont à consommer 35 000 kilogrammes de foin pendant 160 jours d'hiver. Après 42 jours, le bétail s'accroît de 3 autres vaches. Combien de kilogrammes de foin doit-on acheter pour ne pas diminuer la ration ? (Dordogne.)

RÈGLE DE TROIS

PROBLÈMES
Règle de trois composée inverse.

TYPE. — **1046.** Une équipe de **15 maçons** peut construire un mur en **24 journées de 10 heures**. Combien faut-il employer de maçons (supposés de la même habileté) pour faire ce même travail en **20 journées de 9 heures**?

SOLUTION. — 1re *Règle de trois* : Pour faire le travail en 24 jours, il faut 15 maçons.

$$\begin{matrix} 24^j \\ 1^j \\ 20^j \end{matrix} \quad \frac{15^{maç} \times 24}{20}.$$

Pour faire le travail en 1 jour, il faut $15^{maç} \times 24$.

Pour faire le travail en 20 jours, il faut $\dfrac{15^{maç} \times 24}{20}$.

Cette expression indique le **nombre de maçons qu'il faut pour faire le mur en 20 jours,** *mais en travaillant* **10 heures par jour.**

$$\begin{matrix} 10^h \\ 1^h \\ 9^h \end{matrix} \quad \frac{15^{maç} \times 24 \times 10}{20 \times 9} = 20 \text{ maçons.}$$

2e *Règle de trois* : Pour faire le mur à raison de 10 heures par jour, il faut : $\dfrac{15^{maç} \times 24}{20}$.

Pour faire le mur à raison de 1 heure par jour, il faut : $\dfrac{15^{maç} \times 24 \times 10}{20}$.

Pour faire le mur à raison de 9 heures par jour, I faut :

$$\frac{15^{maç} \times 24 \times 10}{20 \times 9} = 20 \text{ maçons.}$$

Oraux. — **1047.** 4 ouvriers font 10 mètres d'un ouvrage en 6 heures. Quel temps 6 ouvriers mettraient-ils pour faire 20 mètres de ce même ouvrage? — **1048.** 6 maçons, travaillant 8 heures par jour, ont mis 6 jours pour construire un mur. Combien 4 maçons devraient-ils travailler d'heures par jour pour faire un même mur en 9 jours? — *****1049.** 5 ouvriers doivent faire un ouvrage en 4 jours de 8 heures chacun. Au bout de 2 jours un ouvrier quitte. Combien les ouvriers qui restent doivent-ils travailler d'heures par jour pour achever l'ouvrage dans le nombre de jours donné? — *****1050.** Un ouvrier pour faire le 1/3 d'un ouvrage met 2^h 20^m. Quel temps 2 ouvriers mettraient-ils pour faire l'ouvrage en entier?

Écrits. — **1051.** Combien 7 électriciens devraient-ils travailler d'heures par jour pour poser en 12 jours 320 mètres de fil électrique, sachant que 9 électriciens ont posé, en 14 journées de 11 heures, 528 mètres du même fil?

1052. En 20 jours, 15 charpentiers ont établi la moitié d'une charpente. A ce moment, 3 d'entre eux quittent le chantier. Combien les autres mettront-ils de jours pour établir l'autre moitié de la charpente? *(Vaucluse.)*

1053. 20 terrassiers ont mis 12 jours pour ouvrir une tranchée de 64 mètres de longueur. Combien, pour faire la moitié de cet ouvrage, aurait-il fallu d'ouvriers travaillant 8 jours?

1054. 30 ouvriers travaillant 8 heures par jour ont mis 27 jours pour faire un certain ouvrage; combien de jours auraient mis à faire le même ouvrage 18 ouvriers travaillant 9 heures par jour?

*****1055.** 9 paveurs s'engagent à paver une cour en 16 jours : après avoir fait 6 journées de 10 heures de travail, ils ne sont qu'au tiers de l'ouvrage. Combien devront-ils travailler d'heures pendant les jours qui leur restent pour terminer dans le délai fixé? *(C. E.)*

RÈGLE DE TROIS

PROBLÈMES

Règle de trois appliquée aux fractions.

TYPE. — 1056. Les $5/7$ d'une propriété reviennent à 45 000 francs. A combien reviendraient les $2/3$ de cette propriété?

SOLUTION. — Valeur de la propriété totale :

$5/7$
$1/7$
$7/7$

$\dfrac{45\,000^{fr} \times 7}{5}$.

$5/7$ de la propriété valent $45\,000$ francs; le $1/7$ vaut 5 fois moins, ou $\dfrac{45\,000^{fr}}{5}$, et les $7/7$ (ou la propriété entière) valent $\dfrac{45\,000^{fr} \times 7}{5}$.

Valeur des $2/3$ de la propriété : si la propriété entière (ou $3/3$) vaut $\dfrac{45\,000^{fr} \times 7}{5}$,

$3/3$
$1/3$
$2/3$

$\dfrac{45\,000^{fr} \times 7 \times 2}{5 \times 3} = 42\,000$ francs.

le $1/3$ de cette propriété vaut 3 fois moins, ou $\dfrac{45\,000^{fr} \times 7}{5 \times 3}$, et les $2/3$ valent 2 fois plus, ou $\dfrac{45\,000^{fr} \times 7 \times 2}{5 \times 3} = 42\,000$ francs.

Oraux. — **1057.** *Si les $2/3$ de mètre de velours valent 10 francs, que paierait-on les $4/5$ de mètre de ce velours?* — **1058.** *Combien valent les $0,25$ d'une marchandise, sachant que les $5/6$ valent 1000 francs?*

Écrits. — **1059.** Combien valent les $25/10000$ d'une marchandise, sachant que les $4/5$ valent $809^{fr},75$? *(Côtes-du-Nord.)*

1060. Les $2/3$ d'un mètre de soie coûtant 7 francs, que valent $5^m 6/7$?

1061. En tirant $25^{lit} 5/7$ d'un fût de vin on en réduit le contenu à ses $3/5$. Quelle est la contenance du fût? *(Somme.)*

Règle de trois appliquée aux nombres complexes.

TYPE. — 1062. Quelle distance parcourt de $7^h 3/4$ du matin à $11^h 12^m$ du matin un voyageur qui fait 2 hectomètres en $2^m 18^s$?

SOLUTION. — Différence des heures $11^h 12^m - 7^h 45^m = 3^h 27^m$, ou 207 minutes, ou $60^s \times 207 = 12\,420$ secondes.

138^s
1^s
$12\,420^s$

$\dfrac{2^{hm} \times 12\,420}{138} = 180$ hectomètres.

Si en $2^m 18^s$, ou 138 secondes, la distance parcourue est de 2 hectomètres, en une seconde, la distance parcourue est $\dfrac{2^{hm}}{138}$, et en $12\,420$ secondes la distance parcourue est de $\dfrac{2^{hm} \times 12\,420}{138} = 180$ hectomètres, ou 18 kilomètres.

Oraux. — **1063.** *On a parcouru 10 kilomètres en $4^h 10^m$. Combien en $1^h 40^m$?* — **1064.** *Un ouvrier gagne $1^{fr},50$ en 2 heures. Combien gagne-t-il en $3^h 40^m$?*

Écrits. — **1065.** Une locomotive parcourt 1175 mètres en une minute et demie. Quelle distance pourrait-elle parcourir en $12^h 15^m$? *(Creuse.)*

1066. Un ouvrier, qui a travaillé $7^h 25^m$ par jour pendant 6 jours, a reçu $28^{fr},05$ pour son salaire. Combien gagne-t-il par journée de 12 heures?

*****1067.** Dans une circonférence, un arc de $154° 25'$ mesure 3 mètres. Quelle est la longueur : 1° de la circonférence; 2° d'un arc de $3° 20'$? *(Somme.)*

NOTIONS DE GÉOMÉTRIE

CIRCONFÉRENCE

282. Définition. — La **circonférence** est une ligne courbe fermée, dont tous les points sont *également distants* d'un point intérieur appelé *centre*.

283. Diamètre. — Le **diamètre** est la droite qui va d'un point à un autre de la circonférence en *passant* par le *centre*.

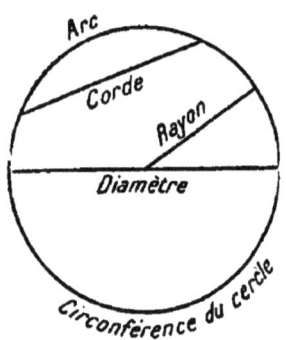

284. Rayon. — Le **rayon** est la droite qui part du centre et se termine à la circonférence ; c'est la *moitié d'un diamètre*.

285. Corde. — La **corde** est une droite quelconque qui se termine de part et d'autre à la circonférence.

286. Arc. — L'**arc** est une partie de la circonférence.

287. Cercle. — Le **cercle** est la *surface* limitée par la circonférence.

288. Mesure de la circonférence. — La circonférence est un peu plus de *trois fois plus grande* que le *diamètre* ; elle est exactement égale au *produit du diamètre* par **3,1416**.

289. Remarque. — Le nombre 3,1416 indique le *rapport constant* entre la longueur de la circonférence et la longueur du diamètre. Toute circonférence est 3,1416 fois *plus grande* que son diamètre. Ainsi, pour une circonférence ayant 3^m,1416 de longueur, le diamètre a 1 mètre de longueur. Inversement, si le diamètre, par exemple, a 4 mètres, la longueur de la circonférence est 4^m × 3,1416.

290. Formule. — Soient C la circonférence, D le diamètre, R le rayon. On a :
$$C = D \times 3,1416 \quad \text{ou} \quad C = 2R \times 3,1416.$$

291. Mesure du diamètre. — Le *diamètre* est un peu plus de *trois fois plus petit* que la circonférence. Il est égal au quotient de la circonférence par 3,1416.

292. Formule. — Soient C la circonférence, D le diamètre. On a :
$$D = \frac{C}{3,1416}.$$

293. Remarque. — Le rapport 3,1416 est souvent représenté par la lettre grecque π (qui se lit *pi*), première lettre du mot grec signifiant *circonférence* (*périphérie*).

QUESTIONNAIRE. — 1. Qu'est-ce qu'une *circonférence* ? un *diamètre* ? un *rayon* ? une *corde* ? un *arc* ? — 2. Qu'est-ce qu'un *cercle* ? — 3. Quelle est la longueur de la circonférence par rapport à celle du diamètre ? — 4. Comment calcule-t-on la longueur de la circonférence ? — 5. Indiquez la formule. — 5. Quelle est la longueur du diamètre par rapport à celle de la circonférence ? — 6. Comment calcule-t-on la *longueur du diamètre* ? — 7. Indiquez la formule. — 8. Qu'est-ce que 3,1416 et comment représente-t-on souvent ce *rapport* ?

EXERCICES

Oraux. — **1068.** Quelles sont les longueurs des circonférences qui ont respectivement pour rayons les dimensions suivantes : 1 mètre; 0^m,50; 5 mètres; 50 mètres; 500 mètres; 0^m,05. — **1069.** Trouver les **diamètres** des circonférences qui ont respectivement les longueurs suivantes : 3^m,1416; 31^m,416; 314^m,16; 0^m,31416; 3^{hm},1416. — **1070.** Trouver les côtés des carrés qui ont respectivement pour périmètres : 52 mètres; 210 mètres; 248 mètres; 16^m,20; 22^m,40, et trouver de même les côtés des carrés qui ont respectivement pour surfaces : 25^{m2}; 81^{ca}; 0^a,49; 0^{ha},36; 64^{ha}.

Écrits. — **1071.** Quelles sont les longueurs des circonférences qui ont respectivement pour rayons les dimensions suivantes :

2 mètres; 3 mètres; 7 mètres; 9^m,5; 12^m,15; 15 mètres; 10 mètres.

*__1072.__ Dans une circonférence de 2 mètres de rayon, quelle est la mesure d'un arc de 5°? — de 3° 45'? — de 1° 20' 15"?

1073. Quels sont les rayons des circonférences qui ont respectivement pour longueurs les dimensions suivantes : 29^m,8452; 3^{dam},61284; 0^{hm},62832?

PROBLÈMES

TYPE. — **1074. La roue d'une voiturette fait 10 000 tours pour parcourir une distance de 15^{km}.708 : quel en est le diamètre?**

Solution. — 10 000 tours ou 10 000 fois la circonférence de la roue font 15^{km},708, ou 15 708 mètres.

Une fois la circonférence fait 15 708^m : 10 000 = 1^m,5708.

Le diamètre de cette circonférence, ou de la roue, est de 1^m,5708 : 3,1416 = 0^m,50; et le rayon est 0^m,50 : 2 = 0^m,25.

Oraux. — **1075.** Quel chemin a parcouru une voiture dont les roues ont fait 1000 tours, sachant que ces roues ont 0^m,50 de rayon? — **1076.** Une plate-bande circulaire doit avoir 9^m,4248 de pourtour; quel en doit être le diamètre? — **1077.** Une roue dentée compte 100 divisions : chaque division occupe un arc de 31^{mm},416 : quel est le rayon de cette roue?

Écrits. — **1078.** La roue d'une voiture fait 50 tours à la minute. La vitesse restant toujours la même, combien de kilomètres cette voiture parcourt-elle en 1^h 20^m, sachant que le rayon de la roue est de 0^m,75? (Meuse.)

1079. 3 circonférences ont : la première, 10^m,27 de long; la deuxième, 11^m,09; la troisième, 11^m,01. Quel serait le rayon d'une circonférence dont la longueur égalerait la somme de ces 3 circonférences? (Seine.)

1080. La longueur du méridien terrestre est de 40 000 kilomètres. Déterminer le rayon de la Terre.

*__1081.__ Un train parcourt 65^{km},9736 à l'heure. On demande le rayon d'une des grandes roues de la locomotive, sachant que, dans l'espace de 6 minutes, cette roue accomplit 1 750 tours.

*__1082.__ Le pignon de la pédale d'une bicyclette a 24 dents; celui de la roue d'arrière, 8 dents. Quel chemin parcourt-on en 100 tours complets de pédale, sachant que les roues ont 0^m,70 de diamètre?

*__1083.__ Un bicycliste part à 9 heures du matin pour se rendre à une ville éloignée de 30 kilomètres. Les roues de sa bicyclette ont 0^m,70 de diamètre. Le grand pignon a 24 dents et le petit 10. Sachant que ce bicycliste fait accomplir à ses pédales 50 tours par minute, on demande à quelle heure il arrivera.

CERCLE

294. Surface. — La surface d'un cercle s'obtient en **multipliant** la *circonférence* par la *moitié du rayon*.

295. Formule. — Soient C la circonférence, R le rayon, et S la surface du cercle ; on a
$$S = C \times \frac{R}{2}.$$

Et considérant que $C = 2R \times 3{,}1416$, on peut écrire de même :
$$S = 2R \times 3{,}1416 \times \frac{R}{2} = \frac{2R^2 \times 3{,}1416}{2} = R^2 \times 3{,}1416.$$

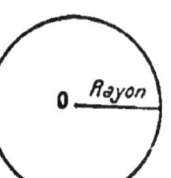

D'où : la surface d'un cercle s'obtient également en **multipliant** le *carré du rayon* par **3,1416**.

296. Remarque. — $S = R^2 \times 3{,}1416$ s'écrit généralement ainsi : $S = \pi R^2$.

EXERCICES

Oraux. — **1084.** *Trouver la surface des cercles qui ont respectivement pour rayons :* 1 mètre ; 10 mètres ; 100 mètres ; 1 000 mètres ; $0^m,1$; $0^m,01$. — **1085.** *Trouver les rayons des cercles qui ont respectivement pour surfaces :* $3^{m^2},1416$; $314^{m^2},16$; $0^{m^2},31416$; $31^{hm^2},416$.

Écrits. — **1086.** Dire la surface d'un cercle de 15 centimètres de rayon.

1087. Quelle est la surface d'un cercle qui a $34^m,5576$ de circonférence ?

PROBLÈMES

TYPE. — **1088. Combien peut-on tracer de cercles de 2 mètres de rayon dans un rectangle de 40 mètres de long sur 32 mètres de large et quelle sera la surface recouverte par ces cercles ?**

Solution. — Le diamètre de chaque cercle est 4 mètres ; on peut donc tracer dans le sens de la longueur, 40 : 4 ou 10 cercles.
Dans le sens de la largeur, on en peut tracer 32 : 4 ou 8.
On tracera ainsi dans le rectangle 8 rangées de 10 cercles ou 80 cercles.
Surface d'un cercle : $1^{m^2} \times 2 \times 2 \times 3{,}1416 = 12^{m^2},5664$.
Surface des 80 cercles : $12^{m^2},5664 \times 80 = 1005^{m^2},312$.

Oraux. — **1089.** *Calculer la surface des cercles qui ont respectivement pour rayons :* 1 mètre ; 2 mètres ; 3 mètres ; 10 mètres. — **1090.** *Une table carrée de 2 mètres de côté est pourvue de deux allonges demi-circulaires. Quelle est la surface totale de cette table ?*

Écrits. — **1091.** La pièce de 5 francs d'argent a $0^m,037$ pour diamètre. Quelle est sa surface exprimée en millimètres carrés ? (C. E.)

1092. On a acheté $1^m,10$ de toile cirée ayant $1^m,25$ de largeur pour recouvrir une table circulaire de $1^m,10$ de diamètre. Quelle est la perte éprouvée par suite de la partie non utilisée, si la toile cirée coûte $6^{fr},50$ le mètre carré, en admettant que les bords de la toile cirée affleurent les bords de la table ?

1093. Avec une corde longue de $78^m,54$, on entoure une surface carrée ou circulaire, quelle est la plus grande des deux surfaces ainsi enveloppées ?

*****1094.** Des vitres taillées en forme de cercle ont $3^{cm} 1/2$ de rayon. Combien y en a-t-il dans un vitrail rectangulaire ayant $2^m,15$ de largeur et $3^m,15$ de hauteur ? Calculez de plus la surface non comprise dans les cercles.

COURONNE ET SECTEUR

297. Couronne. — Une couronne est la surface comprise entre **deux circonférences** qui ont le **même centre**.

298. Surface. — La surface d'une couronne s'obtient en **retranchant** la surface du *petit cercle* de la surface du *grand cercle*.

On a : $S = \pi R^2 - \pi r^2$ ou $\pi(R^2 - r^2)$.

299. Remarque. — On peut aussi considérer la couronne comme étant un *trapèze* dont les bases sont les deux circonférences et dont la hauteur est la différence des deux rayons.

Appelant C la grande circonférence, c la petite circonférence et H la hauteur, on a la formule suivante :

$$S = \frac{C+c}{2} \times H.$$

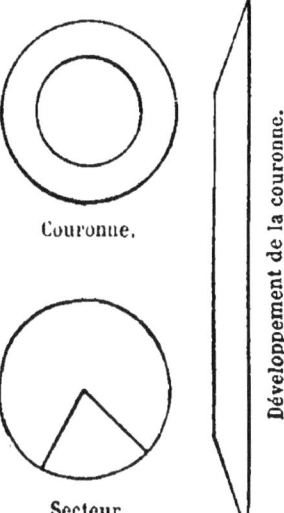

Couronne.

Secteur.

Développement de la couronne.

300. Secteur. — Un secteur est la *partie d'un cercle* comprise entre **un arc et deux rayons**.

301. Surface. — La surface d'un secteur s'obtient en **multipliant** la *longueur de son arc* par la *moitié du rayon* du cercle.

PROBLEMES

TYPE. — **1095. Autour d'un parterre circulaire de 1 mètre de rayon on fait une allée de $0^m,50$ de large. Dire la surface de l'allée.**

Solution. — La surface de l'allée est égale à la surface totale (parterre et allée) diminuée de la surface du parterre.
Surface du parterre en mètres carrés : $1^{m^2} \times (1 \times 1 \times 3,1416) = 3^{m^2},1416$.
Rayon du parterre augmenté de l'allée : $1^m + 0^m,50 = 1^m,50$.
Surface en mètres carrés du parterre et de l'allée :
$$1^{m^2} \times (1,5 \times 1,5 \times 3,1416) = 7^{m^2},0686.$$
Surface de l'allée seule : $7^{m^2},0686 - 3^{m^2},1416 = 3^{m^2},927$.

Oraux. — **1096.** Quelle est la longueur d'un arc de 90° dans un cercle de 1 mètre de diamètre ? — **1097.** Quelle est la surface du secteur de 45° dans un cercle de 1 mètre de rayon ?

Écrits. — **1098.** Autour d'une pelouse circulaire de 6 mètres de diamètre, on fait poser une bordure de pavés de $0^m,75$ de largeur. Combien faudrait-il de pavés à raison de 30 par mètre carré ? *(Gard.)*

1099. Un parterre de fleurs a la forme d'un cercle dont le diamètre est de 4 mètres, et il est entouré d'un sentier large de 1 mètre. On demande : 1° la longueur du contour du parterre ; 2° la longueur du contour extérieur du sentier ; 3° la surface du sentier. *(C. E.)*

*__1100.__ Dans une feuille de tôle ayant la forme d'un cercle de $1^m,9$ de diamètre, on découpe un secteur de 35°. Quelle surface reste-t-il ?

*__1101.__ On demande la longueur d'un arc de 15°, puis d'un arc de 50° 30' dans une circonférence de 2 mètres de rayon.

PROBLÈMES DE REVISION

1102. Le pas ordinaire de l'homme est de 0^m,80. D'après cela, combien un voyageur doit-il mettre de temps pour parcourir une route de 40 kilomètres en faisant 100 pas par minute? (*Jura.*)

1103. La grande roue d'une locomotive mesure 2 mètres de diamètre et fait 120 tours par minute. A quelle distance cette locomotive sera-t-elle de son point de départ après avoir marché sans interruption pendant 8 heures?

1104. On a prélevé les 0,65 d'une pièce de drap et le reste vaut 210 francs. Quelle était la valeur de la pièce entière? Quelle était sa longueur si un mètre de cette étoffe vaut 12 francs? (*C. E.*)

*1105. Un arc de 28° 15′ 30″ a une longueur de 11^m,25. Quel est le rayon de la circonférence à laquelle il appartient?

*1106. Un marchand achète à la campagne des œufs 0^{fr},05 la pièce et les revend en ville 0^{fr},90 la douzaine. Il a gagné 15 francs sur son marché. On demande combien d'œufs il a vendus, sachant que les frais de transport sont la moitié des droits d'entrée en ville et que ceux-ci sont $1/15$ du prix d'achat. (*C. E.*)

1107. Un bassin circulaire de 15 mètres de diamètre est entouré d'un gazon formant une couronne large de 2^m,50. Dire la surface du bassin et celle du gazon. (*Seine-et-Oise.*)

1108. Ordinairement, une gerbe de blé produit 6 litres de grain et 12 kilogrammes de paille. Quelle est la valeur d'une récolte de 5 500 gerbes, si le blé vaut 18^{fr},50 l'hectolitre et la paille 7^{fr},50 le quintal? (*C. E.*)

1109. Le compteur d'une bicyclette qui a fait le trajet de Nevers à Clamecy en 6^{h}45^m indique 79^{km},07. La roue ayant 0^m,70 de diamètre, quel est le nombre de tours de roue faits par minute?

*1110. Au pas de route les soldats font 4 kilomètres à l'heure et leur pas est de 0^m,65. Combien font-ils de pas en une minute et quelle est leur vitesse ou la distance qu'ils parcourent par seconde?

1111. Une table a la forme d'un rectangle terminé à ses extrémités par deux demi-cercles. La longueur totale de la table est de 3 mètres, la largeur est de 1^m,20. En admettant qu'il faille 0^m,60 par couvert, combien de couverts peut-on disposer autour de cette table?

*1112. Une roue qui a 120 dents engrène avec une autre qui en a 80, et celle-ci avec une troisième qui en a 72. Lorsque la première fait 45 tours à la minute, combien chacune des deux autres en fait-elle à l'heure?

*1113. Un épicier échange du café qui vaut 187^{fr},50 les 50 kilogrammes contre du vin estimé 171 francs les 228 litres. Combien de bouteilles de ce vin recevra-t-il pour 36 kilogrammes de café, sachant que chaque bouteille contient 75 centilitres de vin? (*Paris.*)

1114. La grande roue d'une voiture fait 50 tours à la minute. La vitesse demeurant la même, combien de kilomètres cette voiture parcourrait-elle en 3^h 3/4, sachant que le rayon de la roue a 0^m,65?

1115. Un marchand vend une pièce d'étoffe de 13^m,50 par coupons de 0^m,75, à raison de 4^{fr},80 le coupon. Trouver : 1° le prix d'un mètre; 2° la somme qu'il recevra pour toute la pièce.

*1116. Un rideau de 3 mètres de long et de 2^m,15 de large coûte 16^{fr},50 le mètre carré. Pour le doubler on emploie une étoffe qui a 0^m,50 de largeur. La dépense totale a été de 122^{fr},55. Quel est le prix du mètre de cette étoffe? (*Nièvre.*)

PROBLÈMES DE REVISION

*1117. Un père partage une certaine somme entre ses deux enfants : au premier, il donne le tiers de cette somme ; au second, il remet 2 000 francs de plus qu'au premier, et il conserve 2 000 francs pour lui-même. Quelle était la somme possédée par le père ?

1118. Un fil de fer de 78 mètres de long est employé à faire des pointes de $3^{cm},25$ de long qui se vendent $0^{fr},05$ la douzaine. Pour quelle somme en fournira-t-il ?

1119. Un petit marchand achète 25 boîtes de 100 plumes à $0^{fr},65$ la boîte. Combien de plumes doit-il donner pour $0^{fr},05$ s'il veut gagner $8^{fr},75$ sur son achat ?

*1120. Une mère et sa fille travaillent à une tapisserie ; ensemble, elles la termineraient en 15 jours ; après y avoir travaillé toutes les deux pendant 6 jours, la fille seule achève la tapisserie en 30 jours. Combien de temps chacune de ces personnes mettrait-elle pour faire séparément cette tapisserie ?

1121. On a peint à l'huile les quatre murs d'une salle rectangulaire dont la longueur est de 15 mètres et la largeur de $8^m,75$. La dépense a été de 171 francs, à raison de $1^{fr},20$ le mètre carré. Trouver la hauteur de cette salle. On admettra ici que la peinture du bois des ouvertures équivaut à la peinture de la surface qu'elles occupent. (*Oise.*)

*1122. Deux pièces d'étoffe ont la même longueur ; quatre mètres de l'une valent autant que trois mètres de l'autre. Les 7 mètres valent ensemble $21^{fr},60$. Trouver la longueur commune de chaque pièce, sachant que la différence des prix des deux pièces est de $67^{fr},95$.

*1123. Un bassin rectangulaire est terminé sur ses deux petits côtés par un demi-cercle. La longueur totale du bassin est de 62 mètres. La longueur de chaque demi-circonférence est de $31^m,416$. On établit autour de ce bassin, et à $3^m,50$ du bord, une grille. Quelle sera la longueur de cette grille et quelle sera la superficie de l'espace compris entre la grille et le bassin ?

1124. Un costume devait être fait par 8 ouvrières en 9 jours. Après un jour de travail, deux ouvrières tombent malades et quittent l'atelier. Combien de temps faudra-t-il aux ouvrières qui restent pour achever l'ouvrage ?

*1125. Avec une corde de $54^m,978$ on entoure une surface carrée, rectangulaire ou circulaire. La surface rectangulaire a une longueur double de la largeur. Quelle est la plus grande surface entourée ?

*1126. Une marchande achète 2 paniers de pêches de même contenance ; elle paye le 1er à raison de $0^{fr},30$ les 5 pêches, et le 2e à raison de $0^{fr},45$ les 6. On demande combien de pêches elle a achetées, sachant qu'elle les a revendues toutes à raison de $0^{fr},10$ pièce et que son gain a été de $3^{fr},90$.

1127. Pour parcourir la distance entre deux villes éloignées de $46^{km},7313$, la grande roue d'une voiture a fait 8 500 tours. Quel est le diamètre de cette roue ?

*1128. Un bassin de forme rectangulaire de 62 mètres de long et de 25 mètres de large est terminé à ses deux petites extrémités par deux demi-cercles. On veut établir tout autour, à $2^m,50$ du bord, une grille qui revient à $3^{fr},25$ le mètre, quelle dépense fait-on ?

1129. Un marchand achète une pièce d'étoffe à raison de 8 francs les 5 mètres et il la revend 15 francs les 8 mètres. Il réalise ainsi un bénéfice de 25 francs. Quelle est la longueur de la pièce ? (*Haute-Marne.*)

*1130. Une circonférence a $58^m,35$ de longueur. Quelle est la surface du secteur dont l'arc mesure $7°38'$?

PROBLÈMES DE REVISION

1131. On veut tapisser une chambre de 4 mètres de long, $3^m,75$ de large et $3^m,20$ de haut, avec du papier dont la largeur est de $0^m,57$. Sachant que les ouvertures occupent le $1/10$ de la surface totale des murs, on demande quel sera le montant de la dépense si le rouleau de 8 mètres coûte $2^{fr},50$.

*__1132.__ Un omnibus met $1/2$ heure pour aller à sa destination; il stationne $1/4$ d'heure, met $2/3$ d'heure pour revenir à son point de départ et stationne à nouveau $1/4$ d'heure. Combien de voyages cet omnibus fera-t-il depuis 7 heures du matin, instant où il commence son premier voyage, jusqu'à $11^h 25^m$ du soir, instant où il achève son dernier voyage ? (*Doubs.*)

1133. Combien faudra-t-il de rouleaux de papier de 8 mètres de long et $0^m,50$ de large pour tapisser une salle carrée de 6 mètres de côté et 3 mètres de haut, en admettant que les baies des portes et des fenêtres prennent le $1/9$ de la surface des murs ?

*__1134.__ Un ouvrier peut transporter en brouette et par jour 800 kilogrammes à 1 kilomètre. Le prix de la journée est de $4^{fr},25$. On demande combien coûtera le transport de 500 mètres cubes de terre à 95 mètres, sachant que le mètre cube de terre pèse 1600 kilogrammes. (*Haute-Vienne.*)

1135. Il faut $3/4$ de mètre d'étoffe à une corsetière pour faire un corset. Combien fera-t-elle de corsets avec un coupon de $24^m 6/16$? (*Vienne.*)

*__1136.__ Pour faire une robe, on achète $8^m,50$ d'une étoffe qui a 60 centimètres de largeur. On désire doubler entièrement cette robe avec une étoffe de 80 centimètres de largeur. La première étoffe coûte $6^{fr},25$ le mètre ; la deuxième $0^{fr},90$. On demande : 1° combien de mètres de doublure il faudra acheter ; 2° quel est le prix net des deux étoffes, si l'on obtient un escompte de $2^{fr},50 \%$. (*Alger.*)

1137. Quand le pain vaut $0^{fr},375$ le kilogramme, 8 personnes en consomment pour $15^{fr},75$ par semaine. S'il augmente de $0^{fr},05$ par kilogramme, combien de ces personnes dépenseront-elles par mois de 30 jours ?

1138. On fait tapisser et parqueter une chambre ayant 6 mètres de longueur, 5 mètres de largeur et 3 mètres de hauteur. On emploie le papier en rouleaux de 8 mètres de long sur $0^m,57$ de large, coûtant, tout posé, $1^{fr},75$ le rouleau. Le parquet est payé à raison de $8^{fr},40$ le mètre carré. On demande à combien s'élèvera la dépense, sachant que les ouvertures occupent 8 mètres carrés. Les entrepreneurs consentent un rabais de 2 %.

*__1139.__ Un éditeur envoie 48 ouvrages d'arithmétique et 29 de grammaire. Sa facture s'élève à $82^{fr},35$. Sachant que 2 ouvrages de grammaire valent autant que 3 ouvrages d'arithmétique, quel est le prix de chaque ouvrage ? (*Côte-d'Or.*)

*__1140.__ 3 mètres de velours valent autant que 7 mètres de drap. On a payé $117^{fr},15$ pour $14^m,20$ de drap. Combien de mètres de velours aura-t-on pour $173^{fr},25$? (*Somme.*)

1141. Un voyageur parcourt en moyenne $1^{km},6$ en 15 minutes. On demande quelle distance il aura parcourue en marchant, à la même vitesse, de 8 heures du matin à 5 heures du soir, sachant qu'il s'est arrêté $1^h 3/4$ pour déjeuner. (*Ain.*)

1142. Une cuisine a $4^m,50$ de longueur sur $4^m,25$ de largeur. Pour la carreler, combien de carreaux de $1^{dm} 1/2$ de côté faudra-t-il employer ? Quelle sera la dépense, sachant que le mille de ces carreaux se vend 85 francs, et que l'ouvrier prendra $0^{fr},65$ par mètre carré pour la pose ? (*Orne.*)

1143. Une garnison de 3500 hommes a consommé 34125 kilogrammes de pain en 13 jours. Combien faudrait-il de kilogrammes de pain pour 4275 hommes pendant 45 jours ? (*Seine.*)

PROBLÈMES DE REVISION

1144. Un copiste travaillant 10 heures par jour a mis 16 jours pour faire un ouvrage qui lui est payé 100 francs. Combien d'heures aurait-il dû travailler par jour pour augmenter de 0^{fr},25 son gain quotidien ?

1145. On a des rideaux ayant chacun 2^m,80 de haut et 1^m,15 de large. On veut les doubler avec de l'étoffe de 0^m,80 de large et coûtant 1^{fr},80 le mètre. Combien dépensera-t-on pour doubler 2 paires de rideaux ? (Yonne.)

*1146. Un voyageur fait 1500 pas par kilomètre et 100 pas par minute. Il est éloigné de 12 kilomètres d'une ville où il doit arriver à minuit. A quelle heure doit-il partir, en supposant qu'à cause de la nuit, sa vitesse moyenne se trouve diminuée de 1/10 ?

*1147. Sur le parquet d'une chambre carrée ayant 4^m,45 de côté, on étend un tapis qui laisse tout autour un intervalle vide de 0^m,35. Ce tapis est doublé avec une étoffe ayant 0^m,75 de largeur et valant 1^{fr},75 le mètre. Quel est le prix de la doublure ? (Pas-de-Calais.)

1148. 15 terrassiers creuseraient les fondations d'un immeuble en 10 jours. Combien de terrassiers faudra-t-il leur adjoindre pour faire le même travail en 6 jours ? (Seine.)

1149. Un tonneau d'alcool qui contient 228 litres a coûté 170 francs l'hectolitre. Les frais de transport et les droits d'entrée se sont élevés à 83^{fr},20. Combien faut-il vendre la bouteille de 2/3 de litre pour faire un bénéfice de 25 % ?

1150. On achète des pommes à 4 pour 5 centimes, et on les revend à 7 pour 10 centimes : quel bénéfice a-t-on réalisé, quand on a fait une vente de 3^{fr},60 ?

1151. La superficie d'une cour est de 145 centiares. A combien reviendra le pavage de cette cour avec des pavés dont la face supérieure est un rectangle de 0^m,15 sur 0^m,12 ? Chaque pavé, la pose comprise, revient à 0^{fr},465. Les joints prennent 1/20 de la surface totale. (C. E.)

*1152. Un marchand a acheté des oranges à 0^{fr},90 la douzaine. Il commence à les vendre 4 pour 0^{fr},35. Quand il en a vendu la moitié, il se trouve obligé de vendre le reste à raison de 3 pour 0^{fr},25. Il gagne en tout 2 francs. On demande combien de douzaines d'oranges il avait achetées.

*1153. On emploie dans une usine du minerai de plomb qui en renferme 19 % de son poids. On perd dans l'opération les 13/100 de tout le plomb que le minerai renferme ; le plomb vaut 55 francs les 100 kilogrammes. On demande combien de quintaux de minerai il faudra traiter pour obtenir 22 000 francs de plomb.

1154. Un hectare d'avoine produit en moyenne 3275 litres de grains. Quelle est la valeur de la récolte de 7^{ha} 27^{ca} si les 100 kilogrammes d'avoine se vendent 19^{fr},45, sachant en outre que l'hectolitre pèse 47^{kg} 6^{dag} ? (C. E.)

1155. On veut doubler une couverture carrée de 2^m,20 de côté avec une toile qui n'a que 2/3 de mètre de large et qui vaut 0^{fr},95 le mètre. Combien dépense-t-on ? (C. E.)

*1156. Une pièce de velours devrait être vendue à 18 francs le mètre. Par suite d'un accident qui a défraîchi l'étoffe, les 2/5 de la pièce ont été cédés à 12 francs le mètre et le reste à 15 francs le mètre. Il en résulte une diminution de 84 francs sur le prix de vente. Quelle était la longueur de la pièce ?

*1157. Une chambre rectangulaire a 4^m,75 de long et 3^m,90 de large. Combien faudrait-il employer de mètres de moquette ayant 0^m,65 de largeur pour faire un tapis qui couvrirait entièrement le parquet de cette chambre ? Que coûterait ce tapis tout posé, en admettant que le mètre de moquette fût payé 4^{fr},25 et que le tapissier voulût, pour la pose, compter 2 1/2 % du prix du tapis ?

PROBLÈMES DE REVISION

*1158. La betterave donne en sucre 8 1/2 % environ de son poids; 1 mètre carré de terrain produit approximativement 7ᵏᵍ,5 de betteraves, et 1 000 kilogrammes de betteraves valent 16ᶠʳ,10. Quelle superficie faut-il ensemencer pour fournir des betteraves à une fabrique qui doit produire annuellement 20 400 kilogrammes de sucre? Quelle est la valeur totale de la betterave récoltée?

*1159. Un cultivateur a ensemencé en blé un champ de 4ʰᵃ 8ᵃ,5; chaque hectare a produit 280 gerbes; il faut 200 gerbes pour obtenir 11 hectolitres de grain et 50 gerbes pour obtenir 5 quintaux de paille. Trouver la valeur de la récolte, sachant que le blé est vendu à raison de 1ᶠʳ,95 le décalitre et la paille 7ᶠʳ,50 les 100 kilogrammes. *(Oise.)*

1160. Un bec de gaz brûle 1ʰˡ,41 de gaz par heure. Quel volume de gaz consommeraient les 256 becs d'un établissement en 19 heures et quelle quantité de houille faudra-t-il pour produire le gaz consommé, sachant que la houille employée donne 250 litres par kilogramme? *(Eure.)*

*1161. Combien emploiera-t-on de carreaux de forme hexagonale ayant 0ᵐ,90 de périmètre et 0ᵐ,129 d'apothème pour carreler une cuisine de 5ᵐ,20 de long, sur 3ᵐ,85 de large? On tiendra compte des parties de carreaux employés en plus pour garnir les vides sur les bords du carrelage.

*1162. Une pièce de drap a été achetée 291ᶠʳ,60. On en a revendu 1/4 au prix coûtant et le reste avec un bénéfice de 1ᶠʳ,40 par mètre. On a ainsi retiré 350ᶠʳ,40. Calculer la longueur de la pièce et le prix d'achat du mètre. *(Nord.)*

*1163. On a ensemencé 1 hectare de terre avec 220 litres de blé; le rendement a été de 350 gerbes. Sachant que 100 gerbes produisent 6ʰˡ,2 de blé, quel est le produit d'un litre de semence? Combien d'hectares faudrait-il cultiver pour récolter 229ʰˡ,4 de blé? *(Basses-Pyrénées.)*

1164. On confectionne un tapis de 0ᵐ,60 de long sur 0ᵐ,48 de large avec de petits carrés d'étoffe de diverses couleurs de 0ᵐ,06 de côté : combien faudra-t-il de ces carrés sans tenir compte des coutures? *(Marne.)*

1165. Deux équipes d'ouvriers peuvent faire le même travail, l'une en 6 jours, l'autre en 10 jours. On prend 1/3 des ouvriers de la première et le 1/5 de ceux de la deuxième. En combien de jours sera fait l'ouvrage?

1166. Une table qui mesure 1ᵐ,10 sur 0ᵐ,90 est recouverte d'un tapis qui retombe tout autour de 0ᵐ,25. On veut doubler ce tapis avec une étoffe de 0ᵐ,80 de large achetée 2ᶠʳ,25 le mètre. Quel sera le prix de la doublure? *(Aveyron.)*

*1167. Pour éclairer une salle pendant 4 heures par jour en moyenne, on peut employer un bec de gaz brûlant 135 litres à l'heure, ou une lampe dépensant à l'heure 9 centilitres de pétrole. Quelle est l'économie réalisée par semaine avec le procédé le moins coûteux, si on paie le gaz 0ᶠʳ,20 le mètre cube et le pétrole 0ᶠʳ,35 le litre? On sait que le mètre cube équivaut à 1000 litres. *(Doubs.)*

1168. 5 pièces de toile de même longueur, vendues à raison de 2ᶠʳ,05 le mètre, ont produit un bénéfice de 45 francs. Quelle est la longueur de chaque pièce, le mètre ayant coûté 1ᶠʳ,90? *(Charente-Inférieure.)*

1169. Une somme de 7 500 francs est partagée entre 3 héritiers. Le 1ᵉʳ en reçoit les 2/5, le 2ᵉ les 2/3 du premier. Quelle fraction de l'héritage revient au 3ᵉ? Quelle somme reçoit chaque héritier? *(Eure.)*

*1170. Une feuille carrée imprimée a 13 centimètres de côté, la marge tout autour a 1ᶜᵐ,5 de largeur et les lignes imprimées sont à 4 millimètres les unes des autres. On demande : 1° le nombre de ces lignes; 2° la quantité de mots contenus dans la feuille, sachant qu'un mot occupe en moyenne une longueur de 5 millimètres?

PROBLÈMES DE REVISION

1171. Un bec de gaz consomme $2^{lit} 3/4$ de gaz par minute. Combien 248 becs consommeront-ils en $48^h 3/4$? Sachant que 1 kilogramme de houille donne 250 litres de gaz, quel poids de houille faudra-t-il pour produire le gaz nécessaire ?

1172. Un voyageur ayant avec lui son fils âgé de 6 ans a payé $22^{fr},80$ pour se rendre de Paris à Angers en chemin de fer. Les enfants de 4 à 7 ans payent demi-place en chemin de fer. Quel est le prix d'une place entière par kilomètre, la distance parcourue étant de 344 kilomètres ? *(Cantal.)*

1173. 100 kilogrammes de canne à sucre renferment 18 kilogrammes de sucre. Les procédés d'extraction du sucre ne permettent pas de retirer plus des $2/3$ du sucre que contient la canne. Combien de kilogrammes de canne à sucre faudra-t-il employer pour produire un quintal de sucre ?

1174. On inscrit un carré dans un cercle de 42 millimètres de rayon et on demande quelle est, en millimètres carrés, la surface des quatre segments de cercle qui sont en dehors du carré.

1175. Un voyageur fait les $2/3$ de sa route en $1^h,25^m$. Combien de temps a-t-il mis pour faire : 1° la route entière ; 2° la moitié de sa route ? *(Gironde.)*

1176. Un père et son fils travaillent ensemble dans une usine. Au bout de 20 jours de travail, ils reçoivent en totalité 192 francs. On sait que le prix de 3 journées de travail du père est le même que celui de 5 journées du fils. Combien chacun d'eux gagne-t-il par jour ?

1177. On veut entourer un jardin qui a $6^{dam},5$ de long sur $48^m,20$ de large avec un treillage en fil de fer qui a 8 décimètres de haut. Ce treillage est vendu $38^{fr},50$ le quintal et pèse $3^{kg} 1/2$ par mètre carré. Quelle sera la dépense ?

1178. 30 ouvriers travaillant 8 heures par jour ont mis 27 jours pour faire un certain ouvrage ; combien de jours auraient mis à faire le même ouvrage 18 ouvriers travaillant 9 heures par jour ?

1179. Un cultivateur a donné les $4/7$ de son champ à son fils aîné et le tiers du reste à son second fils. Il a gardé pour lui les $2^{ha},06$ qui restent. Quel est le lot de chacun ?

1180. On paye 142 francs pour 5 pièces de toile contenant chacune $10^m 1/7$. Quel est le prix du mètre de cette toile ?

1181. 2 tonneaux pleins contiennent ensemble 357 litres de vin ; si l'on tire 15 litres du premier et 108 litres du second, il reste la même quantité dans les deux tonneaux. Quelle est la capacité de chacun d'eux ? *(C. E.)*

1182. 25 ouvriers ont mis 13 jours pour faire un certain travail ; combien de temps faut-il à 10 ouvriers pour faire le même travail ?

1183. Jean donne à Jules les $2/3$ des $3/4$ des $4/5$ de sa fortune qui s'élève à 20 000 francs. Quel sera le montant de l'héritage fait par Jules ? *(Dordogne.)*

1184. Un ouvrier calcule que s'il dépense $3^{fr},75$ par jour, il lui manquera $1^{fr},15$ au bout de la semaine, dimanche compris. Or, il veut économiser 2 francs par semaine. Combien gagne-t-il par semaine, et à combien doit s'élever au plus sa dépense journalière ? *(Aude.)*

1185. On couvre un toit de hangar de $6^m,25$ de long sur $6^m,10$ de large avec des ardoises de $0^m,30$ sur $0^m,15$. Combien d'ardoises y aura-t-il à employer si chaque rang d'ardoises couvre le $1/3$ du rang suivant ?

1186. Un pré de 90 ares a donné dans l'année 3 coupes de fourrage. La première coupe a été les $8/5$ de la 2e ; la 3e les $3/9$ de la 2e et la différence entre la 2e et la 3e coupe a été de 3 400 kilogrammes. On demande le rendement annuel d'un hectare sachant que le quintal de fourrage vert vaut $4^{fr},30$.

TANT POUR CENT

302. Rapport. — On appelle *rapport* de deux quantités le quotient de la 1re par la 2e. Ainsi le rapport :

de 100 à 10 est **100 : 10** ou **10**; | celui de 10 à 100 est **10 : 100** ou **1/10**.
de 20 à 5 est **20 : 5** ou **4**; | celui de 5 à 20 est **5 : 20** ou **1/4**.

303. Tant pour cent ou pourcentage. — Dans la pratique, le *rapport* d'une quantité à une autre est très souvent indiqué à raison de *tant pour 100* (%) ou *tant pour 1000* (‰). Ainsi on dit que le lait contient 3 % de beurre ; que la *remise* sur le montant d'une *facture* payée comptant est de 4 %, que le *bénéfice* réalisé sur la *vente* d'une marchandise est de 20 %, etc. De même, on dit qu'une *prime d'assurance* est de 2 ‰ du capital assuré.

304. Exemple. — Des marchandises reviennent à 700 francs. On veut les revendre avec un bénéfice de **15 pour cent** (15 %). Quel sera le bénéfice?

On dit : un bénéfice de 15 %, c'est un bénéfice de 15 francs par chaque 100 francs de marchandises ou $15^{fr} \times \dfrac{700}{100}$ ou $15^{fr} \times 7 = 105$ francs.

305. Les problèmes sur le *tant pour 100* ou pourcentage se résolvent généralement par une règle de trois. Nous allons en passer en revue les différents groupes.

PROBLÈMES
I. Recherche du tant pour cent total.

TYPE. — **1187. Un terrain a été acheté 4 800 francs. Le propriétaire veut le revendre en réalisant un bénéfice de 8 % sur le prix d'achat. Quel sera ce bénéfice et quel sera le prix de vente?**

Solution. — Réaliser 8 % de bénéfice, c'est faire 8 francs de bénéfice sur 100 francs d'achat.

100^{fr}
1^{fr} $\dfrac{8^{fr} \times 4\,800}{100} = 384$ francs.   Si sur un achat de 100 francs, le bénéfice est de 8 francs.
4 800^{fr}

Sur un achat de 1 franc, le bénéfice est de $\dfrac{8^{fr}}{100}$, et sur un achat de 4 800 francs le bénéfice est de $\dfrac{8^{fr} \times 4\,800}{100} = 384$ francs.

Le prix de vente est $4\,800^{fr} + 384^{fr} = 5\,184$ francs.

Oraux. — **1188.** J'ai acheté un meuble pour 650 francs, on m'a fait une remise de 6 % ; combien ai-je payé? — **1189.** 10 chemises reviennent à 45 francs. On veut les vendre en détail en réalisant un bénéfice de 10 %. Combien doit-on revendre chaque chemise? — *1190. On a acheté 20 mètres d'étoffe à 10 francs le mètre, et on a bénéficié d'une remise de 5 %. Combien doit-on revendre le mètre de cette étoffe pour réaliser un bénéfice de 20 %?

Écrits. — **1191.** Un piano est à vendre 1 820 francs net; un acheteur en offre 2 000 francs, à condition d'avoir 10 % de remise; un autre 1 940 francs avec 6 % de remise ; à quel acheteur doit-on donner la préférence?

1192. 100 hectolitres d'huile ont coûté 16 875 francs; on veut gagner 12 % sur le marché. A quel prix doit-on revendre le demi-kilogramme, sachant que, à volume égal, cette huile ne pèse que les 9/10 de l'eau? *(Côte-d'Or.)*

1193. Un cultivateur a fait assurer ses bâtiments estimés 7 500 francs. La prime d'assurance est calculée à raison de 1^{fr},40 ‰. Il faut payer, en plus, sur la prime, 1/10 d'impôts. Quelle somme doit-il chaque année à la compagnie d'assurances?

75ᵉ LEÇON

TANT POUR CENT (Suite)

II. Recherche de la somme dont on connaît le tant pour cent.

TYPE. — 1194. Une maison est revendue avec un bénéfice de 6 %. Sachant que ce bénéfice est de 300 francs, on demande le prix d'achat de la maison.

SOLUTION. — Un bénéfice de 6 francs provient d'un achat de 100 francs ;

$\begin{array}{l} 6^{fr} \\ 1^{fr} \\ 300^{fr} \end{array}$ $\dfrac{100^{fr} \times 300}{6} = 5\,000$ francs.

Un bénéfice de 1 franc provient d'un achat de $\dfrac{100^{fr}}{6}$;

Et un bénéfice de 300 francs provient d'un achat de $\dfrac{100^{fr} \times 300}{6} = 5\,000$ francs.

AUTRES SOLUTIONS. — 1° Le prix d'achat se compose d'autant de fois 100 francs qu'il y a de fois 6 francs dans le bénéfice 300 francs, c'est-à-dire $100^{fr} \times \dfrac{300}{6} = 5\,000$ francs.

2° Le bénéfice 6 % représente les 6 centièmes du prix d'achat. Le centième de ce prix est 300ᶠʳ : 6 ou 50 francs ; le prix d'achat total ou 100 centièmes est de 50ᶠʳ × 100 ou 5 000 francs.

EXERCICES

Oraux. — 1195. Trouver les *valeurs* ou *quantités* : 1° dont le 1 % est de 7 francs ; 49 francs ; 1 260 ; 25ᶠʳ,40. — 2° dont les 10 % sont de 8 francs. 33 francs ; 45ᶠʳ,20. — 3° dont les 5 % sont de 12 francs ; 85 ; 1 480. — 4° dont les 25 % sont de 15 francs ; 68 ; 670.

Écrits. — 1196. Trouver les *valeurs* ou *quantités* dont :
1° les 3 % sont de 60 francs ; 96 ; 876 ; 157ᶠʳ,60 ;
2° les 4 % sont de 84 francs ; 128 francs ; 3 512 francs ; 26ᶠʳ,30 ;
3° les 8 % sont de 176 ; 940 grammes ; 862 mètres ; 345ᶠʳ,30.

PROBLÈMES

Oraux. — 1197. En vendant un objet 66 francs j'ai gagné 10 % sur le prix d'achat. Quel était ce prix d'achat. — **1198.** Un bijoutier vend 10 francs une broche sur laquelle il gagne 25 %. A combien lui revient cette broche ? — **1199.** Un employé, qui reçoit 5 % sur le montant des affaires qu'il fait, a reçu à la fin du mois 345 francs. On demande le chiffre des affaires faites pendant ce mois. — **1200.** Le foin vert perd environ 60 % de son poids en séchant. Quel est le poids de foin vert qu'il a fallu pour obtenir 400 kilogrammes de foin sec ?

Écrits. — 1201. Un négociant vend une pièce de toile de 85 mètres pour 238ᶠʳ,75 ; il gagne 18 % sur le prix d'achat : combien lui coûtait le mètre ?
(*Morbihan.*)

1202. En revendant du sucre 0ᶠʳ,40 le demi-kilogramme, un épicier gagne 14 % sur le prix d'achat. Combien avait-il payé les 100 kilogrammes ? (*Rhône.*)

1203. Un commerçant trouve qu'en revendant ses marchandises, il a gagné 28 % sur le prix d'achat ; mais que s'il les avait vendues 154ᶠʳ,80 de plus, il aurait gagné 34 %. Combien les avait-il achetées ? Combien les a-t-il vendues ?

1204. Un commerçant déclaré en faillite ne peut payer que 28 % à ses créanciers, avec 4 000 francs de plus, il pourrait payer 44 %. Quel est le montant de ce qu'il doit à ses créanciers ? Quelle somme disponible a-t-il ?

TANT POUR CENT (Suite)

III. Calcul du tant pour cent.

TYPE. — 1205. Un cheval acheté **945 francs** a été revendu **1 071 francs**. Quel a été le bénéfice pour **100** sur le prix d'achat?

SOLUTION. — Bénéfice total $1\,071^{fr} - 945^{fr} = 126$ francs.

$\quad\quad 945^{fr} \quad\quad\quad\quad\quad\quad\quad\quad$ Sur 945 francs on gagne 126 francs;
$\quad\quad\ \ 1^{fr} \quad\quad \dfrac{126^{fr} \times 100}{945} = 13^{fr},33 \quad$ sur 1 franc on gagne $\dfrac{126^{fr}}{945}$ et sur
$\quad\quad 100^{fr} \quad\quad\quad\quad\quad\quad\quad\quad$ 100 francs on gagne $\dfrac{126^{fr} \times 100}{945} = 13^{fr},33$.

Le bénéfice % est de $13^{fr},33$.

EXERCICES

Oraux. — 1206. Trouver le *tant pour* 100 sachant que : sur 45 francs on a gagné $4^{fr},50$; sur 875 francs on a gagné $9^{fr},75$; sur 1 250 francs on a gagné 50 francs; sur 4 230 francs on a gagné $84^{fr},60$.

Écrits. — 1207. Calculer le *tant pour* 100 capable de donner :

$20^{fr},25$ sur 675 francs	$171^{fr},50$ sur 2 450 francs	$28^{fr},60$ sur 260 francs
$452^{fr},70$ sur 3 770 francs	$634^{fr},50$ sur 7 050 francs	$104^{fr},20$ sur 948 francs

PROBLÈMES

Oraux. — 1208. J'ai acheté un cheval 400 francs; je l'ai revendu 432 francs. Quel a été mon bénéfice pour 100 sur le prix d'achat? — **1209.** Des livres, marqués 5 francs sur un catalogue, sont vendus $3^{fr},75$: quelle est la remise pour 100? — **1210.** Un fût de 200 litres de vin a été payé à raison de $0^{fr},50$ le litre, et revendu 120 francs. Quel est le bénéfice pour 100 sur le prix d'achat?

Écrits. — 1211. Un cheval a été vendu 750 francs. En le vendant 50 francs de plus, on aurait gagné 200 francs. Combien a-t-on gagné pour 100 sur le prix d'achat? *(Seine.)*

1212. Une ramette de papier à lettres revient à $19^{fr},20$ et se compose de 4 paquets de 40 cahiers de 6 feuilles. Combien gagnera-t-on pour 100 sur le prix d'achat en revendant ce papier $0^{fr},05$ les deux feuilles? *(Ardennes.)*

1213. Deux associés ont fait une entreprise et ont mis pendant le même temps, l'un 18 500 francs et l'autre 12 000 francs. Le premier a gagné 1 000 francs de plus que le deuxième. Quel a été le gain de chaque associé et le gain pour 100 de la société? *(Aude.)*

*1214. Un négociant a acheté 369 hectolitres d'un vin qui lui a coûté $13^{fr},57$ l'hectolitre, puis $158^{hl},8$ d'un autre vin qui lui a coûté 15 % plus cher que le premier; il a revendu le tout à raison de $18^{fr},83$ l'hectolitre : on demande combien il a gagné pour 100 dans cette affaire.

1215. J'achète 45 mètres de toile à $1^{fr},85$ le mètre et 18 mètres de cretonne à $1^{fr},30$ le mètre. Je ne paie que 100 francs. Quelle remise me fait-on pour 100?

1216. On remplit les $3/4$ d'une barrique de 228 litres avec du vin à $0^{fr},45$ le litre et le reste avec du vin valant 62 francs l'hectolitre. Combien gagnera-t-on pour 100 en revendant le mélange à raison de $62^{fr},50$ l'hectolitre?

1217. Un marchand achète 84 kilogrammes de sucre à 62 francs les 100 kilogrammes et 45 kilogrammes de savon à 67 francs les 100 kilogrammes. Il paye comptant et il ne donne que $65^{fr},80$. Quelle remise lui fait-on pour 100? *(C. E.)*

77ᵉ LEÇON

TANT POUR CENT (Suite)

IV. Recherche d'une valeur qu'on donne augmentée d'un tant pour cent.

TYPE. — **1218.** Le salaire hebdomadaire d'un ouvrier ayant été augmenté de 12 % s'élève à 44^{fr},80. On demande ce qu'était ce salaire avant l'augmentation ?

112^{fr}
1^{fr}
44^{fr},80

$$\frac{100^{fr} \times 44,80}{112} = 40 \text{ francs.}$$

SOLUTION. — Un salaire de 100 francs augmenté de ses 12 % devient :
100^{fr} + 12^{fr} ou 112 francs.

112 francs de salaire augmenté proviennent d'un salaire précédent de 100 francs.

1 franc de salaire augmenté provient de $\frac{100^{fr}}{112}$.

Et 44^{fr},80 de salaire augmenté proviennent de $\frac{100^{fr} \times 44,80}{112} = 40$ francs.

EXERCICES

Oraux. — **1219.** *Trouver les valeurs qui, augmentées de leurs 4 %, deviennent :* 104 *francs;* 832 *francs;* 520 *francs.* — **1220.** *Trouver les valeurs qui, augmentées de leur 1 %, deviennent :* 101 *francs;* 505 *francs,* 1212 *francs.* — **1221.** *Trouver les valeurs qui, augmentées de leurs 5 %, deviennent :* 105 *francs;* 525 *francs;* 840 *francs.* — **1222.** *Trouver les valeurs qui, augmentées de leurs 10 %, deviennent :* 110 *francs;* 770 *francs;* 1100 *francs.* — **1223.** *Trouver les valeurs qui, augmentées de leurs 25 %, deviennent :* 125 *francs;* 750 *francs;* 1250 *francs.* — **1224.** *Trouver les valeurs qui, augmentées de leurs 20 %, deviennent :* 120 *francs;* 600 *francs;* 960 *francs.*

Écrits. — **1225.** Trouver les *valeurs* qui :
1° *augmentées* de leurs 4 % deviennent : 260^{fr}, ; 1019^{fr},20 ; 1274 francs ;
2° *augmentées* de leurs 5 % deviennent : 1207^{fr},50 ; 367^{fr},50 ; 129^{fr},75 ;
3° *augmentées* de leurs 25 % deviennent : 310^{fr},25 ; 3175 francs ; 11^{fr},50 ;
4° *augmentées* de leurs 8 % deviennent : 526^{fr},50 ; 529^{fr},20 ; 16^{fr},20.

PROBLÈMES

Oraux. — **1226.** *Le salaire d'un ouvrier, augmenté de 10 %, est 88 francs. Quel était ce salaire avant l'augmentation ?* — **1227.** *On a vendu une bicyclette 250 francs avec un bénéfice de 25 % sur le prix d'achat. Quel était le prix d'achat ?* — **1228.** *Le plâtre gâché en se solidifiant augmente du 1 % de son volume. Quel volume de plâtre gâché faut-il pour obtenir* 20$^{dm^3}$,2 *de plâtre solide ?* — **1229.** *L'eau en se congelant augmente de 75 %₀ de son volume. Quel volume d'eau faut-il pour obtenir* 10$^{dm^3}$,75 *de glace ?*

Écrits. — **1230.** Un âne a été revendu 95^{fr},40 avec un bénéfice de 6 % sur le prix d'achat. Quel a été : 1° le prix d'achat ; 2° le bénéfice ?

1231. Par suite d'une augmentation de 8 %, le salaire journalier de 32 ouvriers d'une usine s'élève à la somme de 259^{fr},20. Les ouvriers recevant tous la même somme, combien chacun gagnait-il avant l'augmentation ? (S.-et-M.)

*****1232.** Calculer combien de litres d'eau donnera la fusion de 84$^{dm^3}$,495 de glace, en supposant que l'eau augmente de 7,5 % de son volume en passant de l'état d'eau à l'état de glace.

*****1233.** Une barre de fer chauffée s'est allongée de 4 %. Elle mesure alors 0^m,884. Quelle était sa longueur avant d'être chauffée ?

TANT POUR CENT (Suite)

V. Recherche d'une valeur qu'on donne diminuée d'un tant pour cent.

TYPE. — 1234. Une viande perd en cuisant 40 % de son poids et pèse cuite $3^{kg},750$. Quel en était le poids avant la cuisson ?

SOLUTION. — 100 kilogrammes de viande crue donnent $100^{kg} - 40^{kg}$ ou 60 kilogrammes de viande cuite.

60^{kg}
1^{kg}
$3^{kg},75$

$$\frac{100^{kg} \times 3,75}{60} = 6^{kg},25$$

Si 60 kilogrammes de viande cuite proviennent de 100 kilogrammes de viande crue, 1 kilogramme de viande cuite provient de $\frac{100^{kg}}{60}$ de viande crue ; et $3^{kg},750$ de viande cuite proviennent d'un poids de viande crue de $\frac{100^{kg} \times 3,750}{60} = 6^{kg},25$.

EXERCICES

Oraux. — 1235. *Trouver les valeurs qui deviennent, diminuées :*
1° de 2 % : 98 francs ; 588 francs ; | 2° de 5 % : 95 francs ; $9^{fr},50$;
3° de 4 % : 96 francs ; 576 francs ; | 4° de 25 % : 75 francs ; $7^{fr},50$.

Écrits. — 1236. Trouver *la diminution*, les valeurs étant données réduites :
1° de 6 % : 564 francs ;   1 880 mètres ; $28^{lit},20$; $122^{fr},20$.
2° de 20 % : 400 francs ;   960 mètres ; $18^{lit},4$; $15^{fr},20$.
3° de 7 % : 930 francs ;   558 mètres ; $65^{lit},10$; $22^{fr},32$.
4° de 10 % : 540 francs ;   324 mètres ; $43^{fr},20$; $15^{fr},30$.

PROBLÈMES

Oraux. — 1237. *Un libraire vend un livre pour 9 francs avec 10 % de perte. Quel en aurait été le prix sans la perte ?* — **1238.** *En revendant le kilogramme de café 4 francs, un marchand perd 20 %. Combien a-t-il payé le quintal de café ?* — **1239.** *10 moutons ont été payés 285 francs avec une remise de 5 %. Quel aurait été le prix d'un mouton sans la remise ?* — **1240.** *L'hectolitre d'un blé avarié a perdu les 25 % de sa valeur et vaut 18 francs. Quel aurait été le prix de 100 hectolitres de ce blé non avarié ?*

Écrits. — 1241. *Un marchand vend une marchandise avariée avec une perte de 18 % et en retire 1 640 francs. Quel était le prix d'achat de cette marchandise ?*

1242. *Une marchande de poisson, par suite d'un arrivage défectueux, a été obligée de revendre sa marchandise avec 20 % de perte. Elle a reçu ainsi 160 francs. Quel avait été le prix d'achat ?* (Seine-et-Marne.)

1243. *Un épicier paie du café $3 797^{fr},50$, après remise de 2 % ; le kilogramme de ce café valait $2^{fr},50$, prix fort. Quel poids de café a-t-il reçu ?*

1244. *Un épicier achète 90 kilogrammes de sucre à 60 francs le quintal et 110 kilogrammes de savon à $28^{fr},50$ les 50 kilogrammes. Il paie comptant en donnant exactement 110 francs. De quelle remise pour 100 a-t-il bénéficié ?*

*1245. *Une personne ayant acheté du seigle à raison de $12^{fr},40$ l'hectolitre s'aperçoit qu'on ne lui a pas livré la quantité demandée. Elle obtient alors une réduction de 12 % sur le prix convenu et ne paye ainsi que $409^{fr},20$. Quelle somme devait-elle payer et quelle quantité de grain avait-elle achetée ?*

*1246. *Un marchand a acheté 26 mètres d'étoffe à $5^{fr},60$ le mètre. Mais le mètre dont on s'est servi pour mesurer est trop petit de 3 centimètres. Combien faudra-t-il revendre le mètre exact de cette étoffe pour gagner $43^{fr},55$?*

79ᵉ LEÇON

TANT POUR CENT (Suite)

EXERCICES (REVISION)

Oraux. — **1247.** *Un terrain carré a 120 mètres de pourtour, quelle en est la surface en ares ?* — ***1248.** Le produit de deux nombres est 128 ; l'un est le double de l'autre ; quels sont ces deux nombres ?* — ***1249.** Le produit de deux nombres est 75 ; l'un est le triple de l'autre : quels sont ces deux nombres ?* — **1250.** *Un terrain rectangulaire a 116 mètres de pourtour ; la largeur est le 1/3 de la longueur : quelles sont les deux dimensions de ce terrain ?* — **1251.** *Un champ rectangulaire a 6 ares de surface ; la largeur est les 2/3 de la longueur. Quelles sont ces deux dimensions ?* — **1252.** *La moitié du tiers d'un nombre est 10. Quel est ce nombre ?*

Écrits. — **1253.** Par quel nombre faut-il multiplier :

0,75 pour avoir 20,25	3/4 pour avoir 1/3	3/5 pour avoir 0,75
0,35 — 0,266	5/8 — 85	0,26 — 4/10

1254. — Simplifier les fractions ou expressions suivantes :

$$\frac{78}{120}\,;\ \frac{64}{80}\,;\ \frac{75}{125}\,;\ \frac{12\times 18}{30}\,;\ \frac{8\times 9}{21}\,;\ \frac{11\times 78\times 20}{60\times 5\times 21}\,;\ \frac{22\times 16\times 30}{11\times 48\times 15\times 18}.$$

PROBLÈMES

VI. Calcul du tant pour cent sur le prix de vente.

TYPE. — **1255. Un terrain m'a coûté 425 francs. Combien dois-je le revendre pour gagner 15 % sur le prix de vente ?**

85ᶠʳ
1ᶠʳ
425ᶠʳ

$$\frac{100^{fr}\times 425}{85} = 500\text{ francs.}$$

SOLUTION. — Sur une vente de 100 francs, je dois gagner 15 francs ; le prix d'achat est donc de 100ᶠʳ — 15ᶠʳ = 85 francs.

Si ce qui me coûte 85 francs doit être vendu 100 francs, ce qui me coûte 1 franc doit être vendu $\frac{100^{fr}}{85}$.

Et le terrain qui me coûte 425 francs doit être vendu $\frac{100^{fr}\times 425}{85} = 500$ francs.

Oraux. — **1256.** *Le demi-kilogramme de viande revient à 0ᶠʳ,80. Combien un boucher doit-il revendre le demi-kilogramme pour gagner 20 % sur le prix de vente ?* — **1257.** *Un cheval a coûté 880 francs et a été revendu 1 100 francs. Quel a été le bénéfice % sur le prix de vente ?*

Écrits. — **1258.** Un coutelier achète des couteaux à raison de 27 francs la douzaine et les revend à raison de 275 francs le 100. Quel est son bénéfice : 1° pour 100 francs de vente ? 2° pour 100 francs d'achat ?   (C. E.)

1259. On achète 300 mètres d'étoffe pour 482ᶠʳ,55. On demande le prix qu'on devra revendre le mètre : 1° pour gagner 10 % sur le prix d'achat ; 2° pour gagner 10 *pour* 100 sur le prix de vente.   (C. E.)

1260. En vendant au détail le porte-plume 0ᶠʳ,07, le marchand gagne 25 % sur le prix de vente. Quel bénéfice réalise-t-il en vendant 5 grosses de porte-plume ?

***1261.** A quel prix un commerçant doit-il marquer un objet qui lui coûte 57 francs s'il veut gagner 20 % du prix de vente, tout en faisant à l'acheteur une remise de 5 % sur le prix marqué ?

***1262.** Si je vends une maison avec un bénéfice de 10 % sur le prix de vente au lieu de 10 % sur le prix d'achat, je gagne en plus 50 francs. Quel était le prix d'achat de cette maison ?

TANT POUR CENT (Fin)

EXERCICES (REVISION)

Oraux. — **1263.** A 21 francs l'hectolitre de blé, que coûtent 0^{hl},4 ? 3^{hl} 2/3 ? — **1264.** Expliquer comment on peut mentalement diviser 96 par 6 ; 132 par 12. — **1265.** Trouver le nombre dont les 3/10 valent 9 ; dont les 4/100 valent 12. — **1266.** Par quel nombre faut-il multiplier 3/16 pour avoir 45 ? pour avoir 0,75 ? — **1267.** Que faut-il retrancher des nombres suivants pour avoir un nombre divisible par 4 : 158 ; 247 ; 652 ; 863 ; 749 ; 654 ; 971 ; 783 ?

Écrits. — **1268.** Par quel nombre faut-il *diviser* :

15,105 pour avoir 57	0,017136 pour avoir 0,357	3/4 pour avoir 9/20
2,697 4,35	0,351 0,65	5/9 0,80
17,55 27	3/4 0,60	0,50 4/8

1269. Trouver les valeurs qui, *augmentées* de 10 %, deviennent :
310^{fr},25 ;   3175 francs ;   11^{hl},50 ;   149^m,80 ;   2760^{fr},75.

1270. Trouver les valeurs qui, *diminuées* de 11 %, deviennent :
4785 francs ;   32^{hl},80 ;   147^m,75 ;   210^{fr},80 ;   1149^{fr},50.

1271. Trouver la *diminution* des valeurs suivantes, indiquées réduites de 6 % :
564 francs ;   1880 litres ;   28^m,20 ;   216^{fr},40 ;   49^m,75.

PROBLÈMES

13 pour 12 et remise pour cent.

TYPE. — **1272. Un volume est marqué 2 francs. Un libraire en achète une douzaine ; on lui donne le 13e en plus et on fait sur sa facture une remise de 10 %. Quel est le prix de revient d'un volume ?**

Solution. — Prix d'achat des 12 volumes   2^{fr} × 12 = 24 francs.
Remise 10 % ou du 1/10, soit 2^{fr},40.
Prix net d'achat   24^{fr} − 2^{fr},40 = 21^{fr},60.
Nombre des volumes reçus   12^v + 1^v = 13 volumes.
Prix de revient d'un volume 21^{fr},60 : 13 = 1^{fr},66.

Oraux. — **1273.** Un libraire reçoit 65 livres marqués 1 franc pièce. On lui a donné par douzaine le 13e gratis et on lui fait une remise de 20 %. Quelle somme a-t-il à payer ? — **1274.** J'ai acheté 10 douzaines de volumes à 1 franc pièce ; j'ai obtenu une remise de 10 % et le 13e en plus. Que gagnerai-je sur le tout en revendant chaque volume 1 franc ? — *__1275.__ On a acheté une douzaine de volumes à 2 francs l'un ; on a bénéficié d'une remise de 25 % et du 13e gratis. On revend chaque volume 1^{fr},90. Combien gagne-t-on en tout ?

Écrits. — **1276.** Un libraire achète 91 livres marqués 3^{fr},25 avec 12 % de remise, et il n'en paie que 12 sur 13. Combien doit-il ? *(Marne.)*

1277. Un libraire commande 72 volumes à 2^{fr},25 l'un ; il obtient une remise de 20 % et un livre de plus par douzaine. Combien de volumes a-t-il reçus et quel est le prix d'achat réel de chacun ? *(Marne.)*

1278. Un libraire achète 650 dictionnaires à raison de 31^{fr},50 la douzaine. On lui accorde gratuitement un volume en plus par douzaine et il obtient un escompte de 3 %, dites ce qu'il débourse et à combien lui revient chaque dictionnaire.

*__1279.__ Un libraire reçoit 78 volumes marqués 1^{fr},50 l'un. Il obtient 15 % de remise et le 13e gratis. Il revend chaque volume au prix marqué. Combien gagne-t-il ? *(Cher.)*

81ᵉ LEÇON

PROBLÈMES DIVERS

PROBLÈMES
Prix d'achat tiré d'un prix de vente.

TYPE. — 1280. Si j'avais payé ma montre 3 francs de moins, je gagnerais 8 francs en la revendant 42 francs. Combien l'ai-je payée ?

SOLUTION. — N'ayant pas payé ma montre 3 francs de moins, je ne gagne que 8^{fr} — 3^{fr} ou 5 francs.

Le prix de vente 42 francs est égal au prix d'achat augmenté du bénéfice. Si je retranche le bénéfice, il me restera le prix d'achat, c'est-à-dire 42^{fr} — 5^{fr} = 37 francs.

Oraux. — 1281. *En revendant sa bicyclette 160 francs, Pierre gagne autant qu'elle lui a coûté moins 40 francs. Dites le prix d'achat.* — **1282.** *J'ai revendu ma canne 3^{fr},30 en gagnant 1/10 du prix d'achat. Dites combien j'avais payé ma canne.*

Écrits. — 1283. Un marchand achète 72 mètres de drap. En revendant 15 mètres pour 243^{fr},75, il gagne 2^{fr},25 par mètre. Combien avait-il payé pour le tout ?

1284. Un marchand achète 650 mètres d'étoffe, il en vend 150 mètres pour 740 francs, et le reste à 5^{fr},50 le mètre. Il gagne ainsi en moyenne 2^{fr},50 par mètre. Quel était le prix d'achat du mètre ? *(Paris.)*

*****1285.** Une maison, qui a été revendue 71 300 francs, aurait donné un bénéfice de 4 200 francs si le propriétaire l'avait achetée 1 500 francs meilleur marché. Quel est le prix d'achat de cette maison ?

PROBLÈMES
Treize pour douze; les quatre au cent.

TYPE. — 1286. Une fruitière achète 5 douzaines de pêches pour 6 francs. Quel sera son bénéfice si elle a reçu la 13ᵉ en plus et si elle vend chaque pêche 0^{fr},15 ?

SOLUTION. — *Bénéfice = prix de vente — prix d'achat.*
Nombre de pêches vendues : 13 × 5 = 65 pêches.
Prix de vente : 0^{fr},15 × 65 = 9^{fr},75.
Bénéfice : 9^{fr},75 — 6^{fr} = 3^{fr},75.

Oraux. — 1287. *J'ai acheté 200 oranges à 8 francs le cent ; je reçois en plus les 4 au 100. Que dois-je revendre chacune de ces oranges pour gagner 4^{fr},80 sur le tout ?* — **1288.** *Un libraire a acheté 24 livres à 5 francs pièce et a reçu le 13ᵉ en plus. Quel prix doit-il revendre chaque livre pour gagner 36 francs sur son achat ?* — **1289.** *Une fruitière paie 1^{fr},30 la douzaine de pêches et reçoit la 13ᵉ en plus. A combien lui revient une seule pêche ?*

Écrits. — 1290. Un libraire achète 8 douzaines de volumes qui lui reviennent à 216 francs. Quel sera son bénéfice s'il a reçu le 13ᵉ en plus par douzaine et s'il vend chaque volume 2^{fr},50 ?

1291. Un coutelier a acheté 612 couteaux à 58 francs la grosse et on lui en a livré 13 pour 12 ; s'il les a revendus 0^{fr},50 pièce, combien a-t-il gagné par couteau ?

1292. Une fermière vend ses œufs à 0^{fr},075 pièce, mais elle en donne 13 pour 12. Le produit de la vente s'élève à 13^{fr},50. Combien d'œufs a-t-elle livrés ? *(Meuse.)*

*****1293.** Une épicière achète 27 douzaines de pêches à 1^{fr},50 la douzaine. On lui en donne 13 pour 12 ; quinze de ces pêches sont trouvées gâtées. Quel bénéfice fera-t-elle si elle vend le reste 0^{fr},17 la pièce ? *(Seine-et-Oise.)*

MESURES DE VOLUME

306. Définition. — Les mesures de volume servent à évaluer l'étendue des corps au moyen de trois dimensions : *longueur, largeur, hauteur* ou *épaisseur*.

307. Unité principale. — L'unité principale des mesures de volume est le **mètre cube** (m^3).

Le **mètre cube** est un **cube** qui a 1 mètre de côté.

308. Cube. — Le cube est un *volume* limité par **six faces carrées** et **égales**. Les *côtés* des carrés sont les **arêtes** ou **côtés** du cube.

309. Sous-multiples. — Le *mètre cube* n'a pas de **multiples** ordinairement employés. Ses **sous-multiples** sont :
le *décimètre cube* (dm^3), cube qui a 1 décimètre de côté.
le *centimètre cube* (cm^3), — 1 centimètre —
le *millimètre cube* (mm^3), — 1 millimètre —

310. Les unités de volume sont de 1 000 en 1 000 fois plus grandes ou plus petites. — Ainsi le mètre cube contient 1000 décimètres cubes.

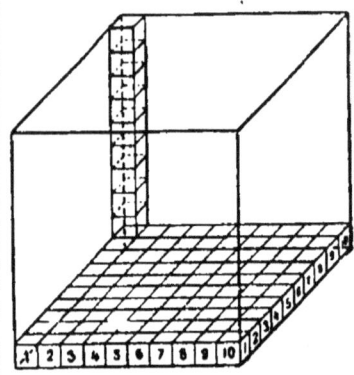
Mètre cube.

En effet, soit une boîte cubique de 1 mètre de côté : cette boîte représente 1 mètre cube. La base qui a 1 mètre carré peut être divisée en 100 décimètres carrés. Si sur chaque décimètre carré on place 1 décimètre cube, on forme, au fond de la boîte, une 1re couche de 100 décimètres cubes ; sur cette 1re couche on peut en placer une 2e, puis une 3e, etc., toutes de 100 décimètres cubes. La boîte pleine contiendra 10 couches de chacune 100 décimètres cubes. Le **mètre cube** contient donc 100 décimètres cubes $\times 10 = $ **1 000** décimètres cubes.

On démontrerait de même que le *décimètre cube contient* 1000 *centimètres cubes* ; que le *centimètre cube contient* 1000 *millimètres cubes*.

311. Écriture et Lecture. — Les unités de volume, se contenant de 1000 en 1000, se composent d'*unités*, de *dizaines* et de *centaines*. Il faut donc **trois chiffres** pour représenter chacune d'elles.

243 m^3,26 dm^3 455 mm^3 s'écrivent 243 m^3,026 000 455.

On remplace par des zéros les centaines de décimètre cube et les centaines, dizaines et unités de centimètre cube.

3547 m^3,027 000 6 se lisent 3547 m^3,27 dm^3 600 mm^3.

Les centimètres cubes manquent, et il a fallu aussi compléter par deux zéros la tranche des millimètres cubes.

QUESTIONNAIRE. — 1. Quelle est l'unité principale des mesures de volume ? — 2. Qu'est-ce que le *mètre cube* ? — 3. Donnez la définition du *cube*. — 8. Quels sont les sous-multiples du mètre cube ? — 5. Comment les unités de volume se *comptent-elles* ? — 6. Combien faut-il de *chiffres* pour représenter chaque unité ?

EXERCICES

Oraux. — **1294.** *Dire combien de fois le mètre cube est plus grand que le dm³; que le cm³; que le mm³.* — **1295.** *Dire combien de fois le millimètre cube est plus petit que le dm³; que le m³; que le cm³.* — **1296.** *Quelle est l'unité 100 000 fois plus petite que le m³? que le dm³?* — **1297.** *Dire combien chacun des nombres suivants contiennent de décimètres cubes :* 15^{m3}; $0^{m3},35$; 7480^{cm3}; 37057^{mm3}; — *de centimètres cubes :* 49^{m3}; 700^{dm3}; 2760^{mm3}; $0^{dm3},42$; — *de mètres cubes :* 3450^{dm3}, 2090795^{cm3}; 2760000^{mm3}. — **1298.** *Lire les nombres suivants :* $4^{m3},74063$; $8^{cm3},23$; $48^{dm3},4$; $8^{cm3},7$; $18^{m3},0476$; $0^{m3},04506$.

Écrits. — **1299.** Écrire les nombres suivants en prenant pour unité :

1° le mètre cube : $85^{m3} 35^{dm3} 7^{cm3}$; $4^{dm3} 9^{cm3}$; — le décimètre cube : $4^{dm3} 90^{cm3}$; $845^{cm3} 42^{mm3}$;

2° le centimètre cube : $2^{dm3} 7^{mm3}$; $3^{m3} 17^{cm3}$; — le millimètre cube : $9^{dm3} 42^{cm3} 6^{mm3}$; $35^{cm3} 24^{mm3}$.

3° Effectuer en décimètres cubes $(48^{dm3} 7^{cm3} + 3^{m3} 4^{dm3} 25^{cm3}) - (253^{dm3},42 + 278^{cm3} 40^{mm3})$.

PROBLÈMES
Plantations.

TYPE. — **1300. Un champ carré a 10 mètres de côté; on le plante d'arbustes distants les uns des autres de 1 mètre et distants de $0^m,50$ des bords. Quel est le nombre de ces arbustes ?**

SOLUTION. — Distance de la première rangée d'arbustes à la dernière $10^m - 0^m,50 \times 2$ ou 9 mètres.

Nombre de rangées : autant il y a de fois 1 mètre dans 9 mètres plus la première rangée, soit $9^r + 1^r$ ou 10 rangées.

Longueur d'une rangée $10^m - 0^m,50 \times 2$ ou 9 mètres.

Nombre d'arbustes dans une rangée : $9^a + 1^a$ ou 10 arbustes.

Total des arbustes $10^a \times 10 = 100$ arbustes.

Oraux. — **1301.** *Un terrain rectangulaire est planté d'arbres distants de 1 mètre des bords et de 2 mètres les uns des autres. La longueur de ce terrain est de 30 mètres et sa largeur est de 16 mètres. On demande le nombre des arbres plantés dans ce terrain.* — **1302.** *Dans un jardinet carré de 64 centiares on veut planter 49 rosiers distants de 1 mètre des bords et à égale distance les uns des autres. Quelle doit être cette distance?*

Écrits. — **1303.** Dans un carré de 6 mètres de côté, on repique des choux à $0^m,50$ de distance et à $0^m,25$ du bord. Combien y aura-t-il de pieds de choux dans le carré ? *(Aveyron.)*

1304. On plante en artichauts, à $0^m,50$ des bords, un terrain de 120 mètres sur 84 mètres en espaçant les plants de $0^m,50$ en tous sens. Faites le compte de la dépense, les œilletons d'artichauts coûtant 35 francs le mille et la plantation 12 francs l'hectare. *(Vendée.)*

*****1305.** Un terrain carré de $1^a,44$ est planté d'arbres distants de $0^m,75$ des bords et également distants entre eux. Le nombre de ces arbres est de 64. On demande le nombre des rangées d'arbres.

MESURES POUR LE BOIS DE CHAUFFAGE

312. Unité principale. — L'*unité principale* des mesures pour le bois de chauffage est le **stère** (s). Le **stère** équivaut au *mètre cube*.

313. Multiple. — Le stère a un seul *multiple* : le **décastère** (das) qui vaut *dix stères*.

314. Sous-multiple. — Le stère a un seul *sous-multiple* : le **décistère** (ds) ou *dixième* du stère.

315. Mesures effectives. — Les *mesures effectives* pour le bois de chauffage sont : le **stère**, le **double stère**, le **demi-décastère**.

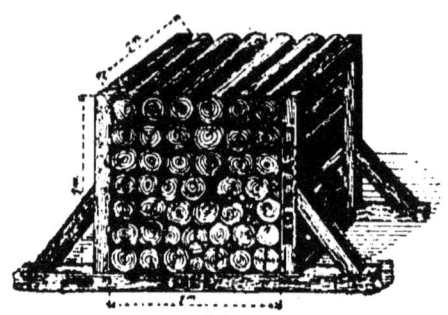

Stère.

316. Ces mesures ont la forme d'un *châssis* dont la *traverse* du bas, appelée **sole**, a 1 mètre pour le stère, 2 mètres pour le double stère et 5 mètres pour le demi-décastère.

La *hauteur* des *montants* varie suivant la longueur des bûches.

VOLUME DES SOLIDES : CUBE

317. Cube. — Le *volume d'un cube* s'obtient en **multipliant *son côté* trois fois** par lui-même.

Ainsi un cube de 3 mètres de côté a pour volume $1^{m3} \times (3 \times 3 \times 3) = 27$ mètres cubes.

318. Formule. — Soit C le côté, on a :
$$V = C \times C \times C = C^3.$$

319. REMARQUE. — Lorsque les dimensions sont exprimées en *mètres*, le calcul donne le volume en *mètres cubes*; si les dimensions sont exprimées en *décimètres, centimètres*, etc., le calcul donne le volume en *décimètres cubes*, en *centimètres cubes*, etc.

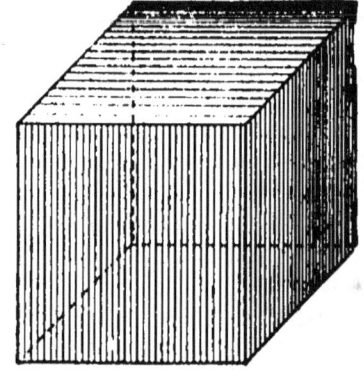

Cube.

QUESTIONNAIRE. — 1. Quelle est l'*unité principale* des mesures pour le bois de chauffage? — 2. Quel est le *multiple* du stère? le *sous-multiple*? — 3. Quelles sont les mesures *effectives* pour le bois de chauffage? — 4. Comment détermine-t-on le *volume* d'un solide? — 5. Comment obtient-on le volume d'un *cube*? Donnez la formule.

EXERCICES

Oraux. — **1306.** Combien le mètre cube contient-il de décistères? de décimètres cubes? — Combien le décastère contient-il de mètres cubes? de décimètres cubes? de décistères? — **1307.** Le mètre cube étant l'unité, à quel rang se trouvent le décistère? le décastère? — **1308.** Un cube a 4 mètres de côté: quel en est le volume en mètres cubes? en décimètres cubes? en stères? en décastères?

Écrits. — **1309.** Écrire en *décistères* : $3^{das} 5^s$; $5^{m3} 8^{dms}$; 910^{dms}.

1310. Écrire en *stères* : $6^{das} 7^{ds}$; $4^{m3} 54^{dmc3}$; $9\,147^{dms}$.

1311. Écrire en *décastères* : 254^{ds} ; $24^{m3} 7^{dms}$; $17\,125^{dms}$.

1312. Effectuer en ramenant :

1° au *stère* : $(4^{m3},05 + 7^{das},43) — (845^{dms} + 408^{ds})$.
2° au *décistère* : $(23^{m3},6 + 4^{das},7) — (420^{dmc} + 5^{das})$.
3° au *décastère* : $(52^{m3},6 + 47^s) — (27^{m3} + 208^{ds})$.
4° au *décimètre cube* : $(13^s + 24^{ds},3) — (2^{ds},6 + 0^{das},42)$.

1313. Un cube a $3^m,25$ de côté: quel en est le volume en décistères? en décimètres cubes?

1314. Un cube a $0^m,45$ de côté: quel en est le volume en décistères? en décimètres cubes?

PROBLÈMES
Volume du cube.

TYPE. — **1315. Un vase en métal et fermé a la forme d'un cube de 8 centimètres de côté. L'épaisseur uniforme des parois est de 1 centimètre. On demande le poids de ce vase sachant que le centimètre cube de métal pèse 10 grammes.**

Solution. — Volume extérieur du vase en centimètres cubes :
$1^{cm3} \times (8 \times 8 \times 8) = 512$ centimètres cubes.

Volume intérieur du vase en centimètres cubes :
$1^{cm3} \times (6 \times 6 \times 6) = 216$ centimètres cubes.

Volume du métal en centimètres cubes : $512^{cm3} — 216^{cm3} = 296$ centimètres cubes.

Poids du vase : $10^g \times 296 = 2\,960$ grammes.

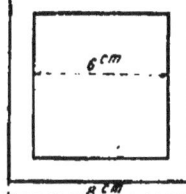

Oraux. — **1316.** Combien un cube de 1 décimètre de côté contient-il de fois un cube de 2 centimètres de côté? — **1317.** Une boîte cubique fermée de 10 centimètres de côté a été construite avec du bois de 1 centimètre d'épaisseur. On demande en centimètres cubes le volume de ce bois. — **1318.** Que vaut, à raison de 100 francs le décastère, une pile cubique de bois de chauffage de 5 mètres de côté? — **1319.** Un bloc cubique de pierre a 50 centimètres d'arête: quel en est le poids, si le décimètre cube de pierre pèse 2 kilogrammes? Quel serait le poids d'un bloc dont l'arête serait 2 fois plus grande? 10 fois plus petite?

Écrits. — **1320.** Un décimètre cube de plomb pèse $11^{kg},340$. Combien fera-t-on de balles de $24^{gr},5$ avec un cube de plomb ayant $0^m,144$ d'arête.

1321. Combien de dés à jouer de 12 millimètres de côté peut-on ranger dans une boîte cubique de 24 centimètres d'arête intérieure?

*1322. Une boîte cubique fermée est faite de planches de 16 millimètres d'épaisseur. Son arête extérieure est de 48 centimètres. On demande : 1° sa capacité en centimètres cubes; 2° le prix du bois qui a servi à la fabriquer à raison de $2^f,50$ le décistère.

PARALLÉLÉPIPÈDE RECTANGLE

320. Définition. — Le parallélépipède rectangle est un volume limité par **six rectangles**.

Deux des *rectangles* opposés forment les **bases**.

Une des *arêtes* latérales entre les bases est la **hauteur**.

321. Volume. — Le *volume* d'un parallélépipède rectangle s'obtient en **multipliant** la surface de la *base* par la *hauteur*, ou en faisant le **produit** des *trois dimensions*.

322. Formules. — Soient V le volume, B la base et H la hauteur; on a :

$$V = B \times H \qquad B = \frac{V}{H} \qquad H = \frac{V}{B}.$$

PROBLÈMES
Volume du parallélépipède.

TYPE. — 1323. Calculez le poids d'une plaque de cuivre rectangulaire ayant $1^m,50$ de longueur, 1 mètre de largeur et 1 millimètre d'épaisseur. Le décimètre cube de cuivre pèse $8^{kg},79$.

(*Paris.*)

Solution. — Volume en mètres cubes :
$1^{m3} \times (1,50 \times 1 \times 0,001) = 0^{m3},0015$ ou $1^{dm3},5$.
Poids de la plaque de cuivre : $8^{kg},79 \times 1,5 = 13^{kg},185$.

Oraux. — 1324. *Quel est en décimètres cubes le volume d'une planche qui a 5 mètres de long, 2 décimètres de large et 5 centimètres d'épaisseur?* — **1325.** *Quel est en décastères le volume d'un tas de bois de 5 mètres de long, 2 mètres de large et $1^m,50$ de hauteur?* — **1326.** *Quel est le poids d'une règle en métal qui a 5 décimètres de long sur 5 centimètres de large et 5 millimètres d'épaisseur, sachant que le centimètre cube du métal pèse 10 grammes?*

Écrits. — 1327. Une règle en fer a 35 centimètres de long. L'extrémité carrée a 32 millimètres de pourtour. Quel est le poids de cette règle si le décimètre cube de fer pèse $7^{kg},78$?

1328. Une poutre en chêne a $5^m,75$ de long. L'extrémité a 40 centimètres de pourtour. L'épaisseur est les $3/5$ de la largeur. Quel est le prix de cette poutre à 105 francs le mètre cube?

*1329. Une caisse ouverte a intérieurement $0^m,80$ de long, $0^m,35$ de large et $0^m,40$ de profondeur. On double l'intérieur de cette caisse d'une feuille de plomb de $1/2$ centimètre d'épaisseur. Quel est le poids du plomb employé si le décimètre cube de plomb pèse $11^{kg},35$?

*1330. Une boîte cubique, sans couvercle, est construite avec du cuivre de 2 millimètres d'épaisseur; son arête extérieure est de $14^{cm},8$. On demande : 1° sa capacité en centimètres cubes; 2° son poids, le centimètre cube de cuivre pesant $8^{gr},79$.

*1331. Une boîte de fer ouverte a pour dimensions intérieures : 14 centimètres, 9 centimètres et 5 centimètres. Les parois ont 2 millimètres d'épaisseur. On demande son poids quand elle est pleine d'huile, sachant que le centimètre cube de fer pèse $7^{gr},80$ et le décimètre cube d'huile $0^{kg},92$.

85e LEÇON
CALCUL DE L'UNE DES TROIS DIMENSIONS

323. Calcul d'une dimension. — Dans la formule qui s'applique au volume du parallélépipède $V = B \times H$ (voir n° 522), remplaçons la *base* B par ses facteurs *longueur*, L, et *largeur*, l; nous avons :

$$V = B \times H; \quad V = L \times l \times H; \quad \text{d'où } L = \frac{V}{l \times H}; \quad l = \frac{V}{L \times H}; \quad H = \frac{V}{L \times l}.$$

D'où : *l'une des trois dimensions* du parallélépipède s'obtient en **divisant** le *volume* par le *produit des deux autres dimensions*.

PROBLÈMES

TYPE. — 1332. Une règle d'étain a 1 décimètre de long sur 1 centimètre de côté. On l'étire en un filet de section carrée de 1 millimètre de côté. Quelle est la longueur de ce filet ?

Solution. — Volume de la règle en centimètres cubes :
$1^{cm3} \times (10 \times 1 \times 1) = 10$ centimètres cubes ou 10 000 millimètres cubes.
Section ou base du filet en millimètres carrés $1^{mm2} \times (1 \times 1) = 1$ millimètre carré.
Longueur du filet $1^{mm} \times \dfrac{10\,000}{1} = 10\,000$ millimètres ou 10 mètres.

Oraux. — 1333. *Une règle a pour longueur 35 centimètres, et pour côté du carré de la base 1 centimètre : quel en est le volume en centimètres cubes ?* — **1334.** *Une règle plate a 50 centimètres de longueur, 4 centimètres de largeur et 100 centimètres cubes de volume : quelle en est l'épaisseur ?* — **1335.** *Un mur a 50 mètres cubes de volume, sa longueur est de 25 mètres; son épaisseur de $0^m,50$: quelle en est la hauteur ? —* **1336.** *Une feuille de carton pèse 96 grammes; elle a 8 centimètres de longueur sur 6 centimètres de largeur. Quelle en est l'épaisseur, sachant que le centimètre cube de carton pèse 2 grammes ? —* **1337.** *Une salle a 5 mètres de longueur sur 4 mètres de largeur et 3 mètres de hauteur. On veut en augmenter le volume de 20 mètres cubes : de quelle hauteur doit-on relever le plafond ? —* **1338.** *On veut faire un stère de bois avec des bûches de $0^m,50$ de longueur, quelle doit être la longueur du tas si la hauteur est de 1 mètre ?*

Écrits. — 1339. Une salle de classe rectangulaire a $9^m,78$ de long, $5^m,36$ de large et $3^m,45$ de haut. On demande de combien il faudrait élever le plafond pour que chacun des 52 élèves qui y sont reçus ait, ainsi que l'instituteur, 4 mètres cubes d'air à respirer. *(Nord).*

1340. Un bassin parallélépipédique de $2^m,50$ de long sur $1^m,80$ de large est rempli d'eau et contient $88^{hl},20$. Quelle est sa profondeur ? De combien en plus faudra-t-il le creuser pour augmenter sa capacité de $2^{m3},50$?

1341. On forme un double stère avec des bûches de $0^m,8$ de long. Quelle est la hauteur du tas, si on place les bûches entre des pieux éloignés de $1^m,90$?

*****1342.** Un ménage brûle pendant l'année $8^s,712$ de bois. Sachant que les bûches ont une longueur de $1^m,65$, que la largeur du tas est égale aux 2/3 de la longueur, dire la hauteur de ce tas. *(Corrèze).*

*****1343.** On prend une barre de fer de 6 mètres de longueur sur $0^m,35$ de largeur et $0^m,27$ d'épaisseur; on l'étire en une barre de $0^m,28$ de largeur et $0^m,25$ d'épaisseur. De quelle quantité la barre est-elle allongée ? *(Haute-Marne).*

*****1344.** Une feuille d'étain pèse 365 grammes et a 1 mètre carré de surface. On demande quelle est son épaisseur, sachant qu'à volume égal l'étain pèse 7,3 fois plus que l'eau.

VOLUME
PROBLÈMES
I. Recherche du volume.

TYPE. — 1345. Combien faut-il de mètres cubes de gravier pour recouvrir d'une couche de $0^m,035$ d'épaisseur une cour de $16^m,25$ de longueur sur $9^m,75$ de largeur ?

SOLUTION. — Le volume du sable représente un parallélépipède rectangle dont la longueur et la largeur sont celles de la cour et dont la hauteur est égale à l'épaisseur du gravier. D'où : Volume du gravier en mètres cubes :
$$1^{m3} \times (16,25 \times 9,75 \times 0,035) = 5^{m3},545.$$

Oraux. — **1346.** *Quel volume de sable faut-il pour recouvrir de 5 centimètres d'épaisseur une allée de 20 mètres de long sur 5 mètres de large ?* — **1347.** *Une cour rectangulaire de 40 mètres de long sur 25 mètres de large est traversée par deux allées de chacune 1 mètre de largeur qui se coupent à angle droit. Quel volume de sable faut-il pour recouvrir la surface restante d'une couche de 1 décimètre de sable ?*

Écrits. — **1348.** Pour empierrer un chemin de $6^m,50$ de largeur sur 2 kilomètres de longueur, on emploie de la pierre cassée qui revient à $5^{fr},50$ le mètre cube. Quelle sera la dépense, si l'épaisseur de l'empierrement est $0^m,25$? (S.-et-L.).

*1349. La cour d'une école est un rectangle de $42^m,50$ de long sur $28^m,40$ de large. Les quatre côtés sont bitumés sur une largeur de $1^m,50$. On fait étendre sur le reste de la cour une couche de sable de $1^{cm}\;1/2$ d'épaisseur en moyenne. A combien s'élèvera la dépense si le sable coûte sur place $4^{fr},75$ le mètre cube ?

*1350. Un jardin rectangulaire de 38 mètres de long et de 26 mètres de large est partagé par deux allées de $1^m,10$ de large, se coupant au milieu. On met sur ces allées une couche de gravillon de $0^m,04$ d'épaisseur. Que coûtera ce gravillon à $10^{fr},50$ le mètre cube ? (*Pas-de-Calais*).

II. Recherche de l'épaisseur ou de la surface recouverte.

TYPE. — 1351. On répand 4 mètres cubes de gravier sur une cour ayant 16 mètres de longueur sur 5 mètres de largeur. Quelle est l'épaisseur de la couche de gravier ?

SOLUTION. — Surface de la cour en mètres carrés : $1^{m2} \times (16 \times 5) = 80$ mètres carrés.

Épaisseur de la couche de gravier : $1^m \times \dfrac{4}{80} = 0^m,05$.

Oraux. — **1352.** *On répand, sur une route de 1 kilomètre de long et 5 mètres de large, le contenu de 100 tombereaux remplis chacun de 1 mètre cube de gravier. On demande l'épaisseur de la couche de gravier.* — **1353.** *Un tas de fumier de 75 mètres cubes est répandu uniformément sur un champ triangulaire de 100 mètres de base et 30 mètres de hauteur. Quelle est l'épaisseur de la couche de fumier répandu ?* — **1354.** *On a répandu sur une cour 5 mètres cubes de sable ; la couche a $0^m,05$ d'épaisseur. Quelle est la surface de la cour ?*

Écrits. — **1355.** Mon voisin fait creuser un fossé long de 34 mètres, large de $1^m,20$, profond de $0^m,45$. Il fait répandre la terre de ce fossé sur un champ de 5 ares. Quelle sera l'épaisseur de la couche de terre répandue en admettant que le volume de cette terre ait augmenté exactement de $1/5$? (C. E.)

1356 Une cour a la forme d'un trapèze dont la grande base mesure 22 mètres, la petite 19 mètres et la hauteur 15 mètres. On y répand 6 mètres cubes de sable. Quelle sera l'épaisseur de la couche de sable ? (*Seine Inférieure*).

87ᵉ LEÇON
SURFACE LATÉRALE — SURFACE TOTALE

324. Cube. — Chacune des *six faces* d'un cube est un *carré* ayant pour côté l'arête du cube.

325. Application. — Soit un cube de 8 centimètres d'arête. On a :

Surface d'une face en centimètres carrés :
$1^{cm2} \times (8 \times 8) = 64$ centimètres carrés.

Surface des 6 faces en centimètres carrés :
$64^{cm2} \times 6 = 384$ centimètres carrés.

Développement du cube.

326. Parallélépipède. — La *surface latérale* d'un parallélépipède est égale à la surface d'un rectangle qui a pour *dimensions* le *périmètre* du rectangle de base et la *hauteur* du parallélépipède. La *surface totale* est égale à la surface latérale **plus** la surface des deux bases.

327. Application. — Soit un parallélépipède ayant pour dimensions 8 centimètres, 4 centimètres et 3 centimètres. On a :

Périmètre du rectangle de base
$3^{cm} + 4^{cm} + 3^{cm} + 4^{cm} = 14$ centimètres.

Surface latérale en centimètres carrés :
$1^{cm2} \times (14 \times 8) = 112$ centimèt. carrés.

Surface des deux bases en centimètres carrés :
$1^{cm2} \times (4 \times 3 \times 2) = 24$ centim. carrés.

Surface totale en centimètres carrés :
$112^{cm2} + 24^{cm2} = 136$ centimètres carrés.

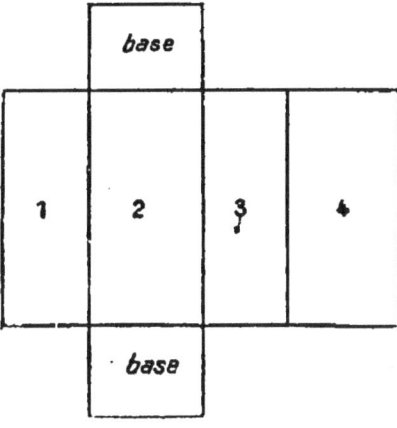

Développement du parallélépipède.

PROBLÈMES

Oraux. — **1357.** Quelle est la surface totale d'un cube qui a 9 centimètres d'arête ? — **1358.** Quelle est la surface totale d'une poutre qui a 6 mètres de long sur 0ᵐ,50 de large et 0ᵐ,40 d'épaisseur ?

Écrits. — **1359.** On veut recouvrir avec du drap de 0ᵐ,65 de largeur valant 12ᶠʳ,50 le mètre courant les parois intérieures d'une caisse qui a 2ᵐ,25 de longueur, 1ᵐ,40 de largeur et 0ᵐ,90 de hauteur. Quelle sera la dépense ? (C. E.)

1360. Un menuisier qui a confectionné une caisse de bois cubique ayant 1ᵐ,88 en tous sens, au prix de 5 francs le mètre carré, couvercle compris, n'a reçu que 88ᶠʳ,56 à cause de la mauvaise exécution du travail. Combien lui retient-on pour 100 sur le prix convenu ? (*Haute-Marne.*)

***1361.** Vous voulez recouvrir de papier doré une boîte de carton de 30 centimètres de longueur, 18 centimètres de largeur et dont la hauteur est égale aux 2/3 de la largeur. Combien vous faudra-t-il de feuilles de papier, si chacune d'elles a une surface de 1ᵈᵐ²,86 ?

PRISME — CYLINDRE

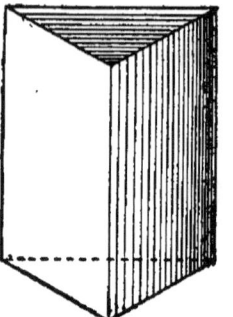
Prisme.

328. Prisme. — Le **prisme** est un *volume* limité par **deux bases** *parallèles* et *égales*.

La **hauteur** d'un prisme est la *distance* entre les *deux bases*.

La **base** d'un prisme peut être un *triangle*, un *quadrilatère* quelconque, un *polygone*, un *cercle*.

Le cube est un prisme, le parallélépipède rectangle aussi.

Prisme droit. — Le prisme droit est celui dont les arêtes latérales sont *perpendiculaires* aux arêtes de la base.

329. Volume. — Le **volume** d'un prisme est égal au **produit** de la surface de la *base* par la *hauteur*.

330. Cylindre. — Le **cylindre** est un *prisme* qui a pour *base* un cercle.

331. Volume. — Le **volume** d'un cylindre est égal au **produit** de la surface du cercle de *base* par la *hauteur*.

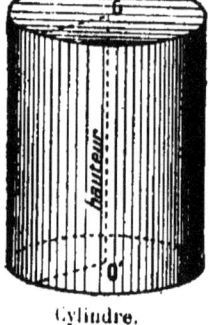
Cylindre.

332. Application. — Soit un cylindre qui a pour *base* un cercle de 5 centimètres de rayon et pour *hauteur* 12 centimètres. On a :

Surface de la base en centimètres carrés :
$$1^{cm2} \times (5 \times 5 \times 3,1416) = 78^{cm2},54.$$

Volume du cylindre en centimètres cubes :
$$1^{cm3} \times (78,54 \times 12) = 942^{cm3},48.$$

333. Formules. — Soient V le volume, B la base et H la hauteur ; on a :

$$V = B \times H \qquad B = \frac{V}{H} \qquad H = \frac{V}{B}.$$

PROBLEMES

Oraux. — **1362.** Une colonne cylindrique en pierre a 8 décimètres carrés de base et 5 mètres de hauteur. Quel en est le poids sachant que le décimètre cube de pierre pèse 2 kilogrammes ? — **1363.** Une colonnette cylindrique en or de 10 centimètres carrés de base pèse $3^{kg},8$. Quelle en est la hauteur, le décimètre cube d'or pèse 19 kilogrammes ?

Écrits. — **1364.** Sur une place circulaire de 50 mètres de diamètre, on répand une couche de sable de 12 centimètres d'épaisseur. Dire la dépense, si le sable mis en place coûte $7^{fr},75$ le mètre cube. *(Nièvre.)*

1365. Quelle longueur de fil de fer de $0^{mm},8$ de diamètre fera-t-on avec 1 kilogramme de fer ? Le décimètre cube de fer pèse $7^{kg},78$.

1366. On demande le poids d'une colonnette cylindrique d'argent dont la base a $21^{cm},9912$ de pourtour et une hauteur égale à 4 fois son diamètre. Le centimètre cube d'argent pèse $10^{gr},47$.

*****1367.** Une colonne en pierre a pour base un hexagone qui a 2 décimètres de côté ; la hauteur de cette colonne est de $2^{m},74$. Quel en est le volume ?

89ᵉ LEÇON

SURFACE LATÉRALE ET TOTALE (PRISME ET CYLINDRE)

334. Prisme. — La *surface latérale* d'un prisme droit est égale à la surface d'un rectangle ayant pour base le *périmètre* de la base du prisme et, pour hauteur la *hauteur* du prisme. La *surface totale* égale la surface latérale **plus** la surface des deux bases.

335. Application. — Soit un prisme dont la base est un carré de $0^m,15$ de côté et dont la hauteur est $0^m,80$. On a :

Surface latérale en mètres carrés :
$$1^{m^2}(0,15 \times 4 \times 0,80) = 0^{m^2},48.$$

Surface des deux bases en mètres carrés :
$$1^{m^2} \times (0,15 \times 0,15 \times 2) = 0^{m^2},045.$$

Surface totale en mètres carrés :
$$0^{m^2},48 + 0^{m^2},045 = 0^{m^2},525.$$

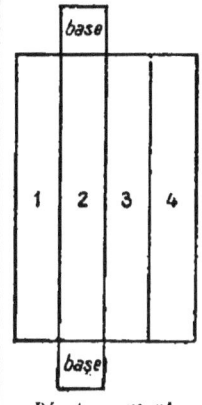
Développement du prisme.

336. Cylindre. — La *surface latérale* d'un cylindre est égale à la surface d'un *rectangle* qui a pour *base* la circonférence de la base du cylindre et pour *hauteur* la hauteur du cylindre. La *surface totale* égale la surface latérale **plus** la surface des deux bases.

337. Application. — Soit un cylindre dont le rayon est de 6 centimètres et la hauteur de 15 centimètres. On a :

Circonférence de la base :
$$6^{cm} \times 2 \times 3,1416 = 37^{cm},6992.$$

Surface latérale en centimètres carrés :
$$1^{cm^2} \times (37,6992 \times 15) = 565^{cm^2},488.$$

Surface d'une base en cm² :
$$1^{cm^2} \times (6 \times 6 \times 3,1416) = 113^{cm^2},0976.$$

Surface des deux bases :
$$113^{cm^2},0976 \times 2 = 226^{cm^2},1952.$$

Surface totale en centimètres carrés :
$$565^{cm^2},488 + 226^{cm^2},1952 = 791^{cm^2},6832.$$

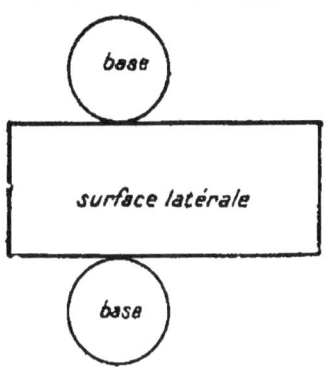
Développement du cylindre.

338. Formules. — Soient S la surface latérale, C la circonférence de la base et H la hauteur du cylindre ; on a :

$$S = C \times H \qquad C = \frac{S}{H} \qquad H = \frac{S}{C}.$$

PROBLÈMES

Oraux. — **1368.** Combien coûtera la peinture d'une colonne cylindrique en pierre de $0^m,50$ de rayon et de 5 mètres de hauteur, à raison de 1 franc le mètre carré ? — **1369.** A raison de 1 franc le centimètre carré que coûtera la ciselure de la surface latérale d'un petit cylindre d'argent de 5 millimètres de rayon et 10 centimètres de hauteur? — **1370.** Un prisme de 1 mètre de hauteur a pour base un hexagone dont le côté est de $0^m,50$. Quelle en est la surface latérale ?

1371. Un ferblantier veut construire un tuyau en tôle de $0^m,18$ de diamètre et $3^m,60$ de longueur. Quelle surface de tôle devra-t-il employer si l'ajustage fait perdre $1/12$ de la surface ?

1372. Une tour ronde de $2^m,85$ de rayon a une hauteur de $8^m,50$. Combien coûtera le revêtement en plâtre de la surface extérieure de cette tour à raison de $1^{fr},25$ le mètre carré ?

MANCHON OU ENVELOPPE CYLINDRIQUE

339. Manchon. — Le **manchon** ou **enveloppe cylindrique** est le volume compris entre *deux cylindres* de même *axe* et de même *hauteur*, mais de *rayons* différents.

340. Volume. — Le volume du manchon est égal à la **différence** des volumes des *cylindres* qui le forment.

341. Formule. — Soient R le rayon du grand cercle, r le rayon du petit cercle, H la hauteur du manchon. On a :

$$V = (\pi R^2 - \pi r^2) \times H \text{ ou } V = (R^2 - r^2) \times \pi H.$$

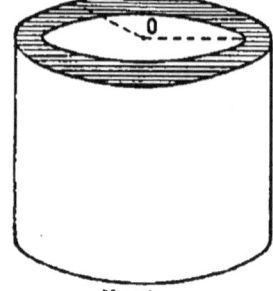

Manchon.

342. Application. — Soit un manchon qui a 10 centimètres pour rayon du cercle extérieur, 8 centimètres pour rayon du cercle intérieur et 15 centimètres de hauteur. On a :

Surface du cercle extérieur, en centimètres carrés :
$$1^{cm2} \times (10 \times 10 \times 3,1416) = 314^{cm2},16.$$
Volume du cylindre extérieur, en centimètres cubes :
$$1^{cm3} \times (314,16 \times 15) = 4712^{cm3},40.$$
Surface du cercle intérieur, en centimètres carrés :
$$1^{cm2} \times (8 \times 8 \times 3,1416) = 201^{cm2},0624.$$
Volume du cylindre intérieur, en centimètres cubes :
$$1^{cm3} \times (201,0624 \times 15) = 3015^{cm3},936.$$
Volume du manchon, en centimètres cubes :
$$4712^{cm3},40 - 3015^{cm3},936 = 1696^{cm3},464.$$

343. Remarque. — On peut dire aussi que le manchon est un **prisme** dont la **base** est une **couronne**. Le volume est égal au **produit** de la *surface de la couronne* par la *hauteur* du prisme. Le manchon ci-dessus donne : *Surface de la couronne* : $314^{cm2},16 - 201^{cm2},0624 = 113^{cm2},0976$. *Volume du manchon*, en centimètres cubes :

$$1^{cm3} \times (113,0976 \times 15) = 1696^{cm3},464.$$

PROBLÈMES

Oral. — **1373.** Quel est le volume de la maçonnerie d'une citerne dont les dimensions sont : rayon du grand cercle : 6 mètres; rayon du petit cercle : 4 mètres; profondeur : 10 mètres. (Employer la formule $V = (R^2 - r^2) \times \pi H$.

Écrits. — **1374.** Un tuyau de plomb pèse $94^{kg},3248$; son diamètre intérieur est de 2 centimètres; son diamètre extérieur de 4 centimètres : quelle en est la longueur, le décimètre cube de plomb pesant $11^{kg},35$?

1375. On construit un mur en maçonnerie de $0^m,30$ d'épaisseur, à l'intérieur d'un puits circulaire de 2 mètres de diamètre et $9^m,50$ de profondeur. Le mètre cube de maçonnerie coûtant 15 francs, à combien reviendra ce mur?

(Neuilly.)

***1376.** Trouvez le poids d'un tuyau en cuivre dont le diamètre extérieur est 17 millimètres et le diamètre intérieur $16^{mm},2$. La longueur du tube est de $2^m,35$ et le décimètre cube de cuivre pèse $8^{kg},6$.

***1377.** Une colonne creuse, en fonte, a $78^{cm},54$ de pourtour et l'épaisseur de la fonte est de 4 centimètres. La hauteur est égale à 20 fois le diamètre. Le décimètre cube de cette fonte pesant $7^{kg},25$: quel est le poids de cette colonne?

91e LEÇON

VOLUME
PROBLÈMES
Mur ou fossé entourant une surface.

TYPE. — 1378. Autour d'une cour carrée de 10 mètres de côté, et à l'extérieur, on creuse un fossé à parois verticales de 1 mètre de large. La terre enlevée représente un volume de 22 mètres cubes. Quelle est la profondeur du fossé ?

SOLUTION. — Côté du carré extérieur
$$10^m + 1^m + 1^m = 12 \text{ mètres.}$$
Surface du carré extérieur en mètres carrés
$$1^{m2} \times (12 \times 12) = 144 \text{ mètres carrés.}$$
Surface du carré intérieur en mètres carrés
$$1^{m2} \times (10 \times 10) = 100 \text{ mètres carrés.}$$
Surface de la base du fossé
$$144^{m2} - 100^{m2} = 44 \text{ mètres carrés.}$$
Profondeur du fossé
$$1^m \times \frac{22}{44} = 0^m,50.$$

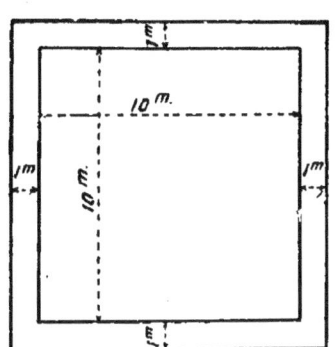

Oraux. — 1379. On creuse en dehors et autour d'un champ rectangulaire, de 20 mètres de long sur 19 mètres de large, un fossé à parois verticales de 0^m,50 de largeur. Le volume de la terre enlevée est de 20 mètres cubes. On demande la profondeur du fossé. — **1380.** On construit autour d'un jardin carré et à l'extérieur, un mur de 1 mètre de hauteur, y compris les fondations, et de 0^m,50 d'épaisseur. Le mètre cube de maçonnerie coûte 10 francs. Quelle sera la dépense si le côté du jardin est de 10 mètres ? — **1381.** Une cour carrée a 8 mètres de côté. On l'entoure d'un mur construit extérieurement et de 0^m,50 d'épaisseur. Quel est le pourtour extérieur de ce mur ?

Écrits. — 1382. Autour d'un champ carré de 42 mètres de côté, on creuse intérieurement un fossé à parois verticales de 1^m,25 de largeur et 80 centimètres de profondeur. Quel est le volume de terre enlevée ?

1383. On fait creuser un fossé autour et à l'intérieur d'un champ rectangulaire de 275 mètres sur 53 mètres. Le fossé a 55 centimètres de profondeur et 90 centimètres de largeur. Combien dépense-t-on, si l'ouvrier reçoit 3^{fr},50 par mètre cube de terre enlevée. Quelle surface cultivable reste-il du champ ?

1384. Une cour rectangulaire a 45 mètres de longueur et 23 mètres de largeur. On l'entoure d'un mur de 2 mètres de hauteur et de 30 centimètres d'épaisseur. Sachant qu'on laisse une porte de 3 mètres de largeur et dont la hauteur est celle du mur, dites : 1° le volume de la pierre employée ; 2° la surface de la cour après la construction du mur. *(C. E.)*

***1385.** Un jardin rectangulaire, de 75 mètres de long sur 25 mètres de large, est entouré intérieurement d'un mur de 2^m,25 de hauteur sur 45 centimètres d'épaisseur, dans lequel on a ménagé une porte de 3^m,20 de large et prenant toute la hauteur du mur. On demande : 1° le prix de la maçonnerie à raison de 16 francs le mètre cube ; 2° la surface de la terre cultivable. *(Orne.)*

***1386.** Autour d'un terrain rectangulaire de 58^m,70 de longueur et 47^m,85 de largeur, on fait construire intérieurement un mur, déduction faite de 6 mètres pour la largeur de deux ouvertures. Ce mur a 0^m,45 d'épaisseur et 1^m,60 de hauteur. Au milieu de ce terrain, on fait bâtir une maison de 12^m,80 sur 7^m,50. Quelle surface reste-t-il pour le jardin et quel est le prix du mur à raison de 12^{fr},50 le mètre cube ?

VOLUME

PROBLÈMES

Petits volumes dans un grand.

1ᵉʳ TYPE. — 1387. Un mur de **15 mètres de long sur 2 mètres de haut et 0ᵐ.30 d'épaisseur** est construit avec des briques qui, recouvertes de leur mortier, ont **2 décimètres de long sur 10 centimètres de large et 5 centimètres d'épaisseur. Quel est le nombre de briques employées ?**

SOLUTION. — Autant de fois le volume d'une brique est contenu dans le volume du mur, autant de briques il faut employer.

Volume du mur en mètres cubes :
$$1^{m3} \times (15 \times 2 \times 0,30) = 9 \text{ mètres cubes ou } 9\,000 \text{ décimètres cubes.}$$
Volume d'une brique en décimètres cubes :
$$1^{dm3} \times (2 \times 1 \times 0,5) = 1 \text{ décimètre cube.}$$

Nombre de briques employées : $1^b \times \dfrac{9\,000}{1} = 9\,000$ briques.

2ᵉ TYPE. — 1388. Une pièce de sapin de **12 mètres de long sur 51 centimètres de large et 32 centimètres d'épaisseur est débitée en pavés cubiques de 10 centimètres de côté. Combien y a-t-il de pavés entiers ?** (*On ne tient pas compte du déchet produit par le trait de scie.*)

SOLUTION. — Autant de fois le volume d'un pavé est contenu dans le volume de la pièce de sapin, autant de pavés on peut faire.

Un pavé a pour base un carré de 1 décimètre de côté. Sur la section de la pièce de sapin on peut tracer 5 rangées de 3 pavés chacune, c'est-à-dire 15 bases de pavés ; et il reste une partie inutilisable.

Une partie de 1 décimètre de la longueur de la pièce fournit donc 15 pavés.
La longueur entière de 12 mètres ou 120 décimètres fournira :
$$15^p \times 120 = 1\,800 \text{ pavés.}$$

Oraux. — 1389. *Une poutre de chêne de 10 mètres de long et 0ᵐ,80 d'équarrissage (c'est-à-dire dont la section carrée a 0ᵐ,80 de côté) est découpée en planches de 4 centimètres d'épaisseur. On demande : 1° le prix de ces planches à raison de 3 francs le mètre courant ; 2° la surface qu'on pourra recouvrir avec toutes ces planches.* — **1390.** *Une pièce de sapin de 1 mètre de pourtour et de 12 mètres de long est débitée en planches de 2 centimètres d'épaisseur valant 4 francs la planche de 3 mètres. On demande le prix des planches sachant que l'équarrissage diminue le pourtour de 1/5.*

Écrits. — 1391. Un tas de briques a la forme d'un cube ayant 1ᵐ,20 de côté et contient 1200 briques. Combien y aura-t-il de briques semblables dans un autre tas cubique de 2ᵐ,40 de côté, et combien vaudraient ces briques à 35 francs le mille ?

1392. Un chêne de 4ᵐ,40 de longueur et de 0ᵐ,60 d'équarrissage est acheté 9 francs le décistère. Quel en est le prix ? L'acheteur fait scier ce chêne en madriers de 0ᵐ,10 d'épaisseur sur 0ᵐ,30 de largeur qu'il vend 14ᶠʳ,85 l'un. Quelle somme retire-t-on de cette vente et quel bénéfice % fait l'acheteur ? (*Mayenne.*)

1393. Un chêne a fourni 650 planches dont chacune avait 2ᵐ,50 de longueur, 0ᵐ,06 de largeur et 0ᵐ,025 d'épaisseur. Il y a eu 1/40 de déchet pour façonner ces planches. Quel était en stères le volume de l'arbre ? (*C.E.*)

1394. Un récipient a la forme d'un parallélépipède rectangle ayant les dimensions suivantes : profondeur 0ᵐ,85, longueur 0ᵐ,45, largeur 0ᵐ,40. Il est exactement rempli d'eau. Quel volume d'eau restera-t-il dans ce récipient si l'on y plonge une pierre cubique de 0ᵐ,22 d'arête ?

EXERCICES ET PROBLÈMES
EXERCICES (REVISION)

Oraux. — **1395.** Calculer les sommes qui, augmentées :

1° de 10 % valent : 330 francs; 660 francs; $7^{fr},70$; $9^{fr},90$
2° de 5 % valent : 210 francs; 420 francs; $52^{fr},50$; 1 050 francs.
3° de 4 % valent : 520 francs; 416 francs; 936 francs; 728 francs.
4° de 25 % valent : 75 francs; 100 francs; 150 francs; 240 francs.

1396. Combien de décastères de bois dans un tas de 6 mètres de long, 5 mètres de large et 3 mètres de hauteur ? — **1397.** Quelle hauteur doit avoir un tas de bois pour contenir 14 décastères sachant que les dimensions de sa base sont 7 mètres et 5 mètres ? — **1398.** Combien un parallélépipède rectangle ayant pour dimensions 1 décimètre, 2 décimètres et 3 décimètres contient-il de parallélépipèdes rectangles ayant pour dimensions : 1 centimètre, 2 centimètres et 3 centimètres ? — **1399.** On a répandu sur une cour 10 mètres cubes de sable. On a ainsi couvert la cour d'une épaisseur de 1 décimètre. Quelle est la surface de la cour ? — **1400.** Quel est le volume d'un cube ayant 150 centimètres carrés de surface totale ?

PROBLÈMES
Toile écrue. Toile blanchie.

TYPE. — **1401.** Dix mètres de toile écrue coûtent $7^{fr},60$. Après le blanchiment, le mètre revient à $0^{fr},80$. De quelle longueur la toile a-t-elle raccourci ?

SOLUTION. — Avant comme après le blanchiment, la valeur de la pièce de toile est la même. La différence du prix du mètre provient de la diminution sur la longueur de la pièce.

1 mètre de toile blanchie revient à $0^{fr},80$; une valeur de $7^{fr},60$ représente une longueur de toile blanchie de $1^m \times \dfrac{7,60}{0,80} = 9^m,50$.

Les 10 mètres de toile écrue ont donc raccourci de : $10^m - 9^m,50 = 0^m,50$.

Oraux. — **1402.** On veut avoir 17 mètres de toile blanchie. Quelle longueur de toile écrue faut-il acheter, sachant que le blanchiment diminue cette longueur de 15 % ? — **1403.** Après le blanchiment, une pièce de toile a $3^m,80$; le blanchiment l'a raccourcie de 1/20 de sa longueur. Sachant qu'elle a été payée 6 francs, on demande le prix du mètre de cette toile écrue. — **1404.** Une toile écrue vaut $1^{fr},72$ le mètre. Elle perd au lavage les 14 % de sa longueur : à combien revient le mètre de cette toile blanchie ?

Écrits. — **1405.** Une pièce de toile écrue de 120 mètres revient à 154 francs; au blanchiment, la toile a raccourci et le mètre revient à $1^{fr},40$. De combien la pièce a-t-elle raccourci en longueur ? *(Aisne.)*

1406. On a payé $52^{fr},80$ une pièce de toile écrue de $36^m,45$ de longueur. Après le blanchiment, on trouve que chaque mètre revient à $1^{fr},65$. Combien pour 100 la toile a-t-elle perdu de sa longueur ?

1407. Une personne a besoin de 25 mètres de toile blanchie : quelle longueur de toile écrue doit-elle acheter si, par les premiers lavages, la toile écrue raccourcit de 1/18 de sa longueur ?

*__1408.__ Une pièce de toile écrue a perdu 16 % de sa longueur au blanchiment. Elle ne contient plus aujourd'hui que 21 mètres. A combien revenait le mètre de toile écrue si la pièce entière valait $37^{fr},50$? *(Seine-et-Marne.)*

*__1409.__ Une pièce a perdu au blanchiment 18 % de sa longueur; elle ne contient plus aujourd'hui que $18^m,45$. Le mètre de toile écrue ayant coûté $1^{fr},55$, à combien revient le mètre de toile blanchie ? *(Loire.)*

EXERCICES ET PROBLÈMES

EXERCICES (REVISION)

Oraux. — 1410. Calculer les valeurs qui, diminuées :
1° de 1 % font : 99^{fr} ; 990^{fr} ; $9^{fr}90$ | 2° de 2 % font : 98^{fr} ; 980^{fr} ; $9^{fr}80$
3° de 20 % font : 44^{fr} ; 600^{fr} ; 840^{fr} | 4° de 25 % font : 60^{fr} ; 120^{fr} ; 360^{fr}.

1411. Une colonne cylindrique a 35 centimètres de pourtour et 5 centimètres de hauteur : quelle en est la surface latérale ? — **1412.** Un pilier de 6 mètres de haut a pour base un triangle équilatéral dont le côté a $0^m,50$: quelle est la surface latérale de ce pilier ? — **1413.** Une colonne de 4 mètres de hauteur a pour base un hexagone dont le côté a 1 décimètre : quelle en est la surface latérale ?

PROBLÈMES
Café vert. Café torréfié.

TYPE. — 1414. Par la torréfaction, le café vert perd les 25 % de son poids. Quelle quantité de café vert faut-il brûler pour obtenir 60 kilogrammes de café torréfié ?

SOLUTION. — 100 kilogrammes de café vert perdent par la torréfaction 25 kilogrammes et donnent, par conséquent, $100^{kg} - 25^{kg} = 75$ kilogrammes de café torréfié.

Si 75 kilogrammes de café torréfié proviennent de 100 kilogrammes de café vert,

1 kilogramme de café torréfié provient de $\dfrac{100^{kg}}{75}$ de café vert.

Et 60 kilogrammes de café torréfié proviennent d'un poids de café vert de $\dfrac{100^{kg} \times 60}{75} = 80$ kilogrammes.

Oraux. — 1415. 100 kilogrammes de café vert ont coûté 320 francs. Par la torréfaction, le café vert perd le 1/5 de son poids. Combien faudra-t-il vendre le kilogramme de café torréfié pour gagner 80 francs sur le tout ? — **1416.** Le kilogramme de café vert donne 900 grammes de café torréfié vendu à 6 francs le kilogramme avec un bénéfice égal au 1/5 du prix d'achat : à combien revient le kilogramme de café vert ? — *1417. Un marchand vend 6 francs le kilogramme de café torréfié en gagnant 20 %. A combien lui revient le kilogramme de café vert, sachant qu'en brûlant ce café a perdu les 0,25 de son poids ?

Écrits. — 1418. Une balle de café vert, pesant 18 kilogrammes, a été payée $61^{fr},45$. Ce café a perdu par la torréfaction 22 % de son poids. A quel prix faut-il vendre le kilogramme de café torréfié, pour gagner 12 francs ? (C. E.)

1419. Le café vert perd 1/5 de son poids par la torréfaction. Combien un épicier doit-il revendre le kilogramme de café torréfié pour gagner 20 % s'il paie le café vert $4^{fr},50$ le kilogramme ? (Haute-Saône.)

1420. Le café vert coûte 250 francs le quintal ; il perd 1/5 de son poids par la torréfaction. Calculer combien gagne pour 100 un marchand qui vend le café grillé à 2 francs les 500 grammes. (Drôme.)

*1421. Un kilogramme de café vert donne 815 grammes de café torréfié. En achetant du café torréfié à $3^{fr},75$ le kilogramme, quel serait le prix du kilogramme de café vert ?

*1422. Le café vert coûte $3^{fr},20$ le kilogramme et perd par la torréfaction le cinquième de son poids. On demande ce que pourrait économiser par année, en brûlant elle-même du café vert, une ménagère qui consomme chaque semaine un hectogramme de café torréfié qu'elle paie $0^{fr},40$. (Savoie.)

PROBLÈMES DE RÉVISION

1423. Combien faut-il verser de mètres cubes d'eau dans un bassin rectangulaire de $5^m,40$ de longueur, $2^m,30$ de largeur et $1^m,70$ de profondeur, pour le remplir aux $2/3$ de sa hauteur ? *(Seine.)*

1424. Combien de mètres cubes de moellons faut-il pour construire un mur de 8 mètres de long, 4 mètres de haut et $0^m,50$ d'épaisseur, dans lequel sont ménagées deux ouvertures circulaires de 1 mètre de diamètre ? *(Seine.)*

***1425.** Un drapier a acheté 3 pièces de satin noir mesurant chacune $38^m,75$. Il trouve qu'en revendant ce satin pour la somme de $1845^{fr},50$ il a gagné 25 % sur son achat. Combien avait-il payé le mètre de satin ?

1426. On a tapissé d'une étoffe de soie les quatre côtés d'une caisse ayant la forme d'un parallélépipède rectangle de $0^m,70$ de long, $0^m,45$ de large et $0^m,50$ de hauteur. Le tapissier demande pour cette opération 12 francs par mètre carré de surface recouverte. A combien s'élèvera la dépense ? *(C. E.)*

***1427.** Un losange dont les diagonales ont $0^m,24$ et $0^m,10$ de longueur est la base d'un prisme droit qui a $0^m,85$ de hauteur. Quel est le volume de ce solide ?

1428. Un fermier gagne les $2/7$ du prix d'achat en revendant un bœuf 432 francs. Combien l'avait-il acheté ? *(Gard.)*

1429. Une pierre de taille de forme cubique a $0^m,65$ d'arête. La pierre vaut $7^{fr},75$ le mètre cube et la taille a coûté $1^{fr},25$ le mètre carré. Quel est le prix total de cette pierre taillée ? *(C. E.)*

1430. Une boîte ayant la forme d'un parallélépipède rectangle a pour dimensions 24 centimètres, 18 centimètres et 5 centimètres. On la recouvre extérieurement, couvercle compris, d'une feuille de papier doré. Quelle est la surface totale du papier employé ? *(C. E.)*

***1431.** En revendant une marchandise $0^{fr},85$ le demi-kilogramme, un commerçant gagne 14 % sur le prix d'achat. Combien avait-il payé les 100 kilogrammes de cette marchandise ?

1432. Un fermier a un tas de terreau de $8^m,65$ de long, $5^m,24$ de large et $3^m,50$ de haut. Il le fait répandre sur un champ de $2^{ha} 47^a 25^{ca}$. Quelle sera l'épaisseur de la couche de terreau ? *(Nord.)*

1433. On achète un bloc de marbre de $1^m,45$ de long, $1^m,10$ de large et $0^m,55$ d'épaisseur à raison de 135 francs le mètre cube. On fait polir les faces à raison de $0^{fr},15$ le décimètre carré. A combien reviendra le bloc ? *(Haute-Savoie.)*

***1434.** On vend une marchandise en faisant un bénéfice de 15 % sur le prix d'achat ; on retire de la vente $2846^{fr},02$. Quel a été le prix d'achat ?

1435. On veut construire un dortoir ayant 19 mètres de long et $8^m,40$ de large ; il est destiné à recevoir 30 élèves. Le mobilier occupe les $5/60$ de l'espace. A quelle hauteur faudra-t-il établir le plafond pour que chaque élève ait 20 mètres cubes d'air ? *(Creuse.)*

***1436.** Un terrain carré de 60 mètres de côté doit être, à l'intérieur, entouré de murs de $2^m,10$ de hauteur au-dessus du sol et $0^m,40$ d'épaisseur. Les fondations auront $0^m,70$ de profondeur et $0^m,55$ de largeur. Le mètre cube de maçonnerie reviendra en moyenne à $7^{fr},50$; les fouilles à 3 francs le mètre cube. Quelle sera la dépense totale ?

1437. Un marchand achète 100 verres à raison de $1^{fr},26$ la douzaine et les revend à raison de 12 francs le 100. Quel est le bénéfice total que fait le marchand ? Quel est son bénéfice pour 100 francs de vente ? Quel est son bénéfice pour 100 francs d'achat ? *(Pyrénées-Orientales.)*

PROBLÈMES DE REVISION

1438. On veut empierrer un chemin sur une longueur de 1 kilomètre et une largeur de 7 mètres. L'épaisseur de l'empierrement est de $0^m,25$ et le mètre cube de cailloux cassés coûte $6^{fr},15$. A combien s'élève la dépense ? *(Rhône.)*

1439. Un bloc de pierre cubique a $1^m,35$ d'arête. Combien a coûté la taille de ce bloc à raison $0^{fr},075$ par décimètre carré ? *(Seine-et-Oise.)*

1440. Le prix du pain est de $0^{fr},35$ le kilogramme ; un boulanger fait une réduction de 5 centimes par pain de 2 kilogrammes ; dites à combien pour 100 s'élève cette réduction.

1441. Une salle de classe ayant $6^m,50$ de long, 6 mètres de large et $3^m,80$ de haut, doit recevoir 45 élèves. De combien doit-on l'allonger pour que chaque élève ait 4 mètres cubes d'air ? *(Meurthe-et-Moselle.)*

*1442.** On étend dans un champ argileux 500 mètres cubes de sable et 361 mètres cubes de calcaire. Ce champ a la forme d'un trapèze dont les bases ont 75 mètres et 48 mètres, et la hauteur 40 mètres. Quelle est l'épaisseur de la couche de sable et de calcaire étendue sur le champ ? *(Charente-Inférieure.)*

1443. Le café vert vaut 3 francs le kilogramme ; torréfié il perd 1/8 de son poids. Quel doit être le prix du kilogramme de café torréfié pour qu'en le vendant le marchand réalise un bénéfice de 20 % ?

*1444.** Un sapin équarri a $4^m,20$ de long et $1^m,40$ de pourtour ; on le scie en 14 planches ; quelle surface pourra-t-on recouvrir avec ces planches ? A $0^{fr},90$ le mètre linéaire, que valent-elles ? Que vaut le mètre carré ? *(C. E.)*

*1445.** Combien pourrait-on ranger de cubes de bois de $0^m,06$ d'arête dans une caisse dont les dimensions intérieures sont : longueur, $1^m,25$; largeur $0^m,85$ et profondeur $0^m,70$?

1446. Un marchand a acheté 1570 décistères de bois pour 12560 francs. Il les a revendus à raison de $95^{fr},25$ le mètre cube. Quel est son bénéfice pour cent ?

1447. Un bassin circulaire de $1^m,40$ de diamètre est rempli par un robinet qui donne $2^{lit},65$ d'eau par seconde. En combien de temps sera-t-il rempli à une hauteur de $1^m,50$? Le litre équivaut au décimètre cube. *(Seine.)*

*1448.** Un négociant achète de l'huile à raison de 140 francs les 100 kilogrammes ; il donne 5 % à son courtier sur le prix de vente et se réserve de gagner 10 % sur le prix d'achat. Combien doit-il vendre le kilogramme d'huile ?

*1449.** Un hangar abrite 180 mètres cubes de bois ayant une valeur de 5060 francs. Les 2/9 se composent de bois de charpente qui vaut 95 francs le mètre cube. On demande ce que vaut le double décistère du bois de chauffage qui forme le reste.

1450. Un marchand vend un moteur quelque peu avarié avec une perte de 18 % ; il en retire $1488^{fr},10$. Combien l'avait-il payé ?

1451. On a acheté des briques à raison de 28 francs le 1000 pour construire un mur long de 36 mètres, haut de $1^m,75$ et épais de $0^m,22$. Que coûtera cette construction si les maçons emploient 750 briques par mètre cube et si les autres frais s'élèvent à 175 francs ? *(Seine-et-Marne.)*

1452. On range des bûches de $1^m,20$ de longueur entre deux arbres espacés de 5 mètres. A quelle hauteur doit-on entasser ces bûches pour obtenir un volume de 75 décistères ? *(Doubs.)*

1453. Un puits de 12 mètres de profondeur et de $1^m,50$ de diamètre intérieur est entouré d'un mur de $0^m,30$ d'épaisseur. On demande le prix de revient de ce puits sachant que le terrassement a coûté 7 francs le mètre cube et la maçonnerie $14^{fr},75$ le mètre cube.

PROBLÈMES DE REVISION

1454. On a acheté 120 mètres de toile à 1^{fr},20 le mètre ; on a vendu la moitié à 1^{fr},45 le mètre, le 1/4 à 1^{fr},60 et le reste à 1^{fr},80. Combien a-t-on gagné sur le tout, et combien pour cent sur le prix d'achat ? (Charente.)

1455. On creuse intérieurement autour d'un champ rectangulaire de 80 mètres de longueur sur 50 mètres de largeur un fossé de 1 mètre de large et de 0^m,75 de profondeur. On répand ensuite sur la surface libre du champ la terre obtenue, augmentée du 1/5 de son volume par suite du terrassement. Quels seront le volume et la hauteur de cette couche de terre ?

*__1456.__ Un chêne a fourni 680 planches de 2^m,50 de longueur, 6 centimètres de largeur et 25 millimètres d'épaisseur. Il y a eu 1/35 de déchet pour l'équarrissage et le sciage. Quel était en stères le volume primitif du chêne ? (Jura.)

*__1457.__ Un grainetier vend 8540 kilogrammes de blé pour la somme de 2220^{fr},40 et gagne 4 % sur le prix d'achat. 1° Combien a-t-il payé ce blé ? 2° Quel est son bénéfice sur 100 kilogrammes ?

1458. Quel est le poids d'une plaque de fonte circulaire de 0^m,8 de diamètre et de 5 centimètres d'épaisseur, si le décimètre cube de fonte pèse 7^{kg},2 ? (Oise.)

1459. On a 1560 mètres cubes de pierres à répandre sur un chemin de 4 kilomètres de long sur 3^m,25 de large. Quelle sera l'épaisseur de la couche ? Quelle sera la dépense si le mètre cube de pierres coûte 4^{fr},50 et si le transport est payé à raison de 3^{fr},75 le tombereau de 2 mètres cubes ? (C. E.)

1460. J'achète des marchandises que je paie comptant. On me fait une remise de 5 %, de sorte que je ne débourse réellement que 1748 francs. Quel était le montant de mon achat ?

*__1461.__ Un tas de bois est vendu 396 francs, à raison de 12 francs le stère. Quelle est la hauteur, sachant qu'il a 20 mètres de longueur et que la longueur des bûches est de 1^m,10 ?

1462. Une règle en cuivre a 20 centimètres de long et 3 millimètres d'épaisseur ; on demande sa largeur sachant que cette règle pèse 134^{gr},5 et que le décimètre cube de cuivre pèse 8^{kg},79.

*__1463.__ Un hectolitre de blé pèse 76 kilogrammes ; le blé donne 87 % de son poids de farine ; 5 kilogrammes de farine donnent 6^{kg} 1/2 de pain. Quelle sera la quantité de pain fournie par 6 sacs de 80 litres ? (Ardèche.)

1464. L'eau contenue dans une citerne de 1^m,50 de diamètre s'élève à la hauteur de 6 mètres ; elle doit être transvasée dans un bassin rectangulaire de 4 mètres de long sur 3 mètres de large ; à quelle hauteur s'élèvera-t-elle dans ce bassin ?

1465. On veut creuser un puits de 1^m,20 de diamètre. On arrête le travail après avoir retiré le chargement de 15 tombereaux contenant chacun 1500 décimètres cubes. A quelle profondeur l'ouvrier est-il arrivé ? (Paris.)

1466. Un hectolitre de blé coûte 18^{fr},80 et produit 75^{kg} 75^{dg} de pain. La fabrication et le bénéfice du boulanger augmentent le prix de 27 %. Combien vaudra un pain de 5 kilogrammes ? (C. E.)

1467. Quelle est la surface latérale d'une tour circulaire de 10 mètres de diamètre sur 14 mètres de haut, et à combien reviendra le crépissage du mur à raison de 2^{fr},50 le mètre carré ?

*__1468.__ Un fermier fait garnir une paire de roues de 1^m,40 de hauteur d'un cercle en fer de 0^m,02 d'épaisseur et de 0^m,08 de largeur. La densité du fer est 7,8 et l'ouvrier le vend tout posé 80 francs les 100 kilogrammes. Quel est le prix des deux cercles ?

PROBLÈMES DE REVISION

1469. A volume égal le liège pèse les 24/100 de l'eau. Quel est le poids d'un millier de bouchons de 6 centimètres cubes chacun? On sait que le décimètre cube d'eau pèse 1 kilogramme. *(Nord.)*

1470. Avec une feuille de carton de 12 centimètres de large et 25 centimètres de long, on veut faire un cylindre de 25 centimètres de hauteur. On demande quel sera le volume de ce cylindre.

*1471. On achète 25 francs de laine à un prix supérieur de 15 % au prix d'une même qualité de laine achetée antérieurement. Combien aurait-on payé cette laine au cours antérieur?

1472. On fabrique un tuyau de zinc de 12 mètres de long et 0^m,08 de rayon. Les feuilles de zinc employées à cet effet pèsent 70 grammes par décimètre carré. Quel est le poids de ce tuyau sachant que l'ajustage nécessite une largeur de zinc de 1 centimètre? *(Nièvre.)*

1473. Une colonne en fonte creuse à l'intérieur a 20 centimètres de diamètre extérieurement et 5^m,20 de hauteur. L'épaisseur de la fonte est de 3 centimètres. On demande le poids de cette colonne, sachant que le décimètre cube de fonte pèse 7^{kg},3.

*1474. Autour d'une roue de 60 centimètres de rayon, on fixe un cercle de fer dont l'épaisseur est de 0^m,009 et la largeur 0^m,08. Quel sera le prix de ce cercle, si le fer coûte 0^{fr},90 le kilogramme? Le décimètre cube du fer pèse 7^{kg},8.

1475. La bougie se vend dans le commerce en paquets d'un demi-kilogramme. Dans les fabriques de bougies, on retire de 100 kilogrammes de suif 45 kilogrammes d'acide stéarique (matière des bougies). On demande combien, avec 64 kilogrammes de suif, on pourra fabriquer de paquets de bougies.

1476. Un cylindre de 1^m,20 de hauteur a une surface latérale de 0^{m2},60 : quel est le rayon de la base?

1477. On creuse un puits de 1^m,60 de diamètre et de 13 mètres de profondeur. Sachant que la maçonnerie qui l'entoure a 0^m,3 d'épaisseur, on demande à combien reviendra cette maçonnerie à raison de 15 francs le mètre cube.

*1478. Un maquignon achète 60 chevaux pour la somme de 72 000 francs; il en vend le 1/3 à raison de 1 350 francs l'un, le 1/4 au prix de 1 400 francs, et le reste à un prix tel que le bénéfice total égale 20 % du prix total d'achat. Quel est le prix de vente de chacun des derniers chevaux vendus?

*1479. Un épicier a acheté au prix de 138 francs une balle de café vert de 50 kilogrammes. La torréfaction de ce café lui coûte 7 centimes 1/2 par kilogramme et en diminue le poids de 1/5. Combien devrait-il vendre le kilogramme de café torréfié pour réaliser un bénéfice de 8 % sur le prix d'achat? *(Dordogne.)*

1480. Un débitant a acheté 15 pièces de vin pour 1 200 francs. Il a payé pour le tout 92^{fr},50 de droits et 23^{fr},40 de transport. Chaque pièce contenait 220 litres, et il s'en est perdu 1 % par évaporation. Combien doit-il revendre le litre pour gagner 15 % sur son marché? *(Hautes-Pyrénées.)*

1481. Un libraire reçoit d'un éditeur 26 livres marqués 2^{fr},50 avec 15 % de remise et le 13e gratis. Combien doit-il revendre chaque volume pour faire un bénéfice de 10 %? *(Nord.)*

1482. On a fait creuser un puits de 12 mètres de profondeur et de 1^m,70 de diamètre. Le terrassement a coûté 3^{fr},50 le mètre cube et la maçonnerie qui revêt l'intérieur de ce puits sur une épaisseur de 0^m,30 revient à 14 francs le mètre cube. Quelle a été la dépense totale?

1483. Un réservoir cubique de 3^m,60 d'arête est plein d'huile aux 3/4 de sa hauteur. Quel est le poids de cette huile, le litre ou décimètre cube d'huile pesant 0^{kg},915? *(Aisne.)*

PROBLÈMES DE REVISION

1484. Des marchandises ont été vendues 750 francs. En les revendant 50 francs de plus, on aurait gagné 200 francs. Combien a-t-on gagné pour cent sur le prix d'achat? (*Seine.*)

1485. Le diamètre d'un puits, y compris l'épaisseur de la maçonnerie, est de 1^m,80. Le diamètre intérieur est de 1^m,30, et la profondeur de 6^m,50. Quel est le volume de la maçonnerie?

1486. Une auge rectangulaire a extérieurement 1^m,55 de long, 0^m,58 de large et 0^m,37 de haut. Quelle est en décimètres cubes ou litres sa capacité, sachant que les parois ont une épaisseur de 0^m,08?

1487. On achète une douzaine d'exemplaires d'un livre dont le prix marqué au catalogue est 2^{fr},60; le libraire fait une remise de 25 % et donne un treizième exemplaire gratuitement. A combien revient un exemplaire?

*1488. Une colonne creuse en fonte de 2 centimètres d'épaisseur a 0^m,50 de circonférence extérieure. Elle pèse 291^{kg},2688. Quelle en est la hauteur, le décimètre cube de fonte pesant 7^{kg},20?

1489. Une marchande achète des oranges qu'elle revend 0^{fr},15 la pièce. Elle gagne ainsi 30 % sur le prix d'achat. On demande : 1° combien lui coûte le cent d'oranges; 2° combien d'oranges elle devrait vendre pour avoir chaque jour 3^{fr},60 de bénéfice.

1490. On a une masse de plomb de forme cubique ayant 0^m,43 de côté. On la transforme en une feuille ayant 1^{mm},5 d'épaisseur. Quelle sera la surface de cette feuille? (*Seine.*)

*1491. Un vase cylindrique a pour diamètre intérieur 0^m,24 et une hauteur de 0^m,45. Quelle quantité d'huile pourra-t-il contenir? A raison de 115 francs le quintal, quel sera le prix de cette huile, le décimètre cube pesant 0^{kg},92?

1492. Un bassin circulaire de 0^m,95 de rayon contient 47 hectolitres d'eau. A quelle hauteur s'élève l'eau de ce bassin? Le litre équivaut au décimètre cube. (*C. E.*)

1493. Un bloc de plomb pèse 750 kilogrammes. Le décimètre cube de plomb pesant 11^{kg},35, on demande sa hauteur s'il a la forme d'un parallélépipède de 8^{dm2},6^{cm2} de base. (*Haute-Saône.*)

1494. Un vase de forme régulière, dont le fond a 148 centimètres carrés de surface, a 0^m,75 de hauteur. On demande le nombre de décalitres d'eau qu'il contiendra si on ne le remplit que jusqu'au 1/3 de sa hauteur. Le litre équivaut au décimètre cube. (*Allier.*)

1495. Quel est le poids d'un prisme en fer ayant pour base un triangle de 0^m,13 de base sur 0^m,7 de hauteur? La hauteur du prisme est 3^m,50 et le décimètre cube de fer pèse 7^{kg},8.

1496. Un récipient cylindrique a 0^m,36 de diamètre; on veut le recouvrir d'un couvercle en tôle qui dépassera tout autour de 2 centimètres. Quelle surface de tôle faudra-t-il employer pour faire ce couvercle?

1497. La margelle d'un puits a 0^m,80 de rayon intérieur, 0^m,95 de rayon extérieur et 0^m,32 de hauteur. Dites son volume.

*1498. J'avais acheté 32^m,50 de toile à 1^{fr},30 le mètre; je l'ai échangée pour d'autre toile valant 1^{fr},40. Combien de mètres de toile de cette seconde qualité ai-je eus? Quelle somme ai-je payée si l'on m'a fait une remise de 2^{fr},50 %?

*1499. Un tas cubique de bois de chauffage de 4 mètres de côté est vendu à raison de 11^{fr},50 le stère ou de 47 francs les 1000 kilogrammes. Sachant que le bois pèse 0^{kg},45 le décimètre cube et qu'on estime que les vides occupent les 2/5 du volume total, on demande le mode d'acquisition le plus avantageux, et le bénéfice réalisé sur l'achat du tas entier.

RÈGLE DE SOCIÉTÉ

344. Définition. — Partager une valeur **proportionnellement** à des nombres donnés, c'est la partager en parties telles qu'à un **nombre** 2, 3, 4... *fois plus grand ou plus petit* corresponde une **part** 2, 3, 4... *fois plus grande ou plus petite*.

345. Règle de société. — Ce partage s'appelle **Règle de société** lorsqu'il a pour objet de répartir le *bénéfice* ou la *perte* résultant d'une entreprise faite *en commun* par *plusieurs associés*.

346. Le partage se fait *proportionnellement* à des nombres représentant : 1° les *temps*; 2° les *mises*; 3° à la fois les *temps* et les *mises*.

PROBLÈMES

I. Partage d'après les temps.

TYPE. — **1500. Deux ouvriers travaillant ensemble ont gagné 170^{fr},40. Le 1er a travaillé pendant 15 jours à raison de 10 heures par jour; le 2e pendant 7 jours à raison de 9 heures par jour. Que revient-il à chacun ?**

Solution. — Le 1er ouvrier a travaillé pendant $10^h \times 15$ ou 150 heures.
Le 2e ouvrier a travaillé pendant $9^h \times 7$ ou 63 heures.
Ensemble ils ont travaillé pendant $150^h + 63^h = 213$ heures.
Ces 213 heures de travail sont payées 170^{fr},40.

Au 1er ouvrier, qui a travaillé 150 heures, il revient $\dfrac{170^{fr},40 \times 150}{213} = 120$ francs

et il revient au 2e, qui a travaillé 63 heures, $\dfrac{170^{fr},40 \times 63}{213} = 50^{fr},40$.

Vérification : $120^{fr} + 50^{fr},40 = 170^{fr},40$.

Oraux. — **1501.** *Deux ouvriers reçoivent 70 francs. L'un a travaillé 3 jours de 10 heures, l'autre 5 jours de 8 heures. Quel est le salaire de chacun ?* — **1502.** *Deux menuisiers ont fait une armoire à laquelle le premier a travaillé sans interruption, le second les 2/3 du temps du premier. Ils reçoivent 100 francs. Faites les parts.* — **1503.** *Trois ouvriers reçoivent 24 francs. Le 1er a travaillé 8 heures, le 2e la moitié du temps du premier, le 3e autant que les deux autres ensemble. Faites les parts.* — **1504.** *Partagez 20 francs entre deux employés dont l'un a travaillé 6^h 1/4 et l'autre 3^h 3/4.*

Écrits. — **1505.** 3 forgerons ont reçu 162^{fr},40 pour une grille qu'ils ont forgée en commun; le 1er y a travaillé 13 jours et 11 heures par jour, le 2e 15 jours et 9 heures par jour, et le 3e 16 jours et 8 heures par jour. Quelle somme revient à chacun ? (C. E.)

1506. 3 terrassiers ont reçu 81 francs pour creuser une citerne; le 1er a travaillé pendant 3 jours 3/4, le 2e 5 jours 1/4 et le 3e 6 jours. Que revient-il à chaque ouvrier ? (*Aube.*)

*****1507.** 3 menuisiers travaillent en commun pour faire un meuble qui leur est payé 440 francs. Le 1er y a travaillé sans interruption, le 2e la moitié du temps et le 3e le tiers du temps seulement. Que revient-il à chacun ?

*****1508.** 7 bûcherons ayant travaillé 23 jours ont reçu 700 francs pour la coupe d'un bois. L'un des bûcherons a manqué 5 jours, un autre 3. Celui qui dirige le travail et qui n'a pas manqué, reçoit 0^{fr},50 par jour en plus de ce qui lui revient. Faites le compte de chacun.

96ᵉ LEÇON
RÈGLE DE SOCIÉTÉ
EXERCICES (REVISION)

Oraux. — **1509.** Comment trouve-t-on mentalement les totaux suivants 87 + 59; 965' + 683; $8^{fr},35 + 4^{fr},25$; $25^{fr},35 + 19^{fr},85$. — **1510.** Comment trouve-t-on mentalement les différences suivantes : 73 — 48; 832 — 489; $4^{fr},25 — 1^{fr},65$; $29^{fr},35 — 17^{fr},80$. — **1511.** Comment fait-on mentalement les multiplications suivantes : 57 × 25; 63 × 75; 32 × 0,25; 48 × 0,75; 17 × 12; 21 × 15. — **1512.** Exprimer en décimètres cubes les 3/4 d'un décistère et en décistères les 4/5 d'un mètre cube. — **1513.** Exprimer en centimètres cubes les 3/4 d'un décimètre cube; les 3/5 d'un décistère.

PROBLÈMES
II. Partage d'après les mises.

TYPE. — **1514. Trois associés ont apporté dans une entreprise : le 1ᵉʳ 10 000 francs; le 2ᵉ 16 000 francs et le 3ᵉ 22 000 francs. Le bénéfice réalisé a été de 7 200 francs. Quelle part de ce bénéfice revient à chaque associé?**

SOLUTION. — Le total des mises est de :
$$10\,000^{fr} + 16\,000^{fr} + 22\,000^{fr} = 48\,000 \text{ francs.}$$

Ces 48 000 francs ont produit un bénéfice de 7 200 francs. Donc, la part correspondante :

aux 10 000 francs du 1ᵉʳ associé est de $\dfrac{7\,200^{fr} \times 10\,000}{48\,000} = 1\,500$ francs.

aux 16 000 francs du 2ᵉ associé est de $\dfrac{7\,200^{fr} \times 16\,000}{48\,000} = 2\,400$ francs.

aux 22 000 francs du 3ᵉ associé est de $\dfrac{7\,200^{fr} \times 22\,000}{48\,000} = 3\,300$ francs.

Vérification $1\,500^{fr} + 2\,400^{fr} + 3\,300^{fr} = 7\,200$ francs.

Oraux. — **1515.** Jeanne et Marie achètent un sac de 150 noisettes. L'une donne $0^{fr},60$, l'autre $0^{fr},40$. Faites les parts. — **1516.** Un sac contient 100 francs en pièces de 2 francs et de 1 franc; il y a 2 pièces de 2 francs pour une de 1 franc. Combien y a-t-il de pièces de chaque sorte? — **1517.** Un maraîcher, sa femme et son enfant ont reçu 42 francs pour un travail fait en commun. Quelle part reviendrait à chacun, sachant que le salaire de l'homme est le double de celui de la femme et que le *salaire de la femme est également le double de celui de l'enfant?*

Écrits. — **1518.** Partager une somme de 138 000 francs entre deux personnes de manière que l'une reçoive autant de pièces de 20 francs que l'autre reçoit de pièces de 5 francs. *(Charente-Inférieure.)*

1519. 4 associés ont mis en commun : le 1ᵉʳ 31 700 francs, le 2ᵉ 29 400 francs, le 3ᵉ 51 000 francs et le 4ᵉ 37 900 francs. Au bout de la première année, ils se sont partagé les bénéfices proportionnellement à leurs mises. Le 1ᵉʳ ayant eu pour sa part $2\,298^{fr},25$, trouvez la part des trois autres associés.

1520. La valeur de 2 pièces de drap est de 624 francs. La 1ʳᵉ, qui est 4 fois plus longue que la 2ᵉ, vaut 9 francs le mètre, tandis que la 2ᵉ vaut 12 francs le mètre. On demande la longueur de chacune de ces pièces? *(Lot-et-Garonne.)*

1521. Deux fermiers louent un pâturage pour 280 francs. Le 1ᵉʳ y fait paître 6 vaches et 75 moutons; le 2ᵉ 14 vaches et 49 moutons. Une vache mange autant que 5 moutons. Quelle part de location doit payer chaque fermier? *(C. E.)*

RÈGLE DE SOCIÉTÉ
PROBLÈMES
III. Partage d'après les temps et les mises.

TYPE. — **1522.** Trois personnes se sont associées pour une entreprise. La 1re a apporté 1 300 francs pendant 5 ans ; la 2e 1 250 francs pendant 4 ans et la 3e 1 750 francs pendant 2 ans. Le bénéfice qui est de 2 100 francs doit être réparti en tenant compte des sommes apportées et du temps pendant lequel ces sommes sont restées au service de l'association. On demande la part de chaque associé.

SOLUTION. — Les 1 300 francs, apportés pendant 5 ans par le 1er associé, donnent droit au même bénéfice que $1\,300^{fr} \times 5$ ou 6 500 francs pendant 1 an.

Les 1 250 francs, apportés pendant 4 ans par le 2e associé, donnent droit au même bénéfice que $1\,250^{fr} \times 4$ ou 5 000 francs pendant 1 an.

Les 1 750 francs, apportés pendant 2 ans par le 3e associé, donnent droit au même bénéfice que $1\,750^{fr} \times 2$ ou 3 500 francs pendant 1 an.

Les 2 100 francs de bénéfice reviennent donc à un total de mises, pendant un an, de $6\,500^{fr} + 5\,000^{fr} + 3\,500^{fr}$ ou 15 000 francs.

Si à 15 000 francs pendant 1 an correspond un bénéfice de 2 100 francs,

à 6 500 francs pendant 1 an correspond un bénéfice de $\dfrac{2\,100^{fr} \times 6\,500}{15\,000} = 910$ francs,

à 5 000 francs pendant 1 an correspond un bénéfice de $\dfrac{2\,100^{fr} \times 5\,000}{15\,000} = 700$ francs,

à 3 500 francs pendant 1 an correspond un bénéfice de $\dfrac{2\,100^{fr} \times 3\,500}{15\,000} = 490$ francs.

Oraux. — **1523.** *Deux commerçants se partagent un gain de 300 francs pour une affaire dans laquelle le premier a mis 200 francs pendant 5 mois et le second 500 francs pendant 4 mois. Faites les parts.* — **1524.** *Trois commerçants ont à se partager un gain de 2 200 francs pour une affaire dans laquelle le premier a mis 400 francs pendant 5 mois, le deuxième 200 francs pendant 4 mois et le troisième 800 francs pendant 2 mois. On demande la part de chacun.* — **1525.** *Une personne commence une entreprise avec 1 000 francs. Au bout de 5 mois elle prend un associé qui apporte 2 000 francs. Quelle sera la part de chacun au bout de 10 mois, le bénéfice étant de 7 000 francs ?* — **1526.** *Deux éleveurs louent un pâturage pour 94 francs. Le 1er y met 10 bœufs pendant 5 mois, le second 11 bœufs pendant 4 mois. Quelle est la part de location payée par chaque éleveur ?*

Écrits. — **1527.** Trois marchands ont gagné $1\,516^{fr},30$; le 1er a mis 1 200 francs pendant 18 mois, le 2e 1 800 francs pendant 15 mois et le 3e 200 francs pendant 14 mois. Combien chacun doit-il recevoir ? (*Corse*.)

1528. Deux marchands de bœufs ont loué une prairie pour 650 francs ; le premier y met 150 bœufs pendant 180 jours et 10 heures par jour ; et le second 80 pendant 260 jours et 8 heures par jour : combien chacun doit-il payer ?

***1529.** Un fabricant a mis dans une entreprise 12 300 francs ; deux ans après il prend un associé qui apporte 15 700 francs ; trois ans plus tard, un autre associé apporte 24 280 francs ; quatre ans après cette époque, la société a réalisé un gain de 15 700 francs. Que revient-il à chacun ? (*Alpes-Maritimes*.)

***1530.** Un industriel commence une entreprise avec 25 000 francs ; 4 mois après, il s'adjoint un associé qui apporte 15 000 francs. 8 mois après a lieu la liquidation, qui donne un bénéfice de 6 300 francs. Quelle part de bénéfice revient à chacun ?

98ᵉ LEÇON

RÈGLE DE SOCIÉTÉ

EXERCICES (REVISION)

Oraux. — **1531.** *Comment fait-on mentalement les opérations suivantes :*
1° 53×9; 82×29; 54×49; 17×21; 33×41;
2° $42 : 0,25$; $36 : 0,75$; $24 : 0,50$; $18 : 25$; $287 : 0,5$.

1532. *Un vase cubique a 2 centimètres de côté intérieurement. Combien contient-il de centilitres ?* — **1533.** *Un vase en forme de parallélépipède rectangle a 8 centimètres et 5 centimètres de dimensions à la base : quelle en doit être la hauteur pour qu'il contienne 8 litres ?* — **1534.** *Une pile de bois de 1ᵈᵃˢ 1/2 a 5 mètres de long et 3 mètres de haut : quelle en est la largeur ?*

Écrits. — **1535.** Quelle est la longueur d'un arc de 3° dans une circonférence de 0ᵐ,25 de rayon ?

1536. Une bougie coûte 0ᶠʳ,16 et dure 6ʰ 30ᵐ : dites la dépense par heure.

PROBLÈMES
Calcul des mises.

TYPE. — **1537. Trois enfants se sont partagé des billes suivant le nombre des parties gagnées par chacun. Le 1ᵉʳ a eu 30 billes; le 2ᵉ en a eu 40 et le 3ᵉ en a eu 50. Sachant que ce dernier a gagné 10 parties, on demande le nombre de parties gagnées par chacun des deux autres.**

Solution. — Si pour 10 parties gagnées, le 3ᵉ enfant a reçu 50 billes : pour une partie gagnée, un enfant reçoit 50 : 10 ou 5 billes.
Un enfant a donc gagné autant de parties qu'il a reçu de fois 5 billes; d'où :
Le 2ᵉ enfant a gagné 40 : 5 ou 8 parties et le 1ᵉʳ enfant 30 : 5 ou 6 parties.

Oraux. — **1538.** *Deux associés ont gagné : le 1ᵉʳ 100 francs et le 2ᵉ 300 francs. Le 1ᵉʳ avait mis 5 000 francs : quelle était la mise du 2ᵉ ?* — **1539.** *Deux associés se sont réparti le bénéfice d'une entreprise faite en commun : le 1ᵉʳ a reçu 50 francs, le 2ᵉ 30 francs. Le 1ᵉʳ a mis 250 francs dans l'association, dites la somme mise par le 2ᵉ ?* — **1540.** *Deux entrepreneurs réalisent un bénéfice de 1 000 francs sur une entreprise de 5 000 francs. Le bénéfice du 1ᵉʳ étant de 100 francs, quelles sont les mises ?* — **1541.** *Deux associés mettent en commun un capital de 20 000 francs et font un bénéfice de 1 000 francs. Le 1ᵉʳ retire, mise et gain réunis, 8 400 francs. Quelle était la mise de chacun ?*

Écrits. — **1542.** Trois marchands ont un fonds commun de 4 928 francs qui leur a rapporté 616 francs; le premier a eu 150 francs le deuxième 206 francs; et le troisième 260 francs : quelle était la mise de chacun ?

1543. Deux maçons se sont associés pour faire une construction qui a rapporté 1 200 francs de bénéfice au 1ᵉʳ et 850 francs au 2ᵉ. Quelle avait été la mise de chacun si le capital avancé était de 18 000 francs ?

1544. Deux associés ont fait un bénéfice de 5 400 francs ; la mise du premier était de 4 300 francs et le bénéfice du second de 2 820 francs. Quels étaient le bénéfice du premier et la mise du second ?   (*Eure.*)

*1545. La somme des mises de 2 associés est de 12 000 francs ; le bénéfice total est de 7 440 francs. On demande les deux mises, sachant que le second a touché 1736 francs de bénéfice de moins que le premier. (*Seine-Inférieure.*)

*1546. Deux associés ont mis ensemble 10 000 francs dans un commerce qui leur donné 1500 francs de bénéfice. L'un d'eux a reçu 4 600 francs pour le capital et le bénéfice : quel était le capital fourni par chacun ?

INTÉRÊT

347. Placements divers. — Il y a plusieurs façons de faire *fructifier* une somme d'argent, c'est-à-dire de lui faire rapporter un certain bénéfice qu'on appelle *intérêt*.

On peut l'employer à l'*acquisition* d'une maison, d'un champ, etc., qu'on *loue* à un prix convenu.

On peut l'utiliser dans l'*exploitation* d'un commerce ou d'une industrie.

On peut aussi la *prêter* à autrui ou la *placer*, comme on dit, à une caisse d'épargne ou autre moyennant une rétribution, un *revenu* déterminé.

348. Définitions. — Le **capital** est la *somme* prêtée ou *placée*.

349. L'**intérêt** est le *revenu* de la somme prêtée ou placée.

350. Le **taux** est l'*intérêt de* 100 *francs* prêtés ou placés pendant *un an*.

351. Le **temps de placement** est la *durée* comprise entre la date du *prêt* ou du *placement* et la *date du remboursement*.

352. Comment se compte le temps. — Le *temps*, dans les calculs d'intérêt, se compte en *mois de 30 jours* et *années de 360 jours*.

Dans le cas seulement où le temps de placement est de *courte durée* et à dates fixées, on compte le nombre *exact* de jours entre les deux dates, en laissant de côté toutefois le *premier jour*, celui du prêt, mais en comptant le jour du remboursement.

Ainsi un temps de placement du 13 *avril* au 25 *juin* se comptera : 17 jours pour avril, 31 pour mai et 25 pour juin ; en tout 17 + 31 + 25 ou 73 jours.

353. Taux légal. — La loi des 7 et 10 avril 1900 fixe l'intérêt légal à 4 % en matière civile et à 5 % en matière commerciale. Les prêts d'argent faits à des *taux supérieurs* au maximum légal de 5 % sont *usuraires* et peuvent donner lieu à des poursuites judiciaires : l'*usurier* est passible de l'amende, de la prison et de la perte de ses droits civiques.

354. Questions relatives à l'intérêt. — Les questions relatives à l'intérêt ont pour objet :

1° la recherche de l'*intérêt* ;
2° la recherche du *temps de placement* ;
3° la recherche du *taux* ;
4° la recherche du *capital*.

Toutes ces questions se résolvent par la *règle de trois*.

QUESTIONNAIRE. — 1. Citer plusieurs façons de faire *fructifier* une somme d'argent. — 2. Qu'est-ce que le *capital*? — 3. Qu'est-ce que l'*intérêt*? — 4. Qu'est-ce que le *taux*? — 5. Qu'est-ce que le *temps de placement*? — 6. Comment se compte le *temps*? — 7. Quel est le *taux légal*? — 8. Quels sont les objets différents des questions *relatives* à l'intérêt?

99ᵉ LEÇON

I. Calcul de l'intérêt.

**TYPE. — 1547. Une somme de 5 800 francs est placée à 5 %
pendant 2 ans 7 mois 10 jours. Quel intérêt rapportera-t-elle ?**

SOLUTION. — 2 ans 7 mois 10 jours font $360^j \times 2 + 30^j \times 7 + 10^j = 940$ jours.
Intérêt annuel de 5 800 francs à 5 % :

100^{fr} $\dfrac{5^{fr} \times 5\,800}{100} = 290$ francs.   100 francs rapportent en un an 5 francs;
1^{fr} 1 franc rapporte en un an $\dfrac{5^{fr}}{100}$;
5 800^{fr} 5 800 francs rapportent en un an
$\dfrac{5^{fr} \times 5\,800}{100} = 290$ francs.

Intérêt de 5 800 francs en 940 jours :

En 1 an ou 360 jours, l'intérêt de 5 800 francs est 290 francs;

360^j $\dfrac{290^{fr} \times 940}{360}$ En 1 jour, l'intérêt est $\dfrac{290^{fr}}{360}$;
1^j
940^j En 940 jours, l'intérêt est $\dfrac{290^{fr} \times 940}{360} = 757^{fr},22$.

EXERCICES

Oraux. — 1548. Trouver *l'intérêt des capitaux suivants* :

1° Pour   1 an :   à 2 %,   350^{fr} 1 250^{fr} à 5 %,   630^{fr}
2° Pour   6 mois :   à 2 %,   200^{fr} 3 000^{fr} à 3 %,   580^{fr}
3° Pour   4 mois :   à 3 %,   900^{fr} 1 200^{fr} à 2 %,   510^{fr}
4° Pour   3 mois :   à 4 %,   700^{fr} 2 500^{fr} à 5 %,   620^{fr}

Écrits. — 1549. Trouver *l'intérêt* des capitaux suivants :

1° Pour   8 mois :   à 3 %,   542^{fr} 1 268^{fr} à 6 %,   684^{fr}
2° Pour   2 ans 5 m. :   à 4 %,   762^{fr} 4 635^{fr} à 3 %,   764^{fr}
3° Pour   87 jours :   à 4 %,   792^{fr} 2 584^{fr} à 6 %,   684^{fr}

PROBLÈMES

Oraux. — 1550. *Je prête 500 francs à 4 %. Que toucherai-je d'intérêt au bout de 2 ans ?* — **1551.** *Un cultivateur achète un terrain 4 000 francs. Il paie les 3/4 comptant et le reste un an après avec les intérêts à 4 %. Quel est le montant du 2ᵉ paiement ?* — **1552.** *Une somme de 5 000 francs est prêtée à 4 % du 1ᵉʳ janvier au 1ᵉʳ juillet. Quel intérêt rapporte-t-elle ?*

Écrits. — 1553. Un rentier place un capital de 80 000 francs à 5 %. On le rembourse un an après. Il place son argent à $4\frac{1}{2}$ %. Quel est son nouveau revenu ? De combien le premier revenu a-t-il été diminué ? (*Aisne.*)

1554. Un capital a été placé pendant 2 ans à 5 %. Ce capital de 8 700 francs et les intérêts ont été employés à acheter du blé à 25 francs le quintal. Combien d'hectolitres de blé de 75 kilogrammes a-t-on pu acheter ? (*Pas-de-Calais.*)

1555. Un ouvrier gagne 6^{fr},50 chaque jour qu'il travaille; mais il a la malheureuse habitude de chômer le lundi et, en outre, il dépense inutilement au cabaret 4^{fr},50 par semaine. S'il économisait l'argent qu'il devrait gagner les lundis, et celui qu'il dépense sans nécessité, quelle somme aurait-il au bout de 10 ans et quel serait le revenu de cette somme à 3 % ?

*1556. Un marchand a acheté 450 hectolitres de vin au prix de 45 francs l'hectolitre; il les revend avec un bénéfice de 25 % sur le prix d'achat. Il place le capital résultant de cette vente au taux de 4,50 %. Au bout de 4 ans 5 mois, il retire ce capital et les intérêts simples. Quelle somme doit-il toucher ?

INTÉRÊT

II. Calcul du temps.

TYPE. — 1557. Pendant combien de temps faut-il placer 4 500 francs à 5 % pour avoir 240 francs d'intérêt ?

SOLUTION. — Intérêt annuel de 4 500 francs à 5 %.

100 francs rapportent 5 francs ;

1 franc rapporte $\dfrac{5^{fr}}{100}$;

4 500 francs rapportent $\dfrac{5^{fr} \times 4\,500}{100} = 225$ francs.

Temps au bout duquel 4 500 francs placés à 3 % rapporteront 240 francs.

Pour rapporter 225 francs, le capital proposé reste placé 1 an ou 12 mois ;

Pour rapporter 1 franc, il restera placé $\dfrac{12^m}{225}$

Pour rapporter 240 francs, il restera placé $\dfrac{12^m \times 240}{225} = 12^m\ 24^j$ ou $1^a\ 24^j$.

EXERCICES

Oraux. — 1558. Trouver le *temps de placement* de 350 francs rapportant :
à 1 % : 7^{fr} ; 35^{fr} ; 1^{fr},75. | à 10 % : 105^{fr} ; 70^{fr}.

1559. Trouver le *temps de placement* de 480 francs rapportant
à 2 % : 19^{fr},20 ; 3^{fr},20 ; 6^{fr},40. | à 3 % : 4^{fr},80 ; 9^{fr},60 ; 28^{fr},80.

1560. Trouver le *temps de placement* de 600 francs rapportant :
à 5 % : 30^{fr} ; 120^{fr} ; 15^{fr}. | à 4 % : 12^{fr} ; 8^{fr} ; 6^{fr}.

Écrits. — 1561. Trouver le *temps de placement*
1° de 520^{fr} à 3 % rap. 46^{fr},80 ; | de 650^{fr} à 5 % rap. 130^{fr}.
2° de 950^{fr} — 2 % — 3^{fr},80 ; | de 630^{fr} — 6 % — 7^{fr},56.

PROBLÈMES

Oraux. — 1562. J'ai prêté 500 francs à 4 %. J'ai reçu 540 francs. Quel a été le temps du placement ? — **1563.** Combien de temps une somme de 200 francs, placée à 4 %, mettra-t-elle pour s'augmenter de 1/5 ? pour doubler ? — **1564.** Un capital de 1 000 francs placé à 4 % a rapporté 120 francs. Pendant combien de temps a-t-il été placé ? — **1565.** Une somme de 1000 francs a été prêtée à 3 %. Un an après, on augmente le taux de 1 %. Quel est l'intérêt total au bout de la 2ᵉ année ?

Écrits. — 1566. Calculer le temps au bout duquel un capital de 76 800 francs, au taux de 4^{fr},75, produit un intérêt de 2 128 francs. (*Seine.*)

1567. Une personne qui avait placé 38 500 francs à 4 1/2 %, a touché la somme de 56 258^{fr},125, capital et intérêts compris. Combien de temps cet argent a-t-il été placé ?

1568. Une personne avait placé 840 francs à 3 1/2 % ; lorsqu'elle les a retirés, elle a reçu 852^{fr},25 pour le capital et les intérêts. Pendant combien de temps avait-elle laissé son argent ? (*Vienne.*)

*****1569.** Une personne a prêté 5 840 francs à 5 %. Au bout de 2 ans et 3 mois, elle réduit de 1/2 % le taux de l'intérêt. Au bout d'un certain temps le prêteur a touché en tout 1 532 francs d'intérêt. Quelle a été la durée de la seconde période de placement ?

101ᵉ LEÇON

INTÉRÊT

PROBLÈMES
III. Calcul du taux.

TYPE. — 1570. Une somme de 6 400 francs a rapporté 320 francs en 1 an et 3 mois. A quel taux était-elle placée ?

SOLUTION. — 1 an et 3 mois font $12^m + 3^m = 15$ mois.
Intérêt annuel de 6 400 francs :

En 15 mois, l'intérêt de ce capital est 320 francs ;

En 1 mois, l'intérêt de ce capital est $\dfrac{320^{fr}}{15}$;

$\begin{array}{l} 15^m \\ 1^m \\ 12^m \end{array}$ $\dfrac{320^{fr} \times 12}{15} = 256$ francs.

En 12 mois, l'intérêt de ce capital est
$$\dfrac{320^{fr} \times 12}{15} = 256 \text{ francs.}$$

Taux du placement :

6 400 francs rapportent en un an 256 francs ;

1 franc rapporte en un an $\dfrac{256^{fr}}{6400}$;

$\begin{array}{l} 6400^{fr} \\ 1^{fr} \\ 100^{fr} \end{array}$ $\dfrac{256^{fr} \times 100}{6400} = 4$ francs.

Et 100 francs rapportent en un an
$$\dfrac{256^{fr} \times 100}{6400} = 4 \text{ francs.}$$

EXERCICES

Oraux. — 1571. Trouver le *taux de placement* d'un capital de 800 francs qui, en 1 an, a rapporté : 8 francs ; 40 francs ; 24 francs ; 16 francs. — **1572.** Trouver le *taux de placement* d'un capital de 800 francs qui, en 6 mois, a rapporté : 8 francs ; 12 francs ; 20 francs ; 24 francs. — **1573.** Trouver le *taux de placement* d'un capital de 400 francs qui, en 3 mois, a rapporté : 2 francs ; 4 francs ; 6 francs ; 5 francs.

Écrits. — 1574. Trouver le *taux de placement* d'un capital de 1 260 francs qui a rapporté :

1° en 1 an :	$37^{fr},80$;	63^{fr} ;	$50^{fr},40$;	$75^{fr},60$.
2° en 11 mois :	$34^{fr},65$;	$57^{fr},75$;	$23^{fr},10$;	$69^{fr},30$.

PROBLÈMES

Oraux. — 1575. A quel taux faut-il placer un capital de 1 000 francs pour qu'il rapporte 400 francs en 10 ans ? — **1576.** Deux sommes de 2 000 francs et 3 000 francs sont placées au même taux. La somme des intérêts rapportés est de 600 francs en 3 ans. Quel est le taux ? — **1577.** Deux sommes de 1 000 francs et de 500 francs sont placées au même taux. La différence des intérêts en un an est de 15 francs. Quel est le taux ? — **1578.** Placé pendant 5 ans, un capital devient 600 francs ; pendant 6 ans il deviendrait 620 francs. Quel est le taux ?

Écrits. — 1579. Une personne a placé 4000 francs à 4,50 % ; au bout de 3 ans, elle retire capital et intérêts, pour placer le tout dans une affaire industrielle qui lui rapporte $272^{fr},40$ par an. A quel taux est placé son argent ? (*Nièvre*.)

1580. On a placé au même taux 800 francs pendant 2 ans 3 mois, et 1 200 francs pendant 4 ans et 6 mois. La différence des intérêts est de 162 francs. Quel est le taux commun du placement ?

*****1581.** Au bout de 7 mois, un capital et ses intérêts simples se sont élevés à la somme de $10057^{fr},25$; et après 3 ans 5 mois à la somme de $11306^{fr},75$. Quel est ce capital et à quel taux a-t-il été placé ?

INTÉRÊT

IV. Calcul du capital.

TYPE. — **1582.** Quel est le capital qui placé au taux de 4 % rapporte 50 francs après 15 mois ?

SOLUTION. — Intérêt annuel du capital placé :

15^m $\quad\dfrac{50^{fr} \times 12}{15} = 40$ francs.
1^m
12^m

Après 15 mois, l'intérêt du capital est 50 francs ;

Après 1 mois, l'intérêt de ce capital est $\dfrac{50^{fr}}{15}$;

Après 12 mois, l'intérêt de ce capital est $\dfrac{50^{fr} \times 12}{15} = 40$ francs.

Montant du capital placé :

4^{fr} $\quad\dfrac{100^{fr} \times 40}{4} = 1\,000$ francs.
1^{fr}
40^{fr}

4 francs sont l'intérêt d'un capital de 100 francs ;

1 franc est l'intérêt d'un capital de $\dfrac{100^{fr}}{4}$;

Et 40 francs sont l'intérêt d'un capital de $\dfrac{100^{fr} \times 40}{4} = 1\,000$ francs.

EXERCICES

Oraux. — **1583.** Trouver le capital qui a rapporté les intérêts suivants :

1° En 1 an : à 1 % : 740 francs | à 10 % : 342 francs.
2° En 6 mois : à 5 % : 10 francs | à 4 % : 10 francs.
3° En 4 mois : à 5 % : 20 francs | à 5 % : 100 francs.
4° En 3 mois : à 4 % : 200 francs | à 2 % : 15 francs.

Écrits. — **1584.** Trouver le capital qui a rapporté les intérêts suivants :

1° En 4 ans : à 3 % : 750^{fr} ; 2 640^{fr} ; | à 5 % : 28^{fr} ; 1 650^{fr}.
2° En 7 mois : à 4 % : 770^{fr} ; 1 736^{fr} ; | à 2 % : 42^{fr} ; 490^{fr}.
3° En 3 a. 10 m : à 5 % : 552^{fr} ; 1 242^{fr} ; | à 4 % : 13^{fr},80 ; 331^{fr},20.

PROBLÈMES

Oraux. — **1585.** La moitié de ma fortune placée à 3 % me rapporte 1 200 francs par an. Quelle est ma fortune ? — **1586.** Quelle est la somme qui placée à 4 % pendant 2 ans a produit 80 francs d'intérêt ? — **1587.** Une personne ne pouvant payer une dette le 1er janvier la paie le 1er avril avec les intérêts à 4 %. La somme se trouve augmentée de 50 francs. Quel est le montant de la dette ? — *__1588.__ Je paie comptant les 3/4 du montant de l'achat d'une propriété ; je paie le reste un an après avec 40 francs d'intérêt à 4 %. Quelle est la valeur de cette propriété ?

Écrits. — **1589.** Un rentier a hérité d'une somme égale au tiers de sa fortune. Il peut alors dépenser 8^{fr},76 par jour, si son argent est placé à 5 %. Combien possédait-il avant l'héritage ?

1590. Avec l'intérêt d'une somme placée pendant 8 mois à 4 %, on a fait enclore par un mur valant 12^{fr},50 le mètre courant une propriété de 120 mètres de long sur 61 mètres de large. Quelle est cette somme ? *(Paris.)*

*__1591.__ Une personne qui devait payer une dette le 10 novembre, ne l'a payée que le 15 janvier, ce qui a augmenté la dette de 42 francs. L'intérêt étant à 5 %, que doit cette personne ?

*__1592.__ Une personne place les 2/5 de son capital à 4 %, ce qui lui procure un revenu annuel de 820 francs ; le reste de ce capital est placé à 3 3/4 %. Quel est le revenu annuel de cette personne ?

103ᵉ LEÇON

INTÉRÊT

Capital et intérêts réunis.

TYPE. — **1593.** On place un capital pendant **1 mois** $1/2$ au taux de **5 %**. Au bout de ce temps on retire, capital et intérêts réunis, une somme de **33 005 francs**. Quel capital a-t-on placé ?

SOLUTION. — Cherchons ce qu'un capital de 100 francs placé à 5 % devient, après 1 mois $1/2$ ou 45 jours, capital et intérêts réunis. On a :

Intérêts de 100 francs pendant 45 jours : $\dfrac{5^{fr} \times 45}{360} = 0^{fr},625.$

D'où : capital et intérêts réunis de 100 francs pour 45 jours :
$$100^{fr} + 0^{fr},625 = 100^{fr},625.$$

$100^{fr},625$ $\dfrac{100^{fr} \times 33\,005}{100,625} = 32\,800$ francs.   Si une somme de $100^{fr},625$ provient de 100 francs, 1 franc
1^{fr}
$33\,005^{fr}$ provient de $\dfrac{100^{fr}}{100,625}$ et une

somme de 33 005 francs provient de $\dfrac{100^{fr} \times 33\,005}{100,625} = 32\,800$ francs.

REMARQUE. — Les capitaux réunis aux intérêts ne sont *proportionnels* que lorsque les intérêts ajoutés ont été calculés d'après un *même taux* et pendant un *même temps*.

EXERCICES

Oraux. — **1594.** *Quel est le capital qui, augmenté de ses intérêts, vaut :*
1° *Après 1 an à 2 % :* 204^{fr} ; 1020^{fr}. | *Après 2 ans à 4 % :* 108^{fr} ; 540^{fr}.
2° *Après 6 mois à 6 % :* 103^{fr} ; 721^{fr}. | *Après 4 mois à 3 % :* 101^{fr} ; 505^{fr}.
3° *Après 3 mois à 4 % :* 101^{fr} ; 2020^{fr}. | *Après 2 mois à 6 % :* $40,1^{fr}$; 5050^{fr}.

Écrits. — **1595.** Quel est le capital qui, *augmenté de ses intérêts* à 3 % pendant 18 mois, devient 1045 francs ?

1596. Quel est le capital qui, *augmenté de ses intérêts* à 5 % pendant 6 mois, devient 1025 francs ?

1597. Quel est le capital qui, *augmenté de ses intérêts* à 6 % pendant 120 jours, devient 1122 francs ?

PROBLÈMES

Oraux. — **1598.** *Placée pendant 5 ans à 4 %, une somme est devenue, capital et intérêts réunis, 720 francs. Quelle est cette somme ?* — **1599.** *Que devient, capital et intérêts réunis, une somme de 1 000 francs placée à 3 %, pendant 3 ans ?* — **1600.** *Pierre et Jules placent leur avoir à 5 %. Au bout d'un an, Pierre retire 4 200 francs et Jules 2 100 francs. Dire la somme placée par chacun.*

Écrits. — **1601.** Deux frères ont placé ensemble 1500 francs ; après 2 ans $1/2$, ils ont retiré, pour le capital et les intérêts, le premier $722^{fr},50$, et le second $871^{fr},25$. Dire la mise de chacun et le taux.

*****1602.** On souscrit un billet de 4 250 francs payable dans 1 an et 3 mois. Le taux étant 5 %, quelle somme reçoit-on en souscrivant le billet ?

*****1603.** Une personne a emprunté une certaine somme à 5 %. Au bout d'un an, elle donne 600 francs comme acompte, sur le capital et les intérêts. L'année suivante, elle se libère en payant 2016 francs. Quel était le capital primitif ? (Orne.)

*****1604.** Avec le capital et les intérêts réunis d'une somme prêtée, il y a 3 ans, au taux de 4 %, j'ai acheté une maison dont le loyer montant à 460 francs me procure un revenu égal aux 5 % du prix d'achat. Quelle somme avais-je prêtée ?

INTÉRÊT

EXERCICES (REVISION)

Oraux. — **1605.** Quel est l'intérêt de 720 francs placés à 5 % pendant 1 an ? — **1606.** Quel est le capital qui, placé à 4 %, pendant 3 mois, rapporte 40 francs ? — **1607.** Combien 500 francs à 4 % mettent-ils de temps pour rapporter 40 francs ? 60 francs ? — **1608.** A quel taux faut-il placer 400 francs pendant 4 mois pour obtenir un intérêt de 2 francs ? de 4 francs ? de 6 francs ? de 15 francs ? de 3 francs ? — **1609.** Quel est le capital qui, placé pendant 2 ans, à 5 %, rapporte 100 francs ? — **1610.** Quel est le capital qui, augmenté de ses intérêts à 4 % pendant 2 ans, vaut 540 francs ?

Écrits. — **1611.** Trouver l'*intérêt* à 2,75 % de 6 270 francs placés pour 32 jours.

1612. A 4 %, 800 francs rapportent 20 francs, quel est le *temps* du placement ?

1613. Trouver le *capital* qui, placé à 3^{fr},75 %, rapporte 22^{fr},50 par trimestre.

1614. 1 309^{fr},75 rapportent 32^{fr},55 en 8 mois, quel est le *taux* du placement ?

1615. En 140 jours, 1 500 francs rapportent 26^{fr},25 ; dites le *taux* du placement.

PROBLÈMES
Revenus de propriétés.

TYPE. — **1616. Une maison a coûté 10 000 francs ; on y a fait pour 500 francs de réparations et on estime à 220 francs les dépenses annuelles d'entretien et de contributions. A quel prix doit-on louer cette maison pour retirer un revenu de 5 % ?**

Solution. — Prix de revient de la maison : 10 000^{fr} + 500^{fr} = 10 500 francs.

Intérêt de cette somme au taux de 5 % $\dfrac{5^{fr} \times 10\,500}{100} = 525$ francs.

Le prix de location doit être 525 francs augmentés des 220 francs de dépenses annuelles, soit : 525^{fr} + 220^{fr} = 745 francs.

Nota. — Dans ces sortes de problèmes, il importe de bien remarquer si les dépenses sont *une fois faites* ou si elles *se reproduisent annuellement*. Les frais d'acquisition, les dépenses de premier établissement, etc., *ne se reproduisant pas*, doivent être ajoutées au principal, c'est-à-dire au *prix d'achat* de la maison. Les frais d'entretien, le montant des contributions, etc., étant des dépenses qui *se reproduisent annuellement*, doivent venir, selon le cas du problème, en déduction ou en augmentation de l'intérêt annuel, c'est-à-dire du *montant du loyer*.

Oraux. — **1617.** Un jardin a coûté 1 000 francs. Les frais divers se sont élevés au 1/10 du prix d'achat. Quel doit être le revenu de ce jardin pour que l'argent dépensé rapporte 5 % ? — **1618.** Une propriété de 30 000 francs est louée 1 200 francs. Quel est le taux du placement ? — **1619.** Une maison a coûté, frais compris, 20 000 francs ; les impôts et les frais annuels s'élèvent à 150 francs. Combien faut-il louer la maison pour que le revenu soit de 3 % ?

Écrits. — **1620.** On achète une maison pour 11 000 francs. Les frais d'acquisition ont été de 8^{fr},40 % du prix d'achat. On y fait pour 1 076 francs de réparations. Combien doit-on la louer pour que l'argent dépensé soit placé à 4 % ?

1621. On achète pour 18 500 francs une maison qu'on loue ensuite 670 francs. Les contributions sont de 22^{fr},50. Quel est le revenu pour 100 de ce capital ?

*****1622.** Une maison coûte 37 500 francs ; les frais sont de 8^{fr},40 % du prix d'acquisition ; les réparations montent à 125 francs par an et les impôts sont de 80^{fr},40. On la loue par semestre 905 francs. Dire le taux du placement.

*****1623.** Un terrain de forme rectangulaire ayant 66 mètres de long et 42 mètres de large se vend 80 francs l'are ; les frais augmentent le prix de 10 % ; ce terrain se loue 80 francs par an et paie 7^{fr},50 d'impôt. A quel taux placerai-je mon argent en l'achetant ?

(Marne.)

105ᵉ LEÇON

INTÉRÊT

PROBLÈMES
Capitaux placés à des taux différents.

1ᵉʳ TYPE. — 1624. Une personne place les 3/4 d'un capital à 5 % et le reste à 4 %. L'intérêt annuel ayant été de 380 francs, on demande la somme placée à chaque taux. *(Pyrénées-Orientales.)*

SOLUTION. — Supposons un capital dont on puisse prendre les 3/4, soit 400 francs.

Je dis : sur 400 francs de capital, 300 francs sont placés à 5 % et 100 francs à 4 %. Les intérêts rapportés sont de 5^{fr} × 3 ou 15 francs pour les 300 francs et de 4 francs pour les 100 francs. En tout 15^{fr} + 4^{fr} = 19 francs.

Si pour 19 francs d'intérêt, le capital total est de 400 francs,

pour 1 franc d'intérêt, ce capital sera $\dfrac{400^{fr}}{19}$,

Et pour 380 francs d'intérêt, ce capital sera de $\dfrac{400^{fr} \times 380}{19} = 8\,000$ francs.

On a donc : somme placée à 5 % $\dfrac{8\,000^{fr} \times 3}{4} = 6\,000$ francs.

somme placée à 4 % $8\,000^{fr} - 6\,000^{fr} = 2\,000$ francs.

2ᵉ TYPE. — 1625. Une personne partage sa fortune en 2 parties égales. La 1ʳᵉ placée à 4 % rapporte annuellement 80 francs de plus que la 2ᵉ placée à 3 %. Quelle est la fortune de cette personne?

SOLUTION. — Supposons une fortune de 200 francs sur lesquels 100 francs sont placés à 4 % et 100 francs à 3 % ; la différence des intérêts rapportés est de 4^{fr} − 3^{fr} = 1 franc.

Si pour une différence d'intérêts de 1 franc, la fortune est de 200 francs,
pour une différence de 80 francs, la fortune est de 200^{fr} × 80 = 16 000 francs.

Oraux. — 1626. *Quel est le capital dont la moitié placée à 5 % et l'autre moitié à 3 % rapportent annuellement 400 francs d'intérêt? —* **1627** *Deux capitaux dont l'un est le double de l'autre sont placés le 1ᵉʳ à 3 % et le 2ᵉ à 4 %. Ils rapportent ensemble annuellement 1000 francs. Quels sont ces deux capitaux? —* **1628.** *On a placé deux capitaux égaux l'un à 5 % et l'autre à 3 % pendant un an. Le 1ᵉʳ rapporte 14 francs de plus que le 2ᵉ. Quels sont ces deux capitaux?*

Écrits. — 1629. En plaçant les 5/8 d'un capital à 5 % pendant 4 ans et le reste à 4,50 % pendant le même temps, on obtient 1550^{fr},25 d'intérêts. Quel est ce capital? *(Yonne.)*

1630. Une personne place les 3/4 d'un capital à 3,75 % et le reste à 3,50 %; elle retire ainsi 371^{fr},70 d'intérêt pour 72 jours. Trouver ce capital (on comptera l'année de 360 jours). *(Charente-Inférieure.)*

1631. Deux sommes égales sont placées, pendant un an, l'une à 4 %, l'autre à 4 1/2 %. Celle qui est placée à 4 1/2 % rapporte 42^{fr},75 de plus que l'autre. Quelles sont ces deux sommes? *(Nord.)*

1632. Deux sommes égales sont placées pendant 5 ans, l'une à 4,50 % et l'autre à 5 %. Cette dernière a rapporté 62^{fr},50 de plus que la première. Quelles sont ces sommes? *(Rhône.)*

*1633. Partager 180 000 francs en deux parties, telles que l'une placée au taux de 5 % par an rapporte autant que l'autre placée au taux de 4 % par an pendant le même temps. *(C. E.)*

MESURES DE CAPACITÉ

355. Définition. — Les mesures de capacité servent à évaluer les contenances.

356. Le litre. — L'unité principale des mesures de capacité est le litre (¹). Il équivaut au *décimètre cube*[1].

357. Multiples. — Les *multiples* décimaux du litre sont :

Le **décalitre** (dal), qui vaut 10 litres.
L'**hectolitre** (hl), qui vaut 100 litres.
Le **kilolitre** (kl), qui vaut 1000 litres.

358. Sous-multiples. — Les *sous-multiples* décimaux du litre sont :

Le **décilitre** (dl), qui vaut le *dixième* du litre ou $0^{lit},1$.
Le **centilitre** (cl), qui vaut le *centième* du litre ou $0^{lit},01$.
Le **millilitre** (ml), qui vaut le *millième* du litre ou $0^{lit},001$.

359. Mesures effectives. — Les mesures effectives de capacité vont du **centilitre** à l'**hectolitre**. Elles ont toutes une *forme cylindrique* ; elles sont :

1° En bois ou en tôle. — Les mesures en *bois* (A) ou en *tôle* servent à mesurer les *matières sèches* : graines, fruits, charbon, etc. Leur *profondeur* est **égale** au *diamètre* du fond. Il y en a **onze** qui vont du **demi-décilitre** à l'**hectolitre**.

2° En étain. — Les mesures en *étain* (B) sont employées pour mesurer les *liquides* : vin, vinaigre, alcool, etc. Leur *profondeur* est **double** du *diamètre* intérieur du fond. Il y en a **huit** qui vont du **centilitre** au **double-litre**.

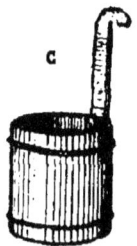

Mesures de capacité.

3° En fer-blanc. — Les mesures en *fer-blanc* servent à mesurer le *lait* (c) et l'*huile* (D). Leur *profondeur* est **égale** au *diamètre* intérieur du fond.

Les mesures pour le *lait* sont munies d'une *tige* recourbée en crochet. Il y en a *six* qui vont du **demi-décilitre** au **double litre**.

Les mesures pour l'*huile* sont munies d'une *anse* ou poignée ; il y en a *huit* qui vont du **centilitre** au **double-litre**.

4° En cuivre ou en tôle. — Les mesures en *cuivre* ou en *tôle*, appelées *grandes mesures*, sont en usage dans le *commerce en gros*.

Leur *profondeur* est **égale** au *diamètre* intérieur du fond.

Il y en a *cinq* qui vont du **demi-décalitre** à l'**hectolitre**.

QUESTIONNAIRE. — 1. Qu'est-ce que le litre ? — 2. Quels sont les *multiples* du litre ? — 3. Les *sous-multiples* ? — 4. De quelle mesure à quelle mesure vont les *mesures effectives* de capacité ? — 5. Indiquer l'*usage*, la *forme* et la *liste* des mesures en bois ou en tôle. — 6. Même question pour les mesures en étain. — 7. En fer-blanc. — 8. En cuivre ou en tôle.

1. Dans ce volume, nous avons employé, au lieu de l'abréviation officielle (l), l'abréviation (lit) moins sujette à équivoque.

EXERCICES

Oraux. — **1634.** Combien l'hectolitre contient-il de litres, de décalitres, de décilitres, de centilitres, de millilitres? — Combien le décalitre contient-il de centilitres, de litres, de décilitres, de millilitres? — **1635.** Combien de centilitres dans 1 hectolitre, 1 décilitre, 1 décalitre? — **1636.** Combien de décilitres dans 1 décalitre? — **1637.** Quelle est l'unité 100 fois plus grande que le centilitre, le décalitre, le millilitre, le décilitre?

Écrits. — **1638.** Écrire les nombres suivants en prenant pour unité :

1° Le *décalitre* : $2^{hl}\ 4^{lit}\ 8^{cl}$; $\quad 1^{kl}\ 85^{lit}$; $\quad 709^{dl}\ 7^{ml}$.
2° Le *décilitre* : $2^{dal}\ 7^{lit}\ 32^{cl}$; $\quad 1^{hl}\ 4^{lit}\ 7^{ml}$; $\quad 32^{lit}\ 5^{cl}$.
3° L'*hectolitre* : $234^{dal}\ 7^{dl}$; $\quad 3^{kl}\ 7^{dal}$; $\quad 345^{dl}\ 6^{ml}$.
4° Le *centilitre* : $3^{lit}\ 5^{dl}$; $\quad 2^{dal}\ 6^{ml}$; $\quad 39^{lit}\ 9^{ml}$.

1639. Un vase cubique de $0^m,35$ de côté à l'intérieur contient déjà $36^{lit},5$ d'eau : quelle quantité d'eau faut-il y verser encore pour le remplir?

1640. Un bassin dont les dimensions sont 2 mètres, $1^m,50$ et $0^m,80$ reçoit l'eau d'un robinet qui fournit $4^{lit},80$ par minute. Quel temps faudra-t-il pour le remplir aux $3/4$?

1641. A $0^{fr},20$ le mètre cube de gaz, que coûte la consommation journalière de 40 becs brûlant 7 heures, à raison de 140 litres par heure?

PROBLÈMES
Éclairage au gaz.

TYPE. — **1642.** On allume dans un restaurant et pendant 6 heures par jour 10 becs de gaz qui brûlent chacun 135 litres par heure. Quelle sera la dépense après 30 jours, sachant que le mètre cube de gaz revient à $0^{fr},25$?

SOLUTION. — Consommation des 10 becs par heure $135^{lit} \times 10 = 1350$ litres. Consommation dans une soirée de 6 heures $1350^{lit} \times 6 = 8100$ litres ou $8^{m3},1$
Dépense pour un jour, $0^{fr},25 \times 8,1 = 2^{fr},025$ et pour 30 jours, $2^{fr},025 \times 30 = 60^{fr},75$.

Oraux. — **1643.** Un bec de gaz brûle 100 litres par heure. Le gaz coûte $0^{fr},20$ le mètre cube. On demande la dépense pour une semaine sachant que ce bec est allumé en moyenne 5 heures par jour. — *__1644.__ On a dépensé 25 francs de gaz pour 50 jours. On allumait chaque jour, et pendant 4 heures, 5 becs de gaz qui consommaient par heure 125 litres chacun en moyenne. On demande le prix du mètre cube de gaz.

Écrits. — **1645.** Un bec de gaz consomme 1 hectolitre de gaz en $3/4$ d'heure. La dépense de 4 becs allumés en moyenne 5 heures par jour, pendant 30 jours, a été de 24 francs. Quel est le prix du mètre cube de gaz ? *(Lot-et-Garonne.)*

1646. Un magasin est éclairé par 58 becs de gaz, de 6 heures à minuit; chaque bec de gaz consomme 135 litres par heure. Un mètre cube de gaz coûte $0^{fr},30$. On demande quelle sera la dépense d'éclairage pendant le mois de décembre, sachant que le magasin a été fermé 6 jours dans ce mois. *(Pas-de-Calais.)*

__*1647.__ Une usine à gaz alimente annuellement 2600 becs pendant 1440 heures. Un bec consomme 130 litres de gaz par heure; la distillation d'un hectolitre de houille donne $18^{m3},548$ de gaz. Combien d'hectolitres de houille cette usine consomme-t-elle dans l'année ?

CAPACITE ET VOLUME

360. Relations des mesures de capacité et de volume. — Le *litre* équivaut au *décimètre cube*. La 1000ᵉ partie du litre, ou *millilitre*, équivaut à la 1000ᵉ partie du décimètre cube ou au *centimètre cube*. De même le *kilolitre*, ou 1000 litres, équivaut à 1000 décimètres cubes ou au *mètre cube*. D'où :

1 *litre* = 1 *décimètre cube*
1 *millilitre* = 1 *centimètre cube*
1 *kilolitre* = 1 *mètre cube*.

EXERCICES

Oraux. — **1648.** *Quelle mesure de capacité correspond au décimètre cube, au centimètre cube?* — **1649.** *Quelle unité de volume correspond au litre, au kilolitre?* — **1650.** *Exprimer en mesures de capacité, le litre étant pris pour unité, les volumes suivants :* 1 mètre cube; 10 mètres cubes; 100 mètres cubes; 10 décimètres cubes; 100 décimètres cubes; 1 centimètre cube; 10 centimètres cubes; 100 centimètres cubes. — **1651.** *Exprimer en mesures de volume, le décimètre cube étant pris pour unité, les capacités suivantes :* 1 millilitre; 1 décalitre; 1 décilitre; 1 centilitre.

Écrits. — **1652.** Que manque-t-il à 35 centimètres cubes pour faire 1 décilitre?

1653. Que faut-il ajouter à 627 millilitres pour faire 1 décimètre cube?

PROBLÈMES

TYPE. — **1654. Un coffre ayant 1 mètre de longueur et de largeur est plein de blé jusqu'à une hauteur de $0^m,20$. Quelle est la valeur de ce blé, à raison de $3^{fr},50$ le double décalitre?** (*Haute-Saône.*)

Solution. — Volume du blé en mètres cubes : $1^{m3} \times (1 \times 1 \times 0,20) = 0^{m3},20$ ou 200 décimètres cubes ou 200 litres.
200 litres ou 20 décalitres équivalent à 10 doubles décalitres.
Valeur du blé à $3^{fr},50$ le double décalitre : $3^{fr},50 \times 10 = 35$ francs.

Oraux. — **1655.** *Une citerne a 5 mètres de long sur 2 mètres de large. Combien d'eau contient-elle lorsque la hauteur de l'eau est 1 décimètre? 1 mètre?* — **1656.** *Une cuve en pierre a 3 mètres de long, 2 mètres de large et 1 mètre de profondeur. Combien d'eau contient-elle lorsqu'on l'emplit aux 3/4?* — **1657.** *Un coffre à avoine de 2 mètres de long, $0^m,50$ de large et 1 mètre de profondeur est plein d'avoine. Que vaut-elle à 11 francs l'hectolitre?*

Écrits. — **1658.** Un réservoir de $4^m,30$ de longueur sur $3^m,50$ de largeur et $2^m,40$ de profondeur est rempli d'eau aux 0,625. Combien manque-t-il d'hectolitres pour le remplir?

1659. On remplit d'avoine un coffre de $1^m,60$ de long, de $1^m,40$ de large et dont la hauteur est égale aux 3/4 de la largeur. Quelle est la valeur de cette avoine à $21^{fr},75$ le quintal, si l'hectolitre pèse 46 kilogrammes?

*1660. Quel est le poids de l'avoine contenue dans un coffre qui a $5^m,80$ pour total de ses 3 dimensions, la longueur valant 10 fois la largeur et celle-ci surpassant la profondeur de $0^m,20$? L'hectolitre d'avoine pèse 47 kilogrammes.

*1661. Une auge de pierre, de forme cubique, a intérieurement $0^m,42$ de côté. Quelle est sa capacité en litres? L'épaisseur de la pierre étant de $0^m,15$ et le décimètre cube de cette pierre pesant $2^{kg},68$, trouver le poids de l'auge vide.

EXERCICES

Oraux. — **1662.** Combien de doubles décalitres dans 1 hectolitre? 3 kilolitres? — **1663.** Combien de doubles décilitres dans 4 litres? dans 1 décalitre? — **1664.** Combien de demi-litres dans 3 décalitres? dans 2 hectolitres? — **1665.** Combien de demi-décalitres dans 7 kilolitres? dans 3 hectolitres? — **1666.** Combien faut-il de décimètres cubes pour faire 2 décilitres? de centimètres cubes pour faire 1 centilitre?

Écrits. — **1667.** Combien 5/8 de litre valent-ils de centimètres cubes?

1668. Combien 2/5 de litre valent-ils de millimètres cubes?

1669. 97^{dm3},466 d'eau de mer pèsent 100 kilogrammes. Que pèsent 3 décilitres?

1670. Un coffre plein contient 5^{hl},4 de blé; ce coffre a 0^m,8 de long sur 0^m,75 de large. Quelle en est la profondeur?

1671. Une citerne remplie aux 3/4 contient 193^{hl},05 d'eau; sa profondeur est de 2^m,20, sa longueur de 4^m,50. Quelle en est la largeur?

1672. Un décimètre cube de vin pèse 990 grammes. Que pèsent 74 centilitres?

PROBLÈMES

Volume. — Calcul d'une dimension.

TYPE. — **1673. Une caisse cubique a 0^m,5 de côté à l'intérieur. On y verse 4 doubles décalitres d'avoine. A quelle hauteur s'élève l'avoine?**

Solution. — La hauteur est le quotient du volume d'avoine par la surface du fond de la caisse.

Surface du fond de la caisse : $1^{m2} \times (0,5 \times 0,5) = 0^{m2},25 = 25$ décimètres carrés.

Volume d'avoine versé dans la caisse : 4 doubles décalitres $= 20^{lit} \times 4 = 80$ litres ou 80 décimètres cubes.

Hauteur à laquelle s'élève l'avoine : $1^{dm} \times \dfrac{80}{25} = 3^{dm},2$ ou 32 centimètres.

Oraux. — **1674.** Un bassin de 1 mètre de long et de 0^m,80 de large contient 160 litres. Quelle est sa profondeur? — **1675.** On construit une citerne contenant 5 mètres cubes et ayant pour base un rectangle de 1 mètre sur 2 mètres. Quelle est la profondeur de cette citerne? — **1676.** Quel est le volume d'un coffre dont la base est un carré de 0^m,50 de côté, et dont la hauteur est double de la largeur? — **1677.** On dispose d'une surface de 1 mètre sur 2 mètres pour construire un réservoir qui doit contenir 48 hectolitres d'eau. A quelle profondeur faut-il creuser pour établir ce réservoir?

Écrits. — **1678.** Un cultivateur fait faire un coffre à avoine devant contenir 57 doubles décalitres et ayant 0^m,95 de profondeur sur 0^m,60 de largeur. Quelle longueur doit-on donner à son coffre? *(Nord.)*

1679. Une boîte à base carrée de 0^m,50 de côté doit contenir 1 hectolitre; quelle hauteur doit-on donner à la boîte, toutes les dimensions étant mesurées intérieurement?

*****1680.** On dispose d'une surface de 1^m,50 sur 2^m,60 pour creuser une citerne qui doit contenir 60^{hl},5 d'eau. L'épaisseur des murs ainsi que du fond doit être de 0^m,20. A quelle profondeur faut-il creuser pour établir cette citerne?

*****1681.** Déterminer la profondeur d'un bassin d'une longueur de 6 mètres et d'une largeur de 4 mètres sachant que, pour le remplir, il faut tenir ouvert, pendant 12 heures, un robinet qui verse 50 litres d'eau par minute? *(Corrèze.)*

PYRAMIDE

361 Définition. — La *pyramide* est un volume dont la **base** est un *polygone* et les **faces** sont des **triangles** qui se réunissent à leur sommet en un même point, appelé **sommet** de la pyramide.

362. Hauteur et apothème. — La **hauteur** est la *perpendiculaire* abaissée du sommet sur la base. L'**apothème** est la *hauteur* d'un des triangles latéraux.

363. Volume. — Le *volume* d'une pyramide s'obtient en **multipliant** *la surface de la base* par *le tiers de la hauteur*.

364. Formules. — $V = B \times \dfrac{H}{3}$; $B = V : \dfrac{H}{3}$; $\dfrac{H}{3} = \dfrac{V}{B}$ d'où $H = \dfrac{3V}{B}$.

 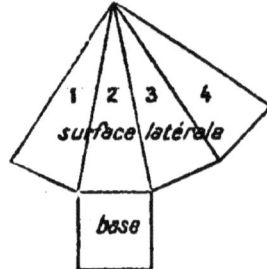

Pyramide et développement d'une pyramide.

365. Surface latérale. — La *surface latérale* est égale à la somme des surfaces des triangles des faces.

366. Surface totale. — La *surface totale* est égale à la surface latérale augmentée de la surface de la base.

PROBLÈMES

TYPE. — 1682. Un presse-papier en marbre a la forme d'une pyramide dont la base est un carré de 20 centimètres de pourtour et dont la hauteur est de 9 centimètres. Quel est le poids de ce presse-papier si le décimètre cube de marbre pèse 2^{kg},70 ?

Solution. — Côté de la base 20^{cm} : 4 = 5 centimètres.
Surface de la base en centimètres carrés 1^{cm2} × (5 × 5) = 25^{cm2}.

Volume de la pyramide en centimètres cubes $1^{cm3} \times \left(25 \times \dfrac{9}{3}\right) = 75^{cm3}$.

Poids du presse-papier 2^{k},7 × 75 = 202^{g},50.

Oraux. — 1683. *Calculer le volume d'une pyramide qui a pour base un triangle de 1 mètre de base et 0^{m},80 de hauteur et dont la hauteur est de 1^{m},50.* — **1684.** *Une pyramide a pour base un carré de 0^{m},30 de côté. La hauteur est de 0^{m},90. Quel en est le volume ?*

Écrits. — 1685. *Calculer le volume d'une pyramide dont la base est un triangle de 0^{m},40 de base et de 0^{m},25 de hauteur, et dont la hauteur a 0^{m},75.*

1686. Un toit en forme de pyramide a pour base un carré de 26 mètres de pourtour. La hauteur des triangles latéraux est de 7^{m},20. Que coûtera la couverture de ce toit à 4 francs le mètre carré ?

*1687. Si le décimètre cube d'argent pèse 10^{kg},47, quel est le poids d'une pyramide d'argent dont la base est un triangle de 5 centimètres de base sur 3 centimètres de hauteur et dont la hauteur mesure 63 millimètres ?

CÔNE

367. Définition. — Le *cône* est une *pyramide* à base circulaire.

368. Hauteur et apothème. — La **hauteur** d'un cône est la *perpendiculaire* abaissée du *sommet* sur la *base*. L'**apothème** est la *droite* qui va du sommet à un des points quelconques de la circonférence de base.

369. Volume. — Le *volume* d'un cône s'obtient, comme celui d'une pyramide, en **multipliant** la *surface de la base* par le *tiers de la hauteur*.

370. Formules. — $V = B \times \dfrac{H}{3}$; $B = V : \dfrac{H}{3}$; $\dfrac{H}{3} = \dfrac{V}{B}$; d'où $H = \dfrac{3V}{B}$.

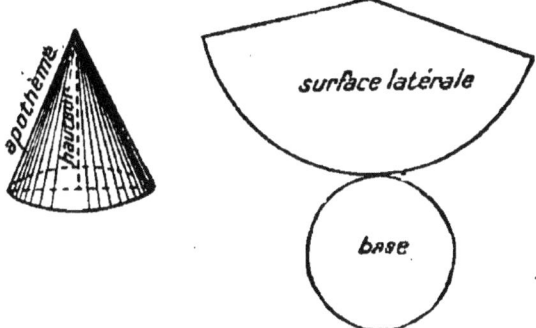

Cône et développement d'un cône.

371. Surface latérale. — La *surface latérale* d'un cône est égale au produit de la *circonférence de la base* par la *moitié de l'apothème*.

372. Surface totale. — La *surface totale* est égale à la surface latérale augmentée de la surface de la base.

PROBLÈMES

TYPE. — 1688. Trouver le poids d'un pain de sucre ayant $0^m,20$ de diamètre de base et $0^m,45$ de hauteur. Le décimètre cube de sucre pèse $1^{kg},6$.

SOLUTION. — Surface de la base en décimètres carrés :
$$1^{dm2} \times (1 \times 1 \times 3,1416) = 3^{dm2},1416.$$

Volume en décimètres cubes : $1^{dm3} \times \left(3,1416 \times \dfrac{4,5}{3}\right) = 4^{dm3},7124.$

Poids du pain de sucre : $1^{kg},6 \times 4,7124 = 7^{kg},53984.$

Oraux. — 1689. *Un cône a 25 décimètres carrés de surface de base et 12 décimètres de hauteur, quel en est le volume en centimètres cubes ?* — **1690.** *Un cône a 15 centimètres de hauteur, son volume est de 85 centimètres cubes : quelle est la surface de sa base ?* — **1691.** *Un cône a 15 centimètres de hauteur et 25 centimètres carrés de base : quel en est le volume ?*

Écrits. — 1692. Une tour cylindrique a 4 mètres de diamètre; elle est surmontée d'un toit pointu dont l'apothème mesure $3^m,80$. Calculer le prix de la toiture en ardoise à $4^{fr},60$ le mètre carré.

*__1693.__ Un verre à champagne de forme conique a $0^m,15$ de profondeur et $0^m,05$ de diamètre; combien de verres semblables pourrait-on remplir aux 3/4 avec une bouteille dont la contenance est de 65 centilitres ? *(Doubs.)*

*__1694.__ Un entonnoir conique a 3 décimètres de pourtour à sa base et 12 centimètres de profondeur. On en verse le contenu dans une bouteille de $0^{lit},75$. Que manque-t-il pour que cette bouteille soit pleine ? *(Vaucluse.)*

SPHÈRE

373 Définition. — La *sphère* est un volume dont tous les points de la surface sont à égale distance d'un point intérieur appelé *centre* : c'est une *boule* parfaitement ronde.

374 Surface. — La *surface* d'une sphère est égale à *quatre fois* la surface d'un cercle de *même rayon*.

375. Formule. — $S = 4 \, (R^2 \times 3{,}1416)$ ou $4\pi R^2$.

376. Volume. — Le *volume* d'une sphère est égal au **produit de sa surface par le tiers du rayon**.

377. Formule. — $V = 4 \, (R^2 \times 3{,}1416) \times \dfrac{R}{3}$ ou $\dfrac{4}{3} R^3 \times 3{,}1416$ ou $\dfrac{4\pi R^3}{3}$.

PROBLÈMES

TYPE. — **1695. Une boule pleine en acier a 1 décimètre de rayon. Quel en est le poids, le décimètre cube d'acier pesant $7^{kg},82$?**

SOLUTION. — Surface de la boule en décimètres carrés :
$$1^{dm^2} \times [4 \times (1 \times 1 \times 3{,}1416)] = 12^{dm^2},5664.$$

Volume de la boule en décimètres cubes : $1^{dm^3} \times \left(12{,}5664 \times \dfrac{1}{3}\right) = 4^{dm^3},1888$.

Poids de la boule $7^{kg},82 \times 4{,}1888 = 32^{kg},756\ldots$

Oraux. — **1696.** *Une sphère a une surface de 96 décimètres carrés. Quelle est la surface d'un cercle de même rayon?* — **1697.** *Quelle est la surface de taffetas utilisée pour l'enveloppe d'un ballon sphérique de 10 mètres de rayon?* — **1698.** *Un cercle a une surface de $2^{dm^2},5$. Quelle est la surface de la sphère de même rayon?* — **1699.** *Trouver le volume d'une sphère de 3 décimètres de rayon. (Au lieu de 3,1416, prendre ici 3 exactement).*

Écrits. — **1700.** Quelle est la valeur de l'enveloppe d'un ballon de 4 mètres de rayon si le mètre carré d'enveloppe revient à 25 francs?

*1701. Quel est le volume d'eau que peut contenir une chaudière cylindrique terminée par un hémisphère à chacune de ses extrémités, sachant que la partie cylindrique mesure $1^m,5$ de long et que le rayon intérieur de l'hémisphère est de $0^m,30$?

*1702. Une sphère creuse en cuivre a 20 centimètres de diamètre; l'épaisseur du cuivre est de 1 centimètre. Quel est le poids de cette sphère, si le centimètre cube de cuivre pèse $8^g,79$?

*1703. Dans un récipient cubique de $0^m,50$ d'arête, entièrement rempli d'eau, on plonge une sphère en pierre de $0^m,15$ de diamètre. Quel est le poids de l'eau qui sort du récipient, et, le litre d'eau pesant 1 kilogramme, le poids de l'eau qui reste?

*1704. Le litre en bois est un cylindre dont la profondeur intérieure, égale au diamètre intérieur, a 108 millimètres. Si on introduit dans cette mesure une boule sphérique dont le diamètre soit également 108 millimètres, dites le volume de sable fin qu'il faudra encore verser dans le litre pour achever de le remplir.

EXERCICES (PEVISION)

Oraux. — **1705.** Calculer mentalement les 10 % de 85 francs; de 356 francs; — les 5 % de 25 francs; de 470 francs; — les 4 °/₀ de 70 francs; de 890 francs; — **1706.** Calculer mentalement les 6 % de 80 francs; de 840 francs; — les 20 % de 75 francs; de 945 francs; — les 25 % de 860 francs. — **1707.** Calculer la somme dont les 10 % valent 40 francs; 84 francs; — dont les 20 % valent 75 francs; 125 francs; — dont les 5 % valent 65 francs; 175 francs. — **1708.** Un coffre contient 53 doubles décalitres de blé; combien cela fait-il de mètres cubes? — **1709.** Un corps plongé dans un vase plein d'eau fait déborder 357 centilitres d'eau; quel est en décimètres cubes le volume de ce corps? — **1710.** Un cube a 1ᵐ,20 de pourtour à la base. Quels en sont : 1° le volume; 2° la surface totale? — **1711.** Combien un cube de 3 décimètres de côté peut-il contenir de cubes de 3 centimètres de côté?

PROBLÈMES
Bois au volume et au poids.

TYPE. — **1712. Quel est le prix d'un décastère de bois de chauffage à raison de 4 francs le quintal, en admettant que le demi-mètre cube de ce bois pèse 200 kilogrammes ?**

SOLUTION. — Un décastère équivaut à 10 stères ou 10 mètres cubes. A 200 kilogrammes le demi-mètre cube, le mètre cube pèse $200^{kg} \times 2 = 400$ kilogrammes, et 10 mètres cubes pèsent $400^{kg} \times 10 = 4000$ kilogrammes, ou 40 quintaux.

Le prix de 40 quintaux de bois à 4 francs est de $4^{fr} \times 40 = 160$ francs.

Oraux. — **1713.** Le stère de bois vaut 15 francs; le quintal vaut 3 francs. Quel est le poids du stère? — **1714.** Dans un tas de bois, les vides représentent 1/5 du volume total. Quel est le volume réel du bois contenu dans 2 décastères? — **1715.** Quel est le prix du décastère de bois lorsque le quintal vaut 3 francs et que le stère pèse 500 kilogrammes? — **1716.** Quel est le prix de 5 décastères de bois, vendus à raison de 3 francs le quintal, si 100 décimètres cubes de ce bois pèsent 50 kilogrammes?

Écrits. — **1717.** Un marchand vend du bois de chauffage, soit à raison de 15ᶠʳ,50 le stère, soit à raison de 3ᶠʳ,80 les 100 kilogrammes. Quel est le plus avantageux pour l'acheteur, si le bois pèse les 0,42 de ce que pèse l'eau sous le même volume? Le litre d'eau pèse un kilogramme. *(Nord.)*

1718. Une poutre de chêne a 5 mètres de long; sa largeur est les 3/50 de sa longueur et son épaisseur les 4/5 de sa largeur. Quel est son poids, le décimètre cube du chêne pesant 0ᵏᵍ,750? *(Yonne.)*

1719. Un marchand achète, à raison de 12 francs le stère, un tas de bois de chauffage de 8 mètres de long sur 2ᵐ,25 de large et 1ᵐ,25 de haut. Il le revend à raison de 3ᶠʳ,40 le quintal. Sachant que le décimètre cube de ce bois pèse 0ᵏᵍ,48, quel est le bénéfice réalisé par ce marchand? *(Nord.)*

*****1720.** On a acheté du bois à raison de 45 francs la tonne et on a payé en tout 637ᶠʳ,20. On veut le ranger en tas sur une longueur de 4ᵐ,8 et une largeur de 3ᵐ,4. Quelle sera la hauteur de ce tas, sachant que le volume exact du bois n'est que les 5/11 de celui du tas et que le poids du décimètre cube de ce bois est de 0ᵏᵍ,59. *(Seine.)*

*****1721.** Le stère de bois de chêne en pile vaut 15ᶠʳ,50 et pèse 435 kilogrammes. Le décimètre cube de ce bois pèse 750 grammes. Dites : 1° le volume des vides compris entre les bûches; 2° combien il faut vendre les 100 kilogrammes de ce bois pour qu'il revienne au même prix qu'en le vendant au stère.

PROBLÈMES DE REVISION

1722. 3 entrepreneurs ont constitué un fonds de 16 941 francs, avec lequel ils ont gagné 5 647 francs ; le 1er a eu, pour sa part de gain, 2 000 francs ; le 2e 1 954 francs et le 3e le reste : combien chacun avait-il apporté au fonds commun ?

1723. 3 terrassiers, ayant creusé une tranchée, ont reçu 60 francs. Le 1er a travaillé 4 jours et 7 heures par jour ; le 2e 5 jours et 6 heures par jour ; le 3e 7 jours et 6 heures par jour. Que revient-il à chacun ? *(Aveyron.)*

1724. 3 associés ont réalisé un bénéfice de 10,745 francs. En se séparant, ils ont eu, mise et gain compris : le 1er 39 352 francs ; le 2e 32 624 francs ; le 3e 13 984 francs. On demande la mise et le gain de chacun.

*1725. 3 personnes se sont associées : la 2e a donné 1 000 francs de plus que la 1re, et la 3e 1 000 francs de plus que la 2e. Le capital social, y compris les bénéfices s'élevant à 11 %, est devenu 59 940 francs. Dites la mise et le bénéfice de chaque associé.

1726. Quelle est la surface d'un globe géographique ayant $0^m,14$ de rayon à l'extérieur ?

1727. Un coffre rempli de blé a $0^m,85$ de longueur, $0^m,47$ de largeur et $0^m,28$ de hauteur. Combien de demi-décalitres contient-t-il ? *(Gard.)*

*1728. Un maçon avait entrepris de construire un mur pour lequel il devait recevoir 210 francs. Après avoir travaillé 18 jours, il s'adjoint 2 autres ouvriers qui, après 8 jours de travail, achèvent l'ouvrage avec lui. Que revient-il à chacun ?

1729. Un cultivateur a vendu du blé à raison de $17^{fr},80$ l'hectolitre et une quantité d'avoine 4 fois plus grande à raison de $10^{fr},60$ l'hectolitre. Il a reçu $1655^{fr},50$. Combien d'hectolitres de chaque céréale a-t-il vendus ?

*1730. 3 faucheurs se sont associés pour la moisson. Ils ont coupé $21^{hn},9^a$ de blé en 23 jours, à raison de 20 francs l'hectare. Pendant ce temps-là ils ont eu à payer 3 ramasseuses à 1 franc par jour chacune. Que revient-il à chacun, le 1er ayant perdu 5 jours et le 2e 1 jour ? *(Dordogne.)*

1731. Un bassin circulaire de $0^m,97$ de rayon contient 48 hectolitres d'eau. A quelle hauteur s'élève l'eau de ce bassin ? *(Vaucluse.)*

1732. Un rouleau de chêne a $0^m,37$ de rayon et pèse $427^{kg},50$. Quelle en est la longueur ? Le décimètre cube de chêne pèse $0^{kg},65$.

1733. Un bassin à base rectangulaire a $3^m,25$ de long, $2^m,60$ de large. On y verse 20 fois l'eau contenue dans un tonneau de $3^{hl},31$ de capacité. Quelle hauteur cette eau atteindra-t-elle dans le bassin ? *(Nord.)*

1734. On achète un champ rectangulaire de 160 mètres de long sur 80 mètres de large à raison de 20 francs l'are. On paie en plus 8,4 % de frais d'acquisition. Sachant que ce terrain est loué 120 francs l'hectare, à quel taux l'argent déboursé se trouve-t-il placé ?

1735. J'ai remboursé 3 465 francs pour le capital et les intérêts, calculés à 4 %, d'une somme que j'avais empruntée il y a 15 mois. Trouvez cette somme.

1736. 2 sommes placées à 5 % rapportent en tout 780 francs ; l'intérêt de la 1re surpasse de 180 francs l'intérêt de la 2e : quelles sont ces deux sommes ?

1737. Un homme laisse la moitié de sa fortune à son frère, les 2/5 à sa sœur et le reste à son neveu. Ce dernier place sa part à 4 % et se fait un revenu annuel de 720 francs. On demande à combien s'élevait l'héritage. *(Puy-de-Dôme.)*

1738. On remplit de haricots une caisse cubique de $1^m,25$ de côté. Que valent ces haricots à raison de 30 francs l'hectolitre ? *(Haute-Garonne.)*

PROBLÈMES DE REVISION

1739. Un marchand a acheté 450 hectolitres de vin au prix de 45 francs l'hectolitre; il les revend avec un bénéfice de 20 % sur le prix d'achat. Il place la somme qu'il reçoit au taux de 4,50 %. Calculer l'intérêt qu'elle aura rapporté au bout de 8 ans. *(Ain.)*

1740. Un vase de forme cubique a 1 mètre de côté, on y a versé $4^{hl}55^{dl}$ d'eau pure. On demande : 1° à quelle hauteur l'eau s'élève dans le vase ; 2° quelle sera la quantité de décimètres cubes d'eau nécessaire pour achever de le remplir? *(Seine.)*

*1741. Une personne achète un terrain rectangulaire de 82 mètres de long sur 51 mètres de large. Elle y fait construire une maison qui lui coûte 4 fois le prix du terrain. Elle loue cette maison 4812 francs et se trouve avoir placé tout son argent à 6 %. Dire : 1° quel est le prix de la construction; 2° quel est le prix de l'are du terrain.

1742. Un propriétaire achète une maison pour 8750 francs; les frais annuels d'entretien et d'assurance sont de 175 francs. Combien devra-t-il louer cette maison pour en retirer 4 %? *(Seine.)*

*1743. Un commerçant se retire des affaires avec un capital dont il consacre les 2/5 à l'achat d'une propriété. Le reste placé à 4 1/2 % lui rapporte 3240 francs de revenu annuel. A combien s'élevait le capital avant l'achat de la propriété et quel est le prix de cette propriété? *(Paris.)*

*1744. Un rentier a un revenu journalier de $6^{fr},40$ qui lui est fourni par un capital de 48600 francs, placé à 4 % par an et par une autre somme placée à 5 %. Quelle est cette autre somme? *(Seine-et-Oise.)*

1745. Une règle plate en fer a $0^m,40$ de longueur, $0^m,05$ de largeur et $0^m,004$ d'épaisseur. Quel volume d'eau pourrait lui faire équilibre, sachant que le décimètre cube de fer pèse $7^{kg},8$ et que le litre d'eau pèse 1 kilogramme? *(Neuilly.)*

1746. Un récipient de forme rectangulaire a intérieurement les dimensions suivantes : longueur, $0^m,32$; largeur, $0^m,22$; profondeur, $0^m,14$. On y verse de l'alcool jusqu'aux 0,8 de la hauteur. Combien de flacons d'un décilitre pourra-t-on remplir avec cet alcool? *(Nord.)*

*1747. Une propriété de $13^{ha}8^a$ est louée à raison de $2^{fr},25$ l'are et paye 175 francs d'impôts par an. On vend cette propriété à raison de 4500 francs l'hectare et on place le produit de la vente au taux de 4,50 %. A-t-on augmenté ou diminué le revenu en faisant cette dernière opération, et de combien?

1748. On creuse un fossé de 48 mètres de longueur et $0^m,90$ de profondeur. La largeur du haut est de $1^m,60$ et celle du bas de $1^m,20$. Quelle sera la dépense si on paie le terrassement à raison de $3^{fr},50$ le mètre cube?

1749. Une personne a perdu le 1/3, puis le 1/4 de sa fortune: ce qui lui reste est placé à 3,25 % et lui rapporte 1300 francs par an. Quel était le montant de sa fortune primitive?

*1750. Une somme placée pendant 2 ans est devenue avec ses intérêts simples 17600 francs; la même somme, placée pendant 4 ans au même taux, est devenue avec ses intérêts 19200 francs. Quelle est la somme et quel est le taux de l'intérêt? *(Meurthe-et-Moselle.)*

1751. On veut creuser un bloc de pierre pour en faire un réservoir contenant 1368 litres. On fixe au tailleur de pierre une longueur de $2^m,85$ et une largeur de $0^m,60$. Quelle doit être la profondeur? *(Orne.)*

1752. Quelle somme faut-il placer à 5 % pendant un an pour avoir, capital et intérêts compris, de quoi acheter $38^{hl},5$ de blé à $24^{fr},50$ le quintal métrique? L'hectolitre de blé pèse $75^{kg},6$. *(Deux-Sèvres.)*

PROBLÈMES DE REVISION

1753. Un bidon plein d'eau pèse 13^{kg},20 ; rempli d'huile, il pèse 12^{kg},48. Sachant qu'un litre d'huile pèse 0^{kg},91 et 1^{lit} d'eau 1^{kg}, dites la capacité du bidon.

1754. Un rentier place les 2/5 de sa fortune à 5 % et retire de cette partie de son capital un revenu annuel de 480 francs. Le reste de son avoir est placé à 4 1/2 %. Quelle est sa fortune? Quel est son revenu total par mois? (*Vosges.*)

*1755. Une personne a placé 3 700 francs pendant un an à un certain taux. L'année suivante, elle place la même somme à un taux plus élevé de 1 %. Le total des revenus, pour les deux années, étant 377^{fr},40, dites le taux primitif.

1756. On offre 7 000 francs d'une maison qui est louée 330 francs et pour laquelle le propriétaire paie chaque année 32^{fr},50 d'impôts et 50 francs de réparations. A quel taux serait placé l'argent de l'acquéreur? (*Mayenne.*)

1757. Un vase cylindrique en fer-blanc a intérieurement 0^m,10 de diamètre. Sa contenance est de 85 centilitres. Dites la profondeur de ce vase.

1758. Un capital de 480 000 francs, augmenté de ses intérêts pendant 3 ans 7 mois, est devenu 583 200 francs, après ce temps de placement. Dites le taux du placement. (*Nord.*)

1759. Un négociant achète des marchandises à raison de 360 francs le quintal et les revend 5 mois 1/2 après à raison de 3 765 francs la tonne. A quel taux a-t-il placé son argent? (*Vosges.*)

1760. Une personne achète un pré qui lui coûte 8 000 francs ; elle paye chaque année 24 francs d'impôts et loue son pré 360 francs. A quel taux son argent se trouve-t-il placé? (*Seine.*)

*1761. Un propriétaire qui avait acheté un champ à raison de 0^{fr},25 le mètre carré, le revend pour une somme de 1 563^{fr},50 en gagnant 6 % sur le prix d'achat. Quel était ce prix d'achat, et quelle était en hectares la surface de ce champ? (*Gironde.*)

1762. Une personne place les 2/5 de sa fortune à 5 %, le 1/3 à 4 % et le reste, qui s'élève à 4 000 francs à 3 %. On demande : 1° la fortune de cette personne ; 2° le revenu annuel. (*Seine.*)

1763. Une boîte cubique de 0^m,40 de côté est remplie de haricots. Combien de litres contient-elle? Quel est le prix du carton nécessaire pour la confectionner, sachant qu'elle n'a pas de couvercle et que le carton coûte 1^{fr},25 le mètre carré?

*1764. Une auge en pierre, de forme cubique, a intérieurement 1^m,42 de côté. Quelle est sa capacité en hectolitres? L'épaisseur de la pierre étant 0^m,15 et le décimètre cube de cette pierre pesant 2^{kg},68, trouver le poids de l'auge. (*C. E.*)

1765. On a placé 800 francs à un certain taux pendant 4 ans. L'intérêt produit est égal au 1/5 du capital primitif. Quel est le taux du placement? (*Somme.*)

1766. Combien faut-il verser de seaux d'eau pour remplir les 4/5 d'un bassin contenant 2 mètres cubes et demi, le seau ayant une capacité de 8^{lit} 1/4? (*Lot.*)

1767. Le blé pèse 750 grammes le litre et donne les 0,76 de son poids en farine. Quel poids de farine retirera-t-on du blé contenu dans une caisse qui a pour dimensions : 1^m,50, 1^m,10 et 0^m,95?

1768. Dans un vase cubique de 0^m,60 d'arête, on a versé 18^{dal} 5^{dl} de liquide. 1° Combien peut-on en mettre encore? 2° A quelle hauteur s'élève le liquide dans le vase? (*Seine.*)

1769. Une personne consacre les 3/5 de son capital à l'achat d'une propriété, les 2/9 à l'achat d'une maison, et place le reste à 4 %. Ce placement lui rapporte 640 francs par an. Trouver le capital, la valeur de la propriété et celle de la maison. (*Saône-et-Loire.*)

PROBLÈMES DE REVISION

*1770. Un propriétaire vend à un voisin un verger de 56 ares et veut en recevoir le prix dans 8 mois, de telle sorte que la somme et les intérêts à 5 % produisent à ce moment une somme de 2 480 francs. A quel prix doit-il estimer l'are ?

1771. Quelle est la hauteur d'un cône dont le volume est 760 décimètres cubes, sachant que le diamètre de la base est $1^m,30$?

1772. Quel est le prix du taffetas qu'il a fallu acheter pour faire l'enveloppe d'un ballon sphérique de 9 mètres de rayon, si ce taffetas coûte $12^{fr},35$ le mètre et a $0^m,75$ de largeur, sachant qu'il y a eu le 1/6 de l'étoffe qui a été inutilisé par suite des coupes ?

1773. On creuse une citerne destinée à recevoir 55 hectolitres d'eau. La longueur est de $2^m,20$ et la largeur de $1^m,25$. Quelle profondeur faut-il lui donner ?

1774. On veut faire un coffre rectangulaire de $1^m,20$ de longueur sur $0^m,60$ de largeur. Quelle doit en être la profondeur pour qu'il puisse contenir 18 doubles décalitres ? *(Seine-et-Marne.)*

1775. Un réservoir cubique de $0^m,80$ d'arête est à moitié rempli d'huile. Combien vaut cette huile, à raison de $1^{fr},20$ le demi-kilogramme, si le litre d'huile pèse $0^{kg},915$. *(Var.)*

*1776. Une personne a divisé un capital de 28 000 francs en deux parties, puis elle a placé la première à 6 % et la seconde à 4 % ; la deuxième partie a rapporté en un an le double de ce qu'a rapporté la première. Combien avait-elle placé à chaque taux ?

1777. Un propriétaire vend un terrain d'une contenance de $9^{ha},72$. On demande de calculer le prix de vente du mètre carré, sachant que les 4/9 du prix total, placés à intérêt simple pendant 3 ans et 8 mois au taux de 4,5 %, sont devenus 12 582 francs, capital et intérêt compris. *(Basses-Pyrénées.)*

*1778. Le 20 juin, un négociant souscrit un billet de $4206^{fr},16$ payable le 18 octobre suivant. Quel est le montant de cette facture, sachant que le billet souscrit comprend l'intérêt calculé à 4,50 % l'an ?

1779. On a placé au même taux, d'abord 1 200 francs pendant 60 jours, puis 800 francs pendant 30 jours. Le premier capital a rapporté 8 francs de plus que le deuxième. Quel est le taux ? *(Paris.)*

1780. Un toit a la forme d'un cône de $4^m,50$ de rayon et de $13^m,60$ d'apothème. On demande ce que coûtera la couverture, à raison de $3^{fr},65$ le mètre carré.

1781. Dans un bassin circulaire de 4 mètres de diamètre coulent deux robinets, dont l'un fournit 30 litres et l'autre 36 litres d'eau par minute. On les laisse fonctionner ensemble pendant 2 heures moins une minute. A quelle hauteur l'eau s'élève-t-elle alors dans le bassin ? *(Paris.)*

1782. Une somme est déposée chez un banquier où elle porte intérêt à 3 % par an. On la retire au bout de 255 jours, et l'on touche $2859^{fr},50$ pour le capital et les intérêts. Quelle somme avait-on placée ?

*1783. Une personne possède deux sommes placées : l'une à 3 %, l'autre à 4 %, et qui produisent annuellement des intérêts égaux. On demande de calculer chacune de ces sommes, qui forment ensemble un total de 1 050 francs. *(Ch.-Inf.)*

*1784. Une personne a un capital placé à intérêts simples, pendant 3 ans 1/2 à 4 %. Elle retire alors ce capital avec les intérêts qu'il a produits et place cet argent dans une affaire qui lui donne 8 % d'intérêts. Le revenu annuel résultant de cette seconde opération étant de $3376^{fr},80$, dites le capital primitif. *(C. E.)*

*1785. Une personne qui possède 164 000 francs en a placé une partie à 4 % et l'autre partie à $3^{fr},50$ %, et elle en retire un revenu annuel de 6 182 francs. A combien se monte chacun des capitaux ainsi placés ? *(Paris.)*

RENTE

378. Emprunt. — Quand un État a besoin de beaucoup plus d'argent que les impôts n'en produisent, il fait un *emprunt* public et s'engage à verser à ceux qui ont souscrit à cet emprunt un certain *intérêt annuel*.

379. Rente. — La rente sur l'État est le **revenu annuel** payé par l'État pour les sommes qu'il a empruntées.

380. Titre de rente. — Chaque prêteur reçoit un **titre de rente** sur lequel est inscrit le *chiffre* de la rente annuelle que l'État s'engage à payer.

Un titre de rente est **nominatif**, quand il porte le *nom* de la personne à laquelle il a été délivré ; il est **au porteur**, quand il ne porte pas de *nom*.

381. Rente perpétuelle. — L'État n'est pas tenu de rembourser à son créancier la somme que celui-ci lui a prêtée : la rente est dite, pour cette raison, **rente perpétuelle**.

382. Rente amortissable. — Cependant, si le prêteur n'a pas le droit de réclamer à l'État le remboursement de son prêt, l'État peut, dans certains cas, se réserver la faculté de l'effectuer. Ainsi, l'État français, lors d'un emprunt contracté en 1878, a pris l'engagement de rembourser, par parties chaque année, c'est-à-dire d'*amortir*, le montant de cet emprunt dans l'espace de 75 ans. Dans ce cas, la rente est dite **rente amortissable**.

383. Rentes françaises. — Il y a actuellement deux espèces de rentes françaises : le 3 % **perpétuel** et le 3 % **amortissable**.

384. Négociation. — Un titre de rente représentant une valeur déterminée peut être acheté ou vendu. Le prix de la rente est d'autant plus élevé qu'elle est plus demandée, qu'il y a plus d'*acheteurs* ; il est d'autant moins élevé qu'elle est moins demandée, qu'il y a plus de *vendeurs*.

Les achats et les ventes de rente se font à la *Bourse* par l'intermédiaire des **agents de change**.

Un titre de rente ne comporte qu'un **nombre entier** de francs de rente, ainsi 40 francs, 50 francs et non 40^{fr},50 centimes, 50^{fr},25 centimes, etc.

385. Cours de la rente. — Le *cours de la rente* 3 % est le prix de 3 francs de rente. Ainsi 3 francs de rente coûtant 98^{fr},50, par exemple, on dit que le *cours de la rente* est de 98^{fr},50. Ce cours varie presque tous les jours.

386. Au pair. — Le cours de la rente est dit *au pair* quand il est de 100 francs. L'État remboursant une rente *amortissable* la rembourse *au pair*.

387. Frais. — Toute négociation de rente au *comptant* s'accompagne des *frais* suivants : 1° *courtage* : 0^{fr},10 par 100 francs ou fraction de 100 francs sur le montant de l'opération (avec minimum de 0^{fr},50) ; 2° *droit de timbre* : 0^{fr},0125 par 1000 francs ou fraction de 1000 francs ; 3° *timbre de quittance* de 0^{fr},10 par bordereau.

388 Remarque. — Dans un problème, on ne tient compte des frais que lorsque la chose est demandée.

QUESTIONNAIRE. — 1. Que fait l'*État* qui a besoin d'argent ? — 2. Qu'est-ce que la rente ? — 3. Quelle indication contient un *titre de rente* ? — 4. Citez les *espèces* de rente française. — 5. Un titre de rente peut-il être *négocié* ? — 6. Quelles sont les causes principales capables d'*élever* ou d'*abaisser* le prix de la rente ? — 7. Qu'est-ce que le *cours* de la rente ? — 8. Quand dit-on que le cours est *au pair* ? — 9 Quels *frais* entraîne la négociation d'un titre de rente ?

Prix d'un titre de rente. Achat ou vente.

TYPE. — 1786. Combien coûtent 750 francs de rente 3 % au cours de 99^{fr},50 ?

$$\begin{array}{l}3^{fr}\\1^{fr}\\750^{fr}\end{array} \quad \frac{99,50^{fr}\times 750}{3} = 24\,875 \text{ francs.}$$

Solution. — 3 francs de rente coûtent 99^{fr},50 ; 1 franc coûte $\frac{99^{fr},50}{3}$ et 750 francs coûtent

$$\frac{99^{fr},50\times 750}{3} = 24\,875 \text{ francs.}$$

Frais compris. — Si on tient compte des frais, la dépense totale sera de :

Prix d'achat	24 875^{fr}
Courtage 0^{fr},10 × 249	24^{fr},90
Impôt 0^{fr},0125 × 25	0^{fr},3125
Timbre de quittance	0^{fr},10
En tout	24 900^{fr},3125

EXERCICES

Oraux. — 1787. *Quel est le prix d'achat des titres de rente suivants 3 %, au cours de 99 francs : 12 francs ; 21 francs ; 18 francs ; 72 francs ?* — **1788.** *Quel est le prix de vente des titres de rente étrangère 3,5 %, au cours de 101 francs : 7 francs ; 10^{fr},50 ; 14 francs ; 35 francs ; 350 francs ?* — **1789.** *Quel capital réalisera-t-on en vendant les titres de rente russe 5 % suivants, au cours de 104 francs : 100 francs ; 25 francs ; 500 francs ?*

Écrits. — 1790. Que valent 875 francs de rente étrangère 3^{fr},50 % au cours de 84 francs ?

1791. Que valent 1 410 francs de rente française 3 % au cours de 98^{fr},50.

1792. Combien paiera-t-on 860 francs de rente hongroise 4 % au cours de 93^{fr},55 ?

PROBLÈMES

Oraux. — 1793. *J'ai acheté 30 francs de rente 3 %, au cours de 95 francs. Combien ai-je déboursé ?* — **1794.** *Combien coûte un titre de rente 3 % de 500 francs au cours de 99 francs ?* — **1795.** *J'ai acheté 90 francs de rente 3 % au cours de 95 francs ; je les ai revendus au cours de 95^{fr},50 : combien ai-je gagné ?*

Écrits. — 1796. Une personne achète 3 500 francs de rente étrangère 5 % au cours de 101^{fr},25 et pareille quantité au cours de 103^{fr},45 ; elle revend le tout au cours de 102^{fr},09. A-t-elle gagné ou perdu dans cette opération ? Combien ? (*Seine.*)

1797. Une personne possède en rente 3 % un revenu qui lui permet de dépenser 4^{fr},60 par jour, tout en économisant 600 francs par an. Quel capital obtiendrait-elle en vendant ses titres de rente lorsque le 3 % vaut 98^{fr},25 ? (*Nord.*)

*1798. Un spéculateur achète 3 975 francs de rente 3 % au cours de 99^{fr},50 au comptant ; quelques jours après, il revend cette rente au cours de 99^{fr},75. Calculer son bénéfice en tenant compte des frais.

*1799. Un propriétaire avait une maison qui était louée 520 francs et pour laquelle il payait chaque année 86^{fr},25 d'impôts. Il a vendu cette maison 17 400 francs et il a acheté avec cette somme de la rente 3 % au cours de 97^{fr},50. A-t-il augmenté ou diminué son revenu et de combien ? (*C. E.*)

RENTE
Montant d'un titre de rente.

TYPE. — 1800. Une personne voudrait, avec **12 000** francs, acheter de la rente **3 %** au cours de **99 francs**. Combien aura-t-elle de rente ?

SOLUTION. — Pour 99 francs on a 3 francs de rente ; pour 1 franc on a

$$\begin{array}{c}99^{fr}\\1^{fr}\\12\,000^{fr}\end{array} \qquad \frac{3^{fr} \times 12\,000}{99} = 363^{fr},63 \qquad \frac{3^{fr}}{99} \text{ et pour 12 000 francs on a } \frac{3^{fr} \times 12000}{99} = 363^{fr},63.$$

Et comme un titre de rente ne comporte pas de fraction de franc, la rente achetée sera de 363 francs et la dépense, sans les frais, sera de

$$\frac{99^{fr} \times 363}{3} = 11\,979 \text{ francs}.$$

EXERCICES

Oraux. — 1801. Quelle rente 3 %, achetée au cours de 99 francs, aura-t-on avec les capitaux suivants : 990 francs ; 9 900 francs ; 330 francs ; 6 600 francs ? — **1802.** Quelle rente suédoise 4 %, achetée au cours de 96 francs, aura-t-on avec les capitaux suivants : 48 francs ; 480 francs ; 24 francs ; 2 400 francs ; 960 francs ; 9 600 francs ; 24 000 francs ? — **1803.** Quelle rente russe 5 %, achetée au cours de 105 francs, aura-t-on avec les capitaux suivants : 210 francs ; 1 050 francs ; 420 francs ; 8 400 francs ?

Écrits. — 1804. Combien aurait-on de rente 3 %, au cours de 98^{fr},60, avec 7 000 francs de capital ?

1805. Avec 21 000 francs, quel titre de rente 3 % achètera-t-on au cours de 98^{fr},20 ?

PROBLÈMES

Oraux. — 1806. Quel titre de rente 3 % au cours de 96 francs puis-je acheter avec un capital de 1 920 francs ? — **1807.** Combien peut-on acheter de rente russe 4 % au cours de 101 francs avec une somme de 3 030 francs ?

Écrits. — 1808. Combien pourrait-on acheter de rente 3 % au cours de 99^{fr},50 avec le produit de la vente d'une prairie rectangulaire de 150^m,70 de long et 78^m,60 de large, estimée 103^{fr},50 l'are ? *(Seine-Inférieure.)*

1809. Une personne qui possède 6 600 francs de capital emploie le 1/3 de sa fortune à l'acquisition d'une maison rapportant net 6 % de son prix d'achat. Avec le reste, elle achète de la rente 3 % au cours de 99^{fr},50. Quel est le revenu annuel de cette personne ? *(Corrèze.)*

1810. Un propriétaire avait une ferme, qu'il louait 1 500 francs, et pour laquelle il payait 180 francs de contributions par an. Il l'a revendue 45 000 francs et il a acheté de la rente 3 %, au cours de 98^{fr},40. A-t-il augmenté ou diminué son revenu, et de combien ? *(Vosges.)*

1811. J'achète avec 1 520 francs de la rente française au cours de 98^{fr},85. Quel sera le montant de mon titre de rente ?

*1812. Une personne dispose d'un capital de 2 500 francs. Elle peut le placer en rente 3 % au cours de 98^{fr},50 ou acheter un immeuble qui lui rapportera 3 1/2 %, mais dans ce dernier cas les frais d'entretien et les impôts absorberaient 1/6 du revenu total. Quel est le placement le plus avantageux ?

*1813. La rente 3 % étant à 97^{fr},50, à quel taux place-t-on son argent en achetant 1 200 francs de cette rente, tous frais compris ?

*1814. Quel est le plus avantageux, d'acheter de la rente étrangère 4 % au cours de 96 francs ou de la rente 3 % au cours de 87 francs ?

RENTE

Cours de la rente.

TYPE. — 1815. Un titre de **1 200 francs de rente 3 %** a coûté **38 800 francs. Quel est le cours de cette rente ?**

SOLUTION. — 1 200 francs de rente ont coûté 38 800 francs.

1 franc de rente a coûté $\dfrac{38800^{fr}}{1200}$,

et 3 francs ont coûté $\dfrac{38800^{fr} \times 3}{1200} = 97$ francs.

Le cours est donc de 97 francs.

EXERCICES

Oraux. — 1816. 30 francs de rente 3 % ont coûté 970 francs. Quel est le cours ? — **1817.** 12 francs de rente étrangère 4 % ont coûté 306 francs. Quel est le cours ? — **1817 bis.** 20 francs de rente étrangère 5 % ont coûté 408 francs. Quel est le cours ?

Écrits. — 1818. On achète 60 francs de rente 3 % pour 1920 francs. Quel est le cours de cette rente ?

1819. On achète pour 868^{fr},50 de la rente 4 % et on reçoit un titre de 36 francs de rente. Quel est le cours de cette rente ?

1820. Pour avoir 80 francs de rente russe 5 %, il faut verser 1640 francs. Quel est le cours de cette rente ?

1821. — Quelle somme est nécessaire, sans tenir compte des frais, pour acheter 300 francs de rente 3 % au cours de 98 francs ?

1822. On veut acheter ou du 3 % français, au cours de 97^{fr},20, ou du 3 3/4 italien au cours de 105 francs. Quel achat sera le plus avantageux ?

1823. On a acheté 750 francs de rente 3 % au cours de 98^{fr},50. On le revend au cours de 99^{fr},10. Quel est le gain total ?

1824. A quel taux place-t-on son argent en achetant de la rente 3 % au cours de 97^{fr},35 ?

PROBLÈMES

Oraux. - 1825. A quel cours devrait être la rente 3 % pour rapporter 4 % ? — **1826.** J'ai acheté 100 francs de rente 3 % au cours de 99 francs. Je les ai revendus avec une perte totale de 100 francs. A quel cours les ai-je revendus ? — ***1827.** Une personne dispose d'une somme de 6 600 francs. Avec la moitié, elle achète de la rente 3 % au cours de 99 francs et place l'autre moitié à 4 %. Quel est son revenu annuel total ?

Écrits. — 1828. Quel devrait être le cours de la rente 3 % pour avoir un intérêt réel de 5 francs pour 100 francs ? (Allier.)

1829. Un spéculateur achète 1 800 francs de rente française 3 % au cours de 97 francs ; il revend 2 jours après avec 62 francs de bénéfice. A quel cours la rente était-elle montée ?

1830. Une personne qui possède un capital de 65 112 francs en consacre les 3/8 à l'acquisition d'une maison qui rapporte net les 0,05 de son prix d'achat. Avec le reste elle achète de la rente étrangère 4 %. Son revenu annuel étant de 2941^{fr}, 65, dire le cours auquel elle a acheté la rente.

***1831.** Un particulier achète une propriété 72 400 francs. Il peut louer cette propriété 4 000 francs par an. A quel taux place-t-il son argent ? A quel cours aurait dû être la rente 3 %, si, au lieu d'acheter la propriété, il avait acheté de la rente pour avoir le même revenu ? (Bouches-du-Rhône.)

CAISSES D'ÉPARGNE

389. But. — Les caisses d'épargne sont des établissements d'**utilité publique** destinés à recevoir les *petites économies* et à leur faire *produire intérêt*.

Beaucoup de villes ont leur **Caisse d'épargne municipale**. L'État, en 1881, a créé une **Caisse nationale d'épargne** dont l'administration est confiée à la *Direction générale des Postes et Télégraphes*.

390. Livret. — Tout déposant reçoit gratuitement un **Livret nominatif** sur lequel sont inscrits les *versements* avec leur *montant* et leur *date*. Le montant des sommes portées sur un livret ne peut dépasser 1 500 francs (2 000 francs pour certaines caisses d'épargne). Un versement ne peut être *inférieur* à 1 franc.

391. Taux. — L'intérêt de la *Caisse nationale* est de 2,50 %; les *Caisses municipales* servent un intérêt allant de 2,50 à 3 %.

392. Intérêt. — Cet intérêt *court*, pour la Caisse nationale, de la quinzaine qui suit immédiatement celle pendant laquelle se fait le **versement**, et *s'arrête* à la quinzaine qui précède celle pendant laquelle se fait le **remboursement**. L'année est comptée de 24 *quinzaines*.

Pour les Caisses municipales, l'intérêt *court* de la semaine qui suit celle du *versement* et *s'arrête* à la semaine qui précède celle du *remboursement*. L'année est comptée de 52 *semaines*.

A la fin de chaque année, l'intérêt acquis *s'ajoute* au capital pour constituer un **nouveau capital** produisant intérêt.

393. Remboursement. — Le *possesseur* d'un livret peut, quand il le désire, retirer entièrement ou partiellement son avoir.

QUESTIONNAIRE. — 1. Qu'est-ce que la *Caisse d'épargne* ? — 2. Que reçoit tout *déposant* ? — 3. Quel total peut atteindre le montant des sommes portées sur un livret ? — 4. Quel est le *taux d'intérêt* des caisses d'épargne ? — 5. Comment l'intérêt est-il *compté* ? — 6. A la fin de chaque année que devient *l'intérêt acquis* ? — 7. Le possesseur d'un livret peut-il *retirer* ses économies ?

PROBLÈMES

TYPE. — 1832. Une personne verse à la Caisse nationale, le 12 février, une somme de 200 francs. Quel sera son compte au 1ᵉʳ janvier suivant ?

Solution. — Les 200 francs versés produisent intérêt à partir du 16 février, c'est-à-dire pendant 24-3 ou 21 quinzaines.

Intérêt de 1 franc en une quinzaine, au taux de 2,50 % pour 24 quinzaines :
$$\frac{2^{fr},50}{100 \times 24} \text{ ou } 0^{fr},001041.$$

Intérêt de 200 francs : $0^{fr},001041 \times 21 \times 200 = 4^{fr},37$.

Compte au 1ᵉʳ janvier suivant : $200^{fr} + 4^{fr},37 = 204^{fr},37$.

Écrits. — 1833. La Caisse d'épargne donne $2^{fr},50$ % d'intérêt. Une personne y a déposé 80 francs le 1ᵉʳ janvier et 120 francs le 1ᵉʳ avril. Elle retire son argent à la fin de décembre de la même année. Quelle somme touchera-t-elle ?

1834. Au 31 décembre dernier, le montant d'un livret de la Caisse d'épargne s'élevait à 295 francs; à la fin de janvier (4ᵉᵐᵉ semaine), on a fait un versement de $45^{fr},50$. Calculer le montant du livret au 30 avril (17ᵉᵐᵉ semaine), l'intérêt étant de $2^{fr},75$ %.

*1835. Une personne verse à la Caisse nationale d'épargne, le 17 janvier, une somme de 200 francs; le 5 mai, une autre somme de 150 francs; elle retire le 11 avril 80 francs, et le 28 août 100 francs. Quel sera son compte au 1ᵉʳ janvier suivant, le taux de l'intérêt étant $2^{fr},50$ % ?

117ᵉ LEÇON

CAISSE NATIONALE DES RETRAITES POUR LA VIEILLESSE

394. But. — La *Caisse nationale des retraites* permet au plus modeste employé ou artisan de se constituer, au moyen de *faibles versements*, une **retraite** à partir de la **cinquantième année**.

395. Versements. — Les *versements* ne peuvent être inférieurs à 1 franc ; ils ne peuvent, d'autre part, dépasser 500 francs dans une même année.

396. Intérêt. — L'*intérêt* des versements effectués est *capitalisé* chaque année à 3,50 %.

397. Livret. — Il est délivré à chaque intéressé un **Livret** sur lequel sont inscrits, à leur *date*, tous les *versements* opérés, et en regard le *chiffre de la pension* assurée à l'âge demandé.

398. Maximum. — Les versements ne sont reçus que jusqu'à la formation d'une rente annuelle de **1 200 francs**.

TARIF **3 1/2 %** DE LA CAISSE DES RETRAITES

*Rente viagère produite par un versement annuel de **10** francs jusques et y compris l'année de la jouissance.*

ÂGES au PREMIER VERSEMENT	CAPITAL ALIÉNÉ				CAPITAL RÉSERVÉ			
	JOUISSANCE DE LA RENTE A				JOUISSANCE DE LA RENTE A			
	50 ANS	55 ANS	60 ANS	65 ANS	50 ANS	55 ANS	60 ANS	65 ANS
	fr. c.	fr. c.	fr. c.	fr. c.	fr. c.	fr. c.	fr. c.	fr. c.
3 ans...	110 85	166 05	260 53	438 42	80 25	119 03	185 11	309 16
5 ans...	100 82	151 43	238 05	401 14	72 19	107 29	167 06	279 23
10 ans...	78 97	119 58	189 09	319 95	54 88	82 06	128 27	214 91
15 ans...	60 89	93 23	148 58	252 77	41 04	61 88	97 26	163 48

*Rente viagère produite par un versement unique de **100** francs.*

	CAPITAL ALIÉNÉ					CAPITAL RÉSERVÉ			
ÂGES au VERSEMENT	JOUISSANCE DE LA RENTE A				ÂGES au VERSEMENT	JOUISSANCE DE LA RENTE A			
	50 ANS	55 ANS	60 ANS	65 ANS		50 ANS	55 ANS	60 ANS	65 ANS
	fr. c.	fr. c.	fr. c.	fr. c.		fr. c.	fr. c.	fr. c.	fr. c.
3 ans.	51 22	74 66	114 77	190 32	3 ans.	41 15	59 98	92 21	152 91
5 ans.	47 15	68 73	105 66	175 22	5 ans.	37 72	54 99	84 53	140 17
10 ans.	38 95	56 77	87 27	144 72	10 ans.	30 25	44 09	67 79	112 41
15 ans.	32 15	46 86	72 05	119 47	15 ans.	24 07	35 08	53 93	89 43

EXERCICES

Oraux. — **1836.** Quelle rente viagère produirait un **versement annuel** :
1° Capital aliéné : de 100 francs, de 3 ans à 50 ans ? Même question capital réservé ?
2° — : de 10 francs, de 5 ans à 60 ans ? — —

1837. Quelle rente viagère produirait un **versement unique** :
I. Capital aliéné. — II. Capital réservé.
1° de 100 francs au bénéfice d'un enfant de 3 ans, à l'âge de 50 ans ?
2° de 500 francs — — 5 ans, à l'âge de 60 ans ?

ACTIONS ET OBLIGATIONS

399. Actions. — Les *sociétés industrielles, commerciales* ou *financières*, les *compagnies de chemins de fer*, de *navigation*, etc., empruntent l'argent dont elles ont besoin pour se constituer et s'organiser. Elles donnent, en échange, aux prêteurs des *titres* ou **actions**, qui représentent donc une part de mise de fonds dans l'entreprise et qui, comme les titres de rente, donnent un *revenu annuel*.

Les *actionnaires*, ou porteurs d'**actions**, sont, en quelque sorte, les propriétaires de l'industrie ; ils se partagent les *bénéfices* ; ils supportent, par contre, les *pertes* quand il y en a.

400. Dividende. — La part dans les bénéfices qui revient chaque année au porteur d'une *seule action* s'appelle le **dividende**. Ce dividende est élevé si les bénéfices sont grands ; il est nul si les bénéfices sont nuls. Le revenu des actions est donc *variable*.

401. Obligations. — Quand le capital constitué par les *actions* (le *capital-actions*) est insuffisant pour subvenir à tous les frais de l'exploitation, ou quand il s'agit, par exemple, de développer ou de perfectionner l'entreprise, les sociétés ou compagnies peuvent emprunter de l'argent et délivrent, en échange, des titres qui s'appellent alors **obligations**. Les villes peuvent également émettre des *obligations* pour un emprunt qu'elles ont contracté.

402. Les **obligations** donnent droit à un *revenu fixe* ; elles sont, d'autre part, *remboursables* dans un délai déterminé, par voie de tirage au sort, d'après leur *valeur nominale*, c'est-à-dire d'après la valeur inscrite sur le titre.

Ainsi une obligation 3 % de 500 francs donne droit à un revenu annuel de 15 francs et est remboursable à 500 francs.

403. REMARQUE. — Le placement sur *actions* peut, à condition que l'entreprise prospère, être très avantageux et procurer un gros revenu ; le placement sur *obligations* donne un revenu moyen, mais offre plus de sécurité, car, en cas d'*insuccès* de l'entreprise ou de *liquidation*, les obligataires sont d'abord remboursés. Ce qui reste revient aux actionnaires.

404. Cours. — Le prix d'achat ou de vente, c'est-à-dire le **cours** d'une action ou d'une obligation, varie suivant les *demandes* ; il est au *pair* quand il est égal à la valeur nominale.

405. Achat et vente. — Les actions et les obligations s'achètent et se vendent, c'est-à-dire se *négocient*, à la **Bourse**, et les négociations donnent lieu aux *frais suivants* : savoir : 1° *courtage* : $0^{fr},25$ par action ou obligation dont le cours est inférieur à 250 francs ; $0^{fr},50$ lorsque le cours est compris entre 250 francs et 500 francs. Si le cours est supérieur à 500 francs, le courtage est le même que pour la vente ; 2° *droit de timbre* : $0^{fr},10$ par 1000 francs ou fraction de 1000 francs ; 3° *timbre de quittance* de $0^{fr},10$ par bordereau.

QUESTIONNAIRE. — 1. Que font les sociétés quand elles empruntent l'argent dont elles ont besoin ? — 2. Qu'est-ce qu'une *action* ? — 3. Qu'est-ce que les *actionnaires* ? — 4. Qu'appelle-t-on *dividende* ? — 5. A quoi les *obligations* donnent-elles droit et comment sont-elles *remboursables* ? — 6. Comment varie le *cours* d'une valeur ? — 7. Comment se *négocient* les actions et les obligations ? —

EXERCICES (REVISION)

Oraux. — 1838. Un négociant gagne 15 % sur le prix d'achat des marchandises qu'il vend. Quel doit être le *prix de vente* lorsque le prix d'achat est :

200 francs ;   3oo francs ;   5oo francs ;   6oo francs.
25o francs ;   35o francs ;   55o francs ;   65o francs.

1839. Une somme de 5000 francs est placée à 4 %. Quel est l'*intérêt par trimestre* ? — **1840.** Quel est le *capital* qui, placé à 5 %, a rapporté en un an :

20 francs ;   3o francs ;   45 francs ;   3oo francs ;
25 francs ;   4o francs ;   5o francs ;   45o francs.

Écrits. — 1841. Trouver le *volume* d'un cône de $0^m,40$ de diamètre à la base et de $0^m,60$ de hauteur.

1842. Un cube a $1^{m^2},50$ de surface totale. Quel est son *volume* ?

1843. Quel est le *capital* qui, placé à 3 %, rapporte 18 francs par trimestre ?

1844. Pendant *combien de temps* ont été placés, à 4 %, 3 000 francs qui ont rapporté 3o francs d'intérêt ?

PROBLÈMES
Actions et obligations.

TYPE. — 1845. On achète des obligations 3 % de 500 francs au cours de 453 francs. On demande à quel taux on place son argent.

SOLUTION. — 453 francs rapportent 15 francs.

453^{fr}
1^{fr}
100^{fr}

$\dfrac{15^{fr} \times 100}{453} = 3^{fr},31$ à $0^{fr},01$ près.

1 franc rapporte $\dfrac{15^{fr}}{453}$

et 100 francs rapportent $\dfrac{15^{fr} \times 100}{453}$ ou $3^{fr}.31$.

Le taux est 3,31 %.

REMARQUE. — Pour avoir le taux exact de placement, il faudrait tenir compte non seulement des *frais de négociation* (N° 405), mais aussi de l'*impôt sur le revenu* et des droits de transfert retenus pour le compte de l'État par les maisons financières payant la rente. Mais on n'a pas, au cours moyen, à tenir compte de cette complication.

Oraux. — 1846. Les obligations 4 %, rapportant 20 francs, sont au cours de 5o3 francs. Quel revenu peut-on se faire avec les sommes suivantes : 5o3o francs ? 5o 3oo francs ? 1006 francs ? 2515 francs ? 25 150 francs ? — **1847.** Trouver la valeur des revenus suivants en obligations 5 %, rapportant 25 francs, au cours du pair : 25o francs ; 5o francs ; 75o francs ; 5ooo francs ; 100 francs. — **1848.** Quel est le cours des obligations 5 %, rapportant 15 francs, sachant qu'un revenu de 3o francs a coûté 880 francs ? — **1849.** Même question sachant qu'un revenu de 150 francs a coûté 4650 francs.

Écrits. — 1850. Quelle somme faut-il pour acheter 180 francs de rente en obligations 3 % des chemins de fer de l'Ouest, remboursables à 5oo francs, au cours de 434 francs ?   (*Eure.*)

1851. Une action de chemin de fer de Lyon de 5oo francs à 4 % vaut aujourd'hui 1311 francs et donne, outre l'intérêt, un dividende annuel de 36 francs. A quel taux a-t-on placé son argent en achetant une de ces actions ? (*Seine-et-Marne.*)

*****1852.** On a acheté 5 actions de 1000 francs au cours de 1275 francs. A quel taux a-t-on placé son argent, si le dividende distribué est de 65 francs ?

ESCOMPTE

406. Effets de commerce. — Dans le commerce, les paiements ne se font pas toujours **au comptant**. Le vendeur et l'acheteur s'entendent pour en fixer la date. Le règlement de la facture se fait alors au moyen d'un *effet de commerce*, **lettre de change** ou **billet à ordre**.

407. Lettre de change. — La lettre de change est un écrit par lequel un créancier **ordonne** à son débiteur de payer à une échéance fixée une somme déterminée *à son ordre* ou *à l'ordre* d'une autre personne.

Auxerre, le 20 mai 1906.   B. P. F. 1500.

Au 31 *juillet prochain*, veuillez payer par le présent mandat, **à mon ordre**, la somme de **quinze cents francs**, valeur reçue en marchandises.

A Monsieur Morin, 97, rue de Paris, Melun.   Renaud.

---

408. Billet à ordre. — Le billet à ordre est rédigé, non par le créancier, mais par le débiteur qui **promet** de payer une somme déterminée à une échéance fixée.

Melun, le 20 mai 1906.   B. P. F. 1500.

Au 31 *juillet prochain*, je paierai à M. Renaud, ou **à son ordre**, la somme de **quinze cents francs**, valeur reçue en marchandises.

Morin, 97, rue de Paris, Melun.

---

409. Valeur nominale. — La somme inscrite sur un effet de commerce s'appelle le **montant** ou **valeur nominale** du billet : cette valeur est celle qui sera payée le jour même de l'échéance du billet.

410. Escompte. — Si le créancier a besoin d'argent avant la date du paiement, il peut porter son *effet de commerce* chez un banquier qui lui remet la *somme inscrite* sur l'effet, **diminuée** de l'intérêt de cette somme, calculé à un *taux convenu*, *pendant le temps* qui reste à courir jusqu'au jour du paiement ou de l'échéance de l'effet. Cette retenue s'appelle l'**escompte**.

411. Définitions. — L'**escompte** est la **retenue** faite sur le montant d'un billet payé *avant son échéance*.

La **valeur actuelle** d'un billet est le montant du billet diminué de l'escompte.

Le **temps d'échéance** est le temps qui doit s'écouler entre le jour de la *négociation* du billet et le jour de l'*échéance*.

Le **taux d'escompte** est la retenue faite sur un billet de 100 francs payé *une année* avant son échéance.

412. Remarque. — Les problèmes concernant l'escompte se ramènent aux problèmes concernant l'intérêt :

Le *montant du billet* correspond au *capital* placé ; l'*escompte* correspond à l'*intérêt* ; le *taux d'escompte* correspond au *taux d'intérêt* ; le *temps d'échéance* correspond au *temps de placement*.

QUESTIONNAIRE. — 1. Comment peut se faire le *règlement* d'une facture ? — 2. Donnez un modèle d'une *lettre de change*. — 3. D'un *billet à ordre*. — 4. Qu'appelle-t-on montant ou *valeur nominale* du billet ? — 5. Qu'est-ce que l'*escompte* ? — 6. Qu'est-ce que la *valeur actuelle* d'un effet ? — 7. Qu'est-ce que le *temps d'échéance* ? — 8. Qu'est-ce que le *taux d'escompte* ?

I. Calcul du montant du billet.

TYPE. — **1853.** Quel est le **montant d'un billet payable dans 72 jours, et sur lequel il a été fait, au taux de 5 %, une retenue de 24 francs ?**

SOLUTION. — Il faut raisonner comme si on cherchait le capital qui a produit, au taux de 5 %, un intérêt de 24 francs en 72 jours.

Escompte annuel :

Pour 72 jours, l'escompte est 24 francs ;

$$\frac{24^{fr} \times 360}{72} = 120 \text{ francs.}$$

pour 1 jour, l'escompte est $\frac{24^{fr}}{72}$; et, pour 360 jours, l'escompte est

$$\frac{24^{fr} \times 360}{72} = 120 \text{ francs.}$$

Montant du billet :

$$\frac{100^{fr} \times 120}{5} = 2\,400 \text{ francs.}$$

5 francs d'escompte pour un an proviennent de 100 francs ; 1 franc d'escompte pour 1 an provient de $\frac{100^{fr}}{5}$; et 120 francs d'escompte pour un an proviennent de $\frac{100^{fr} \times 120}{5} = 2\,400$ francs.

EXERCICES

Oraux. — **1854.** *En raisonnant comme pour la recherche du capital (page 176), étant donnés l'intérêt, le taux et le temps du placement, trouver les valeurs qui ont subi les retenues suivantes, payables :*

1° Dans 1 an :	à 2 % :	50 francs.	à 3 % :	75 francs.
2° Dans 6 mois :	à 4 % :	36 francs.	à 6 % :	30 francs.
3° Dans 4 mois :	à 4 % :	20 francs	à 3 % :	40 francs.

Écrits. — **1855.** Dire les valeurs qui ont subi les retenues suivantes, payables :

1° Dans 1 an :	à 3 % :	$86^{fr},50$.	à 5 % :	$283^{fr},50$.
2° Dans 7 mois :	à 2 % :	$75^{fr},60$.	à 3 % :	$365^{fr},40$.
3° Dans 17 mois :	à 4 % :	$52^{fr},70$.	à 1 % :	$2\,075^{fr},40$.

PROBLÈMES

Oraux. — **1856.** *Un billet payable dans 3 mois subit un escompte de 3 francs au taux de 4 %. Quel en est le montant ?* — **1857.** *Sur un billet payable dans 6 mois et escompté au taux de 3 %, on opère une retenue de 30 francs : quelle est la valeur nominale de ce billet ?* — **1858.** *On reçoit 990 francs sur un billet payé 4 mois avant son échéance et escompté au taux de 3 % : quel est le montant de ce billet ?*

Écrits. — **1859.** Un billet payé 45 jours avant son échéance a subi un escompte de $21^{fr},60$, le taux de l'escompte étant 5 %. Quel était le montant du billet ?

1860. Je possède un billet payable dans 3 mois ; je le porte au banquier qui l'escompte au taux de 4,5 % et me retient ainsi une somme de $29^{fr},70$. Quel est le montant de mon billet ? *(Seine.)*

***1861.** Quel est le montant d'un billet qui n'est payable que dans 5 mois 24 jours et pour lequel le banquier a remis au porteur la somme de $922^{fr},28$, le taux étant de 3 % ?

ESCOMPTE

II. Calcul de l'escompte.

TYPE. — 1862. Calculer l'escompte, au taux de 6 %, d'un billet de 1 500 francs payable dans 45 jours.

Solution. — Il faut raisonner comme si on cherchait l'intérêt de 1 500 francs, à 6 %, pendant 45 jours.

Escompte annuel :

Pour 100 francs, payables dans un an, l'escompte est 6 francs ; pour 1 franc, payable dans un an, l'escompte est $\frac{6^{fr}}{100}$;

$$100^{fr} \quad \frac{6^{fr} \times 1\,500}{100} = 90 \text{ francs.}$$
$$1^{fr}$$
$$1\,500^{fr}$$

et pour 1 500 francs, payables dans un an, l'escompte serait $\frac{6^{fr} \times 1\,500}{100} = 90$ francs.

Escompte pour 45 jours :

Pour 360 jours, l'escompte serait 90 francs ; pour 1 jour, l'escompte serait $\frac{90^{fr}}{360}$; et pour 45 jours,

$$360^{j} \quad \frac{90^{fr} \times 45}{360} = 11^{fr},25.$$
$$1^{j}$$
$$45^{j}$$

l'escompte sera $\frac{90^{fr} \times 45}{360} = 11^{fr},25.$

EXERCICES

Oraux. — 1863. *En raisonnant comme pour la recherche de l'intérêt (page 173), étant donnés le capital, le taux et le temps du placement, trouver l'escompte subi par les valeurs suivantes, payables :*

1° dans 1 an :   à 1 % : 150 francs. | à 2 % : 90 francs.
2° dans 6 mois :   à 2 % : 120 francs. | à 3 % : 800 francs.
3° dans 4 mois :   à 3 % : 110 francs. | à 4 % : 120 francs.

Écrits. — 1864. Trouver l'*escompte* subi par les valeurs suivantes, payables :

1° dans 1 an :   à 4 % : 378 francs. | à 3 % : 198 francs.
2° dans 8 mois :   à 5 % : 696 francs. | à 6 % : 212 francs.
3° dans 1 an 7 m :   à 3 % : 1 880 francs. | à 4 % : 45^{fr},60.
4° dans 46 jours :   à 6 % : 656^{fr},70. | à 2 % : 814^{fr},50.

PROBLÈMES

Oraux. — 1865. *Je dois 600 francs dans 6 mois ; au bout de 3 mois je propose de m'acquitter. Quelle somme devrai-je verser en tenant compte d'un escompte à 5 % ?* — **1866.** *Quel est l'escompte à 5 % d'un billet de 400 francs payé 36 jours avant son échéance ?* — **1867.** *Un billet de 900 francs est payable dans 40 jours. L'escompte étant de 5 %, quelle est sa valeur actuelle ?* — *****1868.** *J'ai emprunté 1000 francs, je donne en paiement un billet de 900 francs payable en 2 mois, et le reste en argent comptant. Quelle somme dois-je verser, l'escompte étant de 6 % ?*

Écrits. — 1869. J'achète pour 1 000 francs de marchandises, avec la faculté de payer dans 8 mois. Si je paye dans un mois, combien aurai-je à verser en admettant que l'escompte soit de 3 % ?

1870. Quel est l'escompte à 6 % d'un billet de 1875 francs, payable le 2 novembre et présenté au banquier le 12 juillet précédent ? (Paris.)

1871. On présente à l'escompte 2 billets payables dans 45 jours. On reçoit 6 947^{fr},50. Quel est le montant de chaque billet sachant que l'un surpasse l'autre de 600 francs et que l'escompte a été fait au taux de 6 % ?

ESCOMPTE

III. Calcul du taux d'escompte.

TYPE. — 1872. Un billet de 3 900 francs payable dans 50 jours a subi une retenue de 32^{fr},50. Quel a été le taux de l'escompte ?

SOLUTION. — Il faut raisonner comme si on cherchait le taux de placement d'un capital de 3 900 francs qui, en 50 jours, a rapporté 32^{fr},50.

Escompte annuel :

50^j $\dfrac{32^{fr},50 \times 360}{50} = 234$ fr.
1^j
360^j

Pour 50 jours, l'escompte est de 32^{fr},50 ; pour 1 jour, l'escompte serait $\dfrac{32^{fr},50}{50}$; et pour 360 jours, l'escompte serait

$$\dfrac{32^{fr},50 \times 360}{50} = 234 \text{ francs.}$$

Taux de l'escompte :

3 900^{fr} $\dfrac{234^{fr} \times 100}{3\,900} = 6$ francs.
1^{fr}
100^{fr}

Pour 3 900 francs, payables dans un an, l'escompte serait 234 francs ; pour 1 franc, payable dans 1 an, l'escompte serait $\dfrac{234^{fr}}{3\,900}$; et pour 100 francs payables dans 1 an, l'escompte-taux sera $\dfrac{234^{fr} \times 100}{3\,900} = 6$ francs.

EXERCICES

Oraux. — 1873. *En raisonnant comme pour la recherche du taux (page 175), dans les règles d'intérêt, trouver le **taux** d'escompte d'une valeur de 850 francs, payable dans 1 an, qui a subi les retenues suivantes : 8^{fr},50 ; 85 francs ; 42^{fr},50.* — **1874.** *Trouver le **taux** d'escompte d'une valeur de 560 francs, payable dans 6 mois, qui a subi les retenues suivantes ; 2^{fr},80 ; 28 francs ; 5^{fr},60.*

Écrits. — 1875. Trouver le *taux* d'escompte d'une valeur de 940 francs qui a subi les retenues suivantes :

1° Pour une échéance de 1 an : 42^{fr},30 ; 28^{fr},20 ; 47 francs.
2°   9 mois : 35^{fr},25 ; 24^{fr},675 ; 32^{fr},43.
3°   84 jours : 5^{fr},922 ; 9^{fr},87 ; 3^{fr},29.

1876. Même exercice sur une valeur de 1 560 francs qui a subi les retenues suivantes pour une échéance :

1° de 2 ans : 124^{fr},80 ; 93^{fr},60 ; | de 4 mois : 15^{fr},60 ; 7^{fr},50.
2° de 14 mois : 72^{fr},80 ; 91 francs ; | de 46 jours : 5^{fr},98 ; 8^{fr},97.

PROBLÈMES

Oraux. — 1877. *Un billet de 500 francs payable dans 3 mois a subi un escompte de 5 francs. Quel est le taux d'escompte ?* — **1878.** *Sur une valeur de 400 francs payable dans 45 jours on retient 3 francs d'escompte. Quel est le taux ?* — **1879.** *Pour un billet de 500 francs payable dans 36 jours, il est donné 498 francs. A quel taux ce billet a-t-il été escompté ?*

Écrits. — 1880. Un billet de 1 800 francs, payable à 28 jours, a donné lieu à un escompte de 8^{fr},12. A quel taux a-t-il été escompté ?   (*Cantal.*)

1881. Une personne fait escompter un billet de 1 270 francs, payable dans 8 mois. Elle reçoit 1 225 francs. Quel est le taux de l'escompte ?

1882. Une personne doit 773^{fr},50. Elle s'acquitte en souscrivant un billet de 780 francs payable dans 50 jours. A quel taux calcule-t-elle l'escompte ?

ESCOMPTE

IV. Calcul du temps d'échéance.

TYPE. — 1883. Calculer le temps d'échéance d'un billet de 1 480 francs qui a subi un escompte de 9^{fr},25, au taux de 5 %.

Solution. — Il faut raisonner comme si on cherchait le temps de placement d'une somme de 1480 francs qui, au taux de 5 %, a rapporté 9^{fr},25.

Escompte annuel :

$$100^{fr} \quad 1^{fr} \quad 1\,480^{fr} \qquad \frac{5^{fr} \times 1\,480}{100} = 74 \text{ francs.}$$

Pour 100 francs payables dans un an, l'escompte est 5 francs; pour 1 franc payable dans un an, l'escompte serait $\frac{5^{fr}}{100}$;

et pour 1 480 francs, payables dans un an, l'escompte serait $\frac{5^{fr} \times 1\,480}{100} = 74$ francs.

Temps d'échéance :

$$74^{fr} \quad 1^{fr} \quad 9^{fr},25 \qquad \frac{360^j \times 9,25}{74} = 45 \text{ jours.}$$

Pour un escompte de 74 francs, le temps d'échéance est 360 jours; pour un escompte de 1 franc, le temps d'échéance serait $\frac{360^j}{74}$;

et pour un escompte de 9^{fr},25, le temps d'échéance sera $\frac{360^j \times 9,25}{74} = 45$ jours.

EXERCICES

Oraux. — 1884. *En raisonnant comme pour la recherche du temps (page 174) dans les règles d'intérêt, trouver le temps d'échéance d'une valeur de 420 francs subissant les escomptes suivants : à 1 % : 4^{fr},20; 42 francs; 21 francs; — à 2 % : 8^{fr},40; 2^{fr},10.* — **1885.** *Même exercice sur une valeur de 900 francs subissant les escomptes suivants : à 4 % : 18 francs; 27 francs; 54 francs; — à 3 % : 9 francs; 36 francs.*

Écrits. — 1886. Trouver le *temps d'échéance* des valeurs suivantes :

1° de 360 francs escomptés à 3 % ayant subi un escompte de 24^{fr},30.
2° de 682 francs — 4 % — 47^{fr},81.
3° de 92 francs — 2 % — 9^{fr},20.
4° de 1586 francs — 5 % — 138^{fr},75.
5° de 174 francs — 6 % — 35^{fr},67.

PROBLÈMES

Oraux — 1887. *Un billet de 400 francs subit un escompte de 3 francs, le taux d'escompte étant de 3 %. On demande le temps d'échéance.* — **1888.** *Sur un billet de 1000 francs, escompté au taux de 4 %, un banquier remet 996 francs; quel en est le temps d'échéance ?* — *1889. *Quel doit être le temps d'échéance d'un billet escompté au taux 5 %, pour que l'escompte soit égal au 1/20 du billet ?*

Écrits. — 1890. Un billet de 672 francs a subi une retenue de 2^{fr},016 pour l'escompte à 6 %. Il a été escompté le 1er avril; donner la date de son échéance.

1891. Une personne fait escompter un billet à ordre de 600 francs et reçoit 577^{fr},50 après escompte à 5 pour 100. Quelle est la date du paiement, le billet étant fait le 6 mars ? (*C. E. Indre.*)

1892. Sur un billet de 1540 francs escompté à 6 %, un banquier donne, le 23 mai, 1518^{fr},44. Quelle est la date de l'échéance ? (*Cantal.*)

***1893.** Quel doit être le temps d'échéance d'un billet, escompté au taux de 6 %, pour que la valeur actuelle soit égale aux 19/20 du billet ?

EXERCICES ET PROBLÈMES

EXERCICES (REVISION)

Oraux. — **1894.** Quel est l'intérêt de 400 francs à 3 % placés pendant 6 mois? pendant 2 ans? pendant 4 ans? — **1895.** Quel est le bénéfice % que l'on fait quand on vend 88 francs ce qu'on a payé 80 francs? — **1896.** Quel est le prix de vente d'un titre de 70 francs de rente étrangère $3^{fr},50$ % au cours de 101 francs? — **1897.** Quelle quantité de rente française 3 % au cours de 99 francs peut-on acheter avec une somme de 165 francs? (sans tenir compte des frais). — **1898.** 20 francs de rente étrangère 5 % ont coûté 408 francs. Quel est le cours de cette rente? — **1899.** Trouver la valeur qui, payable dans 6 mois, et escomptée à 3 %, a subi un escompte de 72 francs. — **1900.** Trouver le taux d'escompte d'une valeur de 560 francs qui, payable dans 6 mois, a subi un escompte de 14 francs.

Écrits. — **1901.** Trouver le *montant du billet* qui, payable dans 65 jours et escompté à 6 %, a subi un escompte de 87 francs.

1902. Trouver l'*escompte* subi par un billet de 96 francs payable dans 46 jours et escompté à 6 %.

1903. Trouver le *taux* de l'escompte d'une valeur de 1 240 francs qui a subi, pour une échéance de 60 jours, $8^{fr},95$ d'escompte.

1904. Trouver le *temps d'échéance* d'une valeur de 480 francs qui, escomptée à 4 %, a subi un escompte de $13^{fr},25$.

PROBLÈMES
Valeur d'un volume de blé (Revision des volumes).

TYPE. — **1905. L'hectolitre de blé pèse 75 kilogrammes. Quel est le prix de vente du blé contenu dans un coffre de 1 mètre sur 2 mètres et $0^{m},50$ à raison de 30 francs le quintal?**

SOLUTION. — Capacité du coffre en mètres cubes $1^{m3} \times (1 \times 2 \times 0,50) = 1$ mètre cube ou 10 hectolitres.
Poids de ces 10 hectolitres de blé $75^{kg} \times 10 = 750$ kilogrammes ou $7^q,5$.
Prix de vente du blé $30^{fr} \times 7,5 = 225$ francs.

Oraux. — **1906.** Un coffre dont la longueur est 2 mètres, la largeur $0^m,50$ et la profondeur $0^m,50$ est rempli de blé. Quelle est la valeur de ce blé à raison de 25 francs l'hectolitre? — *__1907.__ On achète, à raison de 20 francs l'hectolitre, du blé pesant 80 kilogrammes l'hectolitre pour une somme totale de 600 francs. On demande quel est, en quintaux, le poids de ce blé.

Écrits. — **1908.** Un tas de blé de $1^m,25$ de largeur, $1^m,80$ de longueur et $0^m,15$ de hauteur a été vendu 32 francs le quintal. Combien a-t-il coûté à l'acheteur, sachant que l'hectolitre de blé pèse 75 kilogrammes? *(Somme.)*

1909. Un coffre, ayant 1 mètre de longueur, $0^m,80$ de largeur et $0^m,60$ de hauteur, contient du blé jusqu'à $0^m,15$ des bords. Quelle est la valeur de ce blé, à raison de $3^{fr},50$ le double décalitre? *(Isère.)*

1910. Une chambre à grain a 4 mètres de long, $2^m,80$ de large et $2^m,20$ de haut; on y étend sur la surface 12 quintaux de blé. Quelle est la hauteur de la partie restée vide, sachant que l'hectolitre de blé pèse 75 kilogrammes. *(M.-et-M.)*

*__1911.__ On vend 12^{m3} 5,8 de froment à raison de $18^{fr},50$ l'hectolitre en garantissant un poids de 78 kilogrammes par hectolitre et à condition de réduire ce prix si le poids est inférieur. Ce froment ne pèse que 76 kilogrammes l'hectolitre. On demande le prix net de cette vente.

MESURES DE POIDS

413. Unité fondamentale. — En vertu de la loi du 11 juillet 1903, l'unité fondamentale du poids est le **kilogramme** (kg) qui est à peu près le poids d'un *décimètre cube* d'eau distillée à la température de 4° centigrades.

414. Gramme. — Le *gramme* (g) est la *millième* partie du kilogramme : il équivaut donc environ au poids d'un *centimètre cube* d'eau distillée à la température de 4° centigrades.

Le gramme était pris comme *unité principale de poids* jusqu'à la modification, apportée par la loi de 1903, au tableau des mesures légales du système métrique. Il n'est plus adopté comme unité que pour évaluer le poids des matières précieuses ou des petits objets (orfèvrerie, pharmacie, etc.).

415. Poids supérieurs au kilogramme. — Les poids supérieurs au *kilogramme* sont :

Le *quintal* (q) qui représente 100 kilogrammes ; la **tonne** (t) qui représente 1 000 kilogrammes.

416. REMARQUE. — Le mot *myriagramme* (poids de 10 kilogrammes) ne figure pas au tableau des mesures légales annexé au décret du 28 juillet 1903 ; il ne doit donc pas être usité.

417. Poids inférieurs au kilogramme. — Les poids inférieurs au *kilogramme* sont :

L'*hectogramme* (hg), 10ᵉ partie du kilogramme, qui représente 100 grammes ; le *décagramme* (dag), 100ᵉ partie du kilogramme, qui représente 10 grammes ; le *gramme* (g), 1000ᵉ partie du kilogramme ; le *décigramme* (dg), 10ᵉ partie du gramme ; le *centigramme* (cg), 100ᵉ partie du gramme ; le *milligramme* (mg), 1000ᵉ partie du gramme.

418. Numération décimale des unités de poids. — Les unités de poids se *lisent* et s'*écrivent* d'après les règles de la numération décimale.

Exemple : $9^{kg},25$ se lisent $9^{kg},25$ décagrammes et $8^{kg},5^{gr}$ s'écrivent $8^{kg},005^{gr}$.

419. Mesures effectives. — Les mesures effectives de poids vont du *milligramme* au demi-quintal ou 50 *kilogrammes*. Elles comprennent toutes les unités intermédiaires avec leur *double* et leur *moitié*. Elles sont :

Le *milligramme* ;	Le *demi-gramme* ;	Le double hectogramme ;
Le double milligramme ;	Le gramme ;	Le *demi-kilogramme* ;
Le *demi-centigramme* ;	Le double gramme ;	Le kilogramme ;
Le centigramme ;	Le *demi-décagramme* ;	Le double kilogramme ;
Le double centigramme ;	Le décagramme ;	Les 5 kilogrammes ;
Le *demi-décigramme* ;	Le double décagramme ;	Les 10 kilogrammes ;
Le décigramme ;	Le *demi-hectogramme* ;	Les 20 kilogrammes ;
Le double décigramme ;	L'hectogramme ;	Les 50 kilogrammes.

QUESTIONNAIRE. — 1. Quelle est l'*unité fondamentale* de poids ? — 2. Qu'est-ce que le *gramme* — 3. Dans quels cas le gramme est-il employé encore comme unité ? — 4. Quels sont les *poids supérieurs* ? Indiquez par quelles *abréviations* on représente chacun de ces poids. — 5. Quels sont les *poids inférieurs* au kilogramme ? Indiquez par quelles *abréviations* on représente chacun de ces poids. — 6. Comment se *lisent* et s'*écrivent* les unités de poids ? — 7. De quel poids à quel poids vont les poids effectifs ? — 8. Énumérez les poids effectifs.

EXERCICES

Oraux. — **1912.** Dire le nom de l'unité de poids qui vaut : 100 kilogrammes? 100 centigrammes; 10 décagrammes; 1 000 milligrammes; 1 000 centigrammes. — **1913.** Dire le nom de l'unité de poids qui vaut : la 100ᵉ partie du décagramme; du décigramme; de l'hectogramme; du kilogramme. — **1914.** Le gramme étant l'unité, quel rang occupe : l'hectogramme? le centigramme? le décagramme? le décigramme? le milligramme?

Écrits. — **1915.** Écrire les nombres suivants en prenant pour unité :
1° le *décagramme* : $8^{kg}7^{g}$; $39^{dg}67^{mg}$; $45^{hg}8^{dg}$; $7^{kg}8^{hg}4^{g}$.
2° le *kilogramme* : $875^{dag}7^{dg}$; $9^{t}7^{hg}$; $475^{g}7^{dg}$; $97^{hg}7^{cg}$.

1916. Effectuer les opérations suivantes en prenant pour unité :
1° le *décagramme* : $75^{hg}7^{g} + 32^{dag}7^{dg} + 778^{cg} + 3^{kg}7^{dag}3^{cg}$.
2° le *kilogramme* : $325^{hg}7^{g} + 39^{dag}5^{dg} + 295^{g}6^{cg} + 19\,7^{hg} + 7^{t}3^{q}$.

PROBLÈMES
Prix de marchandises suivant leur poids ou leur volume.

Type. — **1917. On a payé 300 francs un quintal de café; on veut, en le revendant au détail, gagner 20 %. Que doit-on revendre le demi-kilogramme?**

SOLUTION. — Prix d'achat du quintal de café, ou 100 kilogrammes : 300 francs.
Bénéfice à raison de 20 %, ou de 0ᶠʳ,20 pour 1 franc, 0ᶠʳ,20 × 300 = 60 francs.
Prix de vente du quintal 300ᶠʳ + 60ᶠʳ = 360 francs.
Prix de vente du kilogramme 360ᶠʳ : 100 = 3ᶠʳ,60.
Prix de vente du demi-kilogramme 3ᶠʳ,60 : 2 = 1ᶠʳ,80.

Oraux. — **1918.** Le litre d'huile pèse 900 grammes. Quelle est la valeur de l'huile contenue dans un vase d'une capacité de 500 centimètres cubes, à raison de 2 francs le kilogramme? — **1919.** L'hectolitre de houille pèse 90 kilogrammes et vaut 5 francs les 100 kilogrammes. On paie pour le transport 0ᶠʳ,10 par quintal. A combien revient l'hectolitre? — *__1920.__ Un bloc de pierre a pour dimensions 1 mètre, 2 mètres et 0ᵐ,50; le décimètre cube de cette pierre pèse 2 kilogrammes. On demande les frais de transport de ce bloc à 100 kilomètres à raison de 0ᶠʳ,10 par tonne et par kilomètre.

Écrits. — **1921.** Un marchand achète 18 balles de café de chacune 75 kilogrammes à 360 francs le quintal. Il veut gagner 12 %. Combien devra-t-il vendre le demi-kilogramme?

1922. Avec les 2/5 du prix de 83 kilogrammes de laine valant 456 francs le quintal, combien aura-t-on de mètres de calicot coûtant 0ᶠʳ,75 le mètre? *(Cher.)*

1923. Le décimètre cube de mercure pèse 13ᵏᵍ,6. Le kilogramme de ce métal vaut 7 francs. On en remplit un flacon dont la capacité est de 85 centimètres cubes; quelle est la valeur du contenu de ce flacon? *(Allier.)*

*__1924.__ Un hectolitre de pommes de terre pèse 105 kilogrammes. Un marchand en achète 432 hectolitres à 6ᶠʳ,05 le quintal. Les frais de transport se sont élevés à 13ᶠʳ,75 par tonne. En revendant sa marchandise 1ᶠʳ,75 le double décalitre, combien le marchand a-t-il gagné? *(Morbihan.)*

*__1925.__ On fait transporter un bloc de granit ayant 3ᵐ,5 de long, 2ᵐ,4 de large et 1ᵐ,20 de haut. Le décimètre cube de granit pèse 2ᵏᵍ,65 et le transport est payé à raison de 2ᶠʳ,40 le quintal métrique. Quelle somme faut-il débourser si on obtient une remise de 6 %? *(Finistère.)*

POIDS EFFECTIFS

420. Poids en fonte. — Les poids en fonte vont du *demi-hectogramme* au poids de 50 kilogrammes : en tout 10 poids.

Ils ont la forme d'une **pyramide tronquée**. Le poids de 50 kilogrammes et celui de 20 kilogrammes sont

Poids en fonte.

à *base rectangulaire* et à angles arrondis ; les autres sont à *base hexagonale*. Tous les poids en fonte sont munis d'un anneau.

421. Poids en cuivre. — Les poids en **cuivre** vont du *gramme* au poids de 20 kilogrammes, en tout : 14 poids.

Ils ont la forme d'un *cylindre* surmonté d'un bouton ; la *hauteur* du cylindre est égale au *diamètre* et celle du bouton en est la moitié sauf pour les poids de 1 gramme et de 2 grammes.

422. Poids en lames. — Au-dessous du gramme, les poids sont des **lames** *de cuivre, d'argent, de nickel, d'aluminium* ou *de platine* : en tout 9 poids, allant du poids de 5 décigrammes au poids de 1 milligramme.

Poids en cuivre.

Les poids en lames servent pour les pesées de précision. Un des coins est relevé afin qu'on puisse saisir ces poids avec une pince.

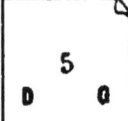 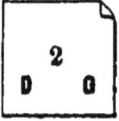  

Poids en lames.

423. Poids en godets. — Il y a aussi des poids ayant la forme de **godets** qui s'emboîtent les uns dans les autres et dont le plus grand les contient tous. L'ensemble d'une série de ces poids forme *un kilogramme*. Les poids en godets sont en cuivre ou bien en nickel.

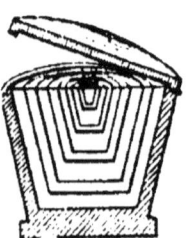

Poids en godets.

424. Composition d'une série de poids. — Les séries de poids, vendues dans le commerce, renferment certains poids *en double*. Ainsi la série de poids, dont l'ensemble fait un **kilogramme**, comporte *en double* : l'hectogramme, le décagramme et le **double gramme**.

Cette combinaison est indispensable pour exécuter *directement* certaines pesées comme 9 *hectogrammes*, 9 *décagrammes*, 9 *grammes*. De même, la série des poids en lames a trois de ses poids *en double* : le **décigramme**, le **centigramme** et le **double milligramme**.

QUESTIONNAIRE. — 1. Que savez-vous des poids en fonte? en cuivre? en lames? en godets? — 2. De quels poids se compose une série de poids de 1 kilogramme?

125ᵉ LEÇON — VOLUME, CAPACITÉ ET POIDS

425. Relations. — Si on considère un *volume* d'eau, la *capacité* du vase qui le contient et le *poids* de cette eau, on peut établir le rapprochement suivant :

1 *centimètre cube* d'eau correspond au **millilitre** et au **gramme**.
1 *décimètre cube*   —   **litre**   —   **kilogramme**.
1 *mètre cube*   —   **kilolitre** et à la **tonne**.

EXERCICES

Oraux. — **1926.** *Comment peut-on peser directement :* 4 *grammes ?* 9 *grammes ?* 4 *décagrammes ?* 9 *décagrammes ?* 4 *hectogrammes ?* 9 *hectogrammes ?* — **1927.** *Quels poids convient-il d'employer pour peser directement :* 736 *grammes ?* 547 *grammes ?* 468 *grammes ?* 835 *grammes ?* 642 *grammes ?* 979 *grammes ?* — **1928.** *Dire le poids des volumes d'eau suivants :* 1° *en grammes :* 5 *centimètres cubes* ; 2 *décimètres cubes* ; 2 *litres* ; 23^{cl},05 ; 2° *en kilogrammes :* 8^{dm3},5 ; 2^{m3},8 ; 209^{cm3},4 ; 27^{dal},6 ; 3° *en quintaux :* 49^{dm3},75 ; 0^{m3},86 ; 7^{hl},4 ; 17^{dal},8. — **1929.** *Quels sont les volumes d'eau qui correspondent aux poids suivants ;* 1° *en centimètres cubes :* 7 *grammes* ; 8 *décagrammes* ; 2 *hectogrammes* ; 5 *décigrammes* ; 2° *en millimètres cubes :* 14^{dg},3 ; 27^{cg},5 ; 32 *milligrammes* ; 3° *en décimètres cubes :* 5^{kg},4 ; 8^{hg},06.

Écrits. — **1930.** Un vase cubique a 0^{m},40 de côté à l'intérieur. Quelle en est la capacité en litres, et quel est le poids de l'eau qui le remplit ?

1931. Un vase cylindrique a 0^{m},15 de diamètre intérieur et 0^{m},25 de profondeur. Quelle en est la capacité en litres et quel est le poids de l'eau qui le remplit ?

PROBLÈMES
Vase contenant de l'eau.

TYPE. — **1932. On verse dans un vase 3 décalitres d'eau, puis 4 décilitres, puis enfin 5 centilitres. Le poids du vase plein est 33^{kg},45. Quel est le poids du vase vide ?**

Solution. — Exprimons en litres les différentes quantités d'eau versée : on a 3 décalitres ou 30 litres ; 4 décilitres ou 0^{lit},4 ; 5 centilitres ou 0^{lit},05.
En tout 30^{lit} + 0^{lit},4 + 0^{lit},05 = 30^{lit},45 qui pèsent 30^{kg},45.
Poids du vase vide 33^{kg},45 — 30^{kg},45 = 3 kilogrammes.

Oraux. — **1933.** *Plein d'eau, un vase pèse* 17 *kilogrammes ; rempli seulement aux* 2/3, *il ne pèserait que* 12 *kilogrammes. Quelle en est la contenance et que pèse le vase vide ?* — **1934.** *Un fût plein d'eau pèse* 240 *kilogrammes ; quand il ne contient que* 50 *litres, son poids est de* 70 *kilogrammes. Quelle en est la contenance et que pèse-t-il lorsqu'il est vide ?* — **1935. Plein d'eau, un vase pèse* 13^{kg},5 ; *si on retire les* 3/4 *de l'eau qu'il contient, il pèse* 4^{kg},5. *Quelle en est la contenance et que pèse ce vase vide ?*

Écrits. — **1936.** On verse dans un vase 35 décilitres d'eau, puis 1^{dal},2. Le poids total est alors de 18 kilogrammes. Quel est le poids du vase vide ? *(Indre-et-Loire.)*

1937. Un vase vide pèse 2^{kg},750 ; plein d'eau, il pèse 19^{kg},250. Combien de bouteilles de 0^{lit},55 pourrait-on remplir avec son contenu ? *(Aube.)*

****1938.** Un baril plein d'eau pèse 187 kilogrammes. Quand il ne contient plus que 25 litres d'eau, il pèse 45^{kg},876. Quelle en est la contenance ?

****1939.** Un baril rempli d'eau pèse 78^{kg},4. Quand il n'est rempli qu'aux 2/5 il pèse 37^{kg},66. Quel est le poids du baril vide et quelle en est la contenance ? *(Seine.)*

126ᵉ LEÇON — LA BALANCE

426. Usage et diverses sortes de balances. — On pèse les corps à l'aide d'une **balance**.

La balance ordinaire se compose de deux *plateaux* suspendus à l'extrémité d'un *fléau* dont les deux *bras* sont égaux.

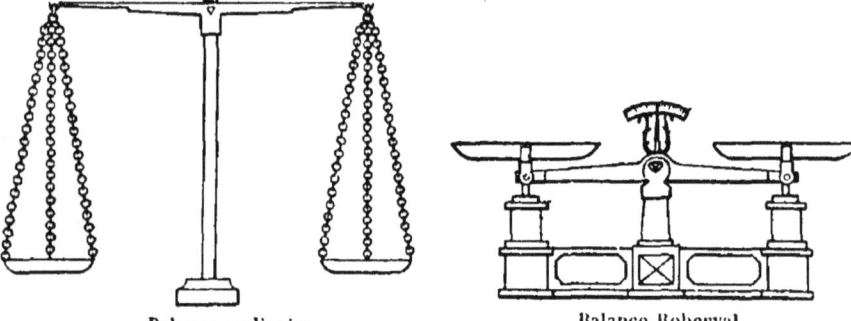

Balance ordinaire. — Balance Roberval.

La balance Roberval a ses deux *plateaux* également aux extrémités du fléau, mais *en dessus*.

La balance bascule ou *balance au dixième*, pour les grosses pesées, est faite de telle façon qu'il suffit de placer, dans le plateau des poids, un poids *dix fois moindre* que celui du corps à peser.

Bascule.

La balance romaine est une balance à *bras inégaux* et à *poids constant*.

Le poids, dit *curseur*, se déplace sur une tige, et indique

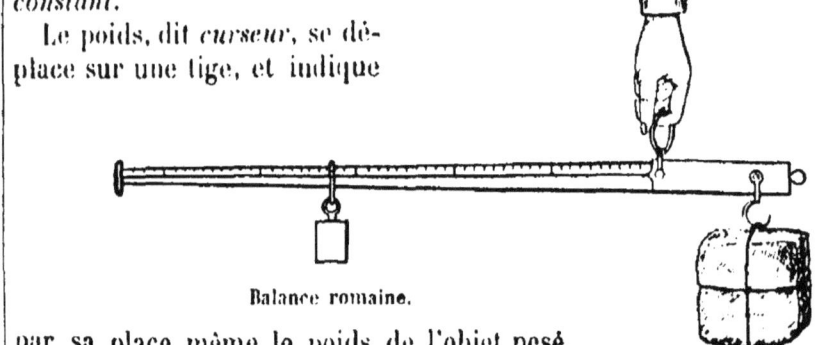

Balance romaine.

par sa place même le poids de l'objet pesé.

QUESTIONNAIRE. — 1. Décrivez la *balance ordinaire*. — 2. Qu'offre de particulier la *balance Roberval*? — 3. Si vous aviez à peser sur la *bascule au dixième* un ballot de 55 kilogrammes, quels poids emploieriez-vous? — 4. Parlez de la *balance romaine*.

EXERCICES

Oraux. — **1940.** *Quels sont les capacités et les volumes qui correspondent aux poids d'eau suivants* : 24 *kilogrammes*; 7 *grammes*; 17 *milligrammes*; 4 *quintaux*; 7 *décagrammes*; 18 *centigrammes*; 35 *décigrammes*; 25 *hectogrammes*? — **1941.** *Trouver le rapport du décimètre cube au décalitre; au décilitre; à l'hectolitre; au centilitre; au millilitre.* — **1942.** *Trouver le rapport du mètre cube au décalitre; au décilitre; au centilitre; au litre.*

Écrits. — **1943.** Quelle est la *capacité* en centilitres d'un vase cubique de 49 centimètres de pourtour à la base?

1944. Quel est le *poids* de l'eau contenue dans un vase cylindrique de 78^{cm},54 de pourtour et de 16 centimètres de profondeur?

1945. Un bassin en forme de parallélépipède rectangle a pour dimensions à la base 9 décimètres et 5 décimètres. Il contient 3^{hl},87 d'eau quand il est plein. Quelle en est la *profondeur*?

PROBLÈMES
Vase contenant un liquide quelconque.

TYPE. — **1946. Une bouteille pleine d'huile pèse 900 grammes; le poids du vase vide est le 1/4 de celui du liquide contenu. Quelle est la contenance de cette bouteille, le litre d'huile pesant 910 grammes?**

Solution. — Le poids de la bouteille vide étant le 1/4 du poids de l'huile, le poids de la bouteille pleine représente les 4/4 + 1/4 ou les 5/4 du poids de l'huile. Si les 5/4 du poids

Poids du liquide. . |—|—|—|—| } 900 grammes.
Poids du vase. . . |—|

de l'huile sont de 900 grammes, le poids de l'huile est $\dfrac{900^g \times 4}{5}$ = 720 grammes

D'autre part, si 910 grammes d'huile représentent 1 litre,

720 grammes représentent $\dfrac{1^{lit} \times 720}{910}$ = 0^{lit},79.

La contenance de la bouteille est donc de 0^{lit},79 à un centilitre près.

Oraux. — **1947.** *Le poids de l'huile contenue dans un fût représente les* 6/7 *du poids total du fût plein qui est de 42 kilogrammes. Sachant que le litre d'huile pèse* 0^{kg},9, *on demande la capacité du fût.* — **1948.** *Le poids d'un fût vide est le 1/6 du poids de l'huile qu'il contient quand il est plein. Le fût plein pèse 21 kilogrammes. Quelle est la contenance de ce fût, le litre d'huile pesant* 0^{kg},9? — ***1949.** *Un vase plein d'huile pèse 30 kilogrammes. Si on le vide aux 2/3, il ne pèse plus que 12 kilogrammes. Quelle en est la contenance, le litre d'huile étant* 0^{kg},9?

Écrits. — **1950.** Un vase plein de lait pèse 85 hectogrammes; vide, il ne pèse plus que 185 décagrammes. Sa capacité étant de 645 centilitres, trouver le poids d'un litre de ce lait.

1951. Un fût plein d'huile de colza pèse 68^{kg},60. A raison de 1^{fr},30 le litre, quel est le prix de cette huile, sachant que le poids du fût vide est le tiers du poids de l'huile et que le litre d'huile pèse 914 grammes? (Orne.)

***1952.** Un litre d'huile d'olive pèse 910 grammes et 100 kilogrammes d'huile se vendent 230 francs. On paie 523^{fr},25 pour un tonneau d'huile. Combien de litres contient-il? (Seine-Inférieure.)

DENSITÉ

427. Définition. — *Dans la pratique*, la **densité** ou **poids spécifique** est le **poids en kilogrammes** d'un *décimètre cube* d'un solide ou d'un *litre* d'un liquide.

Dire que le cuivre a 8,79 pour densité, et l'huile 0,91, c'est dire que le décimètre cube de cuivre pèse $8^{kg},79$ et le litre d'huile $0^{kg},91$.

428. Remarque. — Si au lieu de prendre le *décimètre cube* pour unité de volume, on prend le *centimètre cube*, la densité exprime en *grammes* ce que pèse 1 *centimètre cube* ou 1 *millilitre*.

429. Questions sur les densités. — Les questions relatives aux densités comprennent la recherche : 1° de la *densité* d'un corps; 2° du *poids* d'un corps; 3° du *volume* d'un corps.

CALCUL DE LA DENSITÉ

430. Densité. — La densité d'un corps s'obtient en *divisant* le **poids du corps** en **kilogrammes** par son **volume** en **décimètres cubes** ou en **litres**.

Un corps, pesant $3^{kg},25$ et d'un volume de $2^{dm3},5$; a pour densité $\frac{3,25}{2,5}$ ou **1,3**.

431. Formules. — Soient P, le poids d'un corps; V, son volume en décimètres cubes; D, sa densité : on a

$$D = \frac{P}{V}; \qquad P = D \times V; \qquad V = \frac{P}{D}.$$

PROBLÈMES

TYPE. — **1953.** Un vase vide pèse $0^{kg},560$. Plein d'eau, il pèse $1^{kg},060$. Plein de mercure, il pèse $7^{kg},36$. Quelle est la densité du mercure ?

Solution. — Poids de l'eau : $1^{kg},060 - 0^{kg},560 = 0^{kg},500$.
Volume du vase en litres : $0^{lit},5$.
Poids du mercure : $7^{kg},360 - 0^{kg},560 = 6^{kg},800$.
Poids du litre de mercure : $\frac{6^{kg},800}{0,5} = 13^{kg},6$.
La densité du mercure est donc 13,6.

Oraux. — **1954.** *Une barre de fer a 5 mètres de long sur 1 décimètre de large et 2 centimètres d'épaisseur, et pèse 77 kilogrammes. Quelle est la densité du fer ?* — **1955.** *Une pierre pèse 45 grammes; plongée dans un vase plein d'eau, elle fait sortir $0^{lit},015$ d'eau. Dites la densité de cette pierre.*

Écrits. — **1956.** Une tige de fer à section carrée, de $0^m,03$ de côté et de 5 mètres de longueur pèse $35^{kg},010$. Quelle est la densité du fer?

1957. Une poutre ayant la forme d'un parallélépipède rectangle pèse 1 032 kilogrammes, et sa section a $0^m,40$ sur $0^m,375$. On demande sa longueur et sa densité, sachant qu'elle a été vendue à raison de 5 francs le décistère et qu'elle a coûté $6^{fr},50$?
(Marne.)

*__1958.__ On a deux objets métalliques de même volume; l'un est en cuivre et pèse $300^g,9$, l'autre est en argent et pèse $355^g,98$. La densité de l'argent est de 10,47 : quelle est celle du cuivre?

DENSITÉ (CALCUL DU POIDS)

432. Poids. — Le poids d'un corps s'obtient en *multipliant* sa densité c'est-à-dire le *poids en kilogrammes* du décimètre cube ou du litre de ce corps, par son **volume** en **décimètres cubes** ou en **litres**.

Soit un corps ayant pour volume $2^{dm3},4$, ou $2^{lit},4$ et pour densité 0,9 : son poids est $0^{kg},9 \times 2,4 = 2^{kg},16$.

DENSITÉ DE QUELQUES CORPS

Platine..	21,5	Cuivre..	8,8	Zinc...	7,2	Glace...	0,92
Or...	19,25	Nickel..	8,5	Aluminium.	2,5	Eau de mer.	1,03
Mercure..	13,6	Fer...	7,78	Marbre...	2,7	Vin...	0,995
Plomb..	11,35	Étain..	7,3	Verre...	2,5	Huile...	0,91
Argent..	10,5	Fonte...	7	Lait....	1.03	Alcool...	0,79

EXERCICES

Oraux. — **1959.** *La densité du fer étant 7,78, on demande ce que pèsent 1 décimètre cube ; 1 centimètre cube ; 1 millimètre cube ; 1 mètre cube ; 10 décimètres cubes ; 100 centimètres cubes.* — **1960.** *La densité de l'alcool étant 0,79, on demande ce que pèsent 1 litre ; 1 hectolitre ; 1 centilitre.*

Écrits. — **1961.** Quels sont les *poids* des corps solides qui ont pour volume :
1° la *densité* étant 7,8 : $3^{dm3},5$; $4^{cm3},25$; $8^{m3},40$; $7^{m3},6$.
2° la *densité* étant 0,48 : $5^{dm3},26$; $5^{cm3},4$; $12^{m3},75$; $10^{m3},2$.

1962. Quels sont les *poids* des quantités suivantes de liquides :
1° la *densité* étant 1,02 : $3^{lit},75$; $27^{hl},7$; $3^{dal},42$; $7^{dl},25$.
2° la *densité* étant 0,79 : $8^{lit},2$; $12^{hl},3$; $75^{dl},4$; $4^{dal},2$.

PROBLÈMES

TYPE. — **1963. Une tige de fer carrée a $0^m,04$ de côté et $2^m,50$ de longueur. Quel est son poids, si la densité du fer est 7,78 ?**

SOLUTION. — Surface de la section en mètres carrés : $1^{m2} \times (0,04 \times 0,04) = 0^{m2},0016$. Volume de la tige de fer : $1^{m3} \times (0,0016 \times 2,5) = 0^{m3},004$ ou 4 décimètres cubes. Poids de la tige de fer : $7^{kg},78 \times 4 = 31^{kg},12$.

Oraux. — **1964.** *Un morceau de fer a 5 centimètres sur 4 centimètres et 5 centimètres d'épaisseur. Quel est son poids, la densité du fer étant 7,7 ?* — **1965.** *Un prisme d'argent a pour base un carré de 5 centimètres de côté et 4 centimètres de hauteur. Quel en est le poids, la densité de l'argent étant 10,5 ?* — ****1966.** *Une bouteille de $0^{lit},75$ est remplie aux 2/3 d'huile dont la densité est 0,9. Dire le poids de cette bouteille pleine, si vide elle pèse 50 grammes.*

Écrits. — **1967.** Une feuille de cuivre a $1^m,40$ de long, $0^m,30$ de large et $1^{mm},2$ d'épaisseur. Quelle est sa valeur, le cuivre valant 155 francs les 100 kilogrammes ? (Densité du cuivre 8,8.) (Loire-Inférieure.)

1968. Quel est le poids d'un morceau de craie de $0^m,05$ de long sur $0^m,01$ de large et $0^m,01$ d'épaisseur ? La densité de la craie est de 1,3. (Manche.)

1969. Quel est le poids d'une barre cylindrique de fer dont le diamètre est $0^m,05$ et la longueur de $0^m,50$? La densité du fer est 7,78.

1970. Un rouleau de chêne a $0^m,35$ de diamètre et pèse $130^{kg},2$. Quelle en est la longueur ? La densité de ce bois de chêne est 0,65.

DENSITÉ (CALCUL DU VOLUME)

433. Volume. — Le volume d'un corps s'obtient en *divisant* le **poids** du corps en *kilogrammes*, par la **densité**, c'est-à-dire par le poids en *kilogrammes* du *décimètre cube* ou du *litre* de ce corps.

Soit un corps pesant $25^{kg},5$ et ayant $7,5$ pour densité; son volume est $1^{dm3} \times \dfrac{25,5}{7,5}$ ou $3^{dm3},4$ ou $3^{lit},4$.

EXERCICES

Oraux. — **1971.** *La densité d'un liquide étant de $0,9$, quel est en litres son volume, son poids étant de* : $3^{kg},6$; $0^{kg},72$; 270 *grammes?* — **1972.** *La densité d'un liquide étant $0,8$, quel est en milliltres son volume, son poids étant de* : 120 *grammes*; 360 *grammes*; 400 *grammes*?

Écrits. — **1973.** La densité d'un liquide étant $1,04$, quel est en *litres* son volume, son poids étant $9^{kg},88$; $79^{kg},04$; $0^{kg},9048$; $385^{kg},32$?

1974. La densité d'un liquide étant $0,85$, quel est en *millilitres* son volume, son poids étant : $212^{g},5$; $88^{g},825$; $0^{kg},459$; $2^{hg},176$?

PROBLÈMES

TYPE. — **1975. Un vase vide pèse 800 grammes; plein d'eau de mer, il pèse $6^{kg},568$, et plein d'eau ordinaire $6^{kg},400$. Quelle en est la capacité et quelle est la densité de l'eau de mer?**

Solution. — Poids de l'eau ordinaire remplissant le vase $6^{kg},4 - 0^{kg},8 = 5^{kg},6$.
Capacité du vase : autant de *litres* qu'il y a de *kilogrammes* d'eau, soit $1^{lit} \times 5,6 = 5^{lit},6$.
Poids de l'eau de mer remplissant le vase $6^{kg},568 - 0^{kg},8 = 5^{kg},768$.
Poids du litre de l'eau de mer $5^{kg},768 : 5,6 = 1^{kg},03$.
La densité de l'eau de mer est de $1,03$.

Oraux. — **1976.** *Plein d'eau, un fût pèse 95 kilogrammes; plein d'huile, il pèse 85 kilogrammes. Sachant que la densité de l'huile est $0,9$, quelle est la capacité du fût?* — **1977.** *Plein de lait dont la densité est $1,03$, un vase pèse 300 grammes de plus que s'il était plein d'eau. Quelle est la capacité de ce vase?* — *__1978.__ On pèse un vase plein d'huile, puis plein de lait; le 1er poids est $1^{kg},5$, le 2e poids est $1^{kg},760$. Les densités respectives de l'huile et du lait sont $0,9$ et $1,03$. Quelle est la capacité du vase?*

Écrits. — **1979.** Un vase vide pèse 260 grammes; plein d'huile, il pèse 1180 grammes, et plein d'eau 1290 grammes. Quelle est sa capacité, et quel est le poids d'un litre d'huile? *(Gard.)*

1980. Plein d'eau, un vase pèse 36 hectogrammes; plein de lait, dont la densité est $1,034$, il pèse $3696^g,9$. Trouver le poids du vase et sa capacité.

__*1981.__ On demande la capacité d'un bidon qui, rempli d'huile, pèse $0^{kg},570$ de moins que rempli d'eau. La densité de l'huile employée est de $0,88$.

__*1982.__ Une bouteille pleine d'eau pèse 945 grammes; pleine d'alcool, elle ne pèse que $0^{kg},795$. Calculer le poids de la bouteille vide et sa contenance, sachant que la densité de l'alcool est $0,8$.

__*1983.__ Un tonneau rempli de vin pèse $245^{kg},25$; s'il était plein d'huile, il ne pèserait que 225 kilogrammes. Sachant qu'un litre de ce vin pèse 99 décagrammes et qu'un litre de cette huile pèse 9 hectogrammes, on demande : 1° la contenance du tonneau; 2° son poids lorsqu'il est vide. *(Seine-Inférieure.)*

130ᵉ LEÇON

DENSITÉ

EXERCICES
Densité. — Calcul du volume.

Oraux. — 1984. La densité d'un solide étant 8, quel est en *décimètres cubes* son volume, le poids étant 40 kilogrammes; 120 kilogrammes; 32 kilogrammes; 0^{kg},72; 4 quintaux; 2^t,4? — **1985.** La densité d'un solide étant 0,5, quel est en *centimètres cubes* son volume, le poids étant : 40 grammes; 30 grammes; 70 grammes; 0^{kg},76?

Écrits. — 1986. La densité d'un solide étant 7,8, quel est en *décimètres cubes* son volume, le poids étant : 46^{kg},8; 27^{kg},30; 42^{kg},276; 3^{kg},588?

1987. La densité d'un solide étant 10,5, quel est en *centimètres cubes* son volume, le poids étant de : 73^g,5; 50^g,40; 8^g,19; 258^g,30?

1988. La densité d'un liquide étant 0,85, quel est en *litres* son volume, le poids étant de : 24^{kg},90; 205^{kg},47; 3^{kg},510; 0^{kg},45?

PROBLÈMES
Problèmes sur la densité.

TYPE. — 1989. Un parallélépipède rectangle en métal pèse 2 400 grammes; il a 8 centimètres de long sur 5 centimètres de large. Dites sa hauteur sachant que la densité du métal est 10.

SOLUTION. — Volume du parallélépipède, le centimètre cube pesant 10 grammes :

$$1^{cm3} \times \frac{2\,400}{10} = 240 \text{ centimètres cubes.}$$

Surface de la base en centimètres carrés : $1^{cm2} \times (8 \times 5) = 40$ centimètres carrés.

Hauteur en centimètres : $1^{cm} \times \frac{240}{40} = 6$ centimètres.

Oraux. — 1990. Un *cube* formé d'un alliage de cuivre et d'étain pèse 1 kilogramme : quelle en est l'arête sachant que la densité de l'alliage est 8? — **1991.** Une feuille de tôle a 2 mètres de long sur 0^m,25 de large et pèse 3^{kg},9. Calculer l'épaisseur de cette feuille, la densité de la tôle étant 7,8? — ***1992.** Un alliage de deux métaux pèse 900 grammes; il se compose de 9 parties de l'un contre 1 de l'autre. Quel en est le volume, sachant que les densités des deux métaux sont respectivement 10 et 9?

Écrits. — 1993. Une colonne cylindrique de 20 centimètres de diamètre et de 0^m,50 de hauteur est enveloppée sur son pourtour d'une feuille de cuivre pesant 4 146^g,912. La densité du cuivre étant 8,8, dites l'épaisseur de la feuille.

1994. Un pain de sucre pèse 7^{kg},54; le diamètre de sa base est 0^m,20. Quelle en est la hauteur, si la densité du sucre est 1,60?

1995. On réduit 51 grammes d'or en feuilles de 1/100 de millimètre d'épaisseur. Quelle surface auront toutes ces feuilles, si la densité de l'or est 19,25?

***1996.** La densité de l'or est 19,25 et celle de l'argent 10,5. Quelle est la différence entre le volume d'un lingot d'or et le volume d'un lingot d'argent pesant chacun 1155 grammes?

***1997.** Une colonne cylindrique en fonte pèse 617^{kg},513; elle a 0^m,60 de pourtour; la paroi métallique a 5 centimètres d'épaisseur. Quelle en est la hauteur, la densité de la fonte étant 7,8?

***1998.** Une pièce de 5 francs en argent pèse 25 grammes et contient 9 parties d'argent contre une de cuivre. Quel en est le volume à 1 millimètre cube près, sachant que les densités respectives de l'argent et du cuivre sont 10,5 et 8,8?

VOLUME OU POIDS
PROBLÈMES
I. — Achat au volume ou au poids.

TYPE. — 1999. La densité du bois est de 0,6. Quel est le plus avantageux d'acheter le bois à 15 francs le stère ou à 3^{fr},50 le quintal, si le volume réel du bois n'est que les 3/4 du volume total ?

Solution. — Volume réel du bois contenu dans un stère $\dfrac{1^{m3} \times 3}{4} = 0^{m3},750$ ou 750 décimètres cubes.

Poids du stère de bois $0^{kg},6 \times 750 = 450$ kilogrammes.
Valeur au poids, à 3^{fr},50 le quintal ou 0^{fr},035 le kilogramme :
$$0^{fr},035 \times 450 = 15^{fr},75.$$
Valeur au volume 15 francs.
Bénéfice sur un achat d'un stère au volume $15^{fr},75 - 15^{fr} = 0^{fr},75$.

Oraux. — 2000. *L'hectolitre de blé pèse 80 kilogrammes. Vaut-il mieux acheter ce blé à raison de 18 francs l'hectolitre ou à raison de 24 francs le quintal ?* — **2001.** *Un mètre cube de houille pèse 900 kilogrammes. Est-il plus avantageux d'acheter la houille à raison de 47 francs le mètre cube ou à raison de 50 francs la tonne ?*

Écrits. — 2002. Un marchand vend du bois de chauffage soit à raison de 15^{fr},06 le stère, soit à raison de 3^{fr},80 le quintal. Quel est l'avantage pour l'acheteur si le bois en pile pèse les 0,42 de ce que pèse l'eau ? *(Nord.)*

*2003. Est-il plus avantageux d'acheter du blé à 3^{fr},50 le double décalitre ou à 23^{fr},50 le quintal, sachant que l'hectolitre de blé pèse 78 kilogrammes, et quel bénéfice réalise-t-on sur un marché de 1000 francs ? *(Alger.)*

*2004. Un marchand de charbon a acheté 360 tonnes de houille à raison de 3^{fr},20 les 100 kilogrammes. Il revend cette houille 4^{fr},40 l'hectolitre. Trouver son bénéfice total et son bénéfice pour 100, sachant que l'hectolitre de houille pèse 90 kilogrammes. *(Lot-et-Garonne.)*

II. — Achat au litre ou au kilogramme.

TYPE. — 2005. Le litre d'huile coûte 2^{fr},25 ; le kilogramme coûte 2^{fr},40. La densité de l'huile étant 0,9, lequel est le plus avantageux d'acheter de l'huile au litre ou au poids ?

Solution. — Un litre d'huile pèse 0^{kg},9. Acheté au poids à 2^{fr},40 le kilogramme, il sera payé : $2^{fr},40 \times 0,9 = 2^{fr},16$.
Un litre d'huile acheté au litre est payé 2^{fr},25.
Il est plus avantageux d'acheter au poids ; le bénéfice pour un litre est de :
$$2^{fr},25 - 2^{fr},16 = 0^{fr},09.$$

Oraux. — 2006. *Un épicier achète 46 kilogrammes d'huile pour 100 francs. Il revend cette huile au détail à 2^{fr},50 le litre. Combien gagne-t-il, la densité de l'huile étant 0,92 ?* — *2007. *Un hectolitre d'huile vaut 190 francs. L'huile vaut au poids 2 francs le kilogramme. Comment vaut-il mieux l'acheter et quel bénéfice réalise-t-on, la densité de l'huile étant 0,92 ?*

Écrits. — 2008. Un négociant achète 3600 litres d'huile d'olive, à raison de 225 francs les 100 kilogrammes. Combien gagnera-t-il, s'il revend cette huile 2^{fr},40 le kilogramme ? Le litre d'huile d'olive pèse 0^{kg},915.

*2009. Un épicier achète un fût d'huile pesant brut 140 kilogrammes. Le tonneau vide pèse 17^{kg},39. Sachant que la densité de l'huile est 0,915, que l'épicier l'a payée 1^{fr},90 le kilogramme et l'a revendue 2^{fr},20 le litre, quel est son bénéfice total ?

PROBLÈMES DE RÉVISION

*2010. 800 kilogrammes de bois ne produisent pas plus de chaleur que 300 kilogrammes de houille. Dans une maison où l'on brûle 20 stères de bois par an, quelle économie pourrait-on faire en brûlant de la houille à 46 francs la tonne, au lieu de bois à 12 francs le stère du poids de 320 kilogrammes ? *(Marne.)*

*2011. Le stère de bois pèse 340 kilogrammes et vaut $15^{fr},30$. Combien doit-on payer 1 000 kilogrammes de ce bois pour qu'il soit indifférent d'acheter au poids ou au volume ? *(Pas-de-Calais.)*

2012. On veut faire des balles de plomb, pesant 29 grammes l'une, avec une masse de plomb de forme cubique ayant $0^m,317$ de côté. Combien en fera-t-on si la densité du plomb est de 11,35 ? *(Vosges.)*

*2013. Un fourneau brûle 3 décistères de bois par jour ; si l'on remplace le bois par la houille, l'économie sera de $2^{fr},10$ par jour. Calculer ce que l'on brûlerait de houille en 19 semaines, sachant que le bois vaut $14^{fr},50$ le stère et la houille $5^{fr},70$ les 100 kilogrammes ?

*2014. Une action de 500 francs, portant 15 francs d'intérêt, a produit en plus un dividende de 25 francs. A quel taux a-t-on placé son argent, si on l'a achetée 825 francs ? On tiendra compte de la retenue pour impôts et commissions s'élevant à $3^{fr},25$. *(Somme.)*

2015. Un commerçant porte chez un banquier un billet de 1 272 francs payable dans 90 jours ; le banquier lui donne $1 256^{fr},10$. Quel était le taux de l'escompte ?

2016. Un cultivateur a moissonné $15^{ha},25$ d'avoine qui lui ont donné 30 hectolitres de grain par hectare. Il réserve 150^{hl} d'avoine pour la nourriture de ses chevaux et il vend le reste à $17^{fr},25$ le quintal. Quelle somme lui procurera cette vente, si l'hectolitre d'avoine pèse 48 kilogrammes ?

2017. On achète 20 obligations 3 % à lots à 518 francs. Comment doit-on payer, frais non compris, et à quel taux place-t-on son argent, l'intérêt annuel d'une obligation étant $13^{fr},75$? *(Seine.)*

*2018. Une plaque en cuivre ayant $1^m,68$ de long, $0^m,75$ de large et $0^m,04$ d'épaisseur est percée de 25 trous ayant chacun $0^m,02$ de rayon. Quel est le poids de cette plaque, sachant que la densité du cuivre laminé est 8,95 ?

2019. On offre à un cultivateur d'acheter son blé à $17^{fr},75$ l'hectolitre. Il préfère le vendre à raison de 24 francs les 100 kilogrammes parce que, de la sorte, il en retirera $14^{fr},50$ de plus. Sachant que ce blé pèse 75 kilogrammes l'hectolitre, on demande combien de doubles décalitres de blé il avait à vendre. *(Gironde.)*

2020. Une épicière achète 305 litres d'huile d'olive à $2^{fr},40$ le litre, elle la revend $2^{fr},80$ le kilogramme. Quel est son bénéfice si le litre d'huile pèse 915 grammes ? *(Nord.)*

*2021. Une personne vend, au cours de 396 francs, 14 obligations communales 3 % du Crédit foncier, dont chacune lui rapporte par an un intérêt de $10^{fr},76$. Avec le produit de cette vente, elle achète 184 francs de rente 3 %. On demande le cours de la rente 3 %. On demande aussi de combien cette opération a augmenté ou diminué son revenu. (On ne tiendra pas compte des frais.)

2022. On a acheté, au cours de 402 francs, 4 obligations de la Ville de Paris. Deux fois par an, on reçoit $20^{fr},10$ d'intérêt. A quel taux l'argent est-il placé ?

*2023. Un tas de blé mesure $1^m,80$ de long sur $1^m,25$ de large. On demande sa hauteur, sachant qu'il a été vendu à raison de $23^{fr},50$ les 100 kilogrammes, que la vente s'est élevée à $321^{fr},48$ et que l'hectolitre de ce blé pèse 76 kilogrammes ? *(Lozère.)*

PROBLÈMES DE REVISION

2024. Un billet de 1 698^{fr},60 est payable dans 14 mois. Combien le banquier remettra-t-il au porteur en échange du billet si le taux de l'escompte est de 6 %?

2025. Un marchand a acheté 6^{hl},480 d'huile à raison de 145 francs l'hectolitre. Il la revend 188 francs le quintal métrique. On demande le bénéfice qu'il a réalisé, sachant que la densité de cette huile est de 0,915. *(Lozère.)*

2026. Un marchand achète, à raison de 14^{fr},50 le stère, un lot de bois de chauffage de 8 mètres de longueur, 2^m,25 de largeur et 1^m,25 de hauteur. Il le revend au prix de 4 francs les 100 kilogrammes. La densité du bois, en tenant compte des vides, est 0,48; quel est le bénéfice du marchand? *(Vienne.)*

2027. Dans un grenier rectangulaire, long de 8^m,25, large de 4^m 2/5, se trouve une couche de blé ayant une épaisseur uniforme de 0^m,20. Quel est le poids de ce blé, si 1 hectolitre pèse 75 kilogrammes? *(Courbevoie.)*

2028. Une personne a un billet de 5 340 francs payable dans 10 mois. Elle le fait escompter par un banquier qui lui donne 5 073 francs. Quel est le taux de l'escompte?

*2029. Un billet de 2 880 francs ayant été escompté à 5 %, il se trouve que le banquier donne 2 832 francs. On demande à combien de temps d'échéance était le billet.

2030. Un tonneau vide pèse 28^{kg},7. On l'emplit d'eau aux 3/4 et il pèse alors 215^{kg},3. Quelle est la contenance du tonneau? Quel serait le prix du vin qu'on pourrait y loger à raison de 45 francs l'hectolitre? *(Gironde.)*

2031. Une épicière a acheté un tonneau d'huile pesant 84^{kg},5. Le poids du tonneau égale les 2/11 du poids de l'huile qu'il contient. Sachant que la densité de cette huile est de 0,915, dire combien de litres d'huile cette épicière a achetés. *(Nord.)*

2032. Un marchand, détaillant une pièce de toile de 174 mètres, en a vendu 1/3 à raison de 1^{fr},60 le mètre, les 3/4 du reste 1^{fr},80 et le reste à 2 francs le mètre. Il a ainsi réalisé un bénéfice de 46^{fr},40. Combien avait-il payé le mètre de cette toile, et combien a-t-il gagné pour 100 sur le prix d'achat? *(Seine-et-Oise.)*

*2033. Un billet payable dans 45 jours est escompté au taux de 5 % par an. Sa valeur actuelle est de 8 347^{fr},50. On demande sa valeur nominale. *(Corrèze.)*

2034. Trouver le prix d'une barre de fer de 3^m,25 de long, sur 0^m,015 de côté (section carrée), sachant que la densité du fer est 7,78 et que la tonne vaut 125 francs.

2035. Un vase à moitié plein d'eau pèse 10^{kg},850. Plein, il pèse 18^{kg},950. Quel est le poids du vase vide et sa capacité totale? *(Bouches-du-Rhône.)*

2036. Un flacon plein d'huile pèse 576^g,45; on demande le poids de l'huile qu'il contient et sa capacité, sachant que le poids de l'huile est 2 fois celui du vase vide et que le litre d'huile pèse 915 grammes.

2037. Une personne consacre les 3/8 de ce qu'elle possède à acheter 735 francs de rente 3 % au cours de 98^{fr},75. On demande le montant de ce que possède cette personne.

2038. Un vase a une capacité de 3^{lit},6; il pèse vide 1^{kg},7. Quel serait son poids si on le remplissait d'eau : 1° au tiers? 2° aux 2/3? 3° en entier? *(Maine-et-Loire.)*

2039. On escompte le 3 septembre un billet de 2 640 francs payable le 27 décembre de la même année. Calculer cet escompte à 4 1/2 %. *(Somme.)*

2040. Un vase vide pèse 450 grammes; plein d'un certain liquide, il pèse 27^{kg},260. Quelle est la capacité de ce vase, sachant qu'à volume égal ce liquide pèse 1 fois 1/2 plus que l'eau?

PROBLÈMES DE REVISION

2041. Une poutre de chêne a 5 mètres de long ; sa largeur est les 3/50 de sa longueur et son épaisseur est les 4/5 de la largeur. Quel est son poids, la densité moyenne du chêne étant de 0,65 ? *(Yonne.)*

*2042. Un marchand a acheté pour 2560 francs de marchandises à payer dans un an, ou avec une remise de 4 % par an, s'il paie plus tôt. Quelque temps après, il se libère en donnant 2480^{fr},64. Au bout de combien de mois et de jours a-t-il fait ce paiement ?

2043. A volume égal le liège ne pèse que les 0,25 de l'eau. Quel est le poids d'un cent de bouchons ayant chacun un volume de 4 centimètres cubes et demi ?

2044. Il est tombé pendant un orage une hauteur d'eau de 6^{mm} 1/2. Calculer le nombre d'hectolitres d'eau tombés sur un territoire de 12 kilomètres carrés.

2045. Un fût vide pèse 16^{kg},35, et plein, 223^{kg},67. Quel est le prix de l'huile qui y est contenue à raison de 2^{fr},10 le litre ? L'huile d'olive pèse 915 grammes le litre. *(Loire-Inférieure.)*

*2046. Une bouteille pleine d'eau pèse 950 grammes ; pleine d'alcool, elle ne pèse que 800 grammes. Dire la contenance de la bouteille et son poids, la densité de l'alcool étant 0,8.

*2047. Un vase plein d'eau pure pèse 9^{kg},68 ; plein d'huile dont le poids est les 0,91 de celui de l'eau, il pèserait 9^{kg},266. On demande : 1° quelle est sa capacité ? 2° quel est son poids lorsqu'il est vide ? *(Puy-de-Dôme.)*

2048. On achète une maison 14800 francs, tous frais compris ; on y fait pour 200 francs de réparations et on la loue 850 francs. L'argent qu'on a consacré à cet achat était placé à 3,50 %. L'acquisition est-elle avantageuse ? *(Nord.)*

*2049. Un cultivateur a acheté 52 agneaux. Il les revend plus tard à raison de 31^{fr},75 l'un et il réalise un bénéfice de 52 % sur le prix d'achat. Quel avait été le prix d'achat ? Quel bénéfice a-t-il réalisé ? Combien avec ce bénéfice pourra-t-il acheter de rente française 3 % au cours de 98^{fr},50 ? *(Indre-et-Loire.)*

2050. Un seau cylindrique a 0^m,28 de diamètre et 0^m,25 de hauteur. 1° S'il est rempli d'eau jusqu'aux 3/5 de sa hauteur, quel est le poids de cette eau ? 2° S'il est rempli jusqu'aux 4/5 de mercure, quel est le poids de ce mercure ? (La densité du mercure est de 13,6.)

2051. Quel capital faut-il placer à 5 % pour réaliser au bout de 3 ans 4 mois 15 jours, 1701^{fr},70, capital et intérêts réunis ? *(Finistère.)*

2052. Un courtier, qui achète 250 hectolitres d'huile au prix de 14^{fr},50 le décalitre, vend cette huile au prix de 195 francs le quintal. Quel est son bénéfice, sachant que cette huile a pour densité 0,91 et que les frais de transport et d'emmagasinage se sont élevés à 15 % du prix d'achat ?

2053. Un pré rectangulaire ayant 151^m,50 de long sur 39^m,60 de large est vendu à raison de 28^{fr},50 l'are. On demande combien, avec le produit de cette vente, on pourra acheter de rente française 3 % au cours de 98^{fr},50. *(Seine-et-Marne.)*

2054. Un bassin de forme rectangulaire a 3^m,25 de long et 2^m,69 de large. On y verse 30 fois l'eau contenue dans un tonneau dont la capacité est de 2^{hl},21. Quelle hauteur cette eau atteindra-t-elle dans ce bassin ? *(Seine-Inférieure.)*

*2055. Une barrique pleine d'eau pure pèse 240^{kg},50 ; pleine d'huile d'olive, elle pèse 221^{kg},735. On demande : 1° le poids de la barrique vide, sachant que la densité de l'huile est de 0,91 ; 2° la valeur de cette huile à 2^{fr},80 le litre.

2056. La rente française 3 % étant au cours de 98^{fr},40, quelle somme devrait débourser pour en acheter, en tenant compte des frais, une personne qui voudrait se faire ainsi un revenu annuel de 1800 francs ?

PROBLÈMES DE REVISION

2057. Un tonneau vide pèse 6^{kg},385. Plein d'eau, il pèse 224^{kg},600. On demande combien il pèserait plein d'une huile dont la densité serait 0,92.

2058. Combien pourrait-on, sans tenir compte des frais, acheter de rente 3 % au cours de 98^{fr},35 avec le prix de vente d'un terrain valant 90^{fr},50 l'are et ayant la forme d'un trapèze aux dimensions suivantes : grande base 86^m,50; petite base 58^m,80; hauteur 42^m,30 ? *(Meurthe-et-Moselle.)*

*2059. Une personne a placé 600 francs à la caisse d'épargne au taux de 2^{fr},50 %. Elle retire, au bout de 6 mois 15 jours, ce capital avec ses intérêts et emploie le tout à l'achat de rente 3 % au cours de 98^{fr},50. Quelle sera la rente qu'elle pourra acheter avec son avoir ? *(Territoire de Belfort.)*

*2060. Une personne veut acheter de la rente 3 % au cours de 97^{fr},70. Combien aura-t-elle de rente avec un capital de 25 000 francs, frais non compris ? *(Corrèze.)*

2061. La chaux valant 21^{fr},50 la tonne, quel est le prix de l'hectolitre de chaux, la densité de la chaux étant 2.8 ?

*2062. Le chemin de fer prend 0^{fr},05 pour transporter une tonne de fer à 1 kilomètre. Combien faudra-t-il payer, pour transporter à une distance de 35 myriamètres, 45 barres de fer ayant 6^m,20 de long, 0^m,08 de large et 0^m,043 d'épaisseur ? La densité du fer est 7,78. *(Seine.)*

2063. Un voyageur a déposé chez un banquier avant son départ une somme de 8 500 francs qui doit lui être rendue à son retour avec un intérêt de 4 %. A son retour, il touche 8 925 francs. Pendant combien de temps ce voyageur est-il demeuré absent ? *(Haute-Garonne.)*

2064. Un boulanger vend la farine au détail à raison de 0^{fr},57 le kilogramme et compte qu'il fait à ce prix un bénéfice de 20 % sur le prix d'achat. Combien avait-il payé le quintal de farine ?

2065. L'air pèse 773 fois moins que l'eau et contient 21 % de son poids d'oxygène. Calculer, d'après cela, le poids de l'oxygène contenu dans une salle de 528 mètres cubes. *(Hérault.)*

2066. Un vase vide pèse 635 grammes. Plein d'eau, il pèse 2 135 grammes, et plein d'un autre liquide, il pèse 1 800 grammes. Quelle est la densité de ce liquide ?

2067. Quel est le poids d'un cône de plomb de 0^m,14 de diamètre et de 0^m,12 de hauteur, sachant que la densité du plomb est 11,5 ?

*2068. Un négociant gagne en moyenne 15 % sur ses prix d'achat. A la fin de l'année, il a vendu pour 128 560 francs de marchandises. Avec le bénéfice ainsi réalisé, il achète de la rente 3 % au prix de 97^{fr},60. Dire quel revenu annuel il s'est assuré. *(Seine.)*

2069. Une personne veut acheter de la rente étrangère 5 %. A quel cours doit être cette rente pour que l'argent rapporte 5,50 % ? *(Pas-de-Calais.)*

2070. Un cylindre creux a une capacité de 5 hectolitres; son diamètre intérieur est de 0^m,80. Quelle en est la profondeur ?

2071. Un vase plein d'eau pèse 8^{kg},5. Un corps de 4 décimètres cubes y est plongé. Dites le poids du vase après l'immersion du corps, la densité du corps étant 1,63. *(Manche.)*

2072. Les fils télégraphiques en cuivre ont 0$^{dm^2}$,0013 de section. La densité du cuivre étant 8,8, dites la longueur du fil qui peut être obtenue en étirant une tonne de cuivre.

2073. Un tuyau cylindrique en fonte a 1^m,80 de long, 0^m,12 de diamètre intérieur et l'épaisseur de la fonte est de 18 millimètres. Quel est le poids de ce tuyau, la densité de la fonte étant 7 ?

PROBLÈMES DE REVISION

2074. Deux vases pleins d'eau pèsent ensemble 2028 grammes. L'un contient 14 centilitres de plus que l'autre. On demande la capacité de chacun sachant que les vases vides pèsent ensemble 12 hectogrammes ? *(C. E.)*

2075. Une personne doit 3500 francs. Elle remet à son créancier un billet de 2820 francs payable dans 5 mois. Le taux de l'escompte étant 4 %, dites combien le débiteur devra ajouter d'argent comptant pour régler sa dette. *(Oise.)*

2076. A l'aide du tarif officiel de la Caisse des retraites pour la vieillesse, reproduit page 197, calculez quel serait le versement annuel qu'il faudrait faire à partir de 15 ans, à la Caisse des retraites (capital aliéné), pour s'assurer, à l'âge de 60 ans, un revenu trimestriel de 180 francs.

2077. La Caisse nationale d'épargne donne 2,5 % d'intérêts. Une personne y dépose 140 francs le 1er mars et 190 francs le 1er juin. Dites ce qu'elle touchera si elle retire tout son argent au 1er janvier suivant. *(C. E.)*

2078. Quelle profondeur faut-il donner à un réservoir cylindrique de 0m,75 de rayon pour qu'il puisse contenir 48 hectolitres d'eau ? *(C. E.)*

2079. Un marchand vend 80 francs ce qui lui coûte 68 francs. Un autre vend 52 francs ce qui lui coûte 44 francs. Quel est de ces deux marchands celui qui gagne le plus pour cent ?

2080. Un drapier revend au détail à 8fr,95 le mètre une pièce de drap de 36m,80 de longueur. Il fait ainsi un bénéfice de 18 %. Quel était le prix d'achat de la pièce de drap ?

2081. Le platine a pour densité 21,5 ; l'argent a pour densité 10,5. Quel est le volume d'une masse de platine qui pèserait autant qu'un décimètre cube d'argent ?

2082. Un tonnelet rempli d'eau pèse 85kg,7. Quand il ne contient plus que 25 litres d'eau, il pèse 42kg,9. Dites le poids du tonnelet vide. *(C. E.)*

*2083. Un seau plein d'eau pèse 18kg,5. On retire la moitié de l'eau qu'il contenait et il ne pèse plus que 10 kilogrammes. Quel est le poids du seau vide et quelle en est la contenance ? *(Charenton.)*

*2084. Sur un billet escompté au taux de 4 %, on a reçu une somme égale aux 59/60 de ce billet. Quel était le temps d'échéance ?

2085. On présente un billet de 2780 francs à l'escompte chez un banquier qui donne 2766fr,10. Le billet est payable dans 60 jours. Quel est le taux de l'escompte ?

2086. Un négociant achète pour 2467 francs de marchandises ; son créancier lui accorde 15 mois de crédit ; mais, voulant payer comptant, le négociant donne 2281fr,975 : quel escompte pour 100 a-t-il obtenu par an ?

*2087. Je dois 1855 francs avec les intérêts à 4 % depuis 4 mois et demi. Je donne à mon créancier un billet de 1540 francs payable dans 45 jours et je paie le reste comptant. Combien ai-je payé comptant sachant que l'escompte du billet a été fait au taux de 4 % ?

*2088. Un banquier, ayant escompté à 3 % un billet pour la durée comprise entre le 26 mars et le 13 mai suivant, a remis au porteur une somme de 4980 francs. Quelle est la valeur nominale du billet ? *(C. E.)*

*2089. J'achète 10 obligations 3 % du chemin de fer du Nord à 445 francs l'une. A quel taux ai-je placé mon argent, si une obligation rapporte 6fr,90 par semestre ? *(Ille-et-Vilaine.)*

2090. Le bois blanc a pour densité moyenne 0,5. Quel volume représentera un tas de bois blanc pesant 540 kilogrammes, si les vides entre les bûches représentent 1/10 du volume du bois.

MÉLANGES

434. Problèmes sur les mélanges. — Les **problèmes** concernant les mélanges peuvent être ramenés aux trois catégories suivantes : 1° déterminer le *prix de l'unité* de mélange ; 2° déterminer la *proportion* d'après laquelle se fait un mélange ; 3° déterminer la *composition* du mélange.

PROBLÈMES
I. — Prix de l'unité de mélange.

1ᵉʳ TYPE. — 2091. On mélange du café à 6 francs le kilogramme et du café à 4 francs le kilogramme dans la proportion de 5 kilogrammes du 1ᵉʳ et de 6 kilogrammes du 2ᵉ. Combien doit-on vendre le kilogramme de ce mélange pour gagner 10 %?

SOLUTION. — 5 kilogrammes de café à 6 francs valent $6^{fr} \times 5 = 30$ francs ; 6 kilogrammes de café à 4 francs valent $4^{fr} \times 6 = 24$ francs.
$5^{kg} + 6^{kg}$ ou 11 kilogrammes de mélange valent $30^{fr} + 24^{fr} = 54$ francs.
Bénéfice à réaliser, 10 % ou $0^{fr},10$ par franc, $0^{fr},10 \times 54 = 5^{fr},40$.
Prix de vente total $54^{fr} + 5^{fr}40 = 59^{fr}40$.
Prix de vente du kilogramme de mélange $59^{fr},40 : 11 = 5^{fr},40$.

2ᵉ TYPE. — 2092. Un fût de 200 litres contient 140 litres de vin et 60 litres d'eau. Le litre du mélange revient à $0^{fr},35$ le litre. Quel est le prix du litre de vin?

SOLUTION. — Le prix total des 200 litres de mélange est $0^{fr},35 \times 200 = 70$ francs. Ces 70 francs représentent la valeur des 140 litres de vin, l'eau étant réputée sans valeur.
1 litre de vin vaut donc $70^{fr} : 140 = 0^{fr},50$.

Oraux. — **2093.** *On mélange 3 kilogrammes de café à 4 francs le kilogramme avec 2 kilogrammes à 5 francs le kilogramme. Quel est le prix du kilogramme du mélange?* — **2094.** *On verse dans un fût 1 hectolitre de vin à $0^{fr},55$ le litre et 10 litres d'eau : à quel prix revient le litre du mélange?* — **2095.** *On remplit un fût de 200 litres avec 100 litres de vin à $0^{fr}40$; 80 litres à $0^{fr},50$ et de l'eau. A combien revient l'hectolitre?*

Écrits. — **2096.** Un épicier mélange 8 kilogrammes de café à $4^{fr},20$ le kilogramme avec 20 kilogrammes d'un autre café estimé $5^{fr},25$ le kilogramme. Combien doit-il vendre le kilogramme de mélange pour gagner 20 francs %. *(Yonne.)*

*2097. Un marchand avait une barrique de 228 litres de vin valant $0^{fr},70$ le litre ; il en a vendu les 5/6 ; il verse dans sa barrique 112 litres de vin valant $0^{fr},55$ et il achève de remplir avec du vin valant $0^{fr},35$. On demande combien il devra vendre le litre du mélange pour faire un bénéfice de 10 %. *(Haute-Loire.)*

2098. Dans un tonneau de 228 litres, on verse 74 litres de vin à $0^{fr},38$ le litre, 123 litres à $0^{fr},42$ le litre, et on achève de remplir avec de l'eau. Dites à combien reviendra 1 hectolitre du mélange obtenu. *(Aisne.)*

2099. On a mélangé 60 litres de vin à $0^{fr},40$ le litre, 80 litres de vin à $0^{fr},50$, avec 16 litres d'eau. Quelle est la valeur d'un litre du mélange?

*2100. Un négociant mélange 90 litres de vin valant 50 francs l'hectolitre avec 138 litres valant $0^{fr},60$ le litre. S'il vend ce mélange 75 francs l'hectolitre, combien gagnera-t-il sur le tout, et combien pour 100?

*2101. Un marchand de vin a acheté 25 hectolitres de vin à $0^{fr},35$ le litre ; 35 hectolitres à $4^{fr},25$ le décalitre. Il mélange le tout et en revend la moitié à 41 francs l'hectolitre. Combien devra-t-il revendre chaque hectolitre du reste pour gagner $127^{fr},50$ sur le tout? *(Ardennes.)*

133ᵉ LEÇON

MÉLANGES

PROBLÈMES

II. Proportion d'après laquelle se fait un mélange.

TYPE. — 2102. Dans quelle proportion faut-il mélanger du blé à 25 francs l'hectolitre et du blé à 18 francs pour obtenir un mélange valant 21 francs l'hectolitre ?

SOLUTION. — En estimant 21 francs un hectolitre de blé qui vaut 25 francs on perd $25^{fr} - 21^{fr} = 4$ francs.
En estimant 21 francs un hectolitre de blé qui vaut 18 francs, on gagne
$$21^{fr} - 18^{fr} = 3 \text{ francs.}$$
Dans le mélange, le gain doit *compenser* la perte.
En prenant 3 hectolitres à 25 francs, on *perd* $4^{fr} \times 3 = 12$ francs.
En prenant 4 hectolitres à 18 francs, on *gagne* $3^{fr} \times 4 = 12$ francs.
Le mélange doit donc se faire dans la proportion suivante :
3 hectolitres à 25 francs et 4 hectolitres à 18 francs.

DISPOSITION PRATIQUE. — Parfois on dispose ainsi les données :

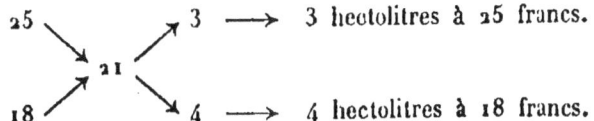

REMARQUE. — Afin que les différences soient exprimées en nombres entiers, il est plus simple, quand les prix sont donnés en nombres décimaux, de multiplier tous les nombres par l'unité suivie d'autant de zéros qu'il y a de chiffres décimaux au nombre qui en contient le plus. EXEMPLE : *Dans quelle proportion doit-on mélanger du café à $4^{fr},70$ le kilogramme et du café à $5^{fr},20$ le kilogramme pour avoir un mélange de café à 5 francs le kilogramme ?*
On dira :

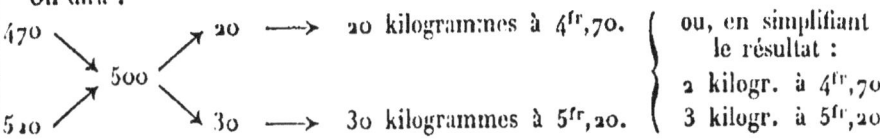

Oraux. — 2103. *On a du vin à 40 francs l'hectolitre et du vin à 75 francs l'hectolitre. On veut faire du vin à 60 francs. Comment doit-on faire le mélange ?*
— 2104. *On a du café à 7 francs et à 4 francs le kilogramme. Comment doit-on les mélanger pour obtenir du café qui revienne à 6 francs le kilogramme ?*

Écrits. — 2105. On demande à un grainetier de l'avoine à $10^{fr},50$ l'hectolitre ; il en a à $11^{fr},40$ et à $9^{fr},75$; dans quelle proportion doit-il les mélanger pour fournir l'avoine qui lui est demandée ?

2106. On a du vin à $0^{fr},60$ et du vin à $0^{fr},45$ le litre. Combien doit-on prendre de vin de chaque qualité pour avoir du vin qui revienne à $0^{fr},50$ le litre ?

2107. Dans quelle proportion faut-il mélanger du vin à 85 francs l'hectolitre et du vin à 50 francs l'hectolitre pour que la bouteille de $0^{ht},75$ revienne à $0^{fr},60$?

*2108. Dans quelle proportion doit-on mélanger de l'huile à $2^{fr},50$ et à $1^{fr},60$ le kilogramme pour faire un mélange qu'on puisse vendre $2^{fr},20$ le kilogramme avec un bénéfice de 10 % ?

*2109. Comment doit-on mélanger du vin à 58 francs et à 37 francs pour obtenir un mélange qu'on puisse vendre $0^{fr},48$ le litre en gagnant 20 % ?

MÉLANGES

PROBLÈMES

III. Composition du mélange, la quantité de l'une des substances étant donnée.

TYPE. — 2110. On a 3 hectolitres de vin à $0^{fr},50$ le litre. Combien faut-il y ajouter de vin à $0^{fr},30$ le litre pour obtenir un mélange valant $0^{fr},45$ le litre ?

SOLUTION. — Valeur des 3 hectolitres de vin $0^{fr},50 \times 300 = 150$ francs.
Valeur de 3 hectolitres de mélange $0^{fr},45 \times 300 = 135$ francs.
D'où une différence en *moins* $150^{fr} - 135^{fr} = 15$ francs.
Mais quand on met 1 litre de vin à $0^{fr},30$, on regagne $0^{fr},45 - 0^{fr},30 = 0^{fr},15$.
Autant de fois cette différence sur un litre (soit $0^{fr},15$) sera contenue dans la différence totale (soit 15 francs), autant il faut ajouter de litres à $0^{fr},30$ ou

$$1^{lit} \times \frac{15}{0,15} = 100 \text{ litres.}$$

DISPOSITION PRATIQUE. — On peut encore disposer ainsi les données :

En vendant $0^{fr},45$ le litre de vin à $0^{fr},50$, on *perd* $0^{fr},05$
En vendant $0^{fr},45$ le litre de vin à $0^{fr},30$, on *gagne* $0^{fr},15$.
En vendant 15 litres à $0^{fr},50$, on perd $0^{fr},05 \times 15 = 0^{fr},75$.
En vendant 5 litres à $0^{fr},30$ on gagne $0^{fr},15 \times 5 = 0^{fr},75$
Le gain *compense* la perte si l'on prend 15 litres à $0^{fr},50$ et 5 litres à $0^{fr},30$.
Si à 15 litres à $0^{fr},50$, il faut ajouter 5 litres à $0^{fr},30$ pour revendre le mélange $0^{fr},45$ le litre, à 300 litres à $0^{fr},50$, il faut ajouter $\frac{5^{lit} \times 300}{15} = 100$ litres à $0^{fr},30$.

Oraux. — 2111. Combien faut-il mélanger de café à 2 francs le demi-kilogramme, avec 4 kilogrammes de café à 3 francs le demi-kilogramme pour obtenir du café à $4^{fr},50$ le kilogramme? — ***2112.*** Quelle quantité de vin à $0^{fr},40$ le litre faut-il ajouter à 2 hectolitres à $0^{fr},70$ le litre pour obtenir du vin valant $0^{fr},60$ le litre? — ***2113.*** Combien faut-il ajouter d'huile à 4 francs le kilogramme, à 20 kilogrammes à $2^{fr},50$ pour obtenir un mélange valant 3 francs le kilogramme?

Écrits. — 2114. On a acheté 120 hectolitres de vin à 60 francs l'hectolitre. On demande combien il faudra y ajouter de vin à 44 francs pour faire un mélange à 50 francs l'hectolitre. *(Tarn.)*

2115. Un épicier a 37 kilogrammes de café à 3 francs le kilogramme. Combien doit-il ajouter de café à $2^{fr},30$ pour obtenir un mélange à $2^{fr},70$ le kilogramme ?

2116. Quelle quantité de vin à $0^{fr},45$ le litre faut-il ajouter à 180 litres de vin à $0^{fr},65$ le litre pour obtenir du vin qu'on puisse vendre $0^{fr},55$ le litre, avec un bénéfice de 10 %?

2117. Dans quelle proportion faut-il mélanger du vin à $0^{fr},45$ et 25 litres d'eau pour avoir un mélange à $0^{fr},30$ le litre?

2118. On a 450 litres de vin à $0^{fr},60$ le litre. Combien de litres de vin à $0^{fr},40$ faut-il y ajouter pour que le litre de mélange revienne à $0^{fr},55$?

2119. Un négociant a 50 kilogrammes d'un café à $4^{fr},50$ le kilogramme. Il désire faire avec une qualité à $3^{fr},25$ le kilogramme un mélange qu'il puisse vendre 4 francs le kilogramme. Combien de kilogrammes à $3^{fr},25$ doit-il prendre?

155ᵉ LEÇON

MÉLANGES

PROBLÈMES

III (suite). Composition du mélange, le total du mélange à composer étant donné.

TYPE. — 2120. Combien faut-il prendre de café à 6^{fr},20 le kilogramme et de café à 4^{fr},50 le kilogramme pour obtenir un mélange de 510 kilogrammes de café à 5^{fr},18 le kilogramme?

SOLUTION. — Les 510 kilogrammes de mélange doivent valoir :
$$5^{fr},18 \times 510 = 2641^{fr},80.$$
Si on prenait ces 510 kilogrammes à 6^{fr},20 le kilogramme, ils vaudraient 6^{fr},20 $\times$ 510 = 3162 francs, c'est-à-dire une différence en trop de
$$3162^{fr} - 2641^{fr},80 = 520^{fr},20.$$
En remplaçant 1 kilogramme à 6^{fr},20 par 1 kilogramme à 4^{fr},50, on diminue la valeur du tout de   6^{fr},20 — 4^{fr},50 = 1^{fr},70.

Et pour diminuer de 520^{fr},20 en trop, il faudra prendre autant de kilogrammes à 4^{fr},50 que 520^{fr},20 contiennent de fois 1^{fr},70, c'est-à-dire $\dfrac{1^{kg} \times 520,20}{1,70} = 306$ kilogrammes.

Le mélange sera ainsi composé :
Café à 4^{fr},50 : . . . . 306 kilogrammes.
Café à 6^{fr},20 : 510^{kg} — 306^{kg} = 204 kilogrammes.

DISPOSITION PRATIQUE. — On peut encore disposer ainsi les données :

```
620           68  ——————→  68 kilogrammes à 6fr,20.
      ↘    ↗
        518
      ↗    ↘
450           102 ——————→  102 kilogrammes à 4fr,50.
                pour avoir 170 kilogrammes de mélange.
```

Pour composer un mélange de 170 kilogrammes, il faut prendre 68 kilogrammes à 6^{fr},20 et 102 kilogrammes à 4^{fr},50; pour composer un mélange de 510 kilogrammes, il faudra prendre :

En café à 6^{fr},20 $\dfrac{68^{kg} \times 510}{170} = 204$ kilogrammes;

En café à 4^{fr},50 $\dfrac{102^{kg} \times 510}{170} = 306$ kilogrammes.

Oraux. — 2121. *On a du vin à 0^{fr},40 et à 0^{fr},60 le litre. Combien faut-il prendre de l'un et de l'autre pour faire 200 litres de mélange valant 0^{fr},55 le litre?* — **2122.** *Un épicier a du café à 3 francs et à 2 francs le demi-kilogramme. On lui demande 30 kilogrammes à 2^{fr},80 le demi-kilogramme. Comment doit-il faire le mélange?* — **2123.** *Un marchand de vin a du vin à 75 francs l'hectolitre et du vin à 50 francs. On demande comment il doit remplir un fût de 200 litres pour qu'il puisse obtenir du vin revenant à 0^{fr},70 le litre.*

Écrits. — 2124. On a deux espèces de vin : l'un à 80 centimes, l'autre à 50 centimes le litre; on voudrait 228 litres de ces deux vins mélangés au prix de 65 centimes le litre. Combien de litres de chaque espèce doit-on prendre?

2125. Un grainetier a de l'avoine à 10 francs l'hectolitre et à 11^{fr},25 l'hectolitre. Combien d'hectolitres de chaque sorte doit-il prendre pour obtenir un mélange de 40 hectolitres lui revenant à 10^{fr},75 l'hectolitre?

*2126. Un marchand a du vin à 0^{fr},40 et 0^{fr},65 le litre. Combien de litres de chaque qualité doit-il prendre pour faire un mélange de 136 litres, tel que, vendu 0^{fr},55 le litre, le marchand fasse un bénéfice de 10 %?   (*Seine*.)

MÉLANGES

AUTRES PROBLÈMES SUR LES MÉLANGES

I. Mouillage. — Eau à ajouter pour composer un mélange d'un prix demandé.

TYPE. — 2127. On a un hectolitre de vin qui vaut 60 francs. Quelle quantité d'eau doit-on ajouter pour qu'on puisse obtenir un mélange qui revienne à $0^{fr},40$ le litre ?

SOLUTION. — Prix d'achat : 60 francs. Ce prix d'achat est également le prix de revient du mélange total. Autant de fois $0^{fr},40$ seront contenus dans 60 francs, autant de litres comprendra le mélange ou $1^{lit} \times \dfrac{60}{0,4} = 150$ litres. Il faut donc ajouter à l'hectolitre de vin une quantité d'eau de $150^{lit} - 100^{lit} = 50$ litres.

Oraux. — 2128. Quelle quantité d'eau faut-il ajouter à 20 litres de vin valant $0^{fr},60$ le litre pour que le mélange revienne à $0^{fr},50$ le litre ? — **2129.** On a 3 hectolitres de cidre valant 20 francs l'hectolitre. Combien d'eau faut-il y ajouter pour que le litre de boisson soit ramené à $0^{fr},15$?

Écrits. — 2130. On a acheté 14 hectolitres de cidre à 28 francs l'hectolitre ; on veut y ajouter de l'eau de manière que le mélange ne revienne qu'à $0^{fr},20$ le litre. Combien de litres d'eau devrait-on ajouter ?

2131. On a dans un fût 220 litres de vin à 45 francs l'hectolitre. On veut y ajouter de l'eau de façon à ramener à 40 francs le prix de l'hectolitre de mélange. Quelle quantité d'eau doit-on ajouter ?

2132. On a 12 hectolitres de vin qui reviennent à $0^{fr},55$ le litre. Combien d'eau faut-il y ajouter de façon que le mélange ne revienne qu'à 40 francs l'hectolitre ?

II. Valeur de l'une des parties du mélange.

TYPE. — 2133. On verse dans un fût 14 litres de vin à $0^{fr},70$ et 6 litres de vin d'une autre qualité. Le litre du mélange revient à $0^{fr},64$. Quel est le prix du litre de vin de 2ᵉ qualité ?

SOLUTION. — 14 litres plus 6 litres ou 20 litres du mélange valent $0^{fr},64 \times 20 = 12^{fr},80$.

Mais les 14 litres du premier vin à $0^{fr},70$ valent $0^{fr},70 \times 14 = 9^{fr},80$.

La différence des deux prix représente le prix des 6 litres de vin de 2ᵉ qualité ou $12^{fr},80 - 9^{fr},80 = 3$ francs.

Prix du litre de vin de la 2ᵉ qualité $3^{fr} : 6 = 0^{fr},50$.

Oraux. — 2134. On mélange 30 litres d'un vin à $0^{fr},50$ et 20 litres d'un vin inférieur ; on revend en détail ce mélange à raison de $0^{fr},60$ le litre avec un bénéfice de 10 francs sur le tout. Quel est le prix du litre du 2ᵉ vin ? — *2135. En mélangeant 30 litres d'un vin à $0^{fr},50$ le litre avec 60 litres d'un autre vin et 10 litres d'eau on obtient un mélange qui revient à $0^{fr},30$ le litre. Dites le prix du litre de la seconde sorte de vin.

Écrits. — 2136. On a 126 litres de vin à $0^{fr},95$; en les mélangeant avec 54 litres d'un autre vin on a obtenu un mélange qui revient à $0^{fr},92$. Quel est le prix du litre du 2ᵉ vin ?

*2137. On remplit un baril avec 8 litres d'huile à 3 francs le litre et 12 litres d'une huile d'une qualité inférieure ; on revend le mélange 3 francs le litre en gagnant 25 %. Quel est le prix du litre d'huile de 2ᵉ qualité ?

*2138. On remplit les 3/4 d'un fût avec du vin à $0^{fr},40$ le litre ; on remplit entièrement le fût avec 55 litres d'un autre vin et on obtient un mélange valant $0^{fr},45$ le litre. Quel est le prix du litre du 2ᵉ vin ?

MÉLANGES

III. Modifier la densité d'un liquide.

TYPE. — *2139. **Un sirop a pour densité 1,12. On demande quelle quantité d'eau il faut ajouter à 10 litres de ce sirop pour abaisser sa densité à 1,05 ?**

SOLUTION. — 10 litres de sirop pèsent $1^{kg},12 \times 10 = 11^{kg},20$.
Ils ne doivent peser que $1^{kg},05 \times 10 = 10^{kg},50$.
Soit un poids en trop de $11^{kg},20 - 10^{kg},50 = 0^k,70$ ou 700 grammes.
Mais 1 litre d'eau ajouté pèse en moins $1^{kg},05 - 1^{kg} = 0^{kg},05$ ou 50 grammes.
Pour diminuer des 700 grammes en trop, il faudra ajouter autant de litres d'eau que 700 grammes contiennent de fois 50 grammes ou $\dfrac{1^{lit} \times 700}{50} = 14$ litres.

Oraux. — *2140. *1 litre d'eau salée contient 10 grammes de sel. A quel volume faut-il réduire 100 litres de cette eau pour que chaque litre contienne 20 grammes de sel ?* — *2141. *On a 10 litres d'eau contenant en dissolution 50 grammes de sucre. Quelle quantité d'eau faut-il y ajouter pour que chaque litre obtenu ne contienne plus que 4 grammes de sucre ?*

Écrits. — *2142. Un vase d'une capacité de $12^{lit},50$ contient 1 kilogramme de sel en dissolution. Dans quelle quantité d'eau ordinaire faudra-t-il verser l'eau de ce vase pour que 1 litre du mélange contienne 5 grammes de sel en dissolution ?

*2143. Un litre d'eau de mer pèse 1026 grammes et contient 27 grammes de sel. A quel volume faut-il réduire, par l'évaporation, 260 litres d'eau de mer pour que le liquide renferme 15 % de son poids de sel ?

IV. Lait additionné d'eau.

TYPE. — *2144. **Le litre de bon lait pèse $1^{kg},03$. On achète 12 litres de lait qui pèsent $12^{kg},30$. On demande si le lait est pur, et dans le cas contraire, quelle quantité d'eau y a été mélangée.**

SOLUTION. — 12 litres de bon lait pèsent $1^{kg},03 \times 12 = 12^{kg},36$.
Les 12 litres achetés pèsent en moins $12^{kg},36 - 12^{kg},30 = 0^{kg},06$ ou 60 grammes.
Ils contiennent donc de l'eau.
1 litre d'eau remplaçant 1 litre de lait produit une diminution de poids de $1^{kg},03 - 1^{kg} = 0^{kg},03$ ou 30 grammes.
Pour une diminution de poids de 60 grammes, il a fallu mélanger aux 12 litres de lait une quantité d'eau de $\dfrac{1^{lit} \times 60}{30} = 2$ litres.

Oraux. — *2145. *On a un vase contenant 10 litres de lait pesant 1030 grammes le litre. On remplace 1 litre de ce lait par 1 litre d'eau : quel est le poids du litre de lait mélangé ainsi obtenu ?* — *2146. *Le poids du litre de lait pur est 1030 grammes. Or 3 litres d'un lait que j'ai acheté pèsent seulement 3060 grammes. Combien d'eau y a-t-il dans les 3 litres du lait que j'ai achetés ?*

Écrits. — *2147. Un litre de bon lait pèse 1030 grammes. On m'a vendu 45 litres de lait pesant $46^{kg},29$. Y a-t-il de l'eau et combien ?

*2148. Une crémière, voulant vérifier si le lait qu'on lui vend contient de l'eau, pèse les 807 décilitres qu'elle vient d'acheter et trouve que son poids est de 828 hectogrammes. Combien ce lait contient-il de litres d'eau, sachant qu'un litre de lait pur pèse 1030 grammes ?
(*Seine.*)

LES MONNAIES

435. Unité principale. — L'*unité principale* des monnaies est le franc (f ou fr). C'est une *pièce* d'argent qui pèse 5 grammes.

436. Sous-multiples. — Le franc n'a pas de *multiples*; il a **deux sous-multiples** décimaux :
Le *décime*, ou *dixième partie* du franc : $0^{fr},1$.
Le *centime*, ou *centième partie* du franc : $0^{fr},01$.

437. REMARQUE. — Il n'y a pas de pièce marquée du nom *décime*. De plus, ce mot est presque abandonné; on ne compte que par *francs* et par *centimes*. Ainsi on dira : 3 *francs* 40 *centimes* et non 3 *francs* 4 *décimes*.

438. Numération. — Dans un nombre exprimé en **francs**, les *décimes* occupent la place des *dixièmes*, et les *centimes* occupent la place des *centièmes*.

439. Pièces de monnaie. — Il existe en France **quatre espèces** de monnaies : les monnaies d'*or*, d'*argent*, de *bronze* et de *nickel*.

Les **pièces d'or** sont les pièces de 5 francs, de 10 francs, de 20 francs, de 50 francs et de 100 francs.

Les **pièces d'argent** sont les pièces de $0^{fr},50$, de 1 franc, de 2 francs et de 5 francs.

Nota. — Les pièces de $0^{fr},20$ ont été retirées de la circulation.

Les **pièces de bronze** sont les pièces de 1 centime, de 2 centimes, de 5 centimes et de 10 centimes.

La **pièce de nickel** vaut 25 centimes.

440. Hôtel des Monnaies. — En France, l'*État* seul a le droit de *fabriquer* des monnaies.
Cette fabrication se fait à Paris, à l'**Hôtel des Monnaies**.

441. Billets de banque. — En outre des *pièces* de monnaie, il existe du *papier-monnaie*, ou **billets de banque**, mis en circulation, sous le contrôle de l'État, par la **Banque de France**.
Ces billets sont de 50 francs, de 100 francs, de 500 francs et de 1000 francs.

TABLEAU DES PIÈCES DE MONNAIE FRANÇAISES

5 PIÈCES D'OR				4 PIÈCES D'ARGENT				4 PIÈCES DE BRONZE OU DE BILLON		
Valeur	Titre	Poids	Diamètre	Valeur	Titre	Poids	Diamètre	Valeur	Poids	Diamètre
100^f		$32^g,258$	35^{mm}	5^f	0,900	25^g	37^{mm}	$0^f,10$	10^g	30^{mm}
50^f		$16^g,129$	28^{mm}	2^f		10^g	27^{mm}	$0^f,05$	5^g	25^{mm}
20^f	0,900	$6^g,4516$	21^{mm}	1^f	0,835	5^g	23^{mm}	$0^f,02$	2^g	20^{mm}
10^f		$3^g,2258$	19^{mm}	$0^f,50$		$2^g,5$	18^{mm}	$0^f,01$	1^g	15^{mm}
5^f		$1^g,613$	17^{mm}							
								PIÈCE DE NICKEL		
								$0^f,25$	7^g	

138ᵉ LEÇON
POIDS DES MONNAIES

442. Un franc en *argent monnayé* pèse **cinq grammes**.
Un centime en *bronze* (0ᶠʳ,01) pèse **un gramme**.
3ᶠʳ,10 en *or monnayé* pèsent **un gramme**.
La pièce de *nickel* (0ᶠʳ,25) pèse **sept grammes**.

443. Rapports des poids. — A valeurs égales, une *monnaie d'or* pèse **15,5 fois moins** qu'une *monnaie d'argent*, et une *monnaie de bronze* **20 fois plus** qu'une *monnaie d'argent*.

Ainsi : 3ᶠʳ,10, en *monnaie d'or*, pèsent 1 gramme.
3ᶠʳ,10, en *monnaie d'argent*, pèsent $5^g \times 3,10 = 15^g,50$.
3ᶠʳ,10, en *bronze*, pèsent $15^g,5 \times 20 = 310$ grammes.

EXERCICES

Oraux. — **2149.** *Trouver le poids : 1° des différentes pièces de bronze; 2° des différentes pièces d'argent; 3° de 310 francs en or; de 3100 francs en or; de 31000 francs en or; de 620 francs en or; de 930 francs en or.*

Écrits. — **2150.** Trouver le poids, en *monnaie d'or*, de 175 francs; de 245 francs; de 2680 francs; de 1000 francs.

PROBLÈMES

TYPE. — **2151. Quel est le poids d'une somme de 62 francs, formée moitié en pièces d'argent, moitié en pièces de bronze?**

Solution. — Sur les 62 francs, la moitié, soit 31 francs, est en pièces d'argent, l'autre moitié, soit 31 francs, en pièces de bronze.
Poids de 31 francs en pièces d'argent $5^g \times 31 = 155$ grammes.
Poids de 31 francs ou 3100 centimes en pièces de bronze 3100 grammes.
Poids total $155^g + 3100^g = 3255$ grammes.

Oraux. — **2152.** *Une bouteille vide pèse 200 grammes. Pleine d'eau, elle fait équilibre à une somme de 450 francs en monnaie d'argent. Quelle est sa capacité?* — **2153.** *Quel est le poids d'une somme de 930 francs formée de valeurs égales de monnaie d'or, de monnaie d'argent et de monnaie de bronze?* — **2154.** *On a une somme de 9300 francs composée en valeurs égales de monnaie d'or, de monnaie d'argent et de monnaie de bronze. Quel est le volume d'eau capable de faire équilibre à cette somme?*

Écrits. — **2155.** On demande de combien une bande de fer ayant 5 centimètres de largeur, 27 millimètres d'épaisseur et 1 mètre de longueur est plus lourde qu'une somme formée de 1000 francs en monnaie d'argent et de 15 francs en monnaie de bronze? Densité du fer : 7,78. *(Aube.)*

2156. Quelle est en centilitres la capacité d'un vase, sachant que l'huile qui remplit les $\frac{4}{9}$ de ce vase pèse autant qu'une somme de 136 francs en argent et que la densité de l'huile est 0,918? *(Ille-et-Vilaine.)*

*__2157.__ Un flacon vide pèse 211ᵍ,5 et a une capacité de 0ˡⁱᵗ,65. Plein d'une liqueur, il fait équilibre à une somme de 32 francs contenant 3 fois plus de monnaie d'argent que de monnaie de bronze. Quelle est la densité de la liqueur?

*__2158.__ Deux vases de poids inégaux, pesant ensemble 5 kilogrammes, sont placés chacun dans un des plateaux d'une balance. Pour établir l'équilibre, on ajoute dans l'un des plateaux 310 francs en monnaie d'argent, et, dans l'autre, 310 francs en monnaie d'or. On demande le poids de chaque vase. *(Seine.)*

VALEUR DES MONNAIES

444. 5 grammes d'*argent monnayé* valent **1 franc**; 1 gramme de *monnaie d'argent* vaut $1^{fr} : 5 = 0^{fr},20$.

1 gramme de *monnaie de bronze* vaut $0^{fr},01$.

1 gramme d'*or monnayé* vaut $3^{fr},10$.

445. Rapports des valeurs. — A poids égaux, la *monnaie d'or* vaut **15,5 fois plus** que la *monnaie d'argent*, et la *monnaie de bronze* vaut **20 fois moins** que la *monnaie d'argent*.

Ainsi : 1 gramme de *monnaie d'argent* vaut $0^{fr},20$.
       1 gramme de   —   d'or   — $0^{fr},20 \times 15,5 = 3^{fr},10$.
       1 gramme de   —   de bronze — $0^{fr},20 : 20 = 0^{fr},01$.

EXERCICES

Oraux. — **2159.** *Trouver les valeurs correspondant aux poids suivants :*
en bronze : 40 grammes; 85 grammes; 250 grammes; 760 grammes; $6^{kg},8$.
en argent : 25 grammes; 90 grammes; 125 grammes; $82^{kg},50$; $3^{kg},4$.
en or   : 100 grammes; 1 kilogr.;   150 grammes; 600 grammes; $0^{kg},750$.

Écrits. — **2160.** Trouver les valeurs en *monnaie d'or*, correspondant aux poids suivants :

$$27^{g},419; \quad 401^{g},613; \quad 804^{g},839; \quad 166^{g},12.$$

PROBLÈMES

TYPE. — **2161.** Une somme pèse $2^{kg},415$. Elle est composée, à valeur égale de pièces de 1 franc et de pièces de $0^{fr},05$. Combien y a-t-il de pièces de chaque espèce ?

Solution. — 1 franc en monnaie d'argent pèse 5 grammes; 1 franc en pièces de $0^{fr},05$ pèse $5^{g} \times 20 = 100$ grammes.

Ces 2 francs ensemble pèsent $5^{g} + 100^{g} = 105$ grammes.

Pour un poids de 105 grammes, on a 1 pièce de 1 franc et 20 pièces de $0^{fr},05$. Pour un poids de $2^{kg},415$ ou 2415 grammes, on a :

un nombre de pièces de 1 franc de $\quad 1^{p} \times \dfrac{2415}{105} = 23$ pièces.

un nombre de pièces de $0^{fr},05$ de $\quad \dfrac{20^{p} \times 2415}{105} = 460$ pièces.

Vérification : 23 pièces de 1 franc pèsent $5^{g} \times 23 = 115^{g}$ $\Big\}$ 2415 grammes.
            460 pièces de $0^{fr},05$ pèsent $5^{g} \times 460 = 2300^{g}$

Oraux. — **2162.** *Quelle valeur en monnaie de billon faut-il ajouter à 25 pièces de 2 francs, et 25 pièces de 1 franc, pour faire un demi-kilogramme ?* — **2163.** *Quelle valeur en monnaie d'argent faut-il pour faire équilibre à 1 litre d'eau pure ?* — **2164.** *Combien vaut un rouleau d'or d'un poids équivalent à celui du dixième du décimètre cube d'eau pure ?*

Écrits. — **2165.** Deux sommes égales pèsent ensemble 2205 grammes. Quel est le montant de chacune d'elles, si l'une est en argent et l'autre en bronze ?

2166. On met dans l'un des plateaux d'une balance un vase qui, vide, pèse 2 kilogrammes. On y verse 145 centilitres d'eau pure. Dans l'autre plateau, on place 220 francs en argent. Quelle somme, en monnaie de bronze, faut-il y ajouter pour que la balance soit en équilibre ?   (*Corrèze.*)

2167. Quelle est la contenance d'une bouteille qui, vide, pèse autant que 8 pièces de 5 francs et qui, pleine d'eau, pèse autant que 3720 francs en or ? (*Oise.*)

140ᵉ LEÇON

TITRE D'UN ALLIAGE

446. Définition. — Le **titre** d'un alliage est le **poids** en *grammes* du **métal fin**, or ou argent, contenu dans **1 gramme** de l'alliage.

Ainsi le titre 0,900 indique que, dans 1 gramme d'alliage, il y a 0^g,900 de métal fin.

447. Calcul du titre. — Le **titre** d'un alliage s'obtient en cherchant le *poids du métal fin* contenu dans 1 *gramme* de cet alliage, c'est-à-dire en **divisant** le *poids du métal fin* contenu dans l'alliage par le *poids total de l'alliage*.

Soit un alliage pesant 35 grammes et contenant 32^g,20 de métal fin, son titre est
$$\frac{32,20}{35} = 0,920.$$

D'où cette autre **définition du titre** : Le titre est le **quotient** du *poids du métal fin* par le *poids total de l'alliage*.

448. Formules. — Soient T le titre, P le poids total de l'alliage et p le poids du métal fin ; on a

$$1° \quad T = \frac{p}{P} \quad ; \quad 2° \quad p = T \times P \quad ; \quad 3° \quad P = \frac{p}{T}.$$

PROBLÈMES

TYPE. — **2168. On a fondu ensemble 200 grammes d'alliage au titre de 0,850 et 300 grammes d'un autre alliage dont le titre est inconnu. L'alliage obtenu est au titre 0,88 ; quel est le titre inconnu du 2ᵉ alliage ?**

Solution. — Les 500 grammes d'alliage, au titre 0,88, contiennent en métal fin
$$0^g,88 \times 500 = 440 \text{ grammes.}$$
Les 200 grammes du 1ᵉʳ alliage au titre de 0,850 contiennent en métal fin
$$0^g,850 \times 200 = 170 \text{ grammes.}$$
Les 300 grammes du 2ᵉ alliage contiennent donc en métal fin
$$440^g - 170^g = 270 \text{ grammes.}$$
1 gramme de cet alliage contient en métal fin 270^g : 300 = 0^g,900.
Par conséquent, le titre de cet alliage est 0,900.

Oraux. — **2169.** *Un alliage se compose de 40 grammes de métal fin et de 10 grammes de cuivre, quel en est le titre ?* — **2170.** *Un alliage d'or au titre de 0,800 pèse 400 grammes, quel est le poids de l'or pur qu'il contient ?* — **2171.** *Un alliage d'argent et de cuivre pèse 1 200 grammes ; il est au titre de 0,900 : quel est le poids du cuivre qu'il contient ?* — ***2172.** *On a un lingot d'or pur pesant 400 grammes ; on veut en faire un alliage au titre de 0,800 ; quel sera le poids total de l'alliage obtenu ?*

Écrits. — **2173.** On a fait un alliage de trois lingots pesant respectivement 80 grammes, 45 grammes, 142 grammes et dont les titres sont 0,850, 0,630 et 0,720. Quel est le titre de cet alliage ?

2174. On fond 800 grammes d'argent à 0,950 avec 150 grammes de cuivre. Quel est le titre de l'alliage obtenu ?

***2175.** On a un alliage composé de 150 grammes d'un lingot au titre de 0,900 et d'un autre lingot à un titre inconnu et pesant 350 grammes. Trouver ce titre, sachant que 100 grammes de l'alliage contiennent 72^g,5 d'argent pur. (*Seine.*)

ALLIAGES MONÉTAIRES — MONNAIES D'OR

141ᵉ LEÇON

449. Titre des pièces d'or. — Les pièces d'or sont au **titre** de 0,900.

1 gramme de monnaie d'or se compose de 0^g,900 d'or pur et de 0^g,100 de cuivre; c'est-à-dire des *neuf dixièmes* d'or pur et de *un dixième* de cuivre.

Ainsi 45 grammes d'or *monnayé* contiennent en cuivre le 1/10 ou 4^g,5, et en or pur 45^g — 4^g,5 = 40^g,5.

EXERCICES

Oraux. — **2176.** *Trouver la quantité de cuivre contenu dans les poids d'or monnayé suivants.* 10 grammes, 100 grammes, 60 grammes; 75 grammes; 350 grammes; 675 grammes; 708 grammes. — **2177.** *Quel poids d'or monnayé peut-on faire avec les poids de cuivre suivants* 50 grammes; 43 grammes; 745 grammes, 8 grammes, 19 grammes; 668 grammes? — **2178.** *Quel poids d'or monnayé peut-on faire avec les poids d'or pur suivants :* 18 grammes; 45 grammes, 72 grammes; 360 grammes; 900 grammes?

PROBLÈMES

TYPE. — **2179. Quelle quantité de cuivre faut-il ajouter à un lingot d'or pur pesant autant que 72 centilitres d'eau pure pour faire un alliage monétaire ?**

SOLUTION. — 72 centilitres ou 0^{lit},72 d'eau pure pèsent 0^{kg},72 ou 720 grammes.
Pour faire 1 gramme d'alliage monétaire en or, il faut 0^g,9 d'or pur.
Si avec 0^g,9 d'or pur, on fait 1 gramme d'alliage monétaire,
Avec 720 grammes d'or pur, on fera un poids d'alliage monétaire de
$$\frac{1^g \times 720}{0,9} = 800 \text{ grammes,}$$
c'est-à-dire autant de grammes d'alliage monétaire que 720 grammes d'or pur contiennent de fois 0^g,9.

Il faudra donc ajouter un poids de cuivre de 800^g — 720^g = 80 grammes.

Oraux. — **2180.** *Quelle quantité d'or faut-il ajouter à 100 grammes de cuivre pour faire un alliage au titre des monnaies?* — **2181.** *On emploie 50 grammes de cuivre pour faire un alliage d'or monnayé. Quelle est la valeur de la monnaie d'or ainsi fabriquée ?* — **2182.** *On transforme 90 grammes d'or pur en alliage monétaire. Quelle est la valeur de la monnaie d'or ainsi obtenue ?*

Écrits. — **2183.** Quelle est la quantité de cuivre qu'il faudrait ajouter à 288 grammes d'or pur pour les monnayer ? Quelle somme obtiendrait-on ? (*Puy-de-Dôme.*)

2184. On a un lingot d'or pur de 675 grammes. On veut en faire des pièces de monnaie. 1° Quelle quantité de cuivre faut-il ajouter ? 2° quelle somme obtiendra-t-on ? 3° quel sera le montant des frais à payer, l'administration des monnaies prenant par kilogramme d'or monnayé 6^{fr},70 ? (*Vosges.*)

2185. Trouvez le poids de l'or pur contenu dans une somme composée de 35 pièces de 20 francs et de 18 pièces de 10 francs. (*Pas-de-Calais.*)

2186. Un lingot d'or du poids de 428 grammes renferme 82 grammes de cuivre. Quel poids d'or faudrait-il ajouter pour obtenir le titre des monnaies ? (*Ardennes.*)

*2187. Si une sphère en or pur avait 10 centimètres de diamètre et si l'épaisseur de son enveloppe était de 1 centimètre, on demande la valeur de la monnaie qui pourrait être faite avec l'or de cette sphère. Densité de l'or : 19,25.

*2188. Une boîte cubique en cuivre, sans couvercle, a 10 centimètres d'arête à l'extérieur. Le fond et les parois ont une épaisseur de 4 millimètres. On demande la valeur de l'alliage monétaire en or dans lequel entrerait tout le cuivre de ce cube. Densité du cuivre : 8,8.

142ᵉ LEÇON
MONNAIES D'ARGENT — PIÈCE DE CINQ FRANCS

450. Titre de la pièce de 5 francs. — La pièce de 5 francs en argent est, comme les pièces d'or, au **titre de 0,900**.

1 gramme d'alliage de la pièce de 5 francs contient 0^g,900 d'argent pur et 0^g,100 de cuivre, soit encore 0^g,9 d'argent pur et 0^g,1 de cuivre.

451. Le **cuivre** contenu dans l'alliage de la pièce de 5 francs représente le **dixième** du poids de cet alliage.

Ainsi 450 grammes d'alliage de pièces de 5 francs contiennent 45 grammes de cuivre, et 450^g — 45 = 405 grammes d'argent pur.

EXERCICES

Oraux. — **2189.** *Trouver le poids du cuivre nécessaire à la fabrication des poids suivants d'alliage de pièces de 5 francs : 45 grammes; 870 grammes; 0^{kg},430; 1^{kg},875.* — **2190.** *Trouver le poids de l'argent pur nécessaire à la fabrication des poids suivants d'alliage au titre 0,900 : 30 grammes; 50 grammes; 540 grammes; 90 grammes; 10^g,8.* — **2191.** *Quel poids d'alliage au titre 0,900 peut-on faire avec les poids suivants de cuivre : 7 grammes; 46 grammes; 243 grammes; 0^{kg},75; 4 kilogrammes?* — **2192.** *Quel poids d'alliage au titre 0,900 peut-on faire avec les poids d'argent pur suivants : 18 grammes; 36 grammes; 900 grammes; 720 grammes?*

PROBLÈMES

TYPE. — **2193. Quel poids d'argent pur et quel poids de cuivre sont contenus dans une somme de 500 francs en pièces de 5 francs?**

Solution. — 500 francs en pièces de 5 francs pèsent 5^g × 500 = 2 500 grammes. 2 500 grammes d'alliage, au titre 0,900, contiennent en cuivre le 1/10, soit 250 grammes et en argent pur 2 500^g — 250^g = 2 250 grammes.

Oraux. — **2194.** *Quelle quantité de cuivre faut-il ajouter à 180 grammes d'argent pour faire un alliage au titre de 0,9?* **2195.** *Quel poids d'argent monétaire au titre de 0,9 peut-on faire avec un lingot d'argent pur pesant autant que 108 centilitres d'eau pure?* — **2196.** *Combien peut-on faire de pièces de 5 francs si on utilise pour cette fabrication 75 grammes de cuivre?* — **2197.** *Combien y a-t-il d'argent et de cuivre dans une somme de 100 francs en pièces de 5 francs?*

Écrits. — **2198.** *Une somme en argent pèse 6^{kg}3/4. Quelle est cette somme? En supposant qu'elle soit en pièces de 5 francs, combien contient-elle d'argent pur et de cuivre?* (Vendée.)

2199. *On a un lingot d'argent pur pesant 3^{kg},06. Combien de cuivre faudra-t-il y ajouter pour faire des pièces de 5 francs? Quel sera le nombre de ces pièces?*

2200. *Combien de grammes d'argent et de grammes de cuivre faut-il fondre ensemble pour obtenir un lingot monnayé de 1 200 grammes? Ce lingot est destiné à faire des pièces de 5 francs.* (Loiret.)

*****2201.** *Une caisse vide pèse 1 375 grammes; pleine de pièces de 5 francs, elle pèse 7^{kg},800; quelle somme d'argent contient-elle? Combien cette somme contient-elle d'argent pur?* (Seine-et-Oise.)

*****2202.** *Combien pourrait-on faire de pièces de 5 francs avec un lingot d'argent pur dont le volume serait 0^{m3},004? La densité de l'argent est 10,47.*

*****2203.** *Quelle quantité de pièces de 5 francs pourrait-on faire avec un cube d'argent de 0^m,12 d'arête? La densité de l'argent est 10,47.*

MONNAIES D'ARGENT — PIÈCES DIVISIONNAIRES

452. Titre des pièces divisionnaires. — Les pièces divisionnaires (0^{fr},50, 1 franc, 2 francs) sont au titre de **0,835**.

1 gramme d'alliage au titre de 0,835, contient 0^g,835 d'*argent pur* et 0^g,165 de *cuivre*.

453. REMARQUE. — Le cuivre, dans l'alliage monétaire, a pour but de donner au métal plus de consistance. L'or et l'argent purs s'useraient vite par le frottement; les effigies des pièces s'effaceraient rapidement.

EXERCICES

Oraux. — **2204.** *Trouver dans les poids suivants d'alliage au titre* 0,835 : 1° *le poids de l'argent pur* : 10 *grammes*; 100 *grammes*; 1 *kilogramme*; 500 *grammes*; 50 *grammes*; 5 *grammes*; 2° *le poids du cuivre* : 100 *grammes*; 5 *grammes*; 1000 *grammes*; 50 *grammes*; 10 *grammes*; 500 *grammes*. — **2205.** *Trouver le poids de l'alliage, titre* 0,835, *qu'on peut faire avec un poids d'argent pur de* : 835 *grammes*; 8^k,35; 83^g,5; *avec un poids de cuivre de* : 165 *grammes*; 16^k,5; 1^{kk},65.

Écrits. — **2206.** Calculer le *poids de l'alliage*, titre 0,835, qu'on peut faire avec les poids suivants d'argent pur : 54 grammes; 840 grammes; 1250 grammes.

2207. Calculer le *poids de cuivre* à ajouter aux poids suivants d'argent pur pour faire un alliage, titre 0,835 : 35 grammes; 450 grammes; 875 grammes.

PROBLÈMES

TYPE. — **2208. Quels poids et quelle valeur de monnaie en pièces divisionnaires peut-on faire avec un volume d'argent pur de 83^{cm3},5, sachant que la densité de l'argent est 10,47 ?**

SOLUTION. — Poids de 83^{cm3},5 d'argent pur 10^g,47 × 83,5 = 874^g,245.
Avec 0^g,835 d'argent pur, on fait 1 gramme de monnaie;
Avec 874^g,245 d'argent pur, on en fait $\dfrac{1^k \times 874,245}{0,835} = 1\,047$ grammes.

5 grammes de monnaie valant 1 franc, 1 047 grammes valent

$\dfrac{1^{fr} \times 1\,047}{5} = 209$ francs (il restera 2 grammes inutilisés).

Oraux. — **2209.** *Quels poids d'argent pur et de cuivre sont contenus dans une somme composée de 20 pièces de 2 francs?* — **2210.** *Quelle quantité de cuivre faut-il ajouter à un lingot d'argent pur pesant autant que 167 centilitres d'eau pure pour faire un alliage de pièces divisionnaires et quelle sera la valeur de cet alliage?* — *__2211.__ Quel poids et quelle valeur de monnaie au titre de 0,835 peut-on faire avec un volume de cuivre pesant autant que 33 centilitres d'eau pure?*

Écrits. — **2212.** Dire la différence entre le poids d'argent pur contenu dans 1 200 francs en pièces de 5 francs et 1200 francs en monnaie divisionnaire?

2213. On a un lingot d'argent pur pesant 14^{kg},067. On demande quelle quantité de cuivre on devra y ajouter pour faire un alliage au titre des pièces de 2 francs. Quelle sera, de plus, la valeur de l'argent monnayé? (*Landes.*)

*__2214.__ Combien de pièces de 0^{fr},50 peut-on fabriquer avec un lingot d'argent pur de 166 centimètres cubes? Densité de l'argent : 10,5. (C. E.)

144ᵉ LEÇON — MONNAIES DE BRONZE OU BILLON

454. Le **bronze** des monnaies est un alliage composé de **cuivre**, d'étain et de zinc.

1 gramme de monnaie de bronze contient :

En cuivre 0^g,95.
En étain 0^g,04.
En zinc   0^g,01.

EXERCICES

Oraux. — **2215.** Combien de pièces de 5 centimes en : 65 centimes; 40 centimes; 75 centimes; 30 centimes; 85 centimes? — **2216.** Combien de centimes font 9 pièces de 5 centimes? 13 pièces? 17 pièces? 14 pièces? 19 pièces? — **2217.** Trouver les poids de cuivre, d'étain et de zinc dans les poids suivants de monnaie de billon : 10 grammes; 100 grammes; 500 grammes; 1 kilogramme.

Écrits. — **2218.** Trouver les poids de cuivre, d'étain et de zinc contenus dans les pièces de bronze : 1 centime; 2 centimes; 5 centimes; 10 centimes.

2219. Quels poids en monnaie de bronze peut-on faire avec les poids de cuivre suivants : 25^g,65; 65^g,55; 918^g,65; 5965^g,05?

PROBLÈMES

TYPE. — **2220. Quels sont les poids de cuivre, d'étain, et de zinc contenus dans une somme en monnaie de bronze de 23 francs?**

SOLUTION. — Poids de 23 francs en monnaie de bronze : 23 francs font 2 300 centimes qui pèsent 2 300 grammes.

2 300 grammes en monnaie de bronze contiennent :

En cuivre 0^g,95 × 2 300 = 2 185 grammes
En étain   0^g,04 × 2 300 =   92 grammes
En zinc   0^g,01 × 2 300 =   23 grammes

Poids total : 2 300 grammes

Oraux. — **2221.** Quels sont les poids de cuivre, d'étain et de zinc contenus dans une somme de 10 francs en monnaie de billon? — **2222.** Quel poids et quelle valeur de monnaie de billon peut-on faire avec un volume de cuivre pesant autant que 190 centilitres d'eau pure? — *__2223.__ Quels poids d'étain et de zinc faut-il ajouter à 570 grammes de cuivre pour faire de la monnaie de billon?

Écrits. — **2224.** Quels sont les poids de cuivre, d'étain et de zinc qui entrent dans la composition de 35 francs en monnaie de bronze? (Morbihan.)

2225. On a un lingot de cuivre de 12^{kg} 16^{dag}. En y ajoutant l'étain et le zinc nécessaires, on fabrique de la monnaie de billon. Cherchez le poids et la valeur de la somme ainsi obtenue. (Doubs.)

2226. On a une masse de cuivre de 134^{kg},90. Quelle quantité d'étain et de zinc faut-il lui allier pour avoir le bronze des monnaies? Combien avec cet alliage pourra-t-on faire de pièces de monnaie de 0^{fr},05 et de 0^{fr},10 en nombre égal?

*__2227.__ On a un cube d'étain de 5 centimètres de côté. La densité de l'étain est 7,3. Quels poids de cuivre et de zinc faut-il fondre avec ce cube d'étain pour faire de la monnaie de billon et quelle sera la valeur de cette monnaie?

*__2228.__ Un cône de cuivre a 47^{cm},124 de pourtour et une hauteur double du diamètre de la base. La densité du cuivre est 8,8. Avec quels poids d'étain et de zinc faudra-t-il fondre ce cône pour obtenir de l'alliage monétaire?

ALLIAGES

455. Emploi. — Les règles d'**alliage** s'appliquent exclusivement aux **métaux**.

456. Les problèmes d'alliage peuvent être ramenés aux *trois catégories* suivantes : 1° déterminer le *titre* d'un alliage (Voir page 251) ; 2° *élever* ou *abaisser* le titre d'un alliage ; 3° déterminer la *proportion* d'après laquelle se fait un alliage.

PROBLÈMES
Élever le titre d'un alliage par l'addition de métal fin.

1ᵉʳ TYPE. — **2229. Quel métal et quel poids de ce métal faut-il ajouter à 400 grammes d'argent au titre 0,835 pour obtenir un alliage au titre 0.900 ?**

Solution. — Le titre doit être élevé ; il faut donc *ajouter de l'argent pur*.
Le poids de cuivre contenu dans 400 grammes au titre de 0,835 est de : 0^g,165 × 400 = 66 grammes.
Dans un alliage au titre de 0,900 ou 0,9, le poids du cuivre est le $1/10$ du poids total. Or, le poids de cuivre étant 66 grammes, le poids total du nouvel alliage doit être 66^g × 10 = 660 grammes.
Le poids de l'argent à ajouter est donc : 660^g — 400 = 260 grammes.

2ᵉ TYPE. — **2230. Un alliage se compose de 460 grammes d'argent pur et de 75 grammes de cuivre : on veut faire un alliage au titre de 0,900. Quels poids d'argent pur faut-il ajouter ?**

Solution. — Le poids du cuivre étant le $1/10$ du poids total lorsque le titre est 0,900, le poids total de l'alliage définitif sera de : 75^g × 10 = 750 grammes.
Or, le poids de l'alliage proposé est de : 460^g + 75^g = 535 grammes.
Le poids d'argent pur à ajouter est donc de : 750^g — 535^g = 215 grammes.

Oraux. — **2231.** *Un lingot au titre de 0,850 pèse 200 grammes. Quel poids de métal fin faut-il y ajouter pour obtenir un lingot au titre de 0,900 ?*
— **2232.** *Quel poids d'argent pur faut-il fondre avec 100 pièces de 2 francs pour obtenir un alliage au titre de 0,900 ?* — *****2233.** *On fond 200 grammes d'or à 0,800 avec un lingot d'or pur et on obtient un alliage au titre de 0,900. Quel est le poids du lingot d'or pur et le poids de l'alliage obtenu ?*

Écrits. — **2234.** On a allié 4 385 grammes d'argent pur avec 25 hectogrammes de cuivre. Combien faut-il ajouter d'argent pur à cet alliage pour faire des pièces de 5 francs ? Combien aura-t-on de pièces ? *(Haute-Saône.)*

2235. Combien faut-il ajouter d'or pur à 136 grammes d'un alliage d'or et de cuivre au titre de 0,845 pour porter l'alliage au titre de 0,900 ?

2236. Quel poids d'argent pur faut-il ajouter à 870 grammes d'argent au titre de 0,820 pour en faire des pièces divisionnaires ? Quelle sera la valeur du lingot obtenu ? *(C. E.)*

*****2237.** Quel poids d'or au titre de 0,800 faut-il ajouter à 50 grammes d'or pur pour obtenir de l'or au titre de 0,900 ?

2238. Une pièce d'orfèvrerie en argent pèse 458 grammes ; son titre est de 0,800. Combien faut-il y ajouter de grammes d'argent pur pour qu'on puisse ensuite en faire des pièces de 5 francs ?

*****2239.** On fond ensemble 200 grammes d'un lingot d'or au titre de 0,750 et un lingot d'or pur ; on obtient ainsi un lingot au titre de 0,840. On demande le poids du lingot d'or pur et le poids du lingot au titre de 0,840.

ALLIAGES

PROBLÈMES

Abaisser le titre d'un alliage par l'addition de cuivre.

1er TYPE. — 2240. Combien faut-il ajouter de cuivre à 850 grammes d'argent au titre 0,900 pour faire de la monnaie au titre de 0,835 ? (*Doubs.*)

SOLUTION. — 850 grammes d'argent au titre de 0,900 contiennent :
$$0^g,900 \times 850 = 765 \text{ grammes d'argent pur.}$$
Ces 765 grammes doivent entrer dans un nouvel alliage au titre de 0,835.
Or, le poids d'un alliage (*formule n° 3, page 231*) est égal au *quotient* du poids du *métal fin* par le *titre*.
On a donc pour le poids total du nouvel alliage $765^g : 0,835 = 916^g,167$.
On doit donc ajouter en cuivre $916^g,167 - 850^g = 66^g,167$.

2e TYPE. — 2241. On a fondu ensemble 1 200 grammes d'or pur et 80 grammes de cuivre : quel poids de cuivre faut-il ajouter à cet alliage pour obtenir un alliage au titre de 0.750 ?

SOLUTION. — Le poids de l'alliage à obtenir est égal au *quotient* du poids du *métal fin* par le *titre*.
Poids total de l'alliage à obtenir $1\ 200^g : 0,750 = 1\ 600$ grammes.
Poids du premier alliage : $1\ 200^g + 80^g = 1\ 280$ grammes
Poids du cuivre à ajouter : $1\ 600^g - 1\ 280^g = 320$ grammes.

Oraux. — 2242. *On a un lingot qui se compose de 630 grammes d'argent pur et de 40 grammes de cuivre. Quel poids de cuivre faut-il y ajouter pour obtenir un alliage au titre de 0,9 ?* — **2243.** *Un lingot se compose de 720 grammes de métal fin et de 50 grammes de cuivre. Quel poids de cuivre doit-on y ajouter pour en faire un alliage au titre de 0,800 ?* — *****2244.** *200 grammes d'alliage au titre 0,920 doivent être transformés en un alliage au titre de 0,800 : quel poids de cuivre faut-il y ajouter ?*

Écrits. — 2245. On a un lingot qui contient 460 grammes d'or pur et 40 grammes de cuivre : quel poids de cuivre faut-il y ajouter pour obtenir un alliage au titre de 0,840 ?

2246. On a 800 grammes d'un lingot d'or au titre de 0,840. Combien faut-il y ajouter de cuivre pour abaisser le titre du lingot à 0,750 ? (*Somme.*)

2247. Quel poids de cuivre faut-il ajouter à une pièce de 5 francs en argent pour obtenir l'alliage des pièces divisionnaires ?

2248. Combien pourrait-on faire de pièces de 0fr,50 avec l'argent pur contenu dans 40 pièces de 5 francs ? Quelle quantité de cuivre faut-il ajouter et quelle valeur nouvelle aurait-on ? (*Orne.*)

2249. On a un lingot d'argent pur qui pèse 14kg,67. On demande quelle quantité de cuivre il faut allier à ce lingot pour faire des pièces divisionnaires et quelle sera la valeur de l'argent monnayé ? (*C. E.*)

*****2250.** Combien pourrait-on faire de pièces de 5 francs avec l'argent pur contenu dans 400 pièces de 2 francs et quel poids d'argent pur faudrait-il ajouter ? Dire aussi quelle serait la valeur de la somme obtenue.

*****2251.** Une somme en argent monnayé au titre 0,9 a été amenée au titre 0,835 par l'addition de 650 grammes de cuivre. Quelle était cette somme ?

*****2252.** Quel poids de cuivre faut-il ajouter à 1.500 grammes d'or au titre de 0,920, pour faire un alliage au titre des monnaies et quelle sera la valeur, en monnaie, de l'alliage obtenu ?

ALLIAGES

PROBLÈMES

Proportion d'après laquelle se fait un alliage.

1er TYPE. — 2253. Quel poids d'un alliage au titre de 0,950 faut-il ajouter à 700 grammes d'argent au titre de 0,800 pour obtenir un alliage au titre de 0,900 ?

Solution. — Dans la pratique, on dispose les données comme suit pour obtenir le résultat :

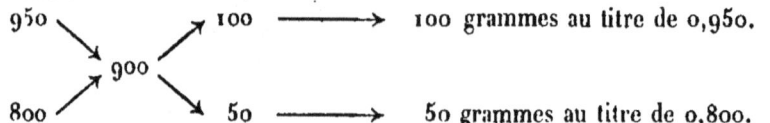

100 grammes au titre de 0,950.

50 grammes au titre de 0,800.

Quand on prend 50 grammes à 0,800, il faut y ajouter 100 grammes à 0,950.

Quand on prend 1 gramme à 0,800, il faut y ajouter $\frac{100^g}{50}$ à 0,950.

Et quand on prend 700 grammes à 0,800, il faut y ajouter :

$$\frac{100^g \times 700}{50} = 1\,400 \text{ grammes à } 0,950.$$

2e TYPE. — 2254. On a deux lingots d'argent, l'un au titre de 0,850, l'autre au titre de 0,720. Combien de chaque lingot doit-on prendre pour obtenir 1kg,040 d'alliage au titre de 0,800 ?

Solution. — Disposition pratique :

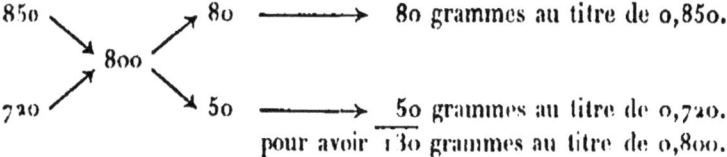

80 grammes au titre de 0,850.

50 grammes au titre de 0,720.

pour avoir 130 grammes au titre de 0,800.

Si, pour obtenir 130 grammes d'alliage à 0,800, on prend 80 grammes à 0,850.

Pour obtenir 1 gramme d'alliage à 0,800, on prendra $\frac{80^g}{130}$ à 0,850

Et pour obtenir 1 040 grammes d'alliage à 0,800, on prendra :

$$\frac{80^g \times 1\,040}{130} = 640 \text{ grammes à } 0,850.$$

Du second lingot à 0,720, on prendra $1\,040^g - 640^g = 400$ grammes.

Oraux. — 2255. *On a 65 grammes de métal fin. Quel poids d'un alliage au titre de 0,835 faut-il ajouter pour obtenir l'alliage des pièces de 5 francs ?*
— **2256.** *On a 20 grammes de cuivre. Quelle quantité d'alliage au titre de 0,900 faut-il ajouter pour obtenir un alliage au titre 0,800 ?*

Écrits. — 2257. On a 85 grammes de cuivre. Quel poids d'alliage, au titre de 0,920, faut-il y ajouter afin d'obtenir un lingot au titre de 0,750 ?

2258. On a un lingot pesant 3kg,250 au titre 0,920. Combien faut-il lui ajouter d'un autre lingot au titre 0,760 pour l'abaisser au titre 0,840 ?

*2259. On a 48 grammes d'argent au titre de 0,950. Quel poids d'un lingot à 0,840 faut-il ajouter pour obtenir un alliage au titre de 0,9 ?

*2260. Un orfèvre a deux lingots d'or, l'un au titre de 0,920 et l'autre au titre de 0,750. Combien doit-il prendre de chaque lingot pour faire un alliage au titre de 0,840 et pesant 325 grammes ?

148ᵉ LEÇON — TITRES DES OBJETS D'ORFÈVRERIE

457. Titres des objets d'orfèvrerie. — La loi, pour mettre l'acheteur à l'abri de la fraude, a établi des titres obligatoires pour les objets d'orfèvrerie en or et en argent (bagues, chaînes, couverts d'argent, etc.).

Ces titres, auxquels doivent se soumettre les fabricants, sont au nombre de 2 pour les objets en argent et de 3 pour les objets en or.

458. Les titres des objets d'orfèvrerie sont les suivants :

Alliages d'argent et de cuivre $\begin{cases} 0,950 \text{ (1}^{er}\text{ titre).} \\ 0,800 \text{ (2}^{e}\text{ titre).} \end{cases}$

Alliages d'or et de cuivre $\begin{cases} 0,920 \text{ (1}^{er}\text{ titre).} \\ 0,840 \text{ (2}^{e}\text{ titre).} \\ 0,750 \text{ (3}^{e}\text{ titre).} \end{cases}$

459. Tolérance et Contrôle. — La loi tolère 3 millièmes d'erreur sur le titre des objets d'orfèvrerie en or et 5 millièmes sur le titre des objets d'orfèvrerie en argent.

Tous les objets d'orfèvrerie en or ou en argent doivent, avant d'être mis en vente, en *France*, être présentés au bureau de garantie où des agents de l'État les vérifient et les marquent d'un *poinçon de garantie*. L'empreinte du poinçon de l'État atteste que ces objets ont le titre légal. C'est ce qu'on appelle le *contrôle*. Pour le contrôle des objets d'or et d'argent, le fabricant paie un droit de 38 francs par 100 grammes d'or et de 2^{fr},98 par 100 grammes d'argent, tous frais compris.

PROBLÈMES

TYPE. — 2261. En estimant à 220^{fr},56 le kilogramme d'argent pur, quelle est la valeur de l'argent que contient une chaîne d'argent, au titre de 0,800, pesant 45 grammes ?

SOLUTION. — Poids de l'argent pur contenu dans la chaîne :
1 gramme de l'alliage contenant 0^g,800, 45 grammes contiendront :
$$0^g,800 \times 45 = 36 \text{ grammes.}$$
Valeur de l'argent de la chaîne 220^{fr},56 × 0,036 = 7^{fr},95 en chiffres ronds.

Oraux. — 2262. *Une timbale en argent au titre de 0,800 pèse 50 grammes. Quelle est la valeur de l'argent qu'elle contient en admettant que le kilogramme d'argent pur vaille 220 francs ?* — **2263.** *On fait fondre une médaille en or de 100 grammes au titre de 0,750. Dites la valeur de l'or qu'elle contient en évaluant le kilogramme d'or pur 3 400 francs.*

Écrits. — 2264. On a fondu un objet d'orfèvrerie en argent pesant 80 grammes au titre de 0,800 avec 1 kilogramme d'un autre lingot à un titre inconnu. On a obtenu ainsi un alliage au titre de 0,950. Quel était le titre du lingot de 1 kilogramme ?

2265. En estimant à 3 437 francs la valeur d'un kilogramme d'or pur, dites la valeur de l'or contenu dans un bracelet 3ᵉ titre (0,750) pesant 125 grammes ?

***2266.** On fait fondre 300 grammes de bijoux en or 3ᵉ titre (0,750). Combien faut-il ajouter d'or pur pour avoir de l'alliage au 2ᵉ titre (0,840) ?

***2267.** Un orfèvre fait fondre deux lingots d'argent, l'un au titre de 0,950, l'autre au titre de 0,720. Quel poids doit-il prendre de chaque lingot pour obtenir un alliage pesant 345 grammes au titre de 0,800 ?

PROBLÈMES DE REVISION

2268. L'eau de mer contient 2,7 % de son poids de sel marin. La densité de cette eau est 1,03. Combien faut-il de litres d'eau de mer pour fournir un quintal de sel?

2269. Une marchande vend 1^{fr},20 le demi-kilogramme un mélange de beurre qu'elle a obtenu avec 27 kilogrammes à 1^{fr},10 le demi-kilogramme et 33 kilogrammes à 0^{fr},90 le demi-kilogramme. Quel est son bénéfice total et son bénéfice pour 100 sur le prix d'achat?

*2270. Les 2/5 d'une cuve de 345 litres sont remplis avec du vin à 45 francs l'hectolitre; le 1/3 avec du vin à 3 francs le décalitre, et le reste avec de l'eau. Quel prix doit-on vendre le litre pour gagner 0^{fr},15 par litre? *(Charente.)*

2271. Pour faire 1 kilogramme de beurre, il faut 4 litres de crème et, pour avoir 1 litre de crème, il faut 7 litres de lait. Combien faut-il de litres de lait pour faire 10 kilogrammes de beurre?

2272. Un épicier a 3 sortes de café, savoir: 61 kilogrammes à 4^{fr},50 le kilogramme, 34 kilogrammes à 3^{fr},45 le kilogramme et 18^{kg},5 à 5^{fr},20 le kilogramme. Il les mélange et veut, en les revendant, gagner 6 % sur le tout. Combien doit-il vendre le demi-kilogramme du mélange? *(Mayenne.)*

2273. On a acheté 18 litres de lait; pour savoir si le marchand y a mis de l'eau on pèse ce liquide, on trouve 18^{kg},450 pour le poids. Sachant qu'un litre de lait pur pèse 1^{kg},03, dire quelle quantité d'eau renferment ces 18 litres.

2274. Un marchand a acheté du vin à 0^{fr},60 et à 0^{fr},45 le litre; il mélange ces deux espèces de vin dans la proportion de 5 litres du premier vin pour 8 litres du second. Combien devra-t-il vendre le litre du mélange pour gagner 15 francs par hectolitre?

2275. Un père de famille a acheté 222 litres de vin à raison de 55 francs l'hectolitre. Il a ajouté 40 litres d'eau. A combien lui revient le litre? *(Manche.)*

*2276. Une personne achète 4 litres de lait. Rentrée chez elle, elle pèse ce lait et lui trouve un poids de 4^{kg},105. Dire 1° si ce lait est pur; 2° s'il ne l'est pas, quelle quantité d'eau il renferme : La densité du lait est de 1,03.

2277. Un marchand a acheté du blé à 3^{fr},55 le double décalitre et de l'orge à 14 francs l'hectolitre; il mélange 85 hectolitres de blé et 420 décalitres d'orge. Combien devra-t-il vendre le décalitre du mélange pour gagner 18 % sur son marché? *(Vienne.)*

2278. Quelle quantité d'eau faut-il ajouter à 25 litres de vin qui valent 0^{fr},60 le litre, pour que le vin revienne à 0^{fr},50 le litre?

*2279. L'échantillon d'un vin pesait 1/50 de moins que l'eau; j'en ai reçu 500 litres dans un fût qui, vide, pèse 32 kilogrammes et qui, rempli du vin envoyé, pèse 523^{kg},8. On demande si l'on y a mélangé de l'eau et dans quelle proportion.

*2280. Combien faut-il mettre d'eau dans 200 litres de vin qui coûtent 81^{fr},75 pour que le litre revienne à 0^{fr},45 en gagnant 20 %? *(Vendée.)*

2281. Un débitant a du vin à 0^{fr},40 et à 0^{fr},60. Il veut faire un mélange pour une pièce de 228 litres de manière que cette pièce lui revienne à 114 francs. Combien de litres de chaque espèce devra-t-il prendre? *(Rhône.)*

2282. On a du blé à 18^{fr},50 l'hectolitre et à 17^{fr},40 l'hectolitre : combien faudra-t-il en prendre de chaque espèce pour faire un mélange de 80 hectolitres à 17^{fr},75 l'hectolitre?

2283. On a du café à 3^{fr},75 le kilogramme et à 4^{fr},50. Combien faut-il en prendre de chaque espèce pour obtenir 18 kilogrammes à 4^{fr},25? *(Ain.)*

PROBLÈMES DE REVISION

2284. Un marchand a de la laine de deux qualités à 7 francs et à 4 francs le kilogramme. Il veut faire un mélange de 150 kilogrammes de laine au prix moyen de 5^{fr},50 le kilogramme. Combien de chaque espèce de laine entrera-t-il dans le mélange?

2285. On veut faire un mélange de 70 hectolitres avec deux espèces de blé, la première à 3^{fr},60 le double décalitre et la deuxième à 3^{fr},25. Combien devra-t-on prendre de doubles décalitres de chaque espèce pour que le prix moyen soit 17^{fr},30 l'hectolitre? (Lot.)

2286. Une pompe fournit 2^{lit},25 d'eau par coup de balancier et l'on donne 45 coups par minute. Combien faudra-t-il donner de coups pour remplir un réservoir long de 2^m,80, large de 2^m,30 et profond de 1^m,40? Combien faudra-t-il de temps? (Charente.)

2287. Un grainetier a du blé qui lui coûte 17^{fr},40 l'hectolitre et d'autre blé qui lui revient à 18^{fr},20. Quelle quantité doit-il prendre de chaque espèce pour en faire 3600 litres qu'il puisse vendre sans perte ni gain, au prix de 17^{fr},90 l'hectolitre? (Aveyron.)

2288. On veut acheter 540 kilogrammes d'huile d'olive de deux qualités. L'une vaut 4^{fr},50 le kilogramme, l'autre 4^{fr},75. On veut en avoir de chaque sorte une quantité telle que le prix moyen du kilogramme soit 4^{fr},60. Combien de kilogrammes de chaque qualité doit-on acheter?

2289. On veut faire un mélange de 350 litres avec du vin à 0^{fr},63 et à 0^{fr},45, de manière que le prix du litre de mélange soit 0^{fr},50. Combien de litres de chaque espèce devra-t-on prendre?

2290. Un robinet remplirait seul en 5 heures un bassin qu'une soupape viderait en 7 heures. Si la soupape et le robinet sont ouverts ensemble, au bout de combien de temps le bassin sera-t-il plein? (Haute-Loire.)

2291. Une fontaine donne 2^{lit} 1/3 d'eau par minute. Combien mettra-t-elle d'heures et de minutes pour remplir un bassin de 1^m,50 de longueur, sur 0^m,40 de largeur et 0^m,35 de profondeur?

2292. Une pompe fournit 2^{lit} 1/4 d'eau par coup de balancier et on donne 30 coups par minute. En combien de temps cette pompe remplira-t-elle un réservoir d'une contenance de 10^{m3},915, sachant qu'un robinet laisse couler 5^{hl},50 d'eau par heure? (Jura.)

2293. Quel est le poids d'un pain de sucre qui a 0^m,30 de diamètre et 0^m,40 de hauteur? La densité du sucre est de 1,60.

2294. Un bassin reçoit par quart d'heure 18^{lit} 1/2 d'eau et en perd dans le même temps 4^{lit} 2/3. Combien conservera-t-il de litres d'eau en 4^h 1/2? (Oise.)

*****2295.** Un puits a la forme d'un cylindre de 1^m,70 de diamètre. Plein d'eau jusqu'aux 4/5, il en contient 36 500 litres. Quelle est la profondeur de ce puits?

*****2296.** Trouver la surface de la base d'une pyramide dont le volume a 0^{m3},288 et qui a pour hauteur 1^m,20. En admettant que cette pyramide ait pour base un rectangle de 0^m,60 de largeur, calculer la longueur de ce rectangle.

2297. Quelle est la contenance d'un flacon plein de vin qui pèse vide 850 grammes et qui, étant plein, fait équilibre à 18 francs en argent et 20 francs en bronze? Le litre de vin pèse 995 grammes. (Deux-Sèvres.)

2298. Combien faudra-t-il de temps pour vider un réservoir ayant une forme cylindrique et mesurant 12 mètres de hauteur et 0^m,60 de rayon, dont le contenu s'écoule au moyen de deux robinets à raison de 25 litres à la minute par chaque robinet? (Belfort.)

PROBLÈMES DE REVISION

2299. On pèse du café avec 45 pièces de 5 francs en argent, une pièce de 2 francs et 3 pièces de 1 franc. Le kilogramme de ce café vaut 4^{fr},60. Trouver le poids et la valeur du café.

*2300. La France dut payer à l'Allemagne, après la guerre de 1870, une indemnité de guerre de 5 milliards. Calculer le poids que représentait cette somme en supposant qu'elle fût : 1° en or; 2° en argent; 3° en bronze.

2301. On a un sac renfermant 66 hectogrammes de monnaie d'or et de monnaie d'argent d'une valeur égale. Trouver le poids et la valeur de chaque espèce de monnaie.

2302. Quel volume apparent forme une pile de 25 pièces de 20 francs, le diamètre de ces pièces étant de 21 millimètres et l'épaisseur de 1^{mm},25? Quelle profondeur doit avoir un étui pour les contenir? La densité de la monnaie d'or étant 17,65, trouver le volume réel de la pile.

2303. Quelle est la somme en or qui pèserait autant que l'eau contenue dans une boîte cubique de 0^{m},08 de côté?

2304. On a 25 francs en bronze et 215 francs en argent. On échange cette somme contre de l'or. De quel poids est-on allégé? *(Meurthe-et-Moselle.)*

2305. Une somme d'argent pèse 5 kilogrammes. Elle se compose d'un nombre égal de pièces de 5 francs, de 2 francs et de 1 franc. Quel est le montant de la somme et combien y a-t-il de pièces de chaque espèce? *(Côte-d'Or.)*

2306. Combien faudrait-il de pièces de 50 francs en or pour faire équilibre à l'huile contenue dans un vase cylindrique ayant 0^{m},06 de diamètre et 0^{m},18 de hauteur, sachant que le litre d'huile pèse 915 grammes? *(Eure-et-Loir.)*

2307. Un homme de force moyenne peut porter 75 kilogrammes. Quelle somme porterait-il : 1° en argent monnayé; 2° en or; 3° en bronze? *(Seine.)*

*2308. Un ouvrier, travaillant 6 jours par semaine et gagnant 4^{fr},50 par jour, a reçu, pour 35 semaines de travail, une somme qui, en monnaie d'argent, aurait pesé 4^{kg},455. Combien de jours de chômage y a-t-il eu? *(Loiret.)*

*2309. Une personne paye les 3/5 de ses dettes en fournissant un certain nombre de litres d'huile à 1^{fr},50 le litre, la moitié du reste en monnaie d'argent et le reste en pièces d'or. Le poids de celles-ci étant de 360 grammes, on demande quel était le montant de la dette de cette personne et combien de litres d'huile elle a fournis. *(Marne.)*

2310. Un sac rempli de pièces d'argent pèse 21^{kg},6; vide, il pèse 6 hectogrammes. Quelle somme renferme-t-il? Si le contenu du sac était en monnaie de bronze, quelle en serait la valeur? *(Nord.)*

*2311. Calculer la valeur de la somme que possède une personne, sachant que, si elle dépense d'abord les 3/5 de cette somme et ensuite les 5/9 du reste, la somme en pièces d'argent qui lui reste en dernier lieu pèse autant que 3^{lit},12 d'eau distillée. *(Isère.)*

*2312. On a mis dans le plateau d'une balance 6 200 francs en or; dans l'autre on met 0^{lit},45 d'eau et on achève de faire l'équilibre avec de la monnaie d'argent. Quelle est la valeur de la somme en argent? *(Haute-Vienne.)*

*2313. On fond une somme de 6 000 francs en pièces de 5 francs, pour en fabriquer un nombre égal de pièces de 1 franc et 0^{fr},50. On demande quelle quantité de cuivre il faut ajouter à l'alliage, et combien de pièces de chaque sorte on pourra faire avec le nouveau lingot. *(Seine.)*

2314. On a 500 grammes d'un lingot d'or au titre de 0,900. Combien faut-il y ajouter d'or pur pour élever le titre du lingot à 0,920? *(Corse.)*

PROBLÈMES DE REVISION

2315. On retire 6 200 pièces de 5 francs de la circulation et on les emploie à fabriquer des pièces de 1 franc et de 2 francs. Quelle somme obtiendra-t-on, si chaque pièce de 5 francs a perdu $1/200$ de son poids par l'usure? (Meurthe-et-Moselle.)

2316. Une somme d'argent en pièces divisionnaires renferme $239^g,25$ de cuivre. Quelle est sa valeur et quel est le poids de l'argent pur? (Oran.)

*2317. Un alliage a été obtenu en fondant 300 grammes d'un lingot d'argent et de cuivre au titre de 0,7 avec 500 grammes d'un autre lingot composé des mêmes métaux à un titre inconnu. Sachant que 40 grammes de l'alliage contiennent $30^g,50$ de métal fin, on demande le titre du deuxième lingot.

2318. On fabrique des pièces de 5 francs avec un lingot d'argent pur dont le volume est $4^{dm3},225$. On demande le nombre des pièces fabriquées. La densité de l'argent est 10,47.

2319. On fait un alliage de deux lingots d'argent, l'un de 480 grammes au titre de 0,700; l'autre de 520 grammes au titre de 0,650 Combien faut-il lui ajouter d'argent pur pour que l'alliage soit au titre de 0,800?

2320. Quel est le poids de l'argent pur contenu dans une somme de 60 francs composée de 24 pièces de 2 francs, 7 pièces de 1 franc et le reste en pièces de $0^{fr},50$?

2321. On a 540 grammes d'alliage au titre de $11/12$: combien faut-il y ajouter de cuivre pour rendre cet alliage au titre de $9/10$? (Nord.)

2322. Combien d'or pur faut-il ajouter à 175 grammes de cuivre pour obtenir un alliage propre à faire de la monnaie? Quelle somme pourrait-on obtenir avec cet alliage?

2323. On fond ensemble 120 pièces de 2 francs en argent. Quel poids d'argent pur faudra-t-il ajouter pour obtenir un lingot au titre de 0,900? Combien pourrait-on fabriquer avec le nouveau lingot de pièces de 5 francs en argent? (Loiret.)

2324. On traite du minerai d'argent qui contient 20 % de son poids d'argent, et qui perd pendant l'opération 2 % de l'argent qu'il renferme. Combien de kilogrammes de minerai doit-on traiter pour obtenir l'argent nécessaire à la fabrication d'une somme de 20 000 francs en pièces de 5 francs? (Ille-et-Vilaine.)

2325. Quel est le poids de l'argent pur contenu dans une somme de 850 francs en pièces de 5 francs. Quel serait le poids de l'argent monnayé dans lequel entrerait cette quantité d'argent pur, s'il s'agissait de s'en servir pour faire des pièces divisionnaires?

*2326. Un lingot d'argent pur pèse $2^{kg},468$. On veut le monnayer et en faire autant de pièces de 5 francs que de pièces de 2 francs. Combien de pièces de chaque espèce aura-t-on, et quelle sera la valeur totale de ces pièces?

2327. Dans quelle proportion faut-il mélanger du vin à 85 francs l'hectolitre et du vin à 50 francs l'hectolitre pour que la bouteille de $0^{lit},75$ revienne à $0^{fr},60$?

2328. Un vase cubique de $0^m,20$ d'arête, et pesant vide 600 grammes, est rempli aux $3/4$ d'huile dont la densité est 0,915. On le met sur le plateau d'une balance. Quelle somme en monnaie d'argent faut-il placer sur l'autre plateau pour établir l'équilibre?

2329. Une personne achète 15 litres de lait et désirant vérifier s'il n'y a pas d'eau dans ce lait, elle pèse ces 15 litres et trouve $15^{kg},390$. On demande combien il y a de litres d'eau dans la quantité de lait acheté sachant que le litre de lait pur a pour densité 1,03.

*2330. Un négociant a du café qui lui revient à $3^{fr},25$ et à $4^{fr},75$ le kilogramme; il veut gagner 25 % en vendant ce café. On lui demande 100 kilogrammes de café pour $481^{fr},25$. Comment doit-il composer le mélange?

*PLUS GRAND COMMUN DIVISEUR

***460. Nombre premier.** — Un **nombre premier** est un nombre qui n'est *divisible* que par *lui-même* et par *l'unité*. Ex. : 2, 3, 5, 7, 11, 13....

***461. Nombres premiers entre eux.** — Deux nombres sont **premiers entre eux** lorsqu'ils n'ont pas d'autre *diviseur commun* que l'unité. Ex. : 8 et 9; 11 et 17; 21 et 52.

***462. Facteurs premiers.** — On appelle **facteurs** ou **diviseurs** premiers d'un nombre les nombres premiers qui *multipliés entre eux* reproduisent ce nombre.
Ainsi 2 et 3 sont les facteurs premiers de 6; 5 et 7 de 35; 2, 3 et 5 de 30.

***463. Recherche des facteurs premiers d'un nombre.** — Soit 84 à décomposer en ses facteurs premiers. J'écris 84 ; à droite, je tire un trait vertical ; puis je divise 84 par le plus petit nombre premier qui le divise exactement. 84 est divisible par 2 ; j'écris 2 en face de 84, à droite du trait. Je prends la moitié de 84 ; j'opère sur le quotient, 42, ainsi que sur chacun des quotients successifs obtenus comme j'ai opéré sur 84, jusqu'à ce que j'aie l'unité pour dernier quotient.

84	2
42	2
21	3
7	7
1	

Ainsi je prends successivement la moitié de 42, le tiers de 21 et le 7e de 7. J'ai pour résultat : $84 = 2 \times 2 \times 3 \times 7$ ou $2^2 \times 3 \times 7$.

***464. Plus grand commun diviseur.** — Le **plus grand commun diviseur** (p. g. c. d.) de plusieurs nombres est le **plus grand nombre** *qui les divise exactement*.

Le **p. g. c. d.** s'obtient en faisant le **produit** des facteurs premiers **communs** contenus dans ces nombres, chaque facteur étant pris *une seule fois* avec son plus **petit exposant**.

Soit à trouver le **p. g. c. d.** des nombres 504 et 108. On a, en décomposant 504 et 108 en leurs facteurs premiers :
$$504 = 2^3 \times 3^2 \times 7 \qquad 108 = 2^2 \times 3^3$$
Le p. g. c. d. est : $2^2 \times 3^2 = 36$.

***465. Fraction réduite à sa plus simple expression.** — Si on divise deux nombres par leur **p. g. c. d.**, les **quotients** obtenus, n'ayant plus aucun autre diviseur commun que l'unité, sont **premiers entre eux**. D'où :

***466. Règle.** — Pour *réduire une fraction* à sa plus simple expression, on peut diviser ses **deux termes** par leur **p. g. c. d.**

Soit $\frac{108}{504}$. On vient de voir que le **p. g. c. d.** de 108 et 504 est 36.

Divisant chacun des termes 108 et 504 par 36, on a $\frac{108 : 36}{504 : 36} = \frac{3}{14}$.

La fraction $3/14$ ayant ses deux termes *premiers entre eux* ne saurait plus être simplifiée ; elle est dite **irréductible** ou **réduite à sa plus simple expression**.

EXERCICES

Écrits. — ***2331.** Décomposer en leurs *facteurs premiers* :
40, 72, 360, 270, 410, 512, 1020, 1400.

***2332.** Trouver le *p. g. c. d.* des nombres :
39 et 54, 36 et 75, 120 et 88, 425 et 375, 1050 et 140.

***2333.** Réduire à leur *plus simple expression* les fractions suivantes :
$$\frac{108}{288};\quad \frac{845}{927};\quad \frac{576}{1152};\quad \frac{155}{1240};\quad \frac{1680}{4032};\quad \frac{8400}{2460};\quad \frac{425}{375};\quad \frac{375}{625}.$$

150ᵉ LEÇON

*PLUS PETIT COMMUN MULTIPLE

*467. Multiple. — On appelle **multiple** un nombre **divisible** *exactement* par un autre. Ainsi : 12 est multiple de 3 ; ainsi 60 est multiple de 15.

*468. Commun multiple. — Quand un nombre est exactement **divisible** *à la fois* par plusieurs autres, ce nombre est dit **commun multiple**. Ainsi 12 est commun multiple de 2, de 3, de 4, de 6 ; de même 60 est commun multiple de 2, de 3, de 4, de 5, de 6, de 10, de 12, de 15, de 20, de 30.

*469. Plus petit commun multiple. — Le **plus petit commun multiple** de plusieurs nombres (**p. p. c. m.**) est le plus petit nombre *exactement divisible* par chacun d'eux.

Le **p. p. c. m.** de *plusieurs nombres* s'obtient en faisant le **produit** des *facteurs premiers* contenus dans ces nombres, chaque facteur étant pris une **seule fois** avec **son plus fort exposant**.

Soit à trouver le **p. p. c. m.** de 6, 20 et 18. On a, en décomposant les nombres en leurs facteurs premiers :
$$6 = 2 \times 3 ; \qquad 20 = 2^2 \times 5 ; \qquad 18 = 2 \times 3^2$$
Le **p. p. c. m.** est $2^2 \times 3^2 \times 5$ ou **180**.

*470. Réduction des fractions au plus petit dénominateur commun (**p. p. d. c.**). — Lorsque des fractions sont réduites au *même dénominateur*, ce dénominateur est un **commun multiple** de tous les dénominateurs ; le **p. p. d. c.**, pour des fractions données, est donc le **plus petit commun multiple** de leurs dénominateurs.

Soit à réduire au **p. p. d. c.** $\frac{3}{8} ; \quad \frac{5}{6} ; \quad \frac{7}{16} ; \quad \frac{2}{15}.$

On a, en décomposant les dénominateurs en leurs facteurs premiers :
$$8 = 2^3 \qquad 6 = 2 \times 3 \qquad 16 = 2^4 \qquad 15 = 3 \times 5.$$

$\frac{3}{8} \quad \frac{5}{6} \quad \frac{7}{16} \quad \frac{2}{15}$ Le **p. p. c. m.** des dénominateurs, et par conséquent le **p. p. d. c.** demandé est $2^4 \times 3 \times 5 = \mathbf{240}.$

$30 \quad 40 \quad 15 \quad 16$

$\frac{90}{240} \quad \frac{200}{240} \quad \frac{105}{240} \quad \frac{32}{240}$

*471. Règle. — Je divise le **p. p. d. c.** 240 par le **dénominateur** de chaque fraction ; j'écris au-dessous de chaque fraction le **quotient** de 240 par le dénominateur ; puis je *multiplie* les deux termes de chacune des fractions par le **quotient correspondant**.

Les fractions obtenues $\frac{90}{240}, \frac{200}{240}, \frac{105}{240}, \frac{32}{240}$ sont les fractions réduites à leur **plus petit dénominateur commun**.

EXERCICES

Écrits. — ***2334.** Trouver le *p. g. c. d.* des nombres 120 et 100 ; 60 et 48 ; 70 et 42.

*2335. Réduire à leur *plus simple expression* les fractions suivantes :
$$\frac{684}{872} ; \quad \frac{126}{492} ; \quad \frac{36}{254} ; \quad \frac{25}{40} ; \quad \frac{246}{360} ; \quad \frac{576}{1422} ; \quad \frac{3182}{5654}.$$

*2336. Trouver le *p. p. c. m.* des nombres suivants : 60 et 90 ; 80 et 120.

*2337. Réduire au *p. p. d. c.* : 1° $\frac{15}{25}, \frac{12}{18}, \frac{9}{30}$; 2° $\frac{5}{6}, \frac{7}{30}, \frac{11}{18}.$

*RACINE CARRÉE D'UN NOMBRE ENTIER

***472. Carré.** — Le **carré** d'un nombre est égal au *produit de ce nombre* par *lui-même*.

Ainsi 64, 25, 49 sont respectivement **les carrés** de 8, 5, 7.

***473. Carré parfait.** — Un nombre est dit *carré parfait* quand la racine de ce nombre est **exacte**. Ainsi 64, 25, 49 sont des carrés parfaits.

***474. Racine carrée.** — La racine carrée d'un nombre est le *nombre* qui, *multiplié par lui-même*, reproduit le nombre proposé.

Ainsi 7 est la racine carrée de 49, 6 est la racine carrée de 36.

***475. Racine des nombres entiers inférieurs à 100.** — Pour extraire la racine carrée d'un nombre entier inférieur à 100, il suffit de connaître les **carrés** des neuf premiers nombres :

Nombres :	1	2	3	4	5	6	7	8	9
Carrés :	1	4	9	16	25	36	49	64	81

La **racine carrée** de 81 est **9** ; de 25 est **5** ; de 36 est **6**.
La racine carrée de 52 est **7**, le *plus grand carré* contenu dans 52 étant **49**.

***476. Racine carrée des nombres entiers supérieurs à 100.** — Soit à extraire la racine carrée de 66 049.

1° On partage le nombre, *à partir de la droite*, en *tranches* de deux chiffres ; la dernière tranche à gauche peut n'avoir qu'un seul chiffre ;

2° On **extrait** la *racine* de la première tranche de gauche 6 ; cette racine est 2 ; on *écrit* cette racine 2 à la place qu'occupe le diviseur dans une division ;

```
6·60·49  | 257
  4      |────────────
────     | 45 × 5 = 225
26·0     | 507 × 7 = 3549
22 5
────
 3 54 9
 3 54·9
────
   0
```

3° On **fait le carré** de cette racine, soit $2 \times 2 = 4$;

4° On **soustrait** ce carré 4 de la 1re tranche 6 ; il reste 2 ;

5° A la droite de ce reste 2, on **abaisse** la tranche suivante 60 et, dans le nombre 260 ainsi formé, on **sépare** par un point le *dernier chiffre à droite*,

6° On **double** la racine 2 déjà trouvée, soit $2 \times 2 = 4$ et on écrit ce double à la place qu'occupe le quotient dans une division ;

7° On **divise** la partie *à gauche* du point, c'est-à-dire 26, par ce double de la racine déjà trouvée... 26 : 4 = 6 ;

8° Mais ce quotient 6 peut être *trop fort* ; pour l'essayer, on l'écrit à la droite de 4, double de la racine, et on multiplie le nombre ainsi formé 46 par ce quotient 6. Le produit de 46 par 6, soit **276** ne pouvant être retranché de 260, le chiffre 6 est trop fort ; on le diminue de 1, et on essaie de même le chiffre 5. Le produit de $45 \times 5 = 225$ peut se soustraire de 260 ; 5 est donc le **véritable** chiffre de la racine. On l'écrit à la droite de 2, obtenu comme premier chiffre de la racine.

9° On **soustrait** 225 du nombre 260, et on **abaisse** à la droite du reste 35 la tranche suivante 49. On **opère** sur le nombre 3549 comme on l'a fait sur le nombre 260 ; et on trouve *après essai* le dernier chiffre 7 de la racine.

La racine carrée de 66 049 est donc **257**.

***477. Applications :** $\sqrt{2500}$; $\sqrt{6400}$; $\sqrt{4900}$; $\sqrt{90\,000}$; $\sqrt{360\,000}$.

151ᵉ LEÇON
*RACINE CARRÉE D'UN NOMBRE DÉCIMAL

***478. Racine carrée d'un nombre décimal.** — Soit à extraire la racine carrée de 592 unités, 9225.

```
5·92,92·25 | 24.35
4          |────────────
───────    | 44 × 4 = 176
 19·2      | 485 × 3 × 1449
 17 6      | 4865 × 5 = 24325
 ─────     |
 1 69·2
 1 44 9
 ──────
   24 3·25
   24 3 25
   ──────
        0
```

Pour extraire la racine carrée d'un nombre décimal, on **partage** le nombre en tranches de 2 chiffres à partir de la virgule, de *droite à gauche* pour la partie entière, de *gauche à droite* pour la partie décimale. Si la *dernière tranche de droite* de la partie décimale n'a qu'un chiffre, on la complète par un **zéro**. Puis on opère comme si le nombre était entier ; mais on a soin de **placer une virgule à la racine** *avant d'abaisser la première tranche* de la partie décimale.

EXERCICES

Oraux. — ***2338.** Quel est le carré de 80 ? de 50 ? de 90 ? de 700 ? — ***2339.** Quel est le carré de 0,3 ? de 0,7 ? de 0,04 ? de 0,001 ? — **2340.** Quelle est, à moins d'une unité près, la racine carrée de 39 ? de 85 ? de 57 ? de 15 ? de 14 ? — ***2341.** Dites la racine carrée de 0,25 ; de 0,36 ; de 0,81.

Écrits. — ***2342.** Extraire la racine carrée des nombres suivants :
625 ;   1024 ;   5776 ;   11,664 ;   9,801 ;   4,41 ;   3,0625.

PROBLÈMES

TYPE. — ***2343. Un terrain carré a 36 ares. On l'entoure d'une clôture qui coûte 35 francs le décamètre. Quelle est la dépense ?** (*Vosges.*)

SOLUTION. — La surface du terrain est de 36 ares ou 3600 mètres carrés.
Le côté du carré est $\sqrt{3600} = 60$ mètres.
Le pourtour est de $60^m \times 4 = 240$ mètres ou 24 décamètres.
La dépense pour la clôture est de $35^{fr} \times 24 = 840$ francs.

Oraux. — ***2344.** Le produit d'un nombre par sa moitié égale 32. Quel est ce nombre ? — ***2345.** Un jardin carré de $1^a,44$ doit être entouré d'un grillage en fer coûtant 4 francs le mètre. A combien reviendra cet entourage ? — ***2346.** Quel est le rayon d'un cercle de $314^{m2},16$ de surface ?

Écrits. — ***2347.** Un propriétaire veut clore d'un mur un jardin carré de $31^a,36$ de surface. Quelle sera la longueur totale du mur ?

*2348. Un tapis carré a une superficie de $22^{dm2},09$: on enlève tout autour une bande de 7 centimètres de largeur. Quelle est alors la longueur du côté du tapis ?

*2349. Une règle en fer à section carrée a 40 centimètres de longueur. Son poids est de $1338^g,82$. On demande la longueur du côté de la section, sachant que la densité du fer est 7,78.

*2350. On a 729 pommiers à planter à égale distance les uns des autres dans un terrain carré de $10^{ha},394176$: combien faut-il en mettre sur chaque ligne et quelle sera la distance entre deux arbres ? (La première rangée de chaque côté sera sur la limite.)

*2351. Un terrain carré est vendu 93100 francs à raison de 76 francs l'are. Dites la longueur du côté de ce terrain.

*CARRÉ DE L'HYPOTÉNUSE

***479. Propriété du carré fait sur l'hypoténuse.** — Le *carré* construit sur **l'hypoténuse** d'un *triangle rectangle* est égal à la **somme** des carrés construits sur les *deux autres côtés* de l'angle droit.

Considérons *deux carrés égaux* A et A'. Plaçons dans le carré A *quatre équerres égales* dans la position indiquée par la figure. Ces équerres recouvrent une partie du carré A et laissent **un vide** composé de **deux carrés** a et b qui ont pour côtés respectifs les côtés de l'angle droit de l'équerre.

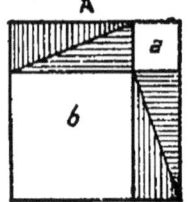 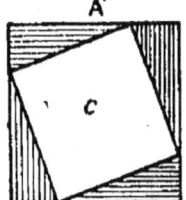

Plaçons dans le carré A' les mêmes équerres dans la position indiquée par la figure. Elles recouvrent une partie du carré et laissent un *vide* représentant **un carré** c qui a pour côté l'hypoténuse du triangle rectangle formé par l'équerre.

Dans les deux carrés, les quatre équerres recouvrent le *même espace*; les vides représentent la *même surface*; donc le carré c a la *même surface* que les deux carrés a et b réunis, c'est-à-dire que le *carré* construit sur *l'hypoténuse* est égal à la *somme* des carrés construits sur les deux *autres côtés* de l'angle droit.

PROBLÈMES

TYPE. — ***2352.** Trouver la longueur de l'hypoténuse d'un triangle rectangle dont les côtés de l'angle droit ont respectivement **12 mètres** et **5 mètres**.

SOLUTION. — Le carré fait sur l'hypoténuse est égal à la somme des carrés faits sur les deux côtés de l'angle droit.

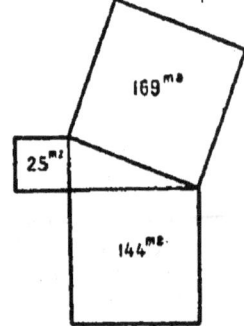

Un carré de 12 mètres de côté a pour surface
$1^{m^2} \times (12 \times 12) = 144$ mètres carrés.
Un carré de 5 mètres de côté a pour surface
$1^{m^2} \times (5 \times 5) = 25$ mètres carrés.
Le carré fait sur l'hypoténuse a pour surface
$144^{m^2} + 25^{m^2} = 169$ mètres carrés.
La longueur de l'hypoténuse est de
$\sqrt{169} = 13$ mètres.

Oraux. — ***2353.** Quelle est la surface d'un champ ayant la forme d'un triangle isocèle dont la base a 80 mètres et chacun des deux autres côtés 50 mètres ? — ***2354.** La diagonale d'un terrain rectangulaire mesure 50 mètres. La largeur du terrain a 30 mètres. Quelle est la surface du terrain ?

Écrits. — ***2355.** Calculer l'hypoténuse d'un triangle rectangle dont les deux côtés de l'angle droit ont : 1° 6 mètres et 18 mètres; 2° $9^m,20$ et $14^m,50$.

*2356. On a une échelle de 7 mètres de long pour atteindre exactement le bord d'une fenêtre qui est à 5 mètres de hauteur. À quelle distance du mur est le pied de l'échelle ?

*2357. Quelle est la surface d'un triangle rectangle dont l'hypoténuse a $132^m,30$ et l'un des côtés $48^m,50$?

*2358. Calculer la surface d'un triangle équilatéral qui a 8 mètres de côté.

153ᵉ LEÇON
PARTAGE DIRECTEMENT PROPORTIONNEL

1ᵉʳ TYPE. — 2359. Soit à partager 465 francs proportionnellement aux nombres 2, 3 et 5.

SOLUTION. — Le partage étant **directement proportionnel**, la part correspondant à chaque nombre est d'autant **plus grande** que le nombre est lui-même **plus grand**.

Si au nombre 1 correspond 1 part, au nombre 2 correspondent 2 parts, au nombre 3 correspondent 3 parts, et au nombre 5 correspondent 5 parts.

A la somme des nombres donnés $2+3+5$ ou 10 correspondent $2+3+5$ ou dix parts qui valent ensemble 465 francs.

Si 10 parts valent 465 francs, 1 part vaut $\frac{465^{fr}}{10}$; 2 parts valent $\frac{465^{fr} \times 2}{10} = 93^{fr}$; 3 parts valent $\frac{465^{fr} \times 3}{10} = 139^{fr},50$; et enfin 5 parts valent $\frac{465^{fr} \times 5}{10} = 232^{fr},50$.

Vérification : $93^{fr} + 139^{fr},50 + 232^{fr},50 = 465$ francs.

2ᵉ TYPE. — 2360. Soit à partager 162 francs en 3 parties proportionnelles aux fractions $2/3$, $3/4$ et $5/6$.

SOLUTION. — Le partage doit se faire proportionnellement aux fractions $2/3$, $3/4$ et $5/6$ ou, en réduisant ces fractions au même dénominateur, aux fractions $8/12$, $9/12$ et $10/12$.

Supprimant le dénominateur commun 12, je multiplie par une même quantité chacun des nombres proportionnels ; le résultat reste le même, et il suffit de partager 162 francs proportionnellement aux numérateurs 8, 9 et 10 dont le total est 27.

On a :   1° $\frac{162^{fr} \times 8}{27} = 48$ francs.   2° $\frac{162^{fr} \times 9}{27} = 54$ francs.

3° $\frac{162^{fr} \times 10}{27} = 60$ francs.

PROBLÈMES

Oraux. — 2361. *Partager 100 francs proportionnellement aux nombres 1, 3, 5.* — **2362.** *Partager 70 francs en parties directement proportionnelles aux fractions 1/2, 1/4, 1/8.* **2363.** *Deux maçons ont fait un mur pour 270 francs. Le premier en a fait le 1/3, le second le reste. Faites les parts.*

Écrits. — 2364. On a partagé une somme proportionnellement aux nombres 5, 7 et 31. La 1ʳᵉ part est de 1368 francs. Calculez les deux autres parts.

2365. Une armoire et un buffet coûtent ensemble 180 francs. Le prix du buffet est les $4/5$ de celui de l'armoire. Quel est le prix de chaque meuble?

2366. Partager 630 francs en 2 parties telles que la 2ᵉ soit les $3/4$ de la 1ʳᵉ.

2367. Le prix de la doublure d'une étoffe est les $2/7$ de celui de l'étoffe. 8 mètres d'étoffe doublée valant $129^{fr},60$: dites la valeur d'un mètre de doublure.
(C. E. Seine.)

*2368. Partager 47 925 francs entre 3 personnes de manière que la 1ʳᵉ ait la moitié de la 2ᵉ, et la 2ᵉ le $1/3$ de la 3ᵉ.

*2369. Un ouvrier a fait 17 journées, un deuxième, 24, et un troisième, 32. Ils ont reçu ensemble $225^{fr},15$, mais le troisième gagnait $0^{fr},15$ de moins par jour. Combien chaque ouvrier a-t-il reçu? (Lot-et-Garonne.)

2370. Partager 40 francs entre personnes de manière que les 2 premières parts soient égales et que celle de la 3ᵉ soit égale aux $2/3$ de celle de la 1ʳᵉ. (Seine.)

*PARTAGE INVERSEMENT PROPORTIONNEL

1er TYPE. — ***2371. Soit à partager 426 francs en 3 parties inversement proportionnelles aux nombres 3, 5 et 7.**

SOLUTION. — Le partage étant **inversement proportionnel**, la part correspondant à chaque nombre est d'autant **plus petite** que le nombre est **plus grand**.

Si à l'unité correspond une part, au nombre 3 correspond une quantité 3 fois plus petite, soit $1/3$ de part; au nombre 5 correspond $1/5$ de part et au nombre 7 correspond $1/7$ de part.

Cela revient ainsi à partager 426 francs **proportionnellement** aux fractions $1/3$, $1/5$ et $1/7$, représentant respectivement les **inverses** des nombres donnés 3, 5 et 7.

Réduisant ces fractions au même dénominateur, on a :

$$\frac{1\times 5\times 7}{3\times 5\times 7}=\frac{35}{105}\ ;\quad \frac{1\times 3\times 7}{5\times 3\times 7}=\frac{21}{105}\ ;\quad \frac{1\times 3\times 5}{7\times 3\times 5}=\frac{15}{105}.$$

Partageant la somme 426 francs proportionnellement aux numérateurs 35, 21 et 15, dont le total est 71, on a les résultats suivants :

1° $\dfrac{426^{fr}\times 35}{71}=210$ francs. 2° $\dfrac{426^{fr}\times 21}{71}=126$ francs.

3° $\dfrac{426^{fr}\times 15}{71}=90$ francs.

2e TYPE. — ***2372. Soit à partager 254 francs en 3 parties inversement proportionnelles aux fractions $2/3$, $3/4$ et $5/7$.**

SOLUTION. — Cela revient à partager 254 francs en 3 parties *directement* proportionnelles aux *inverses* de ces fractions.

Or, les *inverses* de ces fractions s'obtiennent en divisant l'*unité* par *chacune* des fractions données. On a donc, d'après la règle de la division d'un entier par une fraction : $1:\dfrac{2}{3}=\dfrac{3}{2}$; $1:\dfrac{3}{4}=\dfrac{4}{3}$; $1:\dfrac{5}{7}=\dfrac{7}{5}$.

Réduisant ces fractions $3/2$, $4/3$, $7/5$ au même dénominateur, on a, en prenant 30 comme dénominateur commun :

$$\frac{3}{2}=\frac{45}{30}\ ;\quad \frac{4}{3}=\frac{40}{30}\ ;\quad \frac{7}{5}=\frac{42}{30}.$$

Partageant 254 francs proportionnellement aux numérateurs 45, 40 et 42 dont le total est 127, on a les résultats suivants :

$\dfrac{254^{fr}\times 45}{127}=90$ francs ; $\dfrac{254^{fr}\times 40}{127}=80$ francs ; $\dfrac{254^{fr}\times 42}{127}=84$ francs.

PROBLÈMES

Oraux. — ***2373.** *Partagez 45 bonbons en deux parts inversement proportionnelles à l'âge de deux enfants ayant 9 et 6 ans.* — ***2374.** *Deux écoliers ont reçu 15 bons points distribués en parts inversement proportionnelles à leur nombre de mauvaises notes qui sont 2 et 3. Indiquez le nombre de bons points qu'a reçus chacun de ces deux écoliers.*

Écrits. — ***2375.** Répartissez un secours de 940 francs entre trois personnes en faisant des parts inversement proportionnelles à leurs salaires mensuels qui sont 90 francs, 120 francs, 150 francs.

*2376. Une personne a 4710 francs à partager entre 3 héritiers en proportion inverse de leur âge. Le plus âgé a 45 ans; le 2e, 32, et le 3e, 18. Quelle est la part de chacun ? *(Isère.)*

155e LEÇON
*ÉCHÉANCE MOYENNE ET COMMUNE
PROBLÈMES

I. — Date d'échéance moyenne d'un billet unique remplaçant plusieurs billets.

TYPE. — *2377. J'ai souscrit 3 billets : l'un de 80 francs à 2 mois, un de 160 francs à 5 mois, et un troisième de 240 francs à 8 mois. Je m'arrange avec mon créancier pour payer le tout en une seule fois. A quelle époque dois-je faire ce paiement unique ?

Solution. — L'escompte d'un billet de 80 francs, payable dans 2 mois, est le même que l'escompte d'un billet de $80^{fr} \times 2 = 160$ francs, payable dans 1 mois.

L'escompte d'un billet de 160 francs, payable dans 5 mois, est le même que l'escompte d'un billet de $160^{fr} \times 5 = 800$ francs, payable dans 1 mois.

L'escompte d'un billet de 240 francs, payable dans 8 mois, est le même que l'escompte d'un billet de $240^{fr} \times 8 = 1920$ francs, payable dans un mois.

Donc, l'escompte total de $80^{fr} + 160^{fr} + 240^{fr}$ ou 480 francs est le même que l'escompte de $160^{fr} + 800^{fr} + 1920^{fr}$ ou 2880 francs payables dans 1 mois.

L'échéance du billet unique est donc à $1^m \times \dfrac{2880}{480} = 6$ mois.

Écrits. — *2378. Un billet de 200 francs est payable dans 20 jours, un autre billet de 100 francs est payable dans 50 jours. Indiquer la date d'échéance moyenne du billet unique qui les remplacera.

***2379.** Un commerçant a deux billets à payer : le 1er de 200 francs dans 10 jours ; le 2e de 100 francs dans 50 jours. Il offre de les remplacer par un seul billet. A combien de jours doit-il mettre la date d'échéance de ce billet unique ?

II. — Valeur d'un billet unique remplaçant plusieurs billets.

TYPE. — *2380. On veut remplacer deux billets, l'un de 100 francs payable dans un an, l'autre de 200 francs payable dans 6 mois, par un billet unique payable dans 20 mois. L'escompte étant de 6 %, quel doit être le montant de ce billet unique ?

Solution. — (1re *partie*). Escompte de 100 francs en un an : 6 francs.

Escompte de 200 francs en 6 mois : $\dfrac{6^{fr} \times 200}{100 \times 2} = 6$ francs.

Total des deux billets : $100^{fr} + 200^{fr} = 300$ francs formant un billet unique dont l'escompte est de $6^{fr} + 6^{fr} = 12$ francs.

Valeur actuelle de ce billet : $300^{fr} - 12^{fr} = 288$ francs.

(2e *partie*). Escompte de 100 francs en 20 mois : $\dfrac{6^{fr} \times 20}{12} = 10$ francs.

Valeur actuelle d'un billet de 100 francs, payable dans 20 mois :
$$100^{fr} - 10^{fr} = 90 \text{ francs}.$$

Si une valeur actuelle de 90 francs représente un billet de 100 francs, une valeur actuelle de 288 francs représente un billet de $\dfrac{100^{fr} \times 288}{90} = 320$ francs.

Écrits. — *2381. Une personne a souscrit deux billets, l'un de 200 francs, payable dans 5 mois, l'autre de 300 francs, payable dans 2 mois. Elle désire remplacer ces billets par un billet unique, payable dans 4 mois. Quel doit être le montant de ce billet ? Escompte 6 %.

***2382.** Un négociant doit payer deux billets, l'un de 2000 francs dans 45 jours, l'autre de 1500 francs dans 60 jours. Il propose de les remplacer par un seul billet, payable à 80 jours. Quel doit être le montant de ce billet unique ? Escompte 6 %.

*ÉCHÉANCE MOYENNE ET COMMUNE (Suite)

PROBLÈMES

III. — Somme (ou billet unique) acquittée par plusieurs billets échelonnés.

TYPE. — *2383. On doit une somme de 1 470 francs. On veut la payer à l'aide de 3 billets égaux, payables respectivement à 2 mois, 4 mois et 6 mois. Le taux d'escompte est 6 %. On demande le montant de chacun de ces billets.

Solution. — En supposant les 3 billets de chacun 100 francs, le 1er aurait pour valeur actuelle

$$100^{fr} - \left(\frac{6^{fr} \times 2}{12}\right) = 99 \text{ francs};\qquad \text{le } 2^e\ 100^{fr} - \left(\frac{6^{fr} \times 4}{12}\right) = 98 \text{ francs}$$

$$\text{et le } 3^e\quad 100^{fr} - \left(\frac{6^{fr} \times 6}{12}\right) = 97 \text{ francs}.$$

Ces 3 billets de chacun 100 francs acquitteraient une somme due aujourd'hui de :
$$99^{fr} + 98^{fr} + 97^{fr} = 294 \text{ francs}.$$

Pour payer une somme de 1 470 francs, chacun des 3 billets devra être de :
$$\frac{100^{fr} \times 1\,470}{294} = 500 \text{ francs}.$$

Écrits. — *2384. On doit une somme de 1 000 francs et on voudrait la payer en 3 billets égaux, échéant : le 1er dans 3 mois, le 2e dans 6 mois et le 3e dans 9 mois. Quel doit être le montant de chaque billet, l'escompte étant 6 % ?

***2385.** On veut remplacer un billet de 1 836 francs, payable dans 5 mois, par 3 billets égaux de 620 francs payables à des termes équidistants. Le taux de l'escompte étant 4 %, dites quel sera l'intervalle entre deux termes.

PROBLÈMES
Capitaux placés à des taux différents.

TYPE. — 2386. On partage un capital de 1 500 francs en 2 parties : la 1re est placée à 4 % et la 2e à 3 %. Après 1 an et demi le total des intérêts est de 81 francs. Quels sont ces deux capitaux ?

Solution. — Tout le capital, 1500 francs, placé à 4 % rapporterait en 1 an 1/2,
$$4^{fr} \times 15 \times 1,5 = 90 \text{ francs}.$$

C'est-à-dire un intérêt en trop de $90^{fr} - 81^{fr} = 9$ francs.

Remplaçant, dans ce capital, 100 francs à 4 % par 100 francs à 3 %, on diminue l'intérêt de :
$$(4^{fr} \times 1,5) - (3^{fr} \times 1,5) = 1^{fr},50.$$

Pour diminuer des 9 francs en trop, il faut placer autant de fois 100 francs à 3 % que 9 francs contiennent de fois 1^{fr},50 ou $\frac{100^{fr} \times 9}{1,50} = 600$ francs.

Et il reste pour le capital placé à 4 % $1500^{fr} - 600^{fr} = 900$ francs.

Oral. — 2387. *Deux capitaux, dont le total est de 1800 francs, sont prêtés l'un à 5 % et l'autre à 3 %. Après 2 ans, la somme des intérêts produits est de 136 francs. Quels sont ces deux capitaux ?*

Écrits. — 2388. Une somme de 1000 francs a été placée, pendant un an, partie à 5 %, partie à 4 %. Le total des intérêts s'élève à 46^{fr},50. On demande quelle partie a été placée à 5 % et quelle partie à 4 %.

***2389.** On partage un capital de 43 144 francs en 2 parties que l'on place la 1re à 3 % et la 2e à 2,50 %. Au bout de 9 mois, les intérêts réunis de ces deux sommes sont égaux à 916^{fr},35. Quelles sont ces deux sommes ?

EXERCICES ET PROBLÈMES

EXERCICES (REVISION)

Oraux. — 2390. *Trouver ce qui manque à 4/5 pour valoir 0,90; — à 5/20 pour valoir 0,42; — à 3/4 pour valoir 0,85.* — **2391.** *Démontrer que si on ajoute 2 aux deux termes de 5/7 la fraction obtenue 7/9 est plus grande que 5/7.* — **2392.** *Démontrer que si on retranche 3 de chacun des termes de la fraction 7/9 la fraction obtenue 4/6 est plus petite que 7/9.* — **2393.** *Que devient la fraction 3/8 si on écrit un zéro : 1° à la droite du numérateur 3; 2° à la droite du dénominateur 8, 3° à la droite de chacun des deux termes?* — **2394.** *L'échelle d'une carte étant 1 : 80 000, quelle distance représente une longueur de 8 millimètres? — de 3 centimètres? — de 1 décimètre?* — **2395.** *L'échelle d'une carte étant 1 : 100 000, quelle distance représente une longueur de 7 millimètres? — de 4 centimètres? — de 2 décimètres?*

Écrits. — 2396. Simplifier : $\dfrac{36}{48}$; $\dfrac{102}{126}$; $\dfrac{315}{441}$; $\dfrac{318}{412}$; $\dfrac{268}{356}$.

*2397. Trouver le *p. g. c. d.* de 360 et 540; de 420 et 1280.

*2398. Trouver le *p. p. c. m.* de 78, 170 et 540; de 410, 240 et 1200.

*2399. Réduire au *p. p. d. c.* $\dfrac{11}{45}$, $\dfrac{5}{21}$, $\dfrac{11}{18}$.

*2400. Effectuer à 0,1 près $\sqrt{6}$; $\sqrt{5}$; $\sqrt{2}$; $\sqrt{41}$; $\sqrt{826}$.

PROBLÈMES

Différence totale et différence partielle.

TYPE. — 2401. Un vigneron qui venait d'acheter un pré disait : Si je vends mon vin 160 francs la pièce, j'aurai de quoi payer mon pré, et il me restera 800 francs; si je le vends 140 francs la pièce, comme on me le propose, il me manquera 300 francs. On demande le nombre de pièces de vin et le prix du pré.

SOLUTION. — A 160 francs la pièce, on peut avoir le pré plus 800 francs; à 140 francs la pièce, on a le pré moins 300 francs.

à 160 francs |◄——— Pré ———►| 800
à 140 francs |—————————————|
                         300

La différence entre les ventes est de $800^{fr} + 300^{fr} = 1100$ francs. Pour une pièce vendue la différence est de $160^{fr} - 140^{fr} = 20$ francs.

Pour que cette différence soit de 1100 francs, il faut autant de pièces que 1100 francs contiennent de fois 20 francs ou $\dfrac{1^p \times 1100}{20} = 55$ pièces.

Le prix du pré est $(160^{fr} \times 55) - 800^{fr} = 8000$ francs.

Oral. — 2402. *Si je vendais mon vin 80 francs la pièce, je pourrais acheter un cheval et il me resterait 130 francs. Si je ne le vendais que 70 francs la pièce, il ne me resterait que 20 francs. Combien ai-je de pièces de vin et quel est le prix du cheval?*

Écrit. — 2403. *Un fermier a vendu des moutons $26^{fr},90$ la pièce; avec l'argent il achète un cheval et il lui reste 580 francs. S'il n'avait vendu ses moutons que $24^{fr},40$, il n'aurait eu que 480 francs de reste. Combien avait-il de moutons et quel est le prix du cheval?*

EXERCICES ET PROBLÈMES

EXERCICES (REVISION)

Oraux. — **2404.** *Au lieu de multiplier 27 par 16, je multiplie 29 par 16. Que dois-je faire pour rectifier le résultat ?* — **2405.** *Au lieu de multiplier 17 par 12, je multiplie 17 par 15. Que dois-je faire pour rectifier le résultat ?* — **2406.** *Soit 12×9. Que devient ce produit si je rends chacun de ces facteurs 2 fois plus grand ?* — *10 fois plus grand ?* — **2407.** *Soit 15×7. Que devient ce produit si je rends 15 trois fois plus grand et 7 deux fois plus grand ?* — **2408.** *Soit 25×15. Que devient ce produit si je rends chacun des facteurs 5 fois plus petit ?* — **2409.** *Comment fait-on mentalement les opérations suivantes : 84×5; 248×50; $273 \times 0,5$; $436 \times 0,05$; $28 \times 0,005$.*

Écrits. — **2410.** Simplifier les expressions ci-dessous :

$$\frac{84 \times 75 \times 24}{32 \times 56 \times 40}; \quad \frac{120 \times 18 \times 84}{128 \times 30 \times 45}; \quad \frac{140 \times 45 \times 24}{84 \times 36 \times 60}; \quad \frac{480 \times 26 \times 38}{57 \times 72 \times 128}.$$

*2411. Quel est le p. g. c. d. des nombres 8 640 et 9 600 ?

*2412. Effectuer à une unité près : $\sqrt{531}$; $\sqrt{789}$; $\sqrt{43745}$.

PROBLÈMES

Étant données les sommes de trois nombres additionnés deux à deux, trouver ces nombres.

TYPE. — **2413.** Il y a des plumes dans 3 boîtes : la 1re boîte et la 2e en contiennent 50 ; la 1re et la 3e : 60, la 2e et la 3e : 70. Combien y a-t-il de plumes dans chaque boîte ?

SOLUTION. — 1re boîte + 2^e boîte = 50 plumes.
     1re boîte + 3^e boîte = 60 plumes.
     2^e boîte + 3^e boîte = 70 plumes.

Ensemble 2 fois la 1re + 2 fois la 2e + 2 fois la 3e = 50^p + 60^p + 70^p ou 180 plumes.
Donc 1 fois la 1re + 1 fois la 2e + 1 fois la 3e = 180^p : 2 = 90 plumes.
d'où la 1re boîte contient 90^p — 70^p = 20 plumes.
  la 2e —   90^p — 60^p = 30 plumes.
  la 3e —   90^p — 50^p = 40 plumes.

Oraux. — **2414.** *3 règles ont une certaine longueur totale ; les deux premières mesurent ensemble 7 décimètres ; les deux dernières, 9 décimètres ; la 1re et la 3e : 8 décimètres. Dire la longueur de chaque règle.* — **2415.** *3 objets pèsent ensemble un certain poids, les deux premiers pèsent ensemble 30 grammes ; le 2e et le 3e : 50 grammes ; le 1er et le 3e : 40 grammes. Combien chaque objet pèse-t-il ?*

Écrits. — **2416.** 3 personnes ont chacune une certaine somme. La 1re et la 2e réunies ont 38 francs ; la 2e et la 3e réunies, 32^{fr},25 ; la 1re et la 3e réunies, 42^{fr},75. Quelle somme possède chaque personne ?   (*Puy-de-Dôme*.)

2417. 3 bourses contiennent de l'argent : dans les deux premières il y a 795 francs ; dans la 1re et la 3e, 851 francs ; enfin dans la 2e et la 3e, il y a 1012 francs. Combien y a-t-il dans chaque bourse ?   (*Belfort*.)

2418. Un vigneron a 3 caves. Dans la 1re et la 2e réunies, il y a 23 hectolitres de vin. Dans la 2e et la 3e réunies, il y a 36 hectolitres de vin. Enfin dans la 1re et la 3e réunies, il y a 29 hectolitres de vin. Combien dans chaque cave ?

*2419. En joignant la moitié de l'argent possédé par Jean et Jules, on a 31 francs ; la moitié de l'argent possédé par Jean et Marcel, 44 francs ; et la moitié de l'argent possédé par Jules et Marcel, 37 francs. Combien a chacun ?

EXERCICES ET PROBLÈMES

EXERCICES (REVISION)

Oraux. — **2420.** Quel est le nombre qui, multiplié par 0,25, donne 1 ? — **2421.** Soit 45 : 9. Que devient le quotient si je multiplie les deux termes par 2 ? — **2422.** Soit 75 : 15. Que devient le quotient si je divise les deux termes par 3 ? — **2423.** Soit 24 — 18. Que devient cette différence si je divise les 2 nombres par 3 ? — **2424.** Par quel nombre faut-il diviser 12 pour avoir 16 au quotient ?

Écrits. — **2425.** Effectuer les opérations suivantes :
$3^h 45^m 17^s + 11^h 27^m 51^s$; *$(3° 45' 25'' + 6° 49' 56'') - 53' 46''$.

*__2426.__ Partager 96 en deux parties *directement* proportionnelles à 5 et à 7, puis en deux parties *inversement* proportionnelles aux mêmes nombres.

*__2427.__ Effectuer à 0,01 près $\sqrt{3}$; $\sqrt{5}$; $\sqrt{7}$; $\sqrt{2540}$; $\sqrt{674}$.

PROBLÈMES

Partager un nombre en parties dont on donne les rapports deux à deux.

TYPE. — **2428. On a vendu 5 poulets et 8 lapins pour une somme de 36 francs. Sachant qu'un poulet vaut le double d'un lapin, trouver le prix d'un poulet et celui d'un lapin.**

Solution. — Si 1 poulet vaut autant que 2 lapins, 5 poulets valent autant que 2×5 ou 10 lapins.

Donc 5 poulets et 8 lapins représentent, comme valeur, 18 lapins.

En conséquence 18 lapins valent 36 francs.

Un lapin vaut donc $36^{fr} : 18 = 2$ francs, et 1 poulet vaut $2^{fr} \times 2 = 4$ francs.

Oraux. — **2429.** *Pour 5 places de premier et 3 places de deuxième, un élève a eu 52 bons points. Une place de premier rapporte 2 fois plus qu'une place de deuxième. On demande ce que rapporte à l'élève chacune des places de premier et de deuxième qu'il obtient.* — **2430.** *3 frères et 2 sœurs ont à se partager 55 dragées; sachant qu'un frère doit avoir 4 fois moins de dragées qu'une sœur, quelle sera la part d'un frère et celle d'une sœur ?* — **2431.** *Un panier de 30 œufs doit être partagé entre 4 personnes, de telle façon que les deux premières en aient le même nombre et les deux autres moitié moins. Quelle est la part que recevra chaque personne ?*

Écrits. — **2432.** 5 hommes et 3 femmes ont à se partager une somme de 108 francs. Sachant qu'une femme gagne 3 fois moins qu'un homme, on demande ce qui revient à chacun.

2433. Pour 48 jours de travail, 19 ouvriers ont reçu 1860 francs. Chacun des 12 premiers gagnait le double de chacun des 7 autres. Combien chacun gagnait-il par jour ?

2434. Un horloger a vendu 18 montres en argent et 13 montres en or pour une somme totale de 3150 francs. Quel est le prix d'une montre de chaque espèce, si une montre en or coûte 4 fois autant qu'une montre en argent ?

*__2435.__ Partager 1100 kilogrammes de pain entre 25 hommes, 12 femmes et 11 enfants, de telle sorte que chaque femme ait 2 fois plus qu'un enfant, et chaque homme autant qu'une femme et un enfant.

*__2436.__ Dans une société de secours mutuels composée de 7475 membres, il y a 3 fois plus de femmes que d'enfants et 2 fois 1 2 plus d'hommes que de femmes : combien y a-t-il d'hommes, de femmes et d'enfants ?

EXERCICES ET PROBLÈMES
EXERCICES (REVISION)

Oraux. — **2437.** Du bois a pour densité 0,65. Quel est le poids d'un décistère de ce bois? — **2438.** Un cube en métal a 4 centimètres d'arête; il pèse 0^{kg},512. Quelle est la densité de ce métal? — **2439.** La densité de l'argent est de 10,47. Un lingot d'argent pèse 1^{kg},047. Quel en est le **volume**? — **2440.** Un lingot d'argent au titre de 0,900 contient 17 grammes de cuivre, quel en est le **poids total**? — **2441.** Un lingot d'argent au titre de 0,900 contient 0^{kg},18 d'argent pur. Quel en est le poids total? — **2442.** On fond 1 000 pièces de 2 francs. Quelle quantité d'argent pur doit-on ajouter au lingot pour faire un alliage de pièces de 5 francs?

Écrits. — **2443.** Quelle est la *valeur* de la somme en or qui pèse 483^g,87?

2444. Quel est le *titre* d'un alliage obtenu en fondant 150 grammes d'argent au titre de 0,800 avec 100 grammes d'argent pur?

2445. Combien y a-t-il de *cuivre* dans un bracelet en or pesant 45 grammes au titre de 0,750?

PROBLÈMES
La somme de quatre nombres étant donnée et leurs différences respectives, trouver ces nombres.

TYPE. — **2446. 4 bourses contiennent 55 francs; la 2e contient 3 francs de plus que la 1re; la 3e, 5 francs de plus que la 2e, et la 4e 4 francs de plus que la 3e. Que renferme chaque bourse?**

Solution. — Ramenons le contenu de toutes les bourses à celui de la 1re, en retranchant

de la 2e bourse 3 francs;
de la 3e bourse 3^{fr} + 5^{fr} = 8 francs;
de la 4e bourse 8^{fr} + 4^{fr} = 12 francs.
Nous retranchons ainsi du total
3^{fr} + 8^{fr} + 12^{fr} = 23 francs.
Il reste pour 4 fois la 1re bourse
55^{fr} — 23^{fr} = 32 francs.
D'où : la 1re bourse contient 32^{fr} : 4 = 8 francs; la 2e contient 8^{fr} + 3^{fr} = 11 francs; la 3e 11^{fr} + 5^{fr} = 16 francs et la 4e 16^{fr} + 4^{fr} = 20 francs.

Oraux. — **2447.** 57 grammes représentent le poids de 4 objets; le 1er pèse 3 grammes de plus que le 2e; celui-ci 5 grammes de plus que le 3e, et celui-ci 4 grammes de plus que le 4e. Quel est le poids de chaque objet? — *2448. Un lièvre, un poulet, un perdreau et un lapin valent ensemble 18 francs. Le lapin vaut 1 franc de moins que le perdreau; celui-ci 2 francs de moins que le poulet et celui-ci 3 francs de moins que le lièvre. Que vaut ce dernier?

Écrits. — **2449.** On veut partager une somme de 6 490 francs entre 4 personnes, de manière que la 1re ait 160 francs de plus que la 2e; que celle-ci ait 240 francs de plus que la 3e et que la 3e ait 350 francs de plus que la 4e. Quelle sera la part de chaque personne? *(C. E.)*

2450. Quatre associés ont gagné 21 175 francs; le 1er doit avoir 4 250 francs de plus que le 2e; le 2e, 1 000 francs de plus que le 3e; le 3e, 1 175 francs de plus que le 4e; faites les parts.

2451. Un oncle laisse à ses quatre neveux 50 000 francs à partager de manière que le 2e ait 1 000 francs de moins que le 1er, le 3e 1 000 francs de moins que le 2e et le 4e 1 000 francs de moins que le 3e. Quelle sera la part de chacun?

PROBLÈMES DE REVISION GÉNÉRALE

Les quatre opérations.

2452. Une personne achète 25 mètres de toile à $2^{fr},50$ le mètre. Le mètre avec lequel on a mesuré était trop court de $0^m,012$. On demande quelle perte cette personne a subie en étoffe et en argent. *(C. E.)*

2453. On a mesuré une longueur avec un décamètre trop long de $0^m,035$. On a trouvé $234^m,50$. Quelle est la vraie longueur?

2454. Un commerçant achète des feuilles de papier timbré pour effets de commerce, les unes à $0^{fr},25$, les autres à $0^{fr},30$ pièce. Combien de feuilles de chaque espèce a-t-il achetées, sachant que ces feuilles sont dans le rapport de 2 à 3, et que le coût total est de $137^{fr},20$? *(Seine.)*

2455. Un marchand achète des poires à raison de 3 pour $0^{fr},05$; il les revend à raison de 4 pour $0^{fr},15$; il gagne ainsi $1^{fr},75$. Combien de poires avait-il achetées?

2456. Neuf personnes devaient payer en commun une somme de 27 francs; plusieurs d'entre elles ne payant pas, les autres donnent $1^{fr},50$ de plus que leur part. Combien y a-t-il de personnes qui ont payé?

2457. Douze personnes ont fait un repas qu'elles devaient payer en commun. Quatre d'entre elles s'étant retirées sans payer, chacune de celles qui restent doit payer, outre sa quote-part, 5 francs en plus. A combien s'élevait la dépense totale?

*2458. Pour payer 15 mètres de drap, on a donné 58 francs en argent et 16 mètres de toile. Si la somme en argent avait été de 72 francs, il n'eût fallu donner que 9 mètres de toile. On demande: 1° le prix du mètre de toile; 2° la dépense totale pour l'achat du drap; 3° le prix du mètre de drap. *(Nord.)*

2459. Un horloger achète 28 montres et 5 pendules pour 960 francs. Il revend toutes ses montres pour 1260 francs et ses pendules pour 393 francs. Sachant qu'il fait le même bénéfice sur une montre que sur une pendule, dites à combien lui revenait chaque objet. *(C. E)*

2460. Un marchand achète 870 mètres d'étoffe: il en revend 230 mètres pour 807 francs, puis le reste à $5^{fr},40$ le mètre. Il gagne ainsi $1^{fr},50$ par mètre. Quel était le prix d'achat d'un mètre? *(Saône-et-Loire.)*

2461. J'ai une somme de $10^{fr},50$ constituée par un poids égal de monnaie d'argent et de bronze. Dites le poids et la valeur de chaque espèce de monnaie.

*2462. Une personne achète deux fûts de vin d'une contenance totale de 330 litres; l'un des fûts contient le double de l'autre, et le prix du litre du plus grand est inférieur de $0^{fr},15$ à celui du litre du petit fût. Sachant que la différence de prix des deux fûts est de $60^{fr},50$, on demande: 1° la contenance de chaque fût; 2° le prix du litre de chacun d'eux.

*2463. 8 mètres de drap valent 5 mètres de soie; 36 mètres de cette soie valent 90 mètres de toile; 4 mètres de cette toile valent 6 mètres de doublure. Combien faut-il de mètres de doublure pour valoir autant que 40 mètres de drap?

2464. Pour payer la journée de 24 employés dont 16 hommes et 8 femmes, un patron a déboursé 143 francs. On demande le prix de la journée d'un homme et d'une femme, sachant que 3 hommes gagnent autant que 4 femmes.

*2465. Une personne achète 35 kilogrammes de groseilles pour faire des confitures. Combien devra-t-elle employer de sucre et combien obtiendra-t-elle de kilogrammes de confitures, sachant: 1° qu'il faut 830 grammes de sucre par litre de jus; 2° que 7 kilogrammes de groseilles rendent 3 litres de jus; 3° que 1 litre de jus pèse $1^{kg},2$ et perd $1/8$ de son poids par la cuisson. *(C. E.)*

PROBLÈMES DE REVISION GÉNÉRALE

*2466. Partager 13 820 francs entre quatre personnes, de manière que la part de la 1re soit les 0,9 de celle de la 2e, celle de la 2e les 0,8 de celle de la 3e et celle de la 3e les 0,7 de celle de la quatrième. *(C. E.)*

*2467. Un marchand a reçu deux caisses contenant chacune 150 kilogrammes de thé. Il les a payées ensemble 4 800 francs, et l'une lui a coûté 600 francs de plus que l'autre; il veut faire un envoi de 100 kilogrammes qu'on lui payera 1 600 francs. Combien prendra-t-il de chaque espèce de thé? *(C. E.)*

2468. En revendant un certain nombre de mètres de ruban à 2^{fr},50 le mètre, on gagne 60 francs; en les revendant à 2 francs le mètre, le prix de vente serait égal au prix d'achat. Chaque pièce ayant 10 mètres, dire le nombre de pièces.

2469. Un ouvrier reçoit 4^{fr},80 par journée de travail et il dépense 2^{fr},75 tous les jours. Au bout de l'année il a économisé 388^{fr},25. Pendant combien de jours a-t-il travaillé? *(Aveyron.)*

2470. Trois voyageurs ayant à parcourir 65 kilomètres s'entendent avec deux autres personnes qui ont à parcourir 24 kilomètres sur la même route, pour louer une voiture à frais communs. On leur demande pour la location de cette voiture 37^{fr},80. Quelle part de cette somme chaque personne devra-t-elle payer?

*2471. Un père laisse en mourant 8 400 francs à chacun de ses enfants. L'un d'eux vient à mourir et sa part est divisée entre les survivants. Sachant que chacun d'eux possède alors 11 200 francs, trouver le bien du père et le nombre des enfants. *(Orne.)*

2472. 310 litres de vin sont mis dans des bouteilles de 62 centilitres. Le vin coûte 12 francs le double décalitre, les bouteilles 15 francs le cent et les bouchons 26 francs le mille. A combien revient chaque bouteille de vin, le tonnelier réclamant 4 francs pour son travail? *(Seine-et-Oise.)*

2473. 100 grammes d'eau de mer contiennent 2^g,5 de sel. Le travail des marais salants permet d'extraire les 0,80 du sel contenu dans l'eau. Combien faut-il de litres d'eau pour l'extraction de 10 kilogrammes de sel? On sait que 4 centimètres cubes d'eau de mer pèsent 41 décigrammes. *(Aisne.)*

2474. Un maçon a construit un mur en 15 jours; mais il s'est adjoint un second ouvrier qui a travaillé avec lui pendant les trois derniers jours pour terminer ce travail. Que revient-il à chacun d'eux sur la somme de 96^{fr},30 qu'ils ont reçue?

2475. Un ouvrier dépense 2^{fr},75 par jour pour l'entretien de sa famille. Au bout d'un an, après avoir payé ses dépenses avec ce qu'il a gagné en travaillant 25 jours par mois, il lui reste 196^{fr},25. Combien gagnait-il par jour? *(Deux-Sèvres.)*

*2476. Un entrepreneur emploie un charpentier et un peintre. Quel est le salaire quotidien de chacun, sachant que pour 16 journées de charpentier et 7 journées de peintre il a déboursé 100^{fr},50 et que pour 8 journées du charpentier et 2 journées du peintre il débourse 39 francs. *(Seine-et-Marne.)*

2477. Deux pièces de drap valent 624 francs. La première, qui est 4 fois plus longue que la seconde, vaut 9 francs le mètre et la seconde vaut 12 francs le mètre. On demande la longueur de chacune de ces deux pièces. *(Lot-et-Garonne.)*

2478. J'ai payé 412^{fr},50 pour l'achat de toile à 2^{fr},50 le mètre, de drap à 15 francs le mètre et de soie à 7^{fr},50 le mètre. J'ai 4 fois plus de toile que de drap et 3 fois plus de drap que de soie, combien de mètres de chaque étoffe ai-je achetés?

PROBLÈMES DE REVISION GÉNÉRALE

*2479. Un fils fait 5 pas pendant que son père en fait 4. Au bout de $2^{km},700$, le fils a fait 1000 pas de plus que son père. Dites en centimètres la longueur d'un pas du père et d'un pas du fils. *(Vendée.)*

*2480. L'hectolitre de blé pèse 75 kilogrammes, $2^{hl},8$ donnent 159 kilogrammes de farine, 159 kilogrammes de farine donnent 51 pains de 4 kilogrammes. Combien faut-il de blé et de farine pour produire 1 kilogramme de pain? *(Vosges.)*

*2481. Un cultivateur achète 28 moutons et 5 bœufs pour 2450 francs. Il revend ses moutons 791 francs et ses bœufs $1912^{fr},46$. Il gagne deux fois plus sur un bœuf que sur un mouton. A combien lui revient chaque bête? *(Morbihan.)*

2482. Un marchand a acheté 2 pièces de drap pour $1660^{fr},25$. Il en a revendu 18 mètres pour $246^{fr},60$ et il a gagné ainsi $2^{fr},25$ par mètre. L'une des pièces contenait 12 mètres de plus que l'autre ; dites la longueur de chaque pièce.

2483. Une ménagère consomme 1 kilogramme de sucre en 12 jours. Elle diminue la consommation de façon à n'employer qu'un kilogramme de sucre en 15 jours. Combien économisera-t-elle par an si le kilogramme de sucre vaut $0^{fr},75$?

2484. On veut partager 1325 francs entre 3 personnes de manière que la seconde ait $185^{fr},85$ de plus que la première et la troisième $24^{fr},05$ de plus que la seconde. Quelle sera la part de chaque personne? *(Aisne.)*

2485. Je ne gagne pas assez pour dépenser 95 francs par mois ; il me manquerait 40 francs au bout de l'année. Or, je veux épargner $96^{fr},20$ annuellement. Quelle doit être ma dépense mensuelle? *(Aveyron.)*

2486. Un ouvrier qui gagne $3^{fr},50$ par jour dépense $2^{fr},25$ par jour. On demande combien il mettra de temps pour économiser 500 francs, sachant qu'il travaille 300 jours par an? *(Seine-Inférieure.)*

2487. J'ai acheté un buffet, une table et 6 chaises pour 250 francs. Le buffet coûte autant que la table et les 6 chaises. Chaque chaise vaut $12^{fr},50$. Dites le prix du buffet et de la table.

2488. Une personne dépense par jour $0^{fr},25$ au cabaret ; par semaine elle dépense $0^{fr},60$ de tabac et $1^{fr},75$ pour ses menus frais. Quelle somme dépense-t-elle inutilement par an? Quelle somme représentent ses dépenses si elles sont faites de 20 ans à 55 ans? Quelle pension aurait-elle pu avoir à 55 ans en versant tous les ans à la caisse nationale des retraites l'argent ainsi dépensé, sachant que 1 franc versé chaque année de 20 à 55 ans procure une retraite de $7^{fr},158$? *(C. E.)*

2489. Un fermier loue un domestique pour 75 jours ; il convient de lui donner $3^{fr},80$ lorsqu'il ne le nourrira pas et $2^{fr},30$ lorsqu'il le nourrira. A l'époque du paiement, le domestique reçoit $232^{fr},50$. Combien de jours a-t-il été nourri?

2490. Deux personnes ont ensemble 278 francs. La 1re a 3 fois autant que la 2e et 2 francs de plus. Dites ce que possède chaque personne. *(Dordogne.)*

2491. Un laboureur, travaillant en hiver 8 heures par jour, a mis 30 jours pour labourer un champ de 9 hectares. Combien en été, où il travaille 10 heures par jour, emploiera-t-il de jours pour labourer un champ de 125400 mètres carrés? *(Oise.)*

*2492. 15 ouvriers en 12 jours ont fait 150 mètres d'un certain ouvrage. Combien 24 ouvriers de même force et travaillant dans les mêmes conditions feraient-ils du même ouvrage en 14 jours? Dire aussi combien un ouvrier gagne par jour si le mètre d'ouvrage est payé $4^{fr},50$. *(C. E.)*

2493. Une garnison de 250 soldats a des vivres pour 96 jours ; après 30 jours, elle est augmentée et alors les vivres sont épuisés en 22 jours. Quel est le nombre d'hommes qui sont venus augmenter le premier effectif?

PROBLÈMES DE REVISION GÉNÉRALE

2494. Un vigneron a employé deux ouvriers pendant un mois et les a payés au même prix. A la fin du mois il a donné à l'un 4 hectolitres de vin et 53 francs et à l'autre 2hl,5 de vin et 77 francs. Trouver le prix de l'hectolitre de vin et le salaire journalier de chacun de ces ouvriers, sachant qu'ils se sont reposés 4 jours dans le mois.

*2495. Si un marchand de charbon vend son stock de charbon 67 francs la tonne, il pourra acheter une maison et il lui restera 1100 francs, mais, s'il ne vend son charbon que 51 francs la tonne, il lui manquera 500 francs. Combien de tonnes de charbon a-t-il à vendre et quel est le prix de la maison? *(C. E.)*

2496. Deux ouvriers travaillent ensemble. Le 1er gagne 0fr,60 par jour de plus que le 2e. Après avoir travaillé le même nombre de jours, le 1er reçoit 171 francs et le second 144 francs. Quel est le salaire journalier de chaque ouvrier?

*2497. Un marchand de drap en a acheté 80 mètres et en a ensuite vendu 140 mètres; après ces deux opérations, il lui reste encore la moitié de la quantité qu'il avait en magasin avant son achat. Dites quelle était cette quantité.

*2498. 2 kilogrammes de sucre et 2 kilogrammes de chocolat valent ensemble 7fr,80 ; 2 kilogrammes de chocolat et 2 kilogrammes de café valent 16fr,40 ; 2 kilogrammes de sucre et 2 kilogrammes de café valent 11fr,80. Quel est le prix du kilogramme de chaque espèce de marchandise?

2499. On voudrait partager 961 francs entre 2 personnes, de manière que l'une reçoive 2 fois autant que l'autre moins 8 francs. Combien recevra chacune?

2500. Un propriétaire met en bouteilles 156 litres de vin qui lui ont coûté 109fr,90. On demande à combien lui reviendra la bouteille de 3/4 de litre, sachant que les bouteilles vides lui coûtent 12 francs le cent, les bouchons 20 francs le mille et qu'il paye en outre 4 francs à l'ouvrier qui l'aide. *(Corse.)*

2501. Un père en mourant laisse 15 200 francs à chacun de ses enfants. L'un d'eux vient à mourir et sa part est divisée entre les survivants. Sachant que chacun d'eux possède alors 19 000 francs, trouver quelle était la fortune du père et indiquer le nombre des enfants. *(Pas-de-Calais.)*

2502. La houille pèse 80 kilogrammes par hectolitre et produit, lorsqu'on la distille dans les usines à gaz, 230 litres de gaz par kilogramme. Trouver d'après cela combien il faut d'hectolitres de houille pour fabriquer 245 000 mètres cubes de gaz. *(Haute-Garonne.)*

*2503. On a acheté 10 litres de lait. Pour savoir si le marchand y a mis de l'eau, on pèse ce liquide et l'on trouve 10kg,240. Dire s'il y a de l'eau et en quelle quantité, sachant que la densité du lait est 1,03. *(Gers.)*

2504. Deux pièces de toile ont coûté ensemble 114 francs. La première qui a 25 mètres vaut 1fr,90 le mètre. Combien vaut le mètre de la deuxième pièce, si celle-ci a 6 mètres de plus que la première?

*2505. Un épicier a du café de deux qualités différentes; la première lui revient à 2fr,50 le kilogramme, et la seconde à 2 francs. Il veut les mélanger de façon à avoir 400 kilogrammes qui seront vendus 1200 francs, en faisant un gain de 70 francs par quintal. Combien de kilogrammes de chaque espèce doit-il prendre?

2506. J'achète 300 litres de vin que je mets dans des bouteilles de 0lit,75; le vin coûte 10 francs le double décalitre; les bouteilles 12 francs le cent; les bouchons 22 francs le mille. A combien reviendra chaque bouteille de vin? *(Seine-Inférieure.)*

2507. Deux marchands de bœufs louent une prairie pour 330 francs. Le 1er y met paître 40 bœufs pendant 3 mois; le 2e, 80 bœufs pendant 6 mois. Quelle part de la location chacun doit-il payer? *(Haute-Marne.)*

PROBLÈMES DE REVISION GENERALE

2508. On veut payer 1 158^{fr},50 en poids égaux d'or, d'argent et de monnaie de billon. Quelle somme faut-il donner en chacune de ces monnaies? (*Tarn.*)

2509. Le contenu d'une pièce de vin valait 239^{fr},40. On en a tiré 40 litres et ce qui reste ne vaut plus que 197^{fr},40. Quel était le contenu primitif de la pièce?

2510. Un marchand achète pour 680 francs de toile de deux qualités : la 1re qualité coûte 3^{fr},50 le mètre et la 2e coûte 2^{fr},50. Il y a deux fois autant de mètres de la seconde qualité que de la première. Combien y en a-t-il de chaque qualité? (*Haute-Marne.*)

*__2511.__ Quel est le montant de 4 paiements dont le 1er est de 2 580 francs, le 2e de 350 francs de moins que le 1er, le 3e de 375 francs de plus que le 1er et le 2e réunis, et le 4e de 150 francs de moins que le 2e?

2512. Un marchand a acheté du café et du sucre pour une somme totale de 260 francs. Le café vaut 4^{fr},40 le kilogramme et le sucre 0^{fr},70. Il a pris 3 fois plus de sucre que de café. On demande combien de kilogrammes de chaque marchandise il a achetés. (*Manche.*)

2513. Partager 3 936 en trois parties, de façon que la première soit égale au quadruple de la seconde et que la seconde soit égale au triple de la troisième.

*__2514.__ La valeur de deux pièces de drap est de 624 francs. La 1re, qui est 4 fois plus longue que la seconde, vaut 9 francs le mètre, tandis que la seconde vaut 12 francs le mètre. On demande la longueur de chacune de ces deux pièces.

2515. On a acheté une pièce d'étoffe au prix de 9 francs les 4^m,75 et on la revend à raison de 17^{fr},50 les 7 mètres. On gagne ainsi 28^{fr},40. Trouver la longueur de la pièce. (*Seine.*)

*__2516.__ Un cultivateur veut acheter une pièce de terre avec le produit de la vente de son blé. S'il vend son blé 16^{fr},45 l'hectolitre, il lui restera 52^{fr},70 en sus du prix de la terre. S'il ne le vend qu'à raison de 15^{fr},15, il lui manquera 53^{fr},20. Combien d'hectolitres de blé a-t-il récoltés? Combien vaut la terre?

2517. Un marchand a gagné 9^{fr},50 sur une pièce de vin vendue à raison de 0^{fr},75 le litre. Sachant qu'il aurait perdu 1^{fr},80 s'il avait vendu ce vin 0^{fr},70 le litre, calculer la contenance de la pièce. (*Loiret.*)

2518. Au lieu d'acheter, pour ses 3 fillettes, des tabliers confectionnés qui lui reviendraient en magasin à 8^{fr},20 la pièce, une mère de famille se procure de l'étoffe, à raison de 2^m,80 par tablier et au prix de 1^{fr},55 le mètre, et les fait confectionner par une ouvrière qui emploie 1 journée 1/2 à raison de 3 francs par jour. Qu'économise-t-elle? (*Seine.*)

2519. On a acheté 32 mètres de drap et 23 mètres de soie pour 429^{fr},50. Trouver le prix du mètre de drap et celui du mètre de soie, sachant que cette dernière étoffe coûte 2^{fr},25 de moins par mètre que la première. (*Seine-et-Oise.*)

Nombres complexes et fractions.

*__2520.__ Deux villes situées sur le même méridien sont à 1 560 kilomètres l'une de l'autre. Combien de degrés, de minutes et de secondes y a-t-il dans l'arc du méridien compris entre ces deux villes?

2521. Un bassin reçoit par quart d'heure 18^{lit} 1/2 et en perd dans le même temps 4^{lit} 2/3. Combien de litres d'eau conservera-t-il en 2^h 1/2?

2522. La distance de deux villes placées sur le même méridien est de 1 548 kilomètres. Quel est l'arc de méridien compris entre ces deux villes?

PROBLÈMES DE REVISION GÉNÉRALE

*2523. Deux ouvriers travaillent ensemble. Le salaire journalier de l'un est égal aux 4/5 de celui de l'autre. On leur a payé 294 francs pour 25 journées de celui qui gagne le plus et 30 journées de l'autre. Combien chaque ouvrier gagne-t-il par jour?

2524. En revendant une pièce d'étoffe à raison de 4^{fr},50 les 3/4 de mètre, on fait un bénéfice de 82 francs. En la revendant au prix de 3 francs les 2/3 de mètre, on ferait une perte de 5 francs. On demande la longueur de la pièce. (Isère.)

2525. Deux bijoutiers, travaillant aux pièces, ont reçu 1861^{fr},20. Le plus habile a travaillé 52 jours et a gagné par jour 1/4 de plus que le second qui a travaillé 76 jours. Faites les parts.

2526. La différence entre les 5/8 et les 6/7 d'une somme en or est de 4030 francs. Quel est le poids de la somme totale? (Charente.)

*2527. Un train part de Paris pour Lyon à 7^{h}10^m, avec une vitesse de 52 kilomètres à l'heure; un autre part de Lyon pour Paris à 13^{h}7^m, avec une vitesse de 47 kilomètres à l'heure. A quelle heure et à quelle distance de Paris se croiseront-ils? La distance de Paris à Lyon est de 512^{km},35.

*2528. Une garnison a des vivres pour 121 jours, en donnant une ration à chaque homme; mais on augmente cette garnison de 1/3 : à combien devra-t-on réduire chaque ration?

2529. Un convoi de chemin de fer doit parcourir une distance de 537 kilomètres; il part avec une vitesse de 35 kilomètres par heure; au tiers de la route, il doit augmenter cette vitesse de 5 kilomètres. A quelle heure arrivera-t-il à sa destination s'il part à 7^{h}10^m.

2530. Deux personnes ont hérité ensemble de 18 300 francs. La première ayant dépensé les 2/5 de sa part, et la seconde les 3/7 de la sienne, il reste à la première deux fois plus qu'à la seconde. Quelles sont les deux parts d'héritage? (C. E.)

*2531. On partage un certain nombre d'oranges entre trois personnes : la 1re en a le 1/4 plus 12, la 2e les 2/3 moins 15, et la 3e le reste. Sachant que celle-ci a pour sa part 128 oranges, on demande le nombre d'oranges partagées. (C. E.)

2532. Deux ouvriers peuvent faire un travail en 10 jours. Le premier seul le ferait en 15 jours. Combien de jours mettrait le 2e ouvrier pour faire seul ce travail?

2533. Un négociant déclaré en faillite ne peut payer que 31 % à ses créanciers; avec 4941 francs de plus, il pourrait payer les 4/7 de ce qu'il doit. Combien doit-il?

2534. Les 7/9 d'un terrain ont été payés 7 966 francs. Combien aurait-on payé pour les 4/7 de ce terrain?

2535. Un ouvrier ne dépense que les 5/6 de son salaire. Il économise par an 140 francs. Quel est son salaire journalier s'il se repose 61 jours par an.

*2536. Deux équipes de peintres peuvent remettre à neuf un immeuble, l'une en 12 jours, l'autre en 15 jours. On prend 1/3 des ouvriers de la première et les 3/5 de ceux de la deuxième. En combien de jours se fera l'ouvrage?

2537. Partager 104 000 francs entre deux personnes, de manière que la part de la deuxième soit les 0,625 de la part de la première. (C. E.)

*2538. Une personne partage 4820^{fr},40 entre ses 3 enfants. On demande quelle part chacun doit avoir, sachant que l'aîné a 20 ans, le cadet, 16, et le dernier, 14, et que le partage est fait en raison inverse de leur âge.

PROBLÈMES DE REVISION GÉNÉRALE

2539. Trois personnes achètent ensemble un terrain. La première en prend les 2/7, la deuxième les 3/10 et la troisième le reste. Cette dernière personne paie 7 600 francs pour sa part qui comprend 1ʰᵃ 45ᵃ. Calculer la surface et le prix des deux premiers lots. *(Rhône.)*

2540. Le sarclage d'un champ pourrait être fait en 6 heures par un homme, en 8 heures par une femme et en 10 heures par un enfant. Combien les trois ensemble mettraient-ils de temps pour faire l'ouvrage ?

2541. Un fermier achète un lot de moutons. Il en paye 1/3 à raison de 21 francs par tête, les 2/5 à raison de 19 francs et le reste à raison de 15 francs. Il débourse une somme totale de 1 395 francs. De combien de moutons se compose son lot ?

*2542. Deux coupons d'étoffe ont respectivement pour longueur 25ᵐ,50 et 30ᵐ,40. Le prix du mètre du 1ᵉʳ coupon représente les 4/5 de celui du 2ᵉ coupon. Les deux coupons valent ensemble 635 francs. Quel est le prix du mètre de chaque coupon ?

2543. On revend 168 hectolitres de blé achetés à raison de 4ᶠʳ,50 le double décalitre. Calculez le bénéfice si le prix d'achat est les 4/5 du prix de vente.

2544. Une propriété de 84 ares a été achetée 2 800 francs. L'acheteur en a vendu les 3/4 et il est ainsi rentré dans ses fonds. A combien, dans ce cas, l'hectare a-t-il été vendu ? *(Loire-Inférieure.)*

*2545. Sachant que le poids du blé est les 3/4 du poids d'un même volume d'eau, que le blé produit les 4/5 de son poids en farine et que 7 kilogrammes de farine donnent 11 kilogrammes de pain, calculez combien on peut faire de kilogrammes de pain avec un sac de blé de 152 litres et quel sera le prix total de ce pain à raison de 0ᶠʳ,40 le kilogramme.

*2546. Un train de chemin de fer parcourt 35ᵏᵐ 1/2 à l'heure, un autre 40ᵏᵐ 3/5. S'ils partent d'une même gare, le 1ᵉʳ à 8 heures, le 2ᵉ à 10 heures, à quelle heure le deuxième train rejoindra-t-il le premier ? *(Jura.)*

2547. Le litre de lait pèse 1ᵏᵍ,030 et donne 1/10 de son poids de crème ; la crème donne les 4/7 de son poids de beurre. Quelle est, à 1ᶠʳ,20 le 1/2 kilogramme, la valeur du beurre fabriqué en une semaine par une fermière qui a 8 vaches donnant chacune en moyenne 10 litres de lait par jour ?

2548. Un train part de Lyon à 9ʰ,15 et arrive à Nîmes à 15ʰ15ᵐ. Un autre train part de Nîmes à 12 heures et se dirige sur Lyon avec la même vitesse que le précédent. A quelle heure et à quelle distance de chacune de ces deux villes les deux trains se rencontreront-ils ? La distance de Lyon à Nîmes est de 282 kilomètres. *(C. E.)*

2549. Deux trains partent en même temps de deux villes éloignées l'une de l'autre de 62ᴹᵐ,4. L'un fait 48 kilomètres à l'heure, l'autre 30 kilomètres. Au bout de combien d'heures se rencontreront-ils ? Quelle distance, à ce moment, chacun d'eux aura-t-il parcourue ? *(Aveyron.)*

2550. Une fontaine remplit un bassin en 3 heures ; une autre le vide en 5 heures. Les deux fontaines coulant ensemble, au bout de combien de temps le bassin se remplira-t-il aux 4/7 ?

*2551. Deux villes sont situées l'une à une distance de 460 kilomètres au nord de l'équateur, l'autre à une distance de 520 kilomètres au sud de l'équateur ; quelles sont les latitudes respectives de ces deux villes ?

*2552. Une horloge est réglée à midi, le premier jour du mois, et elle avance de 1/3 de minute par heure. Dans combien de jours marquera-t-elle de nouveau l'heure véritable ?

PROBLÈMES DE REVISION GÉNÉRALE

2553. Une pièce de drap a coûté 480 francs. On en a vendu le quart au prix coûtant et sur le reste on a perdu $0^{fr},25$ par mètre. Sachant que la perte a été de 9 francs, on demande quelle était la longueur de la pièce. *(Seine-Inférieure.)*

***2554.** La latitude de Dunkerque est de $51°2'11''$, celle de Barcelone est de $41°22'59''$. Quelle est la distance, en kilomètres, qui sépare ces deux villes, en admettant qu'elles se trouvent exactement sur le même méridien?

*ND**2555.** Quand il est midi à Paris, il est $11^h,44$ à Rennes (heure solaire). Quelle est la longitude ouest de cette ville?

*ND**2556.** On veut partager une somme de 856 francs entre un homme, deux enfants et une femme, de manière que l'homme reçoive cinq fois plus que la femme, celle-ci deux fois plus que le 1er enfant, et que la part du 2e enfant soit les $3/8$ de celle du 1er. On demande la part de chacun. *(Var.)*

*ND**2557.** Un marchand a acheté une pièce de toile de 58 mètres et l'a fait laver; elle s'est rétrécie des $3/48$ de sa longueur; s'il la revendait au prix d'achat, il perdrait $8^{fr},70$. Combien doit-il en revendre le mètre pour avoir un bénéfice total net de $13^{fr},05$? *(Corse.)*

*ND**2558.** Deux robinets remplissent la $1/2$ d'une fontaine en 3 heures; l'un des deux robinets en remplirait les $3/4$ en 9 heures. Combien l'autre seule mettrait-elle de temps pour remplir cette fontaine aux $2/3$?

*ND**2559.** Un marchand d'oranges vend à un 1er épicier les $2/5$ de sa provision; à un 2e le $1/3$ du reste; à un 3e les $5/12$ du nouveau reste; enfin il cède à 4 francs le 100 les oranges qu'il possède encore à un 4e épicier, moyennant la somme de 14 francs. Trouver le nombre d'oranges vendues à chaque épicier. *(Marne.)*

2560. Une propriété est ensemencée $1/2$ en blé, $1/3$ en seigle et le reste en haricots. Il y a 15 ares de plus en blé qu'en seigle. Quel est le rapport total de la propriété sachant que l'are donne en moyenne $2^{fr},70$ de revenu net pour le seigle et le blé et $3^{fr},50$ pour les haricots.

2561. Une pièce d'étoffe a été payée 378 francs. Le tiers a été vendu au prix coûtant; sur le reste on a perdu $0^{fr},70$ par mètre. La perte totale ayant été de $39^{fr},20$, quelle était la longueur de la pièce et combien avait-on payé le mètre?

*ND**2562.** Un commerçant a gagné dans la 1re année une certaine somme; dans la 2e année, il a gagné les $4/5$ de cette somme, et dans la 3e année, il a perdu le $1/3$ de ce qu'il avait gagné l'année précédente. Son bénéfice définitif est de $6\,380^{fr},20$. Dites ce qu'il avait gagné la 1re année.

2563. Une pièce de toile écrue de 48 mètres avait été payée $1^{fr},50$ le mètre; en la mouillant pour la blanchir, elle s'est trouvée raccourcie de $1/16$ de sa longueur: à combien revient le mètre de toile blanchie?

2564. En revendant une pièce d'étoffe à raison de $5^{fr},40$ les $3/4$ de mètre, on fait un bénéfice de $49^{fr},50$. En la revendant au prix de 4 francs les $2/3$ de mètre, on ferait une perte de $22^{fr},50$. On demande la longueur de la pièce. *(Isère.)*

*ND**2565.** Une pièce de toile écrue a perdu au blanchissage les $0,17$ de sa longueur et ne contient plus que $27^m,72$. Le mètre de toile écrue a coûté $1^{fr},35$ et le blanchissage a été payé $2^{fr},40$ pour la pièce entière. A combien revient le mètre de toile blanchie? *(C. E.)*

2566. Une fontaine remplirait seule un bassin en 7 heures; avec une seconde coulant en même temps, le bassin se remplirait en 5 heures. On demande combien cette seconde fontaine seule mettrait de temps pour remplir le bassin aux $4/7$.

PROBLÈMES DE REVISION GÉNÉRALE

***2567.** La luzerne perd en séchant les 0,78 de son poids et se vend alors 104 francs les 1 000 kilogrammes. Dites le poids et la valeur de la luzerne sèche produite par une prairie de 4^{ha}25^a, si on a fait deux coupes, et si un hectare donne en moyenne par coupe 16 375 kilogrammes de luzerne fraîche.

*2568. Deux fontaines coulant ensemble remplissent un bassin en 2^h 1/4; une seule en remplirait les 2/3 en 4 heures. Combien l'autre mettrait-elle de temps à le remplir en entier?

2569. Un cultivateur a vendu 25 hectolitres de blé et 18 hectolitres de seigle pour 662^{fr},50. Trouver le prix de l'hectolitre de chaque espèce de grain si le prix de l'hectolitre de seigle est égal aux 5/7 du prix de l'hectolitre de blé. *(Alger.)*

2570. Deux fontaines coulant ensemble rempliraient un bassin en 16 heures. La seconde seule le remplirait en 25 heures. Quelle partie du bassin serait remplie en 1 heure par la 1re fontaine? *(Seine-et-Marne.)*

*2571. Un réservoir est alimenté par deux robinets: le premier seul peut le remplir en 1^{h}15^m; le deuxième en 1^{h}28^m. Une ouverture inférieure viderait le réservoir en 30 minutes. On suppose le réservoir entièrement plein au moment où l'on fait fonctionner les trois ouvertures à la fois et l'on demande le temps qu'il mettrait à se vider. *(Isère.)*

2572. Une personne a dépensé les 2/5 de la somme qu'elle avait; elle achète ensuite 22^m,75 d'étoffe à 0^{fr},80 le mètre, et il lui manque 3^{fr},05 pour s'acquitter. Combien avait-elle? *(Vendée.)*

*2573. Calculer la somme que possède une personne, sachant que, si elle dépense d'abord les 3/5 de cette somme et ensuite les 5/9 du reste, la somme en pièces d'argent qui lui reste en dernier lieu pèse autant que 3^{lit},12 d'eau pure.

2574. Un employé dépense les 5/12 de ce qu'il gagne pour sa nourriture, les 3/8 pour son habillement et son logement, le 1/9 en autres dépenses. Il place chaque année 350 francs. Combien gagne-t-il par mois?

2575. On a ensemencé le 1/3 d'un champ en blé, le 1/4 en avoine et le reste en pommes de terre. Il y a 17^a 8^{ca} de plus en blé qu'en avoine. Si un hectare rapporte en moyenne 450 francs, dites combien cette propriété rapporte en tout.

*2576. On traite du minerai qui contient 20% de son poids d'argent et qui perd 2% de ce poids d'argent par l'opération. Combien de kilogrammes de minerai doit-on employer pour obtenir l'argent nécessaire à la fabrication d'une somme de 20 000 francs en pièces de 5 francs?

2577. Un pilotis est enfoncé du 1/3 de sa longueur dans la terre; les 4/9 sont dans l'eau et il y a au-dessus de l'eau une longueur de 0^m,80. Quelle est la longueur de ce pilotis?

2578. Deux trains vont à la rencontre l'un de l'autre. Le 1er parcourt 58 kilomètres et le 2e 42 kilomètres à l'heure. La distance qui les sépare est de 95 myriamètres. Au bout de combien de temps se rencontreront-ils?

*2579. Deux ouvriers travaillant ensemble mettraient 25 jours pour faire un certain ouvrage; après avoir travaillé tous deux pendant 10 jours, le premier quitte son travail et le second l'achève seul en 18 jours. Combien de jours chaque ouvrier travaillant seul aurait-il mis pour faire l'ouvrage? *(C. E.)*

*2580. Un groupe de travailleurs, composé de 18 ouvriers, 15 ouvrières et 20 apprentis ont gagné en commun 3 420 francs. Répartir cette somme entre les travailleurs, de manière que la part d'une ouvrière soit les 2/3 de celle d'un ouvrier, et la part d'un apprenti les 3/4 de celle de l'ouvrière.

PROBLÈMES DE REVISION GÉNÉRALE

***2581.** Paris et Perpignan sont sur le même méridien, et l'arc qui va de l'une de ces villes à l'autre est de 6° 9′ 10″ ; quelle est en myriamètres la longueur de cet arc ? *(Corse.)*

2582. Partager 60 000 francs entre trois personnes de manière que la première ait le double de la deuxième et que la troisième ait les 2/5 de la somme des deux autres. *(Finistère.)*

*2583. Un chef d'atelier occupe 15 ouvriers qui travaillent 10 heures par jour. Il reçoit une commande pressée. Avec son personnel, le travail pourra être fini en 9 jours ; mais il faut qu'il le soit en 6 jours. Il prend 3 ouvriers de plus. Combien d'heures par jour doit-il faire travailler tous ses ouvriers pour terminer son ouvrage dans le temps donné ?

2584. Partager 40 francs entre 3 personnes de manière que les 2 premières parts soient égales et que celle de la 3ᵉ soit égale aux 2/3 de celle de la première.

2585. Un ouvrier a mis 2ʰ 15ᵐ pour faire les 3/15 d'un ouvrage. Quel temps faudra-t-il à 2 ouvriers pour faire ce même ouvrage en entier ? *(Finistère.)*

Surfaces.

2586. La clôture d'un jardin rectangulaire de 60ᵐ,75 de long sur 40ᵐ,50 de large est soutenue par des piquets éloignés les uns des autres de 0ᵐ,15. On demande le nombre de ces piquets et leur valeur à 24 francs le cent.

*2587. Un champ rectangulaire a une surface de 720ᵐ². La largeur est le 1/5 de la longueur. Quelles sont les dimensions de ce champ ?

2588. On veut doubler un tapis rectangulaire de 2ᵐ,20 de long sur 1ᵐ,40 de large avec de l'étoffe de 40 centimètres de large. On demande la dépense si la doublure toute posée revient à 0ᶠʳ,65 le mètre linéaire.

2589. On trace parallèlement aux côtés d'un champ carré de 87 mètres de côté deux allées de 1 mètre de large, se coupant en croix au milieu du champ. Quelle est la valeur de la partie cultivable à 2 780 francs l'hectare ?

2590. 3ᵐ,60 d'une étoffe ayant 0ᵐ,80 de largeur ont coûté 18 francs. Combien coûteraient 2ᵐ,80 de la même étoffe, mais ayant 1ᵐ,20 de largeur ? *(Loire.)*

*2591. Calculez le chemin parcouru par une voiture à 4 roues, sachant que la roue de devant, qui a 0ᵐ,90 de diamètre, a fait 1 000 tours de plus que la roue de derrière, dont le diamètre est de 1ᵐ,50.

2592. Une maison a 12 mètres de long sur 9 mètres de large. Elle est entourée d'une grille placée à 5ᵐ,30 de chaque mur. On demande la longueur totale de la grille et la surface comprise entre la grille et la construction. *(Aisne.)*

2593. Une cour de 25 mètres de long sur 12 mètres de large est bordée intérieurement d'un pavage sur une largeur de 2 mètres. Ce pavage revient à 4ᶠʳ,50 le mètre carré. Combien coûte-t-il ? *(Aisne.)*

2594. Les grandes roues d'un chariot ont 0ᵐ,70 de rayon et les petites roues ont 0ᵐ,42 de rayon. Sur un parcours de 6 kilomètres, combien les petites roues feront-elles de tours de plus que les grandes ?

*2595. Pour tapisser une chambre, on a employé 9 rouleaux 2/5 de papier d'une largeur de 0ᵐ,60 et du prix de 3ᶠʳ,40 le rouleau. Combien eût-on dépensé, si le même travail avait été exécuté avec des rouleaux de papier de même longueur que les premiers, mais d'une largeur de 0ᵐ,56 et coûtant les 4/5 de ce que coûtait le premier, s'il avait été fait, en outre, sur le prix du second papier, une remise de 3 1/2 %?

PROBLÈMES DE REVISION GÉNÉRALE

2596. Un terrain triangulaire a été acheté 1480 francs. Dites la hauteur de ce terrain. La base a 50 mètres et le mètre carré de ce terrain a été payé 2^{fr},50.

2597. Un pavillon carré de 28 mètres de tour est bordé sur ses quatre côtés d'une partie bitumée de 1^m,50 de large. Quelle a été la dépense faite pour établir cette partie bitumée à raison de 3^{fr},75 le mètre carré ?

2598. Un parterre de fleurs a la forme d'un cercle dont le rayon est de 2^m,5 ; il est entouré d'une allée large de 1 mètre. On demande : 1° la longueur du contour du parterre ; 2° la longueur du contour extérieur de l'allée ; 3° la surface de l'allée.

2599. La grande base d'un trapèze est double de la petite. La hauteur est de 47 mètres. Sachant que la surface du trapèze est égale à celle d'un carré construit sur la hauteur, on demande l'une et l'autre base.

*2600. Une tour ronde, terminée en haut par une demi-sphère, a 3^m,75 de rayon intérieur et une hauteur de 6^m,90 jusqu'à la naissance de la partie sphérique. On demande ce que coûtera l'enduit intérieur de cette tour, à raison de 1^{fr},75 le mètre carré.

2601. On entoure un champ rectangulaire de 90 mètres de long sur 65 mètres de large d'une clôture fermée d'un double rang de fil de fer, soutenu par des poteaux de 5 en 5 mètres. Ces poteaux coûtent 20 francs le 100 et le fil de fer 0^{fr},75 les 10 mètres. Quelle est la dépense totale ? *(Doubs.)*

2602. Dans une feuille de papier carrée de 28^{cm},75 de côté, on découpe des bandes de 1^{cm},5 de largeur. Combien découpera-t-on de bandes et quelle sera la longueur totale de ces bandes ?

2603. Un bassin circulaire de 6^m,40 de rayon est entouré d'une grille placée à 0^m,70 du bord du bassin. Quelle a été la dépense pour cette grille dont le mètre tout posé revient à 8^{fr},75 ?

2604. Un jardin carré a 56 mètres de côté. On le partage en quatre carrés égaux par 2 allées perpendiculaires qui ont 1^m,50 de large. Quelle est la surface cultivable de chaque carré ?

2605. On fait badigeonner les 4 murs d'une salle de classe ayant 7 mètres de longueur sur 6 mètres de largeur, au prix de 0^{fr},80 le mètre carré. La dépense ayant été de 87^{fr},36, trouver la hauteur de la salle. *(Rhône.)*

*2606. La grande base d'un trapèze est égale au triple de la petite. La hauteur est de 56 mètres. Si la surface du trapèze est égale à celle du carré construit sur la hauteur, calculer les deux bases de ce trapèze. *(Seine.)*

*2607. Un tapis rectangulaire a 2^m,85 de longueur sur 1^m,56 de largeur. On enlève de tous les côtés une bande de 11 centimètres de large, puis on double ce qui reste avec une étoffe de 0^m,67 de largeur coûtant 0^{fr},375 le mètre, et on le borde avec un galon coûtant 10^{fr},75 les 25 mètres. A quel prix revient cette transformation du tapis ? *(C. E.)*

2608. On plante dans un champ carré de 72^m,50 de côté des pommes de terre à 0^m,50 les unes des autres et à 0^m,75 des bords du champ. Si chaque pied produit une moyenne de 2 kilogrammes de pommes de terre, quelle est la valeur totale de la récolte du champ à raison de 4^{fr},50 le quintal ?

*2609. Un jardin a la forme d'un rectangle dont la largeur est les 3/5 de la longueur. On l'entoure d'une palissade ayant 1^m,50 de hauteur et qui revient, toute posée, à 0^{fr},50 le mètre carré. La dépense ainsi faite est de 180 francs. On demande : 1° quelles sont la longueur et la largeur du jardin ; 2° le prix de l'are, y compris les frais de clôture, sachant que le prix d'acquisition a été de 660 francs.

PROBLÈMES DE REVISION GÉNÉRALE

***2610.** Avec une feuille de tôle pesant 4½ grammes le décimètre carré, on fait un tuyau cylindrique qui pèse 7^{kg},062. Quelle est la longueur de ce tuyau, si son diamètre est de 0^m,24?

2611. La surface d'un tapis est de 14^{m2},40. On enlève sur la longueur une bande de 0^m,45 de large et la superficie n'est plus que les 0,95 de ce qu'elle était. Calculer les dimensions primitives du tapis. *(Rhône.)*

***2612.** Un jardin carré acheté à raison de 25^{fr},50 l'are a coûté 2 065^{fr},50. On demande ce que coûterait l'entourage de ce jardin d'une clôture valant toute posée 5 francs le mètre courant.

***2613.** Une feuille de carton a 40 centimètres de long sur 17 centimètres de large; on joint deux à deux les milieux des côtés et on découpe la figure ainsi formée. De combien a-t-on réduit la surface de la feuille?

2614. Deux champs ont ensemble une superficie de 2 hectares. L'un a 60 mètres carrés de plus que l'autre. Dites le prix de chaque champ, à raison de 20 francs l'are. *(C. E.)*

2615. Une feuille de papier a 0^m,30 de longueur et 0^m,20 de largeur. Si on enlève tout autour une bande large de 0^m,025, quelle est, en centimètres carrés, la surface de ce qui reste? Quel est le périmètre de la feuille ainsi réduite?

***2616.** Un propriétaire vend un champ rectangulaire de 57^m,20 de long sur 27^m,5 de large. Il emploie les 2/5 de l'argent qu'il retire de cette vente à payer une dette et place le reste à 5 %. Au bout d'un an, un mois et six jours, il retire, pour le capital et les intérêts réunis, 11 615^{fr},55. On demande le prix du mètre carré. *(Mayenne.)*

***2617.** Une personne divise une propriété carrée de 180 mètres de côté en deux parties par une barrière qui part d'un sommet et qui aboutit à l'intérieur du carré à 8 mètres du sommet exactement opposé. On demande l'étendue de chaque partie et sa valeur à 75 francs l'are. *(Seine.)*

2618. Un jardin rectangulaire a 65 mètres sur 42 mètres. On établit tout autour une allée de 0^m,80, puis on partage le reste en 4 rectangles égaux par deux allées, de 1 mètre de large, perpendiculaires entre elles. Quelle surface reste-t-il à cultiver? *(Aisne.)*

***2619.** Une chambre a 6^m,80 de long et 5 mètres de large. On y fait poser un tapis qui couvre le parquet jusqu'à 0^m,40 des murs. On a employé, pour faire ce tapis, de l'étoffe de 1^m,20 de large à 7^{fr},80 le mètre, une doublure de 0^m,80 de large à 0^{fr},65 le mètre, et une bordure de 1^{fr},65 le mètre. La façon coûte 8^{fr},75. Quelle est la dépense totale?

***2620.** On joint deux à deux les milieux des côtés d'un champ carré de 85 mètres de côté; on joint ensuite deux à deux les milieux des lignes tracées et on obtient ainsi une surface qu'on plante en vigne. On demande en ares la surface de cette vigne.

***2621.** Un trapèze de 125 mètres de hauteur a une surface de 71^a 49^{ca}. En le divisant en deux triangles par une diagonale, l'un de ces triangles a 952 mètres carrés de plus que l'autre. Trouver les deux bases du trapèze?

***2622.** Sur une pelouse rectangulaire de 95 mètres de long, on creuse un bassin circulaire de 12 mètres de rayon. Sachant que la surface du bassin est égale au 1/6 de celle de la pelouse, calculer la largeur de la pelouse.

***2623.** On a fait un cube de 0^m,15 d'arête avec du carton blanc. On applique sur chacune de ses faces un cercle en papier rouge de 3 centimètres de rayon. Trouver en centimètres carrés la surface du cube qui reste en blanc. *(Seine.)*

PROBLÈMES DE REVISION GÉNÉRALE

***2624.** J'échange un terrain rectangulaire de 240^m,85 de longueur sur 160^m,40 de largeur contre un terrain triangulaire de qualité meilleure et dont la surface est 2 fois plus petite. Dites la hauteur de ce terrain triangulaire, sachant que la base mesure 340 mètres.

2625. Une feuille de papier rectangulaire a 91^{cm},6 de pourtour; sa longueur surpasse sa largeur de 7^{cm},2. On demande la surface de cette feuille.

*2626. On possède un champ triangulaire de 68 mètres de base et 45 mètres de hauteur. On achète tout autour un terrain qui permet d'en doubler les dimensions. Quelle sera : 1° la surface du champ ainsi agrandi, comparée à la surface primitive; 2° la valeur de ce champ à raison de 2 650 francs l'hectare?

*2627. Deux jardins ont ensemble une surface de 4 ares et valent 52^{fr},92. La surface du 2e jardin est les 2/3 de celle du 1er. Le prix de l'are du 1er jardin représente les 13/12 du prix de l'are du 2e jardin. On demande : 1° la surface de chaque jardin; 2° le prix de l'are de chacun d'eux.

*2628. Une place circulaire de 58 mètres de diamètre a coûté 95 francs l'are; on l'a entourée d'une clôture qui revient à 2^{fr},25 le mètre courant; on l'a défoncée à une profondeur de 0^m,60, moyennant 2^{fr},75 le mètre cube. Quelle est la dépense totale?

2629. Un jardin rectangulaire, dont la longueur est double de la largeur, a 144 mètres de périmètre. Quelle est la valeur de ce jardin à raison de 12^{fr},50 le demi-décamètre carré? *(Oise.)*

2630. On fait peindre à 2 couches les 4 murs d'une salle de classe à raison de 0^{fr},35 la première couche par mètre carré et de 0^{fr},25 la seconde. Trouvez le montant de la dépense, sachant que la salle a 7^m,20 de long, 6^m,10 de large et 4 mètres de haut. *(Aisne.)*

2631. Un champ rectangulaire a 126 mètres de longueur; sa largeur est égale aux 5/7 de la longueur. Le propriétaire vend ce champ; le prix de vente, placé à 5 % pendant 8 mois, lui rapporte 94^{fr},50. Combien a-t-il vendu l'are?

2632. Un terrain triangulaire de 84^m,80 de base est ensemencé en blé; il a produit par hectare 25 hectolitres de blé pesant 15^{kg},6 par double décalitre, qui a été vendu 24 francs le quintal. Avec les 2/3 de la somme obtenue, le propriétaire a pu acheter 192^{lit},92 de vin à 60 francs l'hectolitre. Quelle est la hauteur de ce terrain triangulaire? *(Seine.)*

2633. Un jardin rectangulaire d'une contenance de 35^a,4^{ca} et d'une longueur de 73 mètres est entouré intérieurement d'une allée dont la largeur est de 0^m,85. Quelle est la surface totale de l'allée?

2634. Une personne a placé au taux de 5 % une somme dont le revenu lui permet d'acheter, au prix de 0^{fr},75 le mètre carré, un champ de forme rectangulaire. Le périmètre de ce champ a 262 mètres et sa longueur a 39 mètres de plus que sa largeur. On demande la somme placée au taux de 5 %. *(C. E.)*

2635. Au milieu d'un terrain carré on a construit un pavillon carré. La distance entre la construction et le côté de la propriété est de 4 mètres. Sachant que l'espace qui n'est pas occupé par le pavillon est de 200 mètres carrés, on demande l'étendue totale de la propriété.

*2636. Tout autour d'un champ rectangulaire dont la longueur et la largeur ont ensemble 176 mètres et dont la largeur est les 23/65 de la longueur, on plante à 3 mètres en dedans du bord des arbres espacés de 4 mètres. Dire combien d'arbres cette plantation exige, et quelle est la superficie de la portion du champ comprise entre les rangées d'arbres et les bords extérieurs. *(Seine.)*

PROBLÈMES DE REVISION GÉNÉRALE

2637. Une roue a 0^m,75 de rayon. Quel chemin aura-t-elle parcouru quand elle aura fait 3 675 tours ? Combien faudra-t-il de temps à un piéton pour faire le même chemin, s'il fait 6 kilomètres à l'heure ? *(Ardennes.)*

*2638. Un jardin carré a été acheté au prix de 175 francs l'are et payé en monnaie d'argent dont le poids est de 25 515 grammes. Quelle est la longueur du côté de ce jardin?

2639. Un jardin carré a 16^m,60 de côté; on établit tout autour une allée de 0^m,40 de largeur, puis deux autres allées de même largeur qui se coupent en croix au milieu du jardin et aboutissent aux côtés. On demande l'étendue de la surface cultivable.

2640. On a acheté, à raison de 1^{fr},50 le mètre carré, une toile cirée pour recouvrir une table ronde de 1^m,30 de diamètre de manière que la toile déborde tout autour de 0^m,10. Quelle a été la dépense ? *(Meurthe-et-Moselle.)*

*2641. Un terrain carré a été vendu, à raison de 87^{fr},25 le décamètre carré, pour la somme de 9 649^{fr},85. Quelle est, à un centimètre près, la longueur du côté de ce carré?

2642. Les roues de devant d'une voiture ont 0^{m}6-5 de rayon. Elles font 25 tours pendant que celles de derrière en font 18. Calculer le tour d'une roue de derrière. *(Maine-et-Loire.)*

2643. Pour border sur les quatre côtés un tapis rectangulaire, on a employé pour 3^{fr},60 de galon à 0^{fr},40 le mètre. Sachant que la longueur du tapis dépasse de 0^m,50 la largeur, on demande les deux dimensions de ce tapis. *(Lozère.)*

*2644. Deux vergers ont la même superficie. L'un est carré, l'autre est rectangulaire. Ce dernier ayant 128 mètres de longueur sur 32 mètres de largeur, on demande de trouver le côté du premier.

2645. La clôture d'un terrain rectangulaire estimée 8 francs le mètre courant est revenue à 1 225^{fr},12. On demande la valeur de ce terrain à raison de 60 francs l'are, sachant que la largeur est les $^4/_{15}$ de la longueur.

*2646. On fabrique avec de l'or dont la densité est 19,25 des feuilles qui ont 10 millièmes de millimètre d'épaisseur. Quelle surface pourra-t-on couvrir avec 3 grammes d'or?

*2647. La superficie d'un terrain a été trouvée égale à 3^{ha} 8^a 25^{ca}. Le décamètre dont on s'est servi était trop long de 8 centimètres. Calculer la superficie exacte de ce terrain. *(Eure.)*

2648. Une table a 1^m,95 de long et 1^m,10 de large. On la recouvre d'un tapis qui déborde tout autour de 0^m,30. Quelle sera la surface de ce tapis? De combien sera-t-elle plus grande que celle de la table? *(Seine).*

Volumes.

2649. Dans un bassin circulaire de 4 mètres de diamètre sont ouverts 2 robinets dont l'un fournit 30 litres et l'autre 36 litres d'eau par minute. On les laisse fonctionner ensemble pendant 2 heures. A quelle hauteur l'eau s'élève-t-elle dans le bassin? *(Seine.)*

2650. Un coffre ayant 1^m,05 de longueur et 0^m,60 de largeur est rempli, aux 3/4, de blé qui, vendu à 3^{fr},50 le double décalitre, produit 47^{fr},25. Quelle est la profondeur du coffre ? *(Nord.)*

*2651. Avec des planches de 8 millimètres d'épaisseur, on construit une boîte cubique de 12 centimètres d'arête, y compris le couvercle. On demande le poids de la boîte vide, la densité de ce bois étant de 0,45.

PROBLÈMES DE REVISION GÉNÉRALE

*2652. Une boîte cubique, sans couvercle, a 15 centimètres d'arête extérieurement; le fond et les parois sont en bois de 7 millimètres d'épaisseur. On demande combien cette boîte peut contenir de cubes de 8 millimètres d'arête.

*2653. Une citerne cubique a intérieurement $1^m,50$ de côté. Les murs qui l'entourent ainsi que le fond ont $0^m,40$ d'épaisseur. On demande le prix de revient de cette citerne sachant que la maçonnerie coûte 14 francs le mètre cube et que le mètre cube de terre enlevée est revenu à $2^{fr},50$?

2654. La densité du mercure étant 13,60, on en remplit aux $2/3$ un vase rectangulaire dont les dimensions sont $0^m,17$, $0^m,14$ et $0^m,09$. Calculer à 1 centilitre près le volume d'eau dont le poids serait égal à celui du mercure. *(Indre.)*

2655. On a payé $952^{fr},25$ pour 45 poutres pareilles à raison de 65 francs le mètre cube. Quel est le volume de chaque poutre? *(Paris.)*

2656. Dans un vase cubique de $0^m,80$ de côté, on verse $35^{dal},6$ d'eau. Quelle est la hauteur de la partie qui reste à remplir dans le cube?

2657. Pendant un orage, il est tombé une hauteur d'eau de 5 millimètres. Calculer le nombre d'hectolitres tombés sur une surface de 2 kilomètres carrés et demi?

2658. Un puisard ayant $1^m,30$ de diamètre et 5 mètres de profondeur est plein jusqu'à $1^m,75$ du bord. Pour l'épuiser, on emploie une pompe qui enlève 10 litres à la seconde. Au bout de combien de temps le puisard sera-t-il vidé?

2659. Que paierait-on pour le transport de 45 pierres de taille, de chacune 1 625 décimètres cubes, à raison de $1^{fr},75$ les 1 000 kilogrammes, si la densité de la pierre est de 2,135? *(Seine-et-Oise.)*

*2660. Les feuilles d'or servant à la dorure ont $1/300$ de millimètre d'épaisseur. Quel sera le prix de l'or employé pour la dorure de 275 livres semblables, sachant que chaque livre comprend une surface à dorer de $3^{dm^2},25$, et que l'or coûte 3 francs le gramme? La densité de l'or est 19,25.

2661. On veut construire un dortoir ayant 18 mètres de longueur et $8^m,60$ de largeur, destiné à recevoir 30 élèves. Le mobilier occupe $1/12$ de l'espace. A quelle hauteur faut-il élever le plafond pour que chaque élève ait 20 mètres cubes d'air à respirer? *(C. E.)*

*2662. On plonge un objet dans un vase rempli d'eau et qui pèse 1745 grammes; 27 centilitres d'eau s'échappent du vase, et ce dernier pèse alors $3680^g,9$. Quelle est la densité du métal dont est fait l'objet en question?

*2663. Dans une cuve rectangulaire de $1^m,86$ de long, $0^m,78$ de large et $0^m,84$ de hauteur, on verse 2 bonbonnes d'huile d'olive pesant net chacune $16^{kg},500$. A quelle hauteur s'élève l'huile, si sa densité est 0,91? Combien pourrait-on encore verser de litres, pour que l'huile s'élève dans ce vase aux $5/6$ de la hauteur de la cuve? *(Bouches-du-Rhône.)*

2664. Un réservoir cylindrique a comme rayon à la base $1^m,10$. Sa hauteur est de $2^m,80$. Quelle est sa capacité en litres?

2665. Un chêne a fourni 650 planches de $1^m,2$ de long, 6 centimètres de large et 25 millimètres d'épaisseur. On sait qu'il y a eu $1/5$ de déchet pour l'équarrissage et le sciage. Quel était en décistères le volume primitif du chêne? *(Jura.)*

2666. Un tuyau de plomb a un diamètre extérieur de $0^m,035$, et l'épaisseur du plomb est de $0^m,005$. Quel est le poids d'une conduite de $12^m,50$, si la densité du plomb est de 11,35?

2667. Un pain de sucre en forme de cône a pour base un cercle de $56^{cm},50$ de circonférence et une hauteur égale à trois fois le diamètre de sa base. Quel en est le poids si le décimètre cube de sucre pèse $1^{kg},60$?

PROBLÈMES DE REVISION GÉNÉRALE

*2668. Autour d'une pelouse circulaire de $8^m,90$ de rayon, on a établi une allée circulaire de $1^m,75$ de large. On a mis sur cette allée une couche de gravier de $0^m,85$ d'épaisseur. Combien coûtera ce gravier à $7^{fr},80$ le mètre cube?

*2669. Dans un jardin de forme rectangulaire ayant 21 mètres de long sur 15 mètres de large, on a creusé un bassin carré de $3^m,60$ de côté. La terre extraite, répandue uniformément sur le reste du terrain, forme une couche de $0^m,10$ d'épaisseur. Quelle est la profondeur du fossé? *(Lozère.)*

2670. Une pyramide d'argent a pour base un carré ayant $0^m,035$ de côté. Quel est le poids de cette pyramide, sachant que sa hauteur mesure $0^m,12$ et que la densité de l'argent est $10,47$?

*2671. Un cube de fer a 96 centimètres carrés de surface totale. Sachant que le centimètre cube de fer pèse $7^g,7$, on demande le poids du cube entier.

*2672. Un coffre, ayant $2^m,20$ de long, $0^m,75$ de largeur et $1^m,65$ de hauteur, est rempli de froment jusqu'aux $3/4$ de sa hauteur. L'hectolitre de ce froment pèse 76 kilogrammes, 100 kilogrammes de froment donnent 82 kilogrammes de farine, et 60 kilogrammes de farine donnent 75 kilogrammes de pain. Trouver combien on pourra faire de pains de $1^{kg}1/2$ avec le froment contenu dans le coffre.

2673. Une boîte en métal a intérieurement les dimensions suivantes : 25 centimètres, $14^{cm},5$ et $12^{cm},5$. On demande ce qu'elle pourra contenir de morceaux entiers de sucre de $3^{cm},8$ de long, $2^{cm},5$ de large et 1 centimètre d'épaisseur. Les morceaux seront disposés de façon que leurs dimensions correspondent aux mêmes dimensions de la boîte.

2674. Une colonne cylindrique en fonte a $12^m,50$ de hauteur sur $0^m,70$ de diamètre. Elle est creuse, et l'épaisseur de la fonte est de $0^m,10$. On demande : 1° le poids de la colonne, le décimètre cube du métal pesant 7^{kg}; 2° le prix de revient du métal, à raison de 350 francs la tonne.

2675. 10 litres de neige donnent 1 litre d'eau. Quel le poids supporté par un toit rectangulaire de $12^m,40$ sur $5^m,20$ sur lequel la neige forme une épaisseur de $0^m,08$? Si l'eau provenant de la fonte de cette neige était recueillie dans une citerne de 3 mètres de long sur $2^m,60$ de large, à quelle hauteur s'élèverait-elle? *(Côtes-du-Nord.)*

*2676. Un vase ouvert a extérieurement la forme et les dimensions d'un décimètre cube. Il est en fer et ses 5 parois ont toutes un demi-centimètre d'épaisseur. On demande la hauteur de l'eau que contient ce vase, sachant que le poids total est $2405^g,40$. Densité du fer $7,78$. *(Cantal.)*

2677. Un flacon contient 54 centilitres de mercure. Dites la valeur de ce mercure, sachant que la densité du mercure est $13,60$ et que ce métal vaut $7^{fr},50$ le kilogramme.

*2678. La densité du fer est $7,78$. La section d'une barre a 5 centimètres sur $1^{cm},2$. Quelle longueur faudrait-il en couper pour avoir un poids de 10 kilogrammes? *(Seine.)*

2679. Un seau plein d'eau pèse $17^{kg},500$. Quand on a retiré la moitié de l'eau qu'il contenait, il ne pèse plus que $10^{kg},500$. Que pèse-t-il quand il est vide, et quelle est sa contenance en litres? *(Ain.)*

2680. Un tuyau de conduite a 682 millimètres de circonférence; l'épaisseur de la fonte est 15 millimètres; la longueur du tuyau est $1^m,50$. Quel en est le poids, sachant que la densité de la fonte est 7?

2681. On pèse un vase une première fois plein d'eau et une seconde fois plein d'huile : le premier poids surpasse le second de 204 grammes. Trouver en litres et fraction de litre la contenance du vase, sachant qu'un décilitre d'huile pèse $91^g,5$.

PROBLÈMES DE REVISION GÉNÉRALE

*2682. Quelle longueur de fil ferait-on avec un kilogramme d'or dont la densité est de 19,25, sachant que le diamètre de ce fil doit être de $1/50$ de millimètre ?

2683. Pour établir la base d'un plancher, on a employé 14 barres de fer de $0^m,032$ d'épaisseur, $0^m,06$ de largeur et 6 mètres de longueur. Le centimètre cube de fer pèse $7^{gr},78$. Le kilogramme de ce fer valant $0^{fr},75$, quel escompte pour 100 a été fait si l'on n'a payé au marchand que $913^{fr},77$?

2684. Un vase rempli d'eau pèse $13^{kg},250$; rempli d'huile d'olive, il pèse $12^{kg},400$. La densité de l'huile d'olive est 0,915. Quel est le poids du vase vide et quelle en est la capacité ? *(Meurthe-et-Moselle.)*

2685. On a un cube de fer de 1 décimètre de côté. Quelle somme d'argent monnayé peut lui faire équilibre dans une balance ? Quelle somme d'or monnayé ? La densité du fer est de 7,78.

*2686. Quel est le volume de 375 pièces de 5 francs, sachant que la densité de l'argent pur est 10,475 et celle du cuivre 8,9 ?

*2687. Une règle en fer carrée a 30 centimètres de long, son poids est 144 grammes. Sachant que la densité du fer est 7,78, dites l'épaisseur de cette règle.

2688. Une boîte a intérieurement 25 centimètres de long, 10 centimètres de large et 10 centimètres de profondeur. Les parois, le fond et le couvercle sont en bois de 6 millimètres d'épaisseur. Que coûtera la décoration extérieure de cette boîte à raison de $0^{fr},05$ le centimètre carré ?

2689. Un tonneau plein d'eau pèse $10^{kg},2$ de plus que lorsqu'il est plein d'huile dont chaque litre pèse $0^{kg},915$. Quel est le prix de l'huile qui remplit ce tonneau, sachant qu'on l'a achetée à raison de $1^{fr},75$ le kilogramme ? *(Nord.)*

2690. Quels sont la surface latérale, la surface totale et le volume d'un prisme hexagonal de 1 mètre de hauteur, l'hexagone formant la base ayant $0^m,60$ de périmètre et $0^m,086$ d'apothème ?

*2691. Un réservoir est rempli aux $2/3$ d'une certaine quantité d'eau destinée à l'arrosage ; une première fois on a puisé les $3/8$ de cette eau ; une deuxième fois $1/6$ du reste ; une troisième fois $1/12$ du reste, et il reste encore dans le bassin $6^{dal},45$. Quelle est, en mètres cubes, la capacité totale de ce réservoir ?

Règle de trois, intérêt, escompte, rente, tant pour cent, etc.

2692. Un marchand a vendu 783 mètres de drap à 25 francs le mètre ; il a accordé 9 % d'escompte, tandis qu'il n'avait obtenu lui-même que 5 % d'escompte sur le prix d'achat qui était de 24 francs le mètre. A-t-il gagné ou perdu et combien ? *(Seine-et-Marne.)*

2693. On a reçu 585 francs le 15 mars pour un billet payable le 20 juin. Quel était le montant du billet, le taux étant 6 pour 100 ? *(Var.)*

*2694. Un marchand achète 360 mètres de drap ; il en vend : 1° les $7/12$ à raison de $13^{fr},40$ le mètre ; 2° les $2/3$ du reste à raison de $14^{fr},10$; 3° tout ce qui reste encore à raison de $15^{fr},60$; à ce marché il gagne $10 1/2$ % sur son achat. Quel est le montant de cet achat ? Combien a-t-il payé le mètre ?

*2695. Une personne fait 3 placements, le premier à 4 %, le deuxième à 5 %, le troisième à 6 %. Sachant que le dernier surpasse le premier de 15 800 francs, que le deuxième est la moitié du premier et que leur somme est 86 200 francs, on demande le revenu total.

*2696. Une personne disposant de 2 200 francs en place une partie à 4,50 % et le reste à 3 %. Après 2 ans 6 mois, elle retire 225 francs pour l'intérêt de son capital. Quelle est la somme qui a été placée à chaque taux ? *(Haute-Garonne.)*

PROBLÈMES DE REVISION GÉNÉRALE

2697. On a pressé 73 demi-hectolitres de pommes qui rendent en jus 28 % de leur volume. On y a ajouté l'eau nécessaire pour doubler ce volume. Les pommes coûtent 4^{fr},30 l'hectolitre ; les frais de pressurage sont de 21^{fr},45 ; le transport de la boisson a coûté 0^{fr},40 par hectolitre. A combien revient le litre? (*Calvados.*)

2698. Un propriétaire possède une maison de 18 400 francs, qui exige chaque année en moyenne 200 francs de réparations. Combien doit-il la louer pour que son argent lui rapporte net 4 1/2 % ? (*Haute-Garonne.*)

2699. Un pré triangulaire, ayant 160 mètres de base et 25 mètres de hauteur, est acheté à raison de 3500 francs l'hectare. Les frais d'acquisition s'élèvent à 8^{fr},50 pour 100 du prix d'achat. On le loue 100 francs par an. A quel taux a-t-on placé son argent, si les impôts, laissés à la charge du propriétaire, s'élèvent à 9^{fr},25 par an? (*C. E.*)

*__2700.__ Une personne a un billet de 1040 francs payable dans 5 mois. Elle le fait escompter par un banquier qui lui donne 1014 francs. Quel est le taux de l'escompte? (*Nièvre.*)

2701. Une maison qui a coûté 8500 francs, est bâtie sur un terrain ayant 76^m,20 de long sur 28^m,60 de large et valant 6000 francs l'hectare. Combien faut-il louer la propriété pour qu'elle produise 4 % de revenu net, sachant que les réparations se montent à 120 francs par an? (*Gironde.*)

2702. Pour faire 8 habits, on a employé 27^m,50 d'étoffe à 0^m,85 de large. Quelle serait la longueur d'une pièce d'étoffe ayant 0^m,95 de large qui pourrait servir à confectionner 12 habits de même taille que les premiers ? (*Vienne.*)

2703. Une pièce de toile doit avoir après le blanchiment 11^m,75. Quelle longueur le fabricant doit-il lui donner, sachant que la toile perd au blanchiment 7 % de sa longueur ?

*__2704.__ Un négociant déclaré en faillite ne peut payer que 30 % à ses créanciers. S'il possédait 32 490 francs de plus, il pourrait payer les 3/4 de ce qu'il doit. Trouver ce que possède et ce que doit ce négociant. (*Vaucluse.*)

2705. Une personne a placé les 2/3 de sa fortune à 4 % et le reste à 3,60 %. Son revenu étant de 2320 francs, on demande le montant de la fortune.

2706. Un marchand achète 2685 kilogrammes d'huile à 180^{fr},75 le quintal ; il veut gagner 15 % sur son acquisition. Combien doit-il vendre les 500 grammes d'huile et quel bénéfice total fera-t-il sur sa vente? (*Sarthe.*)

*__2707.__ En échange d'un billet de 600 francs payable à 70 jours et d'un billet de 400 francs, dont l'échéance est inconnue, on a souscrit un billet unique, égal à la somme des deux premiers, et payable dans 54 jours. Quelle était l'échéance du second billet?

2708. Un libraire reçoit d'un éditeur 195 volumes marqués 2^{fr},75 avec 33 % de remise et 13 pour 12. Faites le compte de ce qu'il doit.

2709. Un libraire achète 15 douzaines de volumes à 2^{fr},50 l'un ; on lui fait une remise de 30 % et on lui donne 13 volumes pour 12. Combien vendra-t-il le volume, s'il fait un bénéfice de 20 % ?

*__2710.__ Une personne qui doit 1296 francs veut s'acquitter au moyen de 3 billets égaux de 450 francs chacun, échéant à des termes équidistants. Le taux de l'escompte étant 5 %, dites quel sera l'intervalle entre un terme et le suivant.

*__2711.__ Un chef d'institution achète, à 25 % de remise sur le prix fort et 13 pour 12, un certain nombre de volumes dont le prix fort est de 1^{fr},60. Il paie 57^{fr},60 ; combien de volumes reçoit-il?

PROBLÈMES DE REVISION GÉNÉRALE

***2712.** Un coutelier achète des couteaux à raison de 15^{fr},60 la demi-douzaine ; on lui donne un couteau en plus sur 20 couteaux achetés. Quel est son bénéfice pour 100, sachant qu'il vend 15 couteaux pour 43^{fr},40 ?

***2713.** Une personne doit 3 500 francs qu'elle devait payer ainsi : 1 500 francs dans 7 mois et 2 000 francs dans un an. Si elle obtient de payer le tout en une seule fois, quand devra-t-elle s'acquitter ?

2714. On a commandé à un tisserand une pièce de toile qui doit avoir, après le blanchiment, 19^m,63 de longueur. Quelle doit être la longueur qu'on doit lui donner à la fabrication, sachant qu'au blanchiment une autre pièce de la même toile, d'une longueur de 8 mètres, a diminué de 45 centimètres ?

2715. Un libraire achète 48 volumes à 3^{fr},50 l'un. Combien doit-il vendre le volume pour gagner 26 francs sur le prix d'achat, s'il lui est fait une remise de 20 % et s'il reçoit 13 volumes pour 12 ?

2716. On fait creuser une tranchée de 3^m 1/5 de long, 2^m 1/4 de large et 1^m 2/5 de profondeur ; on paye 98 francs. Combien paiera-t-on pour une tranchée de 6^m 1/2 de longueur, 2 mètres de largeur et 1^m 1/4 de profondeur ? *(Loire.)*

***2717.** Un capitaliste place les 3/5 d'une somme à 4,5 % pendant 2 ans, et le reste à 3 % pendant le même temps. Au bout des deux années, il retire, capital et intérêts réunis, 129 360 francs. On demande le capital primitif.

***2718.** Deux personnes achètent ensemble un terrain à raison de 1350 francs l'hectare. Le rendement du terrain, évalué à 4 %, procure à la 1re un revenu annuel de 540 francs et à la 2e un revenu annuel de 405 francs. Dire en ares la surface totale du terrain et la surface de chaque parcelle. *(Ardennes.)*

2719. Une somme est placée à 2^{fr},50 %. Au bout d'un an et 15 jours, la personne, qui l'a déposée, la retire et reçoit, tout compris, capital et intérêts, une somme de 3 334^{fr},63. Quelle somme avait-on déposée ? *(Deux-Sèvres.)*

2720. La fortune d'une personne est partagée en deux parties égales : la première placée à 5 % rapporte annuellement 60 francs de plus que la deuxième, placée à 4^{fr},50 %. Quelle est la fortune de cette personne ?

***2721.** Deux personnes se sont partagé un héritage. La première a eu 2/7 de plus que la deuxième, et a placé son argent à 4 1/2 %. Au bout de 16 mois, elle a reçu, capital et intérêts réunis, une somme avec laquelle elle a pu acheter un coupon de 3 816 francs de rente 3 % au cours de 98^{fr},55. Quelle était la valeur de l'héritage ?

***2722.** En plaçant ses capitaux en rente 3 % au cours de 97^{fr},50, une personne augmente son revenu de ses 3/8. Ce revenu ainsi augmenté étant de 4 928 francs, trouver le taux du placement primitif.

***2723.** Pour un terrain rectangulaire de 87^m,50 de long, acheté le 27 mars au prix de 60 francs l'are, on a payé, le 18 septembre suivant, capital et intérêts à 5 % réunis, une somme de 2 334^{fr},15. Calculer la largeur de ce terrain.

***2724.** Une somme devient 25 850 francs au bout de 2 ans, capital et intérêts simples réunis. La même somme vaudrait 29 375 francs au bout de 5 ans, dans les mêmes conditions. On demande le capital et le taux d'intérêt.

2725. Quelle somme faudrait-il placer à 4 1/2 % pour retirer 6 900 francs en capital et en intérêts simples au bout de 2 ans 4 mois ?

***2726.** Une personne qui possède 39 000 francs désire en faire deux placements : l'un à 3 % et l'autre à 3 1/2 %, de manière que chacun d'eux lui rapporte le même revenu. Quel doit être le montant de ces placements ?

PROBLÈMES DE REVISION GÉNÉRALE

2727. Quelle somme faudrait-il placer à 4,75 % pour retirer 10 075^{fr},50 en capital et intérêts simples au bout de 3 ans 4 mois? Combien le capital placé aurait-il rapporté en rente 3 % au cours de 97^{fr},50? (*Nièvre.*)

2728. Une personne avait placé 5 400 francs au taux de 4 1/2 %, 8 600 francs à 3,75 % et 7 200 francs à 5 %. Elle retire toutes ces sommes et les place toutes ensemble à un taux unique, de telle sorte qu'au bout de l'année elle reçoit 346^{fr},50 d'intérêts de plus qu'auparavant. A quel taux cette personne a-t-elle placé son argent en second lieu?

2729. Un marchand achète 140 mètres de drap à 12^{fr},50 le mètre. Il veut, en le revendant, réaliser un bénéfice de 10 %. Une personne achète 3^m,50 de ce drap et donne en paiement un billet de 100 francs. Combien d'argent le marchand doit-il rendre à son client? (*Haute-Garonne.*)

*2730. Est-il plus avantageux d'acheter de la rente 3 % au cours de 98^{fr},50 que des obligations 2 1/2 % de la Ville de Paris au cours de 375 francs et rapportant net 8^{fr},86 d'intérêt? (*Seine.*)

2731. Un grainetier achète 150 sacs de blé pesant net 100 kilogrammes chacun, à 20^{fr},50 le quintal. Il en revend le 1/3 avec 5 % de perte. Combien doit-il vendre le quintal de ce qui reste pour gagner 10 % sur le tout? (*Seine-et-Marne.*)

*2732. Un marchand a acheté 14 barils d'huile contenant chacun 125 litres à raison de 196 francs les 100 kilogrammes. Il a donné à son courtier 2 % du prix d'achat. Combien doit-il revendre au détail le kilogramme de cette huile pour gagner 12 % sur le prix de revient, sachant qu'elle pèse 92 kilogrammes l'hectolitre, et qu'il a payé 4^{fr},85 pour le transport de chaque baril? (*Haute-Garonne.*)

2733. Une couturière achète 157^m,25 de soie à 6^{fr},75 le mètre. Elle en fait 12 robes qu'elle veut vendre 170 francs la pièce. Si elle évalue à 12 % son bénéfice sur la soie, à combien estime-t-elle la façon d'une robe? (*C. E.*)

2734. Une pièce de terre a été revendue avec un bénéfice égal aux 9/40 de son prix d'achat. Le prix de vente s'étant élevé à 980 francs, calculer : 1° le prix d'achat; 2° le bénéfice pour 100. (*C. E.*)

*2735. J'ai acheté pour 6 800 francs de marchandises, payable dans 9 mois. Je donne en paiement deux billets, l'un de 3 000 francs, le second comprenant le solde payable dans 12 mois. Quelle doit être l'échéance du premier billet?

2736. Une personne place le 1/4 de sa fortune à 2^{fr},80 % et a ainsi un revenu annuel de 1 456 francs. A quel taux doit-elle placer le reste pour avoir un revenu total de 6 136 francs? (*Oise.*)

2737. La construction d'une maison a coûté 18 500 francs. Elle est bâtie au milieu d'un terrain rectangulaire de 76^m,20 sur 28^m,60. Le terrain a été payé à raison de 8 700 francs l'hectare. Combien faut-il louer la propriété pour qu'elle rapporte net 5 %? On compte qu'il faudra faire chaque année pour 250 francs de réparations. (*Ille-et-Vilaine.*)

*2738. Une troupe de 16 ouvriers, travaillant 10 heures par jour, a mis 27 jours pour paver 750 mètres d'une rue. On double ce nombre d'ouvriers; on les fait travailler 12 heures par jour, et l'on demande en combien de jours sera achevé le pavage de la rue, sachant que la longueur de cette rue est de 1575 mètres.

2739. Un marchand achète 8 douzaines de couteaux à 0^{fr},70 l'un. On lui fait une remise de 25 % et on lui donne 13 couteaux pour 12. Combien devra-t-il vendre chaque couteau pour gagner 15,5 % sur le prix net de sa facture?

*2740. Un marchand achète pour 8 000 francs de drap, dont il devrait payer 1/5 dans 6 mois, 1/5 dans 8 mois et le reste dans 10 mois; mais il désire ne faire qu'un seul paiement : quand doit-il le faire?

PROBLÈMES DE REVISION GÉNÉRALE

2741. Une personne achète une vigne pour 10 000 francs. Les frais de culture et les contributions s'élèvent à la somme totale de 582 francs. Sachant que la récolte annuelle a une valeur moyenne de 1 480 francs, trouver à quel taux cette personne a placé son argent. (*Cher.*)

2742. Un propriétaire vend à un voisin un verger de 56 ares et veut en recevoir le prix dans 8 mois, de telle sorte que la somme et les intérêts à 5 % produisent à ce moment une somme de 2 500 francs. A quel prix doit-il estimer l'are?

2743. Un propriétaire, qui avait acheté un champ à raison de 0^{fr},25 le mètre carré, le revend pour une somme de 1 563^{fr},50 en gagnant 6 % sur le prix d'achat. Quel était ce prix d'achat et quelle était en hectares la surface de ce champ?

Mélanges, alliages.

2744. Un orfèvre a 2 lingots d'argent : l'un au titre de 0,630 et l'autre au titre de 0,920. Il veut obtenir un alliage au titre de 0,835. Quelle quantité du 1er lingot prendra-t-il s'il veut employer 315 grammes du second?

2745. Combien faut-il prendre d'argent au titre de 0,940 et au titre de 0,835 pour en faire 3 kilogrammes d'argent au titre de 0,900? (*Yonne.*)

2746. On a 250 litres de vin à 80 centimes le litre; on veut y mêler du vin d'une qualité inférieure valant 56 centimes le litre. Combien faut-il employer de litres du dernier vin pour que le mélange revienne à 72 francs l'hectolitre?

2747. Si je faisais fondre 50 pièces de 5 francs en argent et 20 pièces de 2 francs, quel serait le titre de l'alliage obtenu?

*2748. Un lingot d'argent pur pèse autant que 6^{lit},17^{cl} d'eau pure. On veut le monnayer et en faire autant de pièces de 5 francs que de 2 francs. Combien aura-t-on de pièces de chaque sorte et quelle sera la valeur totale de ces pièces? (*Haute-Garonne.*)

*2749. On fait un mélange de 84 litres de vin avec 16 litres d'eau; pour que 75 litres du nouveau mélange ne contiennent que 4 litres d'eau, que faut-il ajouter de vin? (*Seine-et-Oise.*)

*2750. On a un lingot d'or pesant 320 grammes au titre de 0,640. On élève ce titre à 0,720 au moyen d'un autre lingot au titre de 0,780. Combien de grammes de ce dernier lingot a-t-on employés? (*Seine-et-Oise.*)

*2751. Un orfèvre a deux lingots d'argent : le premier est au titre de 0,9 et le second au titre de 0,75. Combien doit-il prendre de chaque lingot pour obtenir 4 kilogrammes d'un nouveau lingot au titre de 0,84?

2752. Un orfèvre a deux lingots d'or : l'un au titre de 0,725 et l'autre au titre de 0,915. Combien doit-il prendre de chacun pour faire un alliage pesant 145 grammes au titre de 0,850?

*2753. On veut faire de l'argent au titre de 0,835 en fondant ensemble de l'argent au titre de 0,900 et du cuivre. Combien faut-il prendre de cuivre et d'argent au titre de 0,900 pour avoir 1 kilogramme d'argent au titre de 0,835?

2754. Dans quelle proportion faut-il fondre de l'or au titre de 0,920 et de l'or au titre de 0,840, pour faire un alliage monétaire?

*2755. Quelle somme en pièces divisionnaires pourrait fournir un lingot d'argent pur qui a 0^m,02 d'épaisseur, 0^m,30 de longueur et 0^m,04 de largeur, sachant que la densité de l'argent pur est de 10,47?

2756. Dans quelle proportion faut-il mélanger deux quantités de café, l'une valant 3^{fr},25 le kilogramme et l'autre 2^{fr},70, pour obtenir du café à 3 francs le kilogramme?

PROBLÈMES DE REVISION GÉNÉRALE

2757. Une somme de 5130^{fr},50 est formée de poids égaux d'or, d'argent et de billon. Quel est son poids? Quel est aussi le poids de l'or pur, de l'argent pur, du cuivre, de l'étain et du zinc que cette somme renferme? (La somme en argent est formée de pièces de 5 francs.)

2758. On a 260 francs en pièces divisionnaires et 130 francs en monnaie d'or. Quel est le poids du cuivre contenu dans le total de ces deux sommes?

2759. On a fondu 30 pièces de 5 francs en argent avec un certain nombre de pièces de 2 francs et l'on a obtenu un alliage contenant 1017^g,35 d'argent pur. Combien de pièces de 2 francs a-t-on employées? *(C. E.)*

*****2760.** Un lingot d'argent pur d'un volume de 1^{dm3},45 doit être transformé, moitié en pièces de 5 francs et le reste en pièces de 1 franc après qu'on aura ajouté le poids du cuivre nécessaire. Combien obtiendra-t-on de pièces de chaque valeur? On sait que les 3/4 d'un décimètre cube d'argent pèsent 7^{kg},857. *(Seine.)*

2761. Un sac contenant différentes espèces de monnaie pèse 3190 grammes. Il contient 527 francs de monnaie d'argent et 775 francs de monnaie d'or. Combien renferme-t-il de monnaie de cuivre? Le poids du sac vide est de 65 grammes.

2762. On a mélangé 50 litres de vin à 0^{fr},40 le litre et 70 litres de vin à 0^{fr},30. Combien faut-il ajouter d'eau pour que le mélange revienne à 0^{fr},33 le litre?

*****2763.** On fond ensemble 100 pièces de 1 franc, 50 pièces en argent de 5 francs et 700 grammes de cuivre. Déterminer le poids d'argent pur qu'il faut ajouter au lingot ainsi obtenu pour que son titre soit 0,950. *(Finistère.)*

*****2764.** Comment peut-on fabriquer des pièces de 0^{fr},50 au titre légal avec un lingot d'argent de 3^{kg},25 au titre de 0,920? Quel sera le nombre de pièces obtenues? *(Eure-et-Loir.)*

Problèmes à résoudre mentalement.

2765. Vous achetez 16 hectolitres de charbon à 1^{fr},75 l'hectolitre et vous payez avec un billet de 50 francs. Que doit-on vous rendre? Expliquez la manière de procéder. *(Ardennes.)*

2766. Expliquez comment vous trouvez mentalement combien on peut acheter de cahiers à 0^{fr},25 l'un avec une somme de 30^{fr},75. *(Calvados.)*

2767. Un marchand vend 10 pièces de drap de chacune 6 mètres pour 540 francs; il avait payé le mètre 6^{fr},75. Combien gagne-t-il sur un mètre?

2768. Une ménagère achète 8^m,60 d'étoffe à 1^{fr},50 le mètre. Elle donne en paiement une pièce de 20 francs. Que lui rendra-t-on? Calculez mentalement. *(Pas-de-Calais.)*

2769. Expliquez comment on peut trouver, par les procédés du calcul mental, la dépense annuelle d'un fumeur qui consomme en moyenne pour 0^{fr},15 de tabac par jour. *(Allier.)*

2770. Une fermière vend au marché 3 oies à 5^{fr},40 pièce, 5 poules à 2^{fr},25 pièce, 8 pigeons à 0^{fr},70 pièce. Calculez mentalement ce qu'elle reçoit et expliquez les opérations. *(Drôme.)*

2771. On achète 625 grammes de bœuf à 1^{fr},60 le kilogramme. Combien doit-on payer? Effectuez mentalement le calcul et expliquez l'opération. *(Meurthe-et-Moselle.)*

PROBLÈMES DE REVISION GÉNERALE

2772. Trouvez mentalement, en expliquant les opérations, la longueur d'une clôture en treillage autour d'un jardin de 13^m,60 de long sur 12^m,90 de large et le prix de cette clôture à 1^{fr},25 le mètre, tout compris. *(Yonne.)*

2773. 20 mètres de toile ont été vendus 60 francs; sachant qu'on avait payé le mètre 2^{fr},40, quel bénéfice a-t-on fait sur un mètre?

2774. Un pré a coûté 7 500 francs. Le propriétaire le loue 250 francs par an, mais acquitte chaque année 25 francs d'impôts. A quel taux a-t-il placé son argent?

2775. On a pesé une marchandise en plaçant dans le deuxième plateau de la balance 8^{fr},25 en bronze et 35 francs en argent. Calculez mentalement le poids de cette marchandise et expliquez comment vous procédez. Dites ce que vaut cette marchandise à raison de 0^{fr},75 le demi-hectogramme. *(Lot-et-Garonne.)*

2776. Un coutelier achète 50 couteaux à raison de 1^{fr},50 le couteau. Il revend le tout pour 100 francs. Quel bénéfice fait-il sur chaque couteau?

2777. Une ouvrière a vendu, à raison de 3^{fr},10 le mètre, du ruban qui lui coûtait 2^{fr},90 le mètre. Elle gagne ainsi 15^{fr},60. Combien de mètres de ruban a-t-elle vendus? *(Seine-et-Oise.)*

2778. L'hectolitre de blé pèse environ 80 kilogrammes. Quelle est en quintaux la charge d'un wagon qui contient 28 sacs de 1^{hl} 1/2 chacun? *(Haute-Vienne.)*

2779. Le demi-périmètre d'un jardin rectangulaire est de 85 mètres. Quelle est la surface de ce jardin et son prix à 50 francs l'are, si sa largeur est 25 mètres? (Opérer mentalement.) *(Yonne.)*

2780. Comment feriez-vous pour trouver de tête le prix de 150 œufs, à raison de 1^{fr},75 les 25? *(Pas-de-Calais.)*

2781. Multiplier mentalement et successivement les nombres 70, 155 et 236 par 0,9; retrancher les produits obtenus des multiplicandes, et, de la comparaison de ces restes avec les multiplicandes, indiquer de quelle quantité il faut diminuer un nombre quelconque pour qu'il soit multiplié par 0,9.

2782. Expliquer la division mentale de $\frac{900}{15}$ et donner le résultat. *(Haute-Garonne.)*

2783. J'ai planté dans mon jardin 28 rangées de fraisiers. Dans chaque rangée on compte 25 pieds, et 100 pieds coûtant 0^{fr},50, calculez mentalement la dépense. *(Pas-de-Calais.)*

2784. Comment trouvez-vous, sans faire de calculs écrits, le prix de :
1° 45 mètres de toile à 1^{fr},50 le mètre;
2° 50 mètres de drap à 12 francs le mètre;
3° 20 mètres de toile à 0^{fr},95 le mètre?

2785. Les 3/4 d'un mètre de toile valent 1^{fr},80, que coûteront 5/8 de mètre de cette même toile?

2786. Un vase cubique, contenant exactement un litre, est plein d'eau jusqu'à une hauteur de 0^m,06. Quel est le poids de cette eau? *(Saône-et-Loire.)*

2787. Un grainetier qui fournit 28 sacs de blé pesant chacun 75 kilogrammes, paye 0^{fr},15 par quintal pour le transport. Combien a-t-il payé en tout? Résoudre et expliquer au moyen du calcul mental. *(Creuse.)*

PROBLÈMES DE REVISION GÉNÉRALE

2788. On achète du vin à raison de 38 francs l'hectolitre. Combien paye-t-on pour une barrique de 225 litres si les frais d'octroi et de régie qu'il faut payer en supplément sont de 2 francs par hectolitre? *(Indre-et-Loire.)*

2789. Partager 630 francs entre deux personnes de manière que la part de la première soit quatre fois plus grande que celle de la deuxième. Employer les procédés du calcul mental. *(Yonne.)*

2790. Calculez mentalement le prix de 42 boutons à 1^{fr},50 la douzaine. *(Pas-de-Calais.)*

2791. Calculez mentalement ce que doit une ménagère qui achète 8 mètres de drap à 5^{fr},75 le mètre et 12 mètres de doublure à 1^{fr},25? Expliquez votre manière de faire. *(Nord.)*

2792. Comment effectuez-vous mentalement les opérations suivantes :
$$\frac{325}{4} \times 10 \text{ et } \frac{325 \times 4}{100}$$
(Nord.)

2793. La taxe télégraphique est de 0^{fr},05 par mot avec un minimum de 0^{fr},50 par dépêche. Vous expédiez quatre dépêches ayant respectivement 27 mots, 15 mots, 9 mots et 7 mots. Vous donnez pour payer une pièce de 5 francs et pour la différence vous demandez des timbres à 0^{fr},10. Combien l'employé devra-t-il vous donner de timbres? Résolvez le problème mentalement et expliquez votre manière de procéder.

2794. Quel est le prix de 18 mètres de drap à 25 francs le mètre? *(Somme.)*

2795. Un débitant a acheté 15 hectolitres de vin à 3^{fr},05 le décalitre et 150 litres d'eau-de-vie à 2^{fr},50 le litre. Combien doit-il payer? (A trouver mentalement en indiquant les procédés employés.) *(Lot-et-Garonne.)*

2796. Trouvez par le calcul mental le prix de 3 hectolitres de vin à 12 francs le double décalitre et expliquez comment vous avez opéré. *(Gironde.)*

2797. Expliquez comment vous trouveriez mentalement le prix de 72 douzaines d'œufs à 0^{fr},75 la douzaine. Quand les œufs valent 0^{fr},75 la douzaine, quel est le prix de 16 œufs? *(Haute-Marne.)*

2798. Le demi-kilogramme de veau coûtant 1^{fr},60, combien paiera-t-on pour un morceau de 2 kilogrammes? de 1^{kg},5? de 2^{kg},4? de 750 grammes?

2799. Quelle économie ferait-on par kilogramme en achetant un paquet de chocolat de 5 kilogrammes pour 19 francs, au lieu de le payer au détail 0^{fr},20 le demi-hectogramme? *(Nord.)*

2800. Comment trouveriez-vous, par le calcul mental, le prix de 120 mètres de drap à 14^{fr},50 le mètre? *(Aisne.)*

TABLE DES MATIÈRES

PARTIE THÉORIQUE

ARITHMÉTIQUE

Notions préliminaires.	1
Numération. — Numération des nombres entiers.	2, 4, 6
Numération des nombres décimaux.	8
Nombre entier ou décimal rendu 10, 100, 1000 fois plus grand ou plus petit.	10, 12
Généralités sur les fractions.	16
Comparaison des fractions.	18
Expressions et nombres fractionnaires.	20
Fractions rendues plus grandes ou plus petites.	22
Fractions équivalentes.	24
Réduction au même dénominateur.	26
Numération romaine.	28
Nombres complexes.	29
Les nombres représentés par des lignes.	30
Echelles des cartes géographiques.	31
Addition. — Addition des nombres entiers.	40
Addition des nombres décimaux.	42
Addition des fractions.	44, 46
Addition des nombres complexes.	48
Soustraction. — Définitions et principes.	50
Soustraction des nombres entiers.	52
Soustraction des nombres décimaux.	54
Soustraction des fractions.	56
Soustraction des nombres complexes.	58
Multiplication. — Définition.	72
Principes de la multiplication.	74
Multiplication des nombres entiers.	76, 78
Multiplication des nombres décimaux.	80
Multiplication des fractions.	82, 84
Multiplication des nombres complexes.	85
Multiples et puissances.	86
Division. — Définitions.	108
Principes de la division.	110
Division des nombres entiers.	112, 114
Division des nombres décimaux.	116
Division des fractions.	118
Division des nombres complexes.	120
Caractères de divisibilité. — Preuves par 9.	122
Règle de trois.	124
Tant pour cent.	140
Règle de société.	168
Intérêt.	172
Rente.	192
Caisse d'Épargne.	196
Caisse nationale des retraites.	197
Actions et obligations.	198
Escompte.	200
Mélanges.	222
Alliages.	236
Plus grand commun diviseur.	244
Plus petit multiple commun.	245
Carré et racine carrée.	246, 247
Partage directement proportionnel.	249
Partage inversement proportionnel.	250
Echéance moyenne et commune.	251

SYSTÈME MÉTRIQUE

Notions préliminaires.	14
Mesures de longueur.	62
Mesures effectives de longueur.	64
Mesures itinéraires.	66
Mesures de surface.	88, 90
Mesures agraires.	92
Mesures de volume.	148
Mesures pour le bois de chauffage.	150
Mesures de capacité.	180
Capacité et volume.	182
Mesures de poids.	206
Poids effectifs.	208
Volume, capacité et poids.	209
La balance.	210
Densité.	212
Les monnaies.	228
Poids des monnaies.	229
Valeur des monnaies.	230
Titre d'un alliage monétaire.	231
Alliages monétaires : Monnaies d'or.	232
Monnaies d'argent : pièces de 5 francs.	233
Monnaies d'argent : pièces divisionnaires.	234
Monnaies de bronze ou billon.	235
Titres des objets d'orfèvrerie.	239

GÉOMÉTRIE

Notions préliminaires (droites, angles, polygones).	94
Surface du carré.	95
Surface du rectangle.	96
Surface du parallélogramme.	98
Surface du triangle.	99
Surface du losange.	100
Surface du trapèze.	101
Surface d'un polygone régulier et d'un polygone irrégulier.	102
Circonférence.	130

Table des Matières.

Surface du CERCLE.	132
Surface de la COURONNE et du SECTEUR. . .	133
Volume du CUBE	150
Volume du PARALLÉLÉPIPÈDE.	152
Calcul de l'une des trois dimensions. . .	153
Surface latérale et totale du CUBE et du PARALLÉLÉPIPÈDE.	155
Volume du PRISME	156
Volume du CYLINDRE	156
Surface latérale et totale du PRISME et du CYLINDRE.	157
Volume du MANCHON	158
Volume, surface latérale et totale de la PYRAMIDE.	184
Volume, surface latérale et totale du CÔNE.	185
Volume et surface de la SPHÈRE. . . .	186
CARRÉ de l'hypoténuse	248

PARTIE PRATIQUE

CALCUL ÉCRIT

Achat (prix d')	13
Achat ou vente (prix de l'unité)	33
Achat ou vente double d'objets différents.	89, 91
Achat (prix d') tiré d'un prix de vente .	147
Achat au volume ou au poids.	216
Actions et obligations (problèmes sur les).	198
Alliage (calcul du titre d'un).	234
Alliage (élever le titre d'un).	236
Alliage (abaisser le titre d'un).	237
Alliage (proportion d'après laquelle se fait un).	238
Alliage (problèmes divers)	239
Avance ou retard d'une montre	59
Bénéfice sur une vente.	21
Bois au volume ou au poids	187
Courriers allant à la rencontre l'un de l'autre.	65
Courriers allant à la suite l'un de l'autre.	67
Courriers (applications diverses)	68
Carré (problèmes sur la surface du). . .	95
Carrelage.	111
Circonférence (problèmes sur la). . . .	131
Cercle (problèmes sur la).	132
Couronne (problèmes sur la)	133
Cube (problèmes sur le volume du) . .	151
Cube (problèmes sur la surface du). . .	155
Cylindre (problèmes sur le volume du)	156
Cylindre (problèmes sur la surface du).	157
Cône (problèmes sur le volume et la surface du).	185
Café vert, café torréfié.	162
Caisse d'épargne (problèmes sur la). . .	196
Caisse nationale des retraites (exercices sur la)	197
Carré de l'hypoténuse (problèmes sur le).	248
Déchet subi par des marchandises . . .	32
Dépenses inutiles.	61
Diminution de poids.	81
Distance de deux points situés sur un même méridien.	85
Doublure d'un tapis ou vêtement. . . .	113
Dimension (recherche d'une). . . .	153, 185
Densité (calcul de la densité).	212
Densité (calcul du poids).	213
Densité (calcul du volume)	214
Densité (problèmes divers)	215
Différence totale et différence partielle.	253
Échelles géographiques (exercices sur les)	51
Échange.	51
Éclairage au gaz	181
Escompte (calcul du montant du billet).	201
Escompte (calcul de l'escompte). . . .	202
Escompte (calcul du taux de l'escompte).	203
Escompte (calcul du temps d'échéance).	204
Échéance moyenne et commune (date de l'échéance commune...).	251
Échéance (valeur d'un billet unique). .	251
Échéance (paiement par billets échelonnés).	252
Fractions successives d'une somme. . .	85
Fraction de fraction	83, 84
Fraction d'un nombre	119
Gain ou économie	33
Heure solaire d'un lieu.	123
Intérêt (calcul de l'intérêt).	173
Intérêt (calcul du temps).	174
Intérêt (calcul du taux).	175
Intérêt (calcul du capital)	176
Intérêt (capital et intérêts réunis). . .	177
Intérêt (revenus de propriétés).	178
Intérêt (capitaux à des taux différents).	179, 252
Losange (problèmes sur la surface du).	100
Mise en bouteilles	117
Manchon ou enveloppe cylindrique (problèmes sur le volume du).	158
Mur ou fossé entourant une surface. . .	159
Mélanges (prix de l'unité du mélange).	222

Table des Matières.

Mélanges (*proportion d'après laquelle se fait un mélange*). 223
Mélanges (*composition du mélange*). 224, 225
Mélanges (*problèmes divers*). . . . 226, 227
Monnaies (*problèmes sur le poids des*). . 229
Monnaies (*problèmes sur la valeur des*). 230
Monnaies (*problèmes sur l'alliage des*), 232 à 235

Nombre à trouver dont on connaît une fraction. 23
Nombres à trouver dont on connaît les sommes quand ils sont additionnés deux à deux. 254
Nombres à trouver dont on connaît la somme et les différences respectives. 256
Numération romaine (*exercices sur la*). 28
Nombres complexes (*exercices sur les*) . 29

Partage en 2 parties inégales. 3
Partage en plusieurs parties inégales. . 5
Partage en 2 parties, l'une multiple de l'autre. 7
Partage en plusieurs parties, multiples deux à deux. 9
Partage en 2 parties, l'une fraction de l'autre. 27
Partage en parties dont les rapports sont donnés. 45, 57, 255
Partage en parties directement proportionnelles. 249
Partage en parties inversement proportionnelles. 250
Produit d'un champ. 93
Parallélogramme (*problèmes sur la surface du*). 98
Polygones (*problèmes sur la surface des*). 102
Peinture (ou tapissage) d'une chambre . 109
Plantations. 149
Parallélépipède (*problèmes sur le volume du*). 152
Parallélépipède (*problèmes sur la surface*) 155
Prisme (*problèmes sur le volume du*). . 156
Prisme (*problèmes sur la surface du*). . 157
Pyramide (*problèmes sur le volume et la surface de la*). 184
Plus grand commun diviseur (*exercices sur le*). 244
Plus petit commun multiple (*exercices sur le*). 245

Quantités multiples et prix différents. . 11
Quantités égales de valeurs différentes. 41
Quantités et valeurs différentes. . . . 43

Revient (*prix de*). 19
Revision (*problèmes de*) 35, 39
69, 71, 103, 107
134, 139, 163, 167, 188
191, 217, 221, 240, 243
Revision générale (*problèmes sur les 4 opérations*). 257

Revision générale (*problèmes sur les nombres complexes et les fractions*) . . 261
Revision générale (*problèmes sur les surfaces*). 266
Revision générale (*problèmes sur les volumes*). 270
Revision générale (*problèmes sur la règle de trois l'intérêt, l'escompte, etc.*) . . 273
Revision générale (*problèmes sur les mélanges et les alliages*). 277
Robinets remplissant un bassin. . . . 73
Robinets remplissant et vidant un bassin. 75
Rectangle (*problèmes sur la surface du*) 96, 97
Règle de trois simple directe (*problèmes sur la*). 125
Règle de trois simple inverse (*problèmes sur la*). 126
Règle de trois composée directe (*problèmes sur la*). 127
Règle de trois composée inverse (*problèmes sur la*). 128
Règle de trois appliquée aux fractions et aux nombres complexes. 129
Rente (*prix d'un titre de rente*). . . . 193
Rente (*montant d'un titre de rente*). . . 194
Rente (*cours de la rente*). 195
Racine carrée (*problèmes sur la*) . . . 247

Salaire et dépense. 25
Salaire journalier et dépense journalière. 115
Somme composée d'une fraction et d'une quantité connue. 47
Supposition (*problèmes dits de*). . . . 87
Secteur (*problèmes sur le*). 133
Société (*règle de*), partage d'après les temps. 168
Société (*règle de*), partage d'après les mises. 169
Société (*règle de*), partage d'après les temps et les mises. 170
Société (*règle de*), calcul des mises. . 171
Sphère (*problèmes sur le volume et la surface de la*). 186

Transformation du blé. 17
Temps pour parcourir une distance . 49, 121
Travail simultané d'ouvriers 77, 79
Triangle (*problèmes sur la surface du*). 99
Trapèze (*problèmes sur la surface du*). . 100
Tant pour cent (*recherche du*). 140
Tant pour cent (*recherche de la somme dont on connaît le*). 141
Tant pour cent (*calcul du*). 142
Tant pour cent (*calcul d'une valeur qu'on donne augmentée ou diminuée d'un*) 143, 144
Tant pour cent sur le prix de vente. . 145
Treize pour douze et remise pour 100. 146
Treize pour douze et les 4 au cent . . 147
Toile écrue et toile blanchie. 161
Titre (*calcul du*). 231

Table des Matières.

Vente (*prix de*)	15
Variation de valeur	53
Vitesse	63
Volumes (*problèmes divers sur les*)	154, 160
	182, 205
Vase contenant de l'eau	209
Vase contenant un liquide quelconque	211

CALCUL MENTAL

EXERCICES PRÉLIMINAIRES. — Ajouter ou retrancher un nombre	2, 4
ADDITION de nombres entiers	6, 8, 10, 12
Addition de nombres décimaux	14
EXERCICES DE RÉVISION	16, 18
Addition de nombres quelconques	20, 22
SOUSTRACTION de nombres entiers	24, 26, 28
Soustraction de nombres décimaux	30
EXERCICES DE RÉVISION	34
MULTIPLICATION ET DIVISION par 2	40, 42
Multiplication et division par 3	44, 46
Multiplication et division par 4	48, 50, 52
Multiplication et division par 5	54, 56
Multiplication et division par 6	58, 62
Multiplication et division par 7	64, 66
Multiplication et division par 8	72, 74
Multiplication et division par 9	76, 80
Multiplication par 11	86
Multiplication par 1,1; 2,1; 3,1; etc.	88
Multiplication de deux nombres compris entre 10 et 20	90
Multiplication par 20, 30, 40, etc	92
Multiplication et division par 50	108
Multiplication et division par 25	110
Multiplication par 75	110
Multiplication par 19, 29, 39, etc	112
Multiplication par $12 = 3 \times 4$	114
Multiplication par $15 = 3 \times 5$	114
Multiplication par $21 = 3 \times 7$, etc	114
POUR CENT	116
Multiplication par 0,50, par 0,25 et par 0,75	120, 124
Multiplication par 21, 31, etc	124
Multiplication par 0,9; 1,9; 2,9; etc	124
Multiplication par 0,2; 0,4; 0,6; 0,8	126
Révision générale (*problèmes à résoudre mentalement*)	278, 280

CALCUL ÉCRIT RAPIDE

ADDITION	3, 5, 7
	9, 11, 13
	15, 17, 19
	21, 23, 25
	27, 29, 32
MULTIPLICATION	41, 43, 45
	47, 49, 51
	53, 55, 57
	59, 61, 63, 67
DIVISION	73, 75, 77
	79, 81, 83
	84, 87, 89
	93, 95, 98
	100, 109, 111
	113, 115, 117
	119, 125

---

71 846. — Imprimerie LAHURE, rue de Fleurus, 9, à Paris.

www.ingramcontent.com/pod-product-compliance
Lightning Source LLC
Chambersburg PA
CBHW070743170426
43200CB00007B/624